大学赤本シリーズ

503

京都産業大学

一般選抜入試－前期日程

教学社

は　し　が　き

おかげさまで，大学入試の「赤本」は，今年で創刊 70 周年を迎えました。

これまで，入試問題や資料をご提供いただいた大学関係者各位，掲載許可をいただいた著作権者の皆様，各科目の解答や対策の執筆にあたられた先生方，そして，赤本を使用してくださったすべての読者の皆様に，厚く御礼を申し上げます。

以下に，創刊初期の「赤本」のはしがきを引用します。これからも引き続き，受験生の目標の達成や，夢の実現を応援してまいります。

本書を活用して，入試本番では持てる力を存分に発揮されることを心より願っています。

編者しるす

＊　＊　＊

学問の塔にあこがれのまなざしをもって，それぞれの志望する大学の門をたたかんとしている受験生諸君！　人間として生まれてきた私たちは，自己の欲するままに，美しく，強く，そして何よりも人間らしく生きることをねがっている。しかし，一朝一夕にして，この純粋なのぞみが達せられることはない。私たちの行く手には，絶えずさまざまな試練がまちかまえている。この試練を克服していくところに，私たちのねがう真に人間的な世界がはじめて開かれてくるのである。

人生最初の最大の試練として，諸君の眼前に大学入試がある。この大学入試は，精神的にも身体的にも，大きな苦痛を感ぜしめるであろう。あるスポーツに熟達するには，たゆみなき，はげしい練習を積み重ねることが必要であるように，私たちは，計画的・持続的な努力を払うことによって，この試練を克服し，次の一歩を踏みだすことができる。厳しい試練を経たのちに，はじめて満足すべき成果を獲得できるのである。

本書は最近の入学試験の問題に，それぞれ解答を付し，さらに問題をふかく分析することによって，その大学独特の傾向や対策をさぐろうとした。本書を一般の参考書とあわせて使用し，まとはずれのない，効果的な受験勉強をされるよう期待したい。

（昭和 35 年版「赤本」はしがきより）

挑む人の、いちばんの味方

1954年に大学入試の過去問題集を刊行してから70年。赤本は大学に入りたいと思う受験生を応援しつづけてきました。これからも，苦しいとき落ち込むときにそばで支える存在でいたいと思います。

そして，勉強をすること，自分で道を決めること，努力が実ること，これらの喜びを読者の皆さんが感じることができるよう，伴走をつづけます。

そもそも赤本とは…

受験生のための大学入試の過去問題集！

70年の歴史を誇る赤本は，500点を超える刊行点数で全都道府県の370大学以上を網羅しており，過去問の代名詞として受験生の必須アイテムとなっています。

なぜ受験に過去問が必要なのか？

大学入試は大学によって問題形式や頻出分野が大きく異なるからです。

赤本の掲載内容

傾向と対策

これまでの出題内容から，問題の「**傾向**」を分析し，来年度の入試に向けて具体的な「**対策**」の方法を紹介しています。

問題編・解答編

- 年度ごとに問題とその解答を掲載しています。
- 「**問題編**」ではその年度の試験概要を確認したうえで，実際に出題された過去問に取り組むことができます。
- 「**解答編**」には高校・予備校の先生方による解答が載っています。

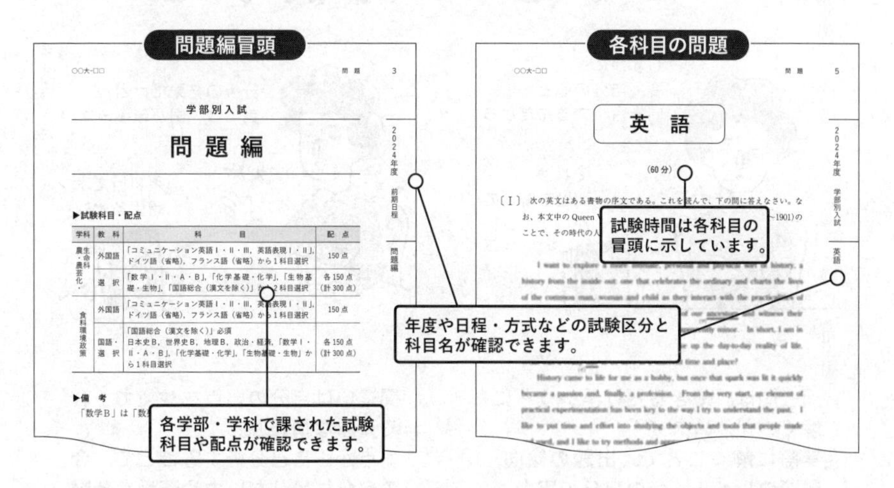

他にも，大学の基本情報や，先輩受験生の合格体験記，在学生からのメッセージなどが載っていることがあります。

掲載内容について

著作権上の理由やその他編集上の都合により問題や解答の一部を割愛している場合があります。なお，指定校推薦入試，社会人入試，編入学試験，帰国生入試などの特別入試，英語以外の外国語科目，商業・工業科目は，原則として掲載しておりません。また試験科目は変更される場合がありますので，あらかじめご了承ください。

受験勉強は

過去問に始まり，

STEP 1

なにはともあれ

まずは解いてみる

過去問は，**できるだけ早いうちに解く**のがオススメ！
実際に解くことで，**出題の傾向，問題のレベル，今の自分の実力**がつかめます。

STEP 2

じっくり具体的に

弱点を分析する

間違いは自分の弱点を教えてくれる**貴重な情報源。**
弱点から自己分析することで，**今の自分に足りない力や苦手な分野**が見えてくるはず！

合格者があかす 赤本の使い方

傾向と対策を熟読
（Fさん／国立大合格）
大学の出題傾向を調べるために，赤本に載っている「傾向と対策」を熟読しました。

繰り返し解く
（Tさん／国立大合格）
1周目は問題のレベル確認，2周目は苦手や頻出分野の確認に，3周目は合格点を目指して，と過去問は繰り返し解くことが大切です。

過去問に終わる。

STEP 3

志望校にあわせて

苦手分野の重点対策

参考書や問題集を活用して，苦手分野の**重点対策**をしていきます。
過去問を指針に，合格へ向けた具体的な学習計画を立てましょう！

STEP 1▶2▶3

サイクルが大事！

実践を繰り返す

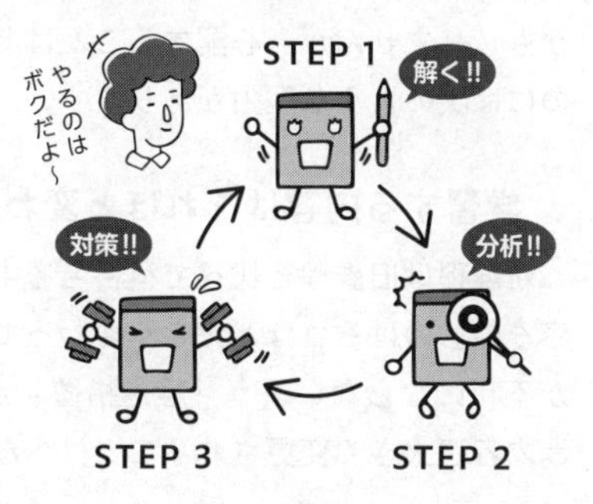

STEP 1～3を繰り返し，実力アップにつなげましょう！
出題形式に慣れることや，**時間配分を考えること**も大切です。

目標点を決める
(Yさん／私立大合格)
赤本によっては合格者最低点が載っているので，それを見て目標点を決めるのもよいです。

時間配分を確認
(Kさん／私立大学合格)
赤本は時間配分や解く順番を決めるために使いました。

添削してもらう
(Sさん／私立大学合格)
記述式の問題は先生に添削してもらうことで自分の弱点に気づけると思います。

新課程入試 Q&A

2022 年度から新しい学習指導要領（新課程）での授業が始まり，2025 年度の入試は，新課程に基づいて行われる最初の入試となります。ここでは，赤本での新課程入試の対策について，よくある疑問にお答えします。

Q1. 赤本は新課程入試の対策に使えますか？

A. もちろん使えます！

旧課程入試の過去問が新課程入試の対策に役に立つのか疑問に思う人もいるかもしれませんが，心配することはありません。旧課程入試の過去問が役立つのには次のような理由があります。

● 学習する内容はそれほど変わらない

新課程は旧課程と比べて科目名を中心とした変更はありますが，学習する内容そのものはそれほど大きく変わっていません。また，多くの大学で，既卒生が不利にならないよう「経過措置」がとられます（Q３参照）。したがって，出題内容が大きく変更されることは少ないとみられます。

● 大学ごとに出題の特徴がある

これまでに課程が変わったときも，各大学の出題の特徴は大きく変わらないことがほとんどでした。入試問題は各大学のアドミッション・ポリシーに沿って出題されており，過去問にはその特徴がよく表れています。過去問を研究してその大学に特有の傾向をつかめば，最適な対策をとることができます。

出題の特徴の例	・英作文問題の出題の有無 ・論述問題の出題（字数制限の有無や長さ） ・計算過程の記述の有無

新課程入試の対策も，赤本で過去問に取り組むところから始めましょう。

Q2. 赤本を使う上での注意点はありますか？

A. 志望大学の入試科目を確認しましょう。

注意

過去問を解く前に，過去の出題科目（問題編冒頭の表）と 2025 年度の募集要項とを比べて，課される内容に変更がないかを確認しましょう。ポイントは以下のとおりです。科目名が変わっていても，実際は旧課程の内容とほとんど同様のものもあります。

英語・国語	科目名は変更されているが，実質的には変更なし。 ▶▶ **ただし，リスニングや古文・漢文の有無は要確認。**
地歴	科目名が変更され，「歴史総合」「地理総合」が新設。 ▶▶ **新設科目の有無に注意。ただし，「経過措置」（Q３参照）により内容は大きく変わらないことも多い。**
公民	「現代社会」が廃止され，「公共」が新設。 ▶▶ **「公共」は実質的には「現代社会」と大きく変わらない。**
数学	科目が再編され，「数学 C」が新設。 ▶▶ **「数学」全体としての内容は大きく変わらないが，出題科目と単元の変更に注意。**
理科	科目名も学習内容も大きな変更なし。

数学については，科目名だけでなく，どの単元が含まれているかも確認が必要です。例えば，出題科目が次のように変わったとします。

旧課程	「数学Ⅰ・数学Ⅱ・数学 A・数学 B（数列・ベクトル）」
新課程	「数学Ⅰ・数学Ⅱ・数学 A・**数学 B（数列）**・**数学 C（ベクトル）**」

この場合，新課程では「数学C」が増えていますが，単元は「ベクトル」のみのため，実質的には旧課程とほぼ同じであり，過去問をそのまま役立てることができます。

Q3. 「経過措置」とは何ですか？

A. 既卒の旧課程履修者への対応です。

多くの大学では，既卒の旧課程履修者が不利にならないように，出題において「経過措置」が実施されます。措置の有無や内容は大学によって異なるので，募集要項や大学のウェブサイトなどで確認しておきましょう。

○旧課程履修者への経過措置の例

- 旧課程履修者にも配慮した出題を行う。
- 新・旧課程の共通の範囲から出題する。
- 新課程と旧課程の共通の内容を出題し，共通範囲のみでの出題が困難な場合は，旧課程の範囲からの問題を用意し，選択解答とする。

例えば，地歴の出題科目が次のように変わったとします。

旧課程	「日本史Ｂ」「世界史Ｂ」から１科目選択
新課程	「**歴史総合**，日本史探究」「**歴史総合**，世界史探究」から１科目選択※ ※旧課程履修者に不利益が生じることのないように配慮する。

「歴史総合」は新課程で新設された科目で，旧課程履修者には見慣れないものですが，上記のような経過措置がとられた場合，新課程入試でも旧課程と同様の学習内容で受験することができます。

要チェックだホン

新課程の情報は WEB もチェック！
より詳しい解説が赤本ウェブサイトで見られます。
https://akahon.net/shinkatei/

科目名が変更される教科・科目

	旧課程	新課程
国語	国語総合 国語表現 現代文A 現代文B 古典A 古典B	現代の国語 言語文化 論理国語 文学国語 国語表現 古典探究
地歴	日本史A 日本史B 世界史A 世界史B 地理A 地理B	歴史総合 日本史探究 世界史探究 地理総合 地理探究
公民	現代社会 倫理 政治・経済	公共 倫理 政治・経済
数学	数学Ⅰ 数学Ⅱ 数学Ⅲ 数学A 数学B 数学活用	数学Ⅰ 数学Ⅱ 数学Ⅲ 数学A 数学B 数学C
外国語	コミュニケーション英語基礎 コミュニケーション英語Ⅰ コミュニケーション英語Ⅱ コミュニケーション英語Ⅲ 英語表現Ⅰ 英語表現Ⅱ 英語会話	英語コミュニケーションⅠ 英語コミュニケーションⅡ 英語コミュニケーションⅢ 論理・表現Ⅰ 論理・表現Ⅱ 論理・表現Ⅲ
情報	社会と情報 情報の科学	情報Ⅰ 情報Ⅱ

目　次

●一般選抜入試［前期日程］スタンダード２科目型

掲載内容についてのお断り

- 一般選抜入試［前期日程］のうち，スタンダード３科目型の１日程と，スタンダード２科目型を掲載しています。
- 一般選抜入試［中期日程］［後期日程］は掲載していません。

基本情報

学部・学科の構成

大　学

●経済学部
経済学科

●経営学部
マネジメント学科

●法学部
法律学科
法政策学科

●現代社会学部
現代社会学科
健康スポーツ社会学科

●国際関係学部
国際関係学科

●外国語学部

英語学科（英語専攻，イングリッシュ・キャリア専攻）

ヨーロッパ言語学科（ドイツ語専攻，フランス語専攻，スペイン語専攻，イタリア語専攻，ロシア語専攻，メディア・コミュニケーション専攻）

アジア言語学科（中国語専攻，韓国語専攻，インドネシア語専攻，日本語・コミュニケーション専攻）

●文化学部

京都文化学科

国際文化学科

●理学部

数理科学科

物理科学科

宇宙物理・気象学科

●情報理工学部

情報理工学科

●生命科学部

先端生命科学科

産業生命科学科

大学院

経済学研究科 / マネジメント研究科 / 法学研究科 / 現代社会学研究科 / 外国語学研究科

理学研究科 / 先端情報学研究科 / 生命科学研究科

経済学研究科（通信教育課程）/ 京都文化学研究科（通信教育課程）

大学所在地

京都産業大学

〒603-8555　京都市北区上賀茂本山

2024 年度入試データ

◯倍率は受験者数÷合格者数で算出。

◯追加合格者は出ていない。

学校推薦型選抜 公募推薦入試

●総合評価型

学部	学科（専攻）	志願者数	受験者数	合格者数	倍率	合格最低点/満点
経済	経済	1,035	1,026	432	2.4	212/300
経営	マネジメント	1,085	1,077	424	2.5	215/300
法	法律	492	487	243	2.0	210/300
	法政策	327	322	162	2.0	205/300
現代社会	現代社会	603	600	258	2.3	215/300
	健康スポーツ社会	421	420	110	3.8	218/300
国際関係	国際関係	295	293	166	1.8	213/300
外国語	英語　英語専攻 イングリッシュ・キャリア専攻 （学科一括募集）	292	291	147	2.0	217/300
	ヨーロッパ言語　ドイツ語専攻	57	57	32	1.8	197/300
	フランス語専攻	68	67	43	1.6	196/300
	スペイン語専攻	46	46	27	1.7	200/300
	イタリア語専攻	32	32	19	1.7	200/300
	ロシア語専攻	14	14	7	2.0	197/300
	メディア・コミュニケーション専攻	28	28	15	1.9	197/300
	アジア言語　中国語専攻	58	57	38	1.5	199/300
	韓国語専攻	108	108	27	4.0	220/300
	インドネシア語専攻	31	31	16	1.9	197/300
	日本語・コミュニケーション専攻	46	46	33	1.4	205/300
文化	京都文化	252	248	121	2.0	208/300
	国際文化	272	269	135	2.0	214/300
理	数理科	134	134	74	1.8	206/300
	物理科	88	86	57	1.5	202/300
	宇宙物理・気象	139	139	46	3.0	220/300
情報理工	情報理工	509	507	177	2.9	221/300

（表つづく）

学部	学科（専攻）	志願者数	受験者数	合格者数	倍率	合格最低点／満点
生命科	先端生命科	194	194	122	1.6	197/300
	産業生命科 理系科目	66	66	43	1.5	200/300
	産業生命科 文系科目	44	44	18	2.4	208/300
合計		6,736	6,689	2,992	2.2	—

●基礎評価型

学部	学科（専攻）	志願者数	受験者数	合格者数	倍率	合格最低点／満点
経済	経済	625	622	71	8.8	136/200
経営	マネジメント	705	703	75	9.4	137/200
法	法律	253	252	50	5.0	131/200
	法政策	201	201	38	5.3	128/200
現代社会	現代社会	354	352	47	7.5	138/200
	健康スポーツ社会	216	215	25	8.6	138/200
国際関係	国際関係	158	158	30	5.3	133/200
外国語	英語 英語専攻 イングリッシュ・キャリア専攻（学科一括募集）	127	125	24	5.2	138/200
	ヨーロッパ言語 ドイツ語専攻	20	20	10	2.0	120/200
	ヨーロッパ言語 フランス語専攻	18	18	5	3.6	121/200
	ヨーロッパ言語 スペイン語専攻	30	30	5	6.0	126/200
	ヨーロッパ言語 イタリア語専攻	10	10	4	2.5	123/200
	ヨーロッパ言語 ロシア語専攻	18	18	5	3.6	120/200
	ヨーロッパ言語 メディア・コミュニケーション専攻	13	13	4	3.3	120/200
	アジア言語 中国語専攻	23	23	5	4.6	127/200
	アジア言語 韓国語専攻	61	60	7	8.6	135/200
	アジア言語 インドネシア語専攻	18	18	5	3.6	129/200
	アジア言語 日本語・コミュニケーション専攻	22	22	8	2.8	135/200
文化	京都文化	160	158	35	4.5	132/200
	国際文化	191	191	49	3.9	131/200
理	数理科	73	73	16	4.6	126/200
	物理科	61	61	15	4.1	126/200
	宇宙物理・気象	89	89	14	6.4	139/200
情報理工	情報理工	473	472	49	9.6	137/200
生命科	先端生命科	104	104	37	2.8	124/200
	産業生命科	40	40	10	4.0	121/200
合計		4,063	4,048	643	6.3	—

一般選抜入試

●前期日程：スタンダード3科目型

学部	学科	志願者数	受験者数	合格者数	倍率	合格最低点/満点
経済	経済	1,165	1,143	485	2.4	186/300
経営	マネジメント	1,232	1,216	474	2.6	186/300
法	法律	683	674	345	2.0	183/300
	法政策	285	278	116	2.4	182/300
現代社会	現代社会	637	625	169	3.7	197/300
	健康スポーツ社会	365	359	118	3.0	196/300
国際関係	国際関係	271	259	133	1.9	183/300
外国語	英語	161	158	80	2.0	184/300
	ヨーロッパ言語	163	161	81	2.0	178/300
	アジア言語	168	167	73	2.3	177/300
文化	京都文化	268	265	110	2.4	187/300
	国際文化	284	280	124	2.3	182/300
理	数理科	186	174	67	2.6	188/300
	物理科	171	148	71	2.1	188/300
	宇宙物理・気象	269	262	49	5.3	208/300
情報理工	情報理工	740	714	156	4.6	199/300
生命科	先端生命科	354	345	110	3.1	193/300
	産業生命科 理系科目	76	74	23	3.2	190/300
	産業生命科 文系科目	36	36	9	4.0	190/300
合計		7,514	7,338	2,793	2.6	—

●前期日程：高得点科目重視 3 科目型

学部	学科	志願者数	受験者数	合格者数	倍率	合格最低点／満点
経済	経済	830	816	322	2.5	256/400
経営	マネジメント	934	921	317	2.9	257/400
法	法律	518	509	255	2.0	250/400
	法政策	243	236	111	2.1	248/400
現代社会	現代社会	481	473	103	4.6	273/400
	健康スポーツ社会	296	290	92	3.2	268/400
国際関係	国際関係	206	199	102	2.0	249/400
外国語	英語	122	120	58	2.1	254/400
	ヨーロッパ言語	136	135	68	2.0	245/400
	アジア言語	126	125	57	2.2	246/400
文化	京都文化	221	218	85	2.6	259/400
	国際文化	222	220	99	2.2	246/400
理	数理科	119	111	45	2.5	257/400
	物理科	131	111	51	2.2	253/400
	宇宙物理・気象	207	204	22	9.3	287/400
情報理工	情報理工	585	565	123	4.6	270/400
生命科	先端生命科	264	258	70	3.7	265/400
	産業生命科 理系科目	52	51	14	3.6	260/400
	産業生命科 文系科目	33	33	9	3.7	257/400
合計		5,726	5,595	2,003	2.8	—

●前期日程：スタンダード２科目型

学 部	学 科	志願者数	受験者数	合格者数	倍 率	合格最低点／満点
経 済	経 済	304	296	73	4.1	132/200
経 営	マネジメント	320	311	67	4.6	133/200
法	法 律	140	139	35	4.0	131/200
	法 政 策	75	73	25	2.9	128/200
現代社会	現 代 社 会	109	109	20	5.5	137/200
	健康スポーツ社会	103	101	24	4.2	137/200
国際関係	国 際 関 係	76	75	31	2.4	129/200
外 国 語	英 語	84	83	25	3.3	130/200
	ヨーロッパ言語	68	67	17	3.9	124/200
	アジア言語	63	63	14	4.5	125/200
文 化	京 都 文 化	47	47	15	3.1	132/200
	国 際 文 化	96	91	24	3.8	128/200
理	数 理 科	53	52	11	4.7	133/200
	物 理 科	18	16	4	4.0	128/200
	宇宙物理・気象	55	55	7	7.9	143/200
情報理工	情 報 理 工	185	180	25	7.2	137/200
生 命 科	先端生命科	60	57	8	7.1	137/200
	産業生命科	15	15	3	5.0	130/200
合 計		1,871	1,830	428	4.3	—

●前期日程：高得点科目重視２科目型

学部	学科	志願者数	受験者数	合格者数	倍率	合格最低点／満点
経済	経済	227	220	49	4.5	204/300
経営	マネジメント	262	255	56	4.6	204/300
法	法律	117	116	29	4.0	204/300
	法政策	63	61	17	3.6	198/300
現代社会	現代社会	93	93	16	5.8	208/300
	健康スポーツ社会	90	89	20	4.5	210/300
国際関係	国際関係	59	58	21	2.8	200/300
外国語	英語	70	69	25	2.8	200/300
	ヨーロッパ言語	58	58	18	3.2	186/300
	アジア言語	49	49	16	3.1	186/300
文化	京都文化	40	40	14	2.9	200/300
	国際文化	88	83	24	3.5	195/300
理	数理科	37	36	7	5.1	204/300
	物理科	16	14	3	4.7	196/300
	宇宙物理・気象	48	48	5	9.6	219/300
情報理工	情報理工	163	158	17	9.3	213/300
生命科	先端生命科	49	48	8	6.0	210/300
	産業生命科	13	13	3	4.3	199/300
合計		1,542	1,508	348	4.3	—

●前期日程：共通テストプラス

学部	学科	志願者数	受験者数	合格者数	倍率	合格最低点／満点
経済	経済	648	639	263	2.4	181/300
経営	マネジメント	640	630	241	2.6	181/300
法	法律	377	370	189	2.0	174/300
	法政策	209	197	56	3.5	178/300
現代社会	現代社会	366	362	107	3.4	191/300
	健康スポーツ社会	248	241	76	3.2	191/300
国際関係	国際関係	168	156	84	1.9	174/300
外国語	英語	97	96	36	2.7	180/300
	ヨーロッパ言語	101	100	55	1.8	173/300
	アジア言語	104	103	40	2.6	173/300
文化	京都文化	162	158	81	2.0	174/300
	国際文化	143	139	58	2.4	174/300
理	数理科	122	113	44	2.6	240/400
	物理科	118	113	57	2.0	168/300
	宇宙物理・気象	164	154	35	4.4	198/300
情報理工	情報理工	509	495	143	3.5	190/300
生命科	先端生命科	200	197	94	2.1	180/300
	産業生命科	71	70	33	2.1	176/300
合計		4,447	4,333	1,692	2.6	—

●中期日程：スタンダード3科目型

学部	学科	志願者数	受験者数	合格者数	倍率	合格最低点／満点
経済	経済	294	154	42	3.7	195/300
経営	マネジメント	341	173	34	5.1	199/300
法	法律	160	78	25	3.1	187/300
	法政策	81	32	10	3.2	190/300
現代社会	現代社会	145	85	21	4.0	199/300
	健康スポーツ社会	108	62	12	5.2	198/300
国際関係	国際関係	85	38	14	2.7	189/300
外国語	英語	54	27	13	2.1	182/300
	ヨーロッパ言語	59	25	13	1.9	177/300
	アジア言語	50	35	17	2.1	177/300
文化	京都文化	65	33	11	3.0	192/300
	国際文化	59	23	8	2.9	195/300
理	数理科	49	33	6	5.5	197/300
	物理科	29	15	6	2.5	189/300
	宇宙物理・気象	52	41	5	8.2	212/300
情報理工	情報理工	200	127	28	4.5	204/300
生命科	先端生命科	72	45	7	6.4	204/300
	産業生命科	23	10	2	5.0	184/300
合計		1,926	1,036	274	3.8	—

●中期日程：高得点科目重視3科目型

学部	学科	志願者数	受験者数	合格者数	倍率	合格最低点／満点
経済	経済	235	123	40	3.1	264/400
経営	マネジメント	284	142	36	3.9	268/400
法	法律	129	56	20	2.8	250/400
	法政策	64	24	8	3.0	255/400
現代社会	現代社会	121	69	18	3.8	268/400
	健康スポーツ社会	100	58	10	5.8	268/400
国際関係	国際関係	73	30	11	2.7	258/400
外国語	英語	45	21	11	1.9	246/400
	ヨーロッパ言語	51	22	11	2.0	241/400
	アジア言語	42	29	11	2.6	255/400
文化	京都文化	52	24	7	3.4	263/400
	国際文化	49	19	9	2.1	261/400
理	数理科	35	23	5	4.6	258/400
	物理科	26	12	3	4.0	257/400
	宇宙物理・気象	45	35	4	8.8	287/400
情報理工	情報理工	175	108	24	4.5	276/400
生命科	先端生命科	62	41	6	6.8	271/400
	産業生命科	18	8	1	8.0	275/400
合計		1,606	844	235	3.6	—

●中期日程：共通テストプラス

学部	学科	志願者数	受験者数	合格者数	倍率	合格最低点／満点
経済	経済	117	52	22	2.4	176/300
経営	マネジメント	141	56	22	2.5	180/300
法	法律	60	22	9	2.4	164/300
	法政策	36	8	4	2.0	162/300
現代社会	現代社会	69	33	11	3.0	184/300
	健康スポーツ社会	53	31	7	4.4	184/300
国際関係	国際関係	36	11	5	2.2	178/300
外国語	英語	16	6	2	3.0	180/300
	ヨーロッパ言語	28	12	7	1.7	188/300
	アジア言語	23	17	8	2.1	169/300
文化	京都文化	29	14	6	2.3	177/300
	国際文化	29	12	4	3.0	165/300
理	数理科	27	15	6	2.5	226/400
	物理科	13	4	1	4.0	168/300
	宇宙物理・気象	26	16	4	4.0	189/300
情報理工	情報理工	99	50	12	4.2	186/300
生命科	先端生命科	28	13	2	6.5	194/300
	産業生命科	14	6	2	3.0	169/300
合計		844	378	134	2.8	—

●後期日程：スタンダード２科目型

学部	学科	志願者数	受験者数	合格者数	倍率	合格最低点／満点
経済	経済	176	167	82	2.0	122/200
経営	マネジメント	169	163	80	2.0	121/200
法	法律	84	80	39	2.1	120/200
	法政策	69	66	31	2.1	120/200
現代社会	現代社会	124	117	46	2.5	127/200
	健康スポーツ社会	60	58	19	3.1	129/200
国際関係	国際関係	84	80	29	2.8	125/200
外国語	英語	72	67	31	2.2	125/200
	ヨーロッパ言語	103	98	49	2.0	117/200
	アジア言語	53	51	24	2.1	117/200
文化	京都文化	36	34	17	2.0	118/200
	国際文化	47	43	20	2.2	119/200
理	数理科	23	22	6	3.7	128/200
	物理科	24	22	10	2.2	126/200
	宇宙物理・気象	28	26	4	6.5	140/200
情報理工	情報理工	68	65	6	10.8	149/200
生命科	先端生命科	35	32	8	4.0	131/200
	産業生命科	23	22	8	2.8	124/200
合計		1,278	1,213	509	2.4	—

共通テスト利用入試

●前期

学部	学科	科目型	志願者数	判定の対象となった志願者数(A)	合格者数(B)	倍率(A)/(B)
経済	経済	3科目型	382	374	168	2.2
		4科目型	114	113	62	1.8
経営	マネジメント	3科目型	298	297	111	2.7
		4科目型	97	97	57	1.7
法	法律	3科目型	222	222	107	2.1
		4科目型	85	85	52	1.6
	法政策	3科目型	88	86	45	1.9
		4科目型	24	24	16	1.5
現代社会	現代社会	3科目型	212	212	85	2.5
		4科目型	59	59	35	1.7
	健康スポーツ社会	3科目型	112	111	49	2.3
		4科目型	26	26	17	1.5
国際関係	国際関係	3科目型	90	90	56	1.6
		4科目型	22	22	16	1.4
外国語	英語	2科目型	68	68	47	1.4
		3科目型	55	55	29	1.9
	ヨーロッパ言語	2科目型	63	63	35	1.8
		3科目型	41	41	26	1.6
	アジア言語	2科目型	38	38	16	2.4
		3科目型	46	45	21	2.1
文化	京都文化	2科目型	37	37	18	2.1
		3科目型	76	75	42	1.8
	国際文化	2科目型	71	71	37	1.9
		3科目型	81	80	41	2.0
理	数理科	4科目型	55	54	30	1.8
		5科目型	47	46	28	1.6
	物理科	4科目型	53	53	36	1.5
		5科目型	50	50	42	1.2
	宇宙物理・気象	4科目型	83	82	23	3.6
		5科目型	76	75	35	2.1

（表つづく）

学部	学科	科目型	志願者数	判定の対象となった志願者数(A)	合格者数(B)	倍率(A)/(B)
情報理工	情報理工	4科目型	164	162	47	3.4
		5科目型	166	166	67	2.5
生命科	先端生命科	4科目型	75	74	32	2.3
		5科目型	142	142	100	1.4
	産業生命科	4科目型	22	21	10	2.1
		5科目型	35	35	26	1.3
合計			3,375	3,351	1,664	2.0

●後期

学部	学科	志願者数	判定の対象となった志願者数(A)	合格者数(B)	倍率(A)/(B)
経済	経済	42	42	27	1.6
経営	マネジメント	36	36	21	1.7
法	法律	32	32	27	1.2
	法政策	22	22	19	1.2
現代社会	現代社会	31	31	20	1.6
	健康スポーツ社会	17	17	11	1.5
国際関係	国際関係	16	16	11	1.5
外国語	英語	18	18	11	1.6
	ヨーロッパ言語	24	24	16	1.5
	アジア言語	14	14	5	2.8
文化	京都文化	16	16	10	1.6
	国際文化	13	13	9	1.4
理	数理科	8	8	4	2.0
	物理科	5	5	4	1.3
	宇宙物理・気象	9	9	2	4.5
情報理工	情報理工	16	16	4	4.0
生命科	先端生命科	11	11	7	1.6
	産業生命科	11	11	6	1.8
合計		341	341	214	1.6

2024年度 募集学部・学科（専攻）および募集人員

学部	学科（専攻）		入学定員	募集人員						
				公募推薦入試		一般選抜入試			共通テスト利用入試	
				総合評価型	基礎評価型	前期日程	中期日程	後期日程	前期	後期
経済	経済		625	89	30	217	52	32	26	5
経営	マネジメント		670	96	32	220	55	33	29	5
法	法律		410	58	19	143	31	20	18	4
	法政策		185	27	9	67	15	10	7	2
現代社会	現代社会		300	42	14	102	26	15	10	2
	健康スポーツ社会		150	20	7	48	12	7	6	2
国際関係	国際関係		200	41	14	68	17	9	8	2
外国語	英語	英語専攻	120	23	8	45	10	6	5	2
		イングリッシュ・キャリア専攻								
	ヨーロッパ言語	ドイツ語専攻	175	9	3	57	12	9	14	4
		フランス語専攻		9	3					
		スペイン語専攻		5	2					
		イタリア語専攻		5	2					
		ロシア語専攻		3	2					
		メディア・コミュニケーション専攻		3	2					
	アジア言語	中国語専攻	130	10	3	40	10	8	9	4
		韓国語専攻		6	2					
		インドネシア語専攻		6	2					
		日本語・コミュニケーション専攻		7	2					
文化	京都文化		150	33	10	50	12	6	5	2
	国際文化		170	38	13	53	14	9	7	2
理	数理科		55	9	3	19	5	2	4	2
	物理科		40	6	2	13	3	2	3	2
	宇宙物理・気象		40	6	2	13	3	2	3	2
情報理工	情報理工		160	29	10	57	13	7	8	2
生命科	先端生命科		100	17	6	33	8	5	7	3
	産業生命科		50	8	3	15	5	2	4	2
合計			3,730	605	205	1,260	303	184	173	49

- 募集は，学部・学科（専攻）ごとに行います。ただし，次の場合を除きます。
  ＊外国語学部は，公募推薦入試については，英語学科は「学科単位」，ヨーロッパ言語学科とアジア言語学科は「専攻単位」で募集します。また，一般選抜入試，共通テスト利用入試については，「全学科とも学科単位」で募集します。ただし，ヨーロッパ言語学科とアジア言語学科は，出願時に専攻の志望順位を確認し，合格発表時に合格した専攻を通知します。
  ＊外国語学部英語学科は学科で一括募集しますので，出願時に専攻を選択できません。所属専攻については，本人の希望，履修状況などを加味して，１年次秋学期に分属します。
- 一般選抜入試［前期日程］［中期日程］の入試制度ごとの募集人員については，それぞれの志願者数の割合によって配分します。
- 共通テスト利用入試［前期］の科目型ごとの募集人員については，それぞれの志願者数の割合によって配分します。
- 上記以外に，総合型選抜・指定校・スポーツ推薦などの推薦入試および帰国生徒入試，社会人入試，外国人留学生入試や編・転入試を実施します。

◆入学金・学費等

（単位:円）

下表は，2024 年度入学生の学費一覧です。京都産業大学では，入学年度の納入金（入学金＋学費など）の負担を軽減するため，学費などのうち入学年度の教育充実費を低額とすることで，入学から 4 年間の各年度における納入額がおおむね均一になるよう配分されています。なお，2 年次以降の学費などについては，入試ガイドおよび入学試験要項で確認してください。2025 年度入学生の学費については，決定次第大学 WEB サイトに掲載されます。

入学金・学費等＼学部（学科）			経済・経営・法学部	現代社会学部	国際関係学部	外国語・文化学部	理学部（数理科学科）	理学部（物理科学科，宇宙物理・気象学科）情報理工学部 生命科学部（産業生命科学科）	生命科学部（先端生命科学科）
入学金			200,000						
＋									
学費	授業料	春学期	372,500	387,000	437,000	402,000	502,500	504,000	525,000
		秋学期	372,500	387,000	437,000	402,000	502,500	504,000	525,000
	教育充実費	春学期	64,000	81,000	81,000	81,000	81,000	86,000	100,000
		秋学期	64,000	81,000	81,000	81,000	81,000	86,000	100,000
	実験実習費	春学期	—	—	—	—	33,500	62,000	75,000
		秋学期	—	—	—	—	33,500	62,000	75,000
教育後援費		春学期	4,000	4,000	4,000	4,000	4,000	4,000	4,000
		秋学期	2,000	2,000	2,000	2,000	2,000	2,000	2,000
学生健康保険互助会費		春学期	2,250	2,250	2,250	2,250	2,250	2,250	2,250
		秋学期	1,250	1,250	1,250	1,250	1,250	1,250	1,250
同窓会終身会費予納金		春学期	10,000	10,000	10,000	10,000	10,000	10,000	10,000
		秋学期	—	—	—	—	—	—	—
学費等合計		春学期	452,750	484,250	534,250	499,250	633,250	668,250	716,250
		秋学期	439,750	471,250	521,250	486,250	620,250	655,250	703,250
＝									
初年度納入額			1,092,500	1,155,500	1,255,500	1,185,500	1,453,500	1,523,500	1,619,500

【注】1．入学金については，入学年度のみ徴収します。
2．学費などは，春学期分・秋学期分の 2 期に分割して徴収します。
3．教育後援費については，入学年度は 6,000 円（年額）を，次年度以降は 4,000 円（年額）を徴収します。
4．学生健康保険互助会費については，入学年度は 3,500 円（年額）を，次年度以降は 2,500 円（年額）を代理徴収します。
5．同窓会終身会費予納金 20,000 円のうち，10,000 円を入学年度に代理徴収し，残り 10,000 円は 4 年次学費納入時に代理徴収します。
6．全学部において学部が指定したノート型パソコンを 1 人 1 台持つことを前提に授業などを実施しますので，入学金・学費など以外にノート型パソコン購入費用（20 万円程度）が別途必要になります。
7．法学部は，入学金・学費など以外に法学会費として，入学年度のみ 14,000 円が別途必要になります。
8．文化学部京都文化学科英語コミュニケーションコースは，長期留学を卒業要件としていますので，入学金・学費など以外に留学費用（70 万～110 万円程度）が別途必要になります。

2025年度入試情報

2025年度の募集人員・入試日程・試験科目などについては，大学公表の「入学試験要項2025」で確認してください。

なお，要項等は入手方法によって有料・無料の扱いや金額が異なる場合もありますので，ご注意ください。

問い合わせ先

京都産業大学　入学センター
〒603-8555　京都市北区上賀茂本山
TEL　(075)705-1437
E-mail　info-adm@star.kyoto-su.ac.jp
Webサイト　https://www.kyoto-su.ac.jp/admissions/

科目ごとに問題の「傾向」を分析し，具体的にどのような「対策」をすればよいか紹介しています。まずは出題内容をまとめた分析表を見て，試験の概要を把握しましょう。

注　意

「傾向と対策」で示している，出題科目・出題範囲・試験時間等については，2024 年度までに実施された入試の内容に基づいています。2025 年度入試の選抜方法については，各大学が発表する学生募集要項を必ずご確認ください。

来年度の変更点

2025 年度入試においては，以下の変更が予定されている。

- 情報理工学部および理学部の一般選抜［前期日程］のうち，英語と数学で実施するスタンダード２科目型の実施日に「情報」を加えた３科目でも合否判定する「一般選抜入試［前期日程］情報プラス型」を新たに実施予定である。

一般選抜入試［前期日程］

英　語

年度		番号	項目	内容
2024	3科目型	〔1〕	読解	空所補充
		〔2〕	読解	内容説明，主題
		〔3〕	文法・語彙	同意表現
		〔4〕	会話文	空所補充
		〔5〕	読解	文整序
		〔6〕	読解	空所補充
		〔7〕	文法・語彙	空所補充
		〔8〕	文法・語彙	同意表現
	2科目型	〔1〕	読解	空所補充
		〔2〕	読解	内容説明，主題
		〔3〕	文法・語彙	同意表現
		〔4〕	会話文	空所補充
		〔5〕	読解	文整序
		〔6〕	読解	空所補充
		〔7〕	文法・語彙	空所補充
		〔8〕	文法・語彙	同意表現
2023	3科目型	〔1〕	読解	空所補充
		〔2〕	読解	内容説明，主題
		〔3〕	文法・語彙	同意表現
		〔4〕	会話文	空所補充
		〔5〕	読解	文整序
		〔6〕	読解	空所補充
		〔7〕	文法・語彙	空所補充
		〔8〕	文法・語彙	同意表現

	番号	項目	内容
2科目型	〔1〕	読　　解	空所補充
	〔2〕	読　　解	内容説明，主題
	〔3〕	文法・語彙	同意表現
	〔4〕	会 話 文	空所補充
	〔5〕	読　　解	文整序
	〔6〕	読　　解	空所補充
	〔7〕	文法・語彙	空所補充
	〔8〕	文法・語彙	同意表現

(注)　●印は全問，◑印は一部マーク式採用であることを表す。

読解英文の主題

年　度		番号	主　題
2024	3科目型	〔1〕	癖を克服するための工夫
		〔2〕	ハンバーガーの発展
	2科目型	〔1〕	室内観賞用植物が枯れる原因
		〔2〕	すばらしい2言語話者の脳
2023	3科目型	〔1〕	母がタクシー運転手にかけた言葉
		〔2〕	知らない人と話をする効用とは？
	2科目型	〔1〕	バレンタインデーと赤いバラの関係
		〔2〕	南極大陸を最初に「発見」したのは誰？

傾向　出題内容が一部変わるも特殊な対策は不要　総合的な出題，基本事項の確認を

01　出題形式は？

3科目型，2科目型いずれも構成（出題数8題）・形式は同じで，すべてマーク式による選択式の出題である。試験時間はいずれも80分。

02　出題内容はどうか？

読解，文法・語彙，会話文の各分野にわたって出題されている。読解分野では，長文問題が2題で〔1〕が空所補充，〔2〕が内容説明と主題，そのほかに〔5〕文整序，〔6〕空所補充が出題されている。長文の内容

は，例年，論説文や読み物が中心である。文法・語彙問題は3題で，〔3〕が同意表現の選択問題，〔7〕が短文の空所補充，〔8〕が単語の同意表現を問う問題となっている。そのほかに，〔4〕で会話文の空所補充が出題されている。

03 難易度は？

長文問題は，量的にも内容的にも難しいものではない。設問も素直で紛らわしいものは少ないが，一部の設問では本文を深く読む必要があり，そこに時間をかけすぎると全体の時間配分に影響が出るため，注意が必要である。例年，〔1〕よりも〔2〕のほうが分量が多く設問の形式も高度だが，内容自体はどちらも本文・設問ともに取り組みやすいものである。その他の問題もほぼ基本レベルの出題である。

全体的にみて，基本的な学力，特に正確な文法力があれば十分に対処できる問題である。全問マーク式による選択式の出題なので時間配分が大切になってくる。ケアレスミスが致命傷になるので，最後の5分間は必ず確認に使えるような時間配分を習慣づけよう。

対策

01 読解対策

長文読解の英文は量的にも内容的にも難度は高くない。『大学入試 ぐんぐん読める英語長文〔BASIC〕』（教学社）など，市販の長文問題集に取り組んでおくとよい。英文を読む際は各段落で何が述べられているかを意識することが重要である。また代名詞の指示内容と，抽象的なことを述べてから具体例を述べていくという英文の構造を意識すると，空所補充や文整序問題を解く際の助けになる。また前提として，語彙力の増強は必須である。最初の通読の際，未知の単語や意味のとれない単語はマーカーで印をつけておき，設問を解いたあとで辞書で確認する。それをときどき復習して定着を図りたい。

02 文法・語彙の復習

文法・語彙に関する問題は〔3〕〔7〕〔8〕だが，出題傾向からは品詞の理解，時制，前置詞と接続詞の知識を特に重視していることが読み取れるため，念入りに対策しておこう。語彙については共通テストレベルの単語集を徹底的に繰り返すことも有効である。〔8〕の対策には普段から似た意味をもつ単語を関連付けて覚える習慣をつけておくとよい。参考書としては，学校で購入した教材があればそれを繰り返し復習し，内容をしっかりと身につけることが重要である。

03 会話表現に慣れる

会話文問題は例年大問で1題出されているので，日常会話レベルの会話表現は必ず覚えておこう。『英会話問題のトレーニング』（Z会）などで準備しておきたい。また，受験参考書のみにとどまらず，実用英語検定（2級，準2級レベル）の問題集など多方面の教材を利用し，できるだけ多くの表現に触れておくとよい。

04 問題演習について

マーク式による出題なので，時間配分が重要になってくる。過去問演習が最も有効な対策だと思われるが，その際，必ず時間設定をして取り組むことが大事である。

日本史

年度	番号	内容	形式
2024 ●	〔1〕	「世界の記憶」からみる古代・中世の政治と文化	選択・配列
	〔2〕	鮎川義介の生涯からみる近現代の政治	選択・配列・正誤
	〔3〕	近世後期の外交 ⊘史料・地図	選択・正誤・配列
2023 ●	〔1〕	自由民権運動	選択・正誤
	〔2〕	「改新の詔」―日本古代の租税 ⊘史料・統計表	選択・配列・正誤・計算
	〔3〕	お伊勢参りからみる江戸時代の文化 ⊘史料・地図・視覚資料	配列・正誤・選択

（注） ●印は全問，◑印は一部マーク式採用であることを表す。

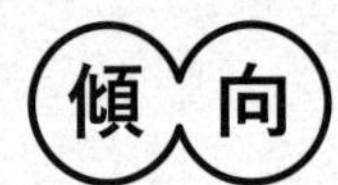

分野別では文化史，社会・経済史重視

01 出題形式は？

例年，出題数 3 題，試験時間 60 分。全問マーク式であり，各大問の設問形式は例年ほぼ同じで，解答個数は 50 個である。選択肢の数は，すべての設問で 4 つに統一されている。各小問の出題形式は，本文中の空所補充と下線部に関する選択問題が中心で，正誤・配列法も定着している。

なお，2025 年度は出題科目が「日本史探究」となる予定である（本書編集時点）。

02 出題内容はどうか？

時代別では，近世史・近代史が多く出題されている。また，現代史も比較的よく問われている。全体として近世～現代史が重視されており，古代史・中世史からの出題がこれに続く。1つのテーマを通史的に扱った出題は，古代史・中世史，あるいは中世史・近世史といった連続した時代が出題される場合が多い。また，2023年度はお伊勢参りをテーマに江戸時代の文化が，2024年度は世界の記憶，鮎川義介の生涯をテーマに古代・中世・近現代の政治と文化が出題された。

分野別では，文化史が比較的よく出題されている。大問3題のうち1題が文化史となることも多いので，重点的に学習したい。よく問われるテーマは文学・教育・美術・宗教などである。社会・経済史も多く出題されており，過去には，大問3題のうち2題が社会・経済史であったこともあるので，文化史同様，力を入れて学習しておきたい。2023年度は統計表を用いた計算問題や視覚資料の内容の読み取りも出題された。地図を利用した出題もよくみられる。

史料問題は，2023・2024年度ともに史料が引用され，史料の穴埋めや読解を要する本格的な問題が出題された。また，過去には，大問1題が全問史料から出題されたこともある。取り上げられている史料は，高校の教科書・史料集に掲載されている基本的なものもあるが，受験生にとって初見と思われる史料も出題されているので注意しよう。

03 難易度は？

全問マーク式であるが，例年，選択肢の中に教科書に掲載されていない用語が入っているなど，難度の高い問題もみられるが，総じて難易度は標準程度といえる。まずは標準レベルの問題に手早く対応し，史料や統計表の読み取りが必要な問題に十分な時間をかけられるよう，ペース配分に気をつけたい。

対策

01 基本的事項の確実な習得を

全問マーク式であり，例年，選択肢の中に難解な用語が盛り込まれるなど難度の高い問題もみられる。こうした出題傾向に対処するためには，教科書の基本事項を確実に習得することが重要になってくる。なぜなら，難度の高い出題があるといっても問題全体からすれば基本的なものが多くを占めるので，まずは得点可能な基本問題を確実に正答する必要があるからである。また，選択肢の中に難解な用語が盛り込まれていても，消去法で正答を導き出せる問題も多い。さらに，教科書の脚注からの出題や，歴史上の場所を地図上から選択させる出題のほか，視覚資料・統計表・グラフなどが用いられることもあるので，教科書の本文だけではなく，脚注・図表・地図にも目を通し，『日本史用語集』（山川出版社）や副教材の図表などを併用して丁寧に学習することが必要である。

02 テーマ問題・史料問題

1つのテーマを設定して出題する形式が続いているので，重要事項を暗記するだけではなく，それらが歴史の流れの中でどうつながっているのかを理解するように心がけたい。そのためにも政治史をはじめとする分野ごとの知識整理は不可欠である。特に重視される傾向にある文化史，社会・経済史には現代までを視野に入れた丁寧な取り組みが求められる。そのうえで『改定版 分野別 日本史問題集』①政治・外交史 ②社会・経済史 ③文化史 ④近現代史 ⑤史料（山川出版社）などを用いて知識の定着を確認したい。また，史料問題が出題されているので，まず教科書に掲載されている史料に必ず目を通すこと。さらに，教科書に掲載されていない史料が取り上げられることもあるので，市販の史料集を用いて学習することをすすめる。

03 過去問研究を

問題には出題内容や問い方に一定の傾向が認められるので，本書を十分に活用して過去問に取り組んでおくこと。その際には，選択肢の判別に根拠をもって解答することが大切である。「なぜこれが正解なのか」を徹底的に追究してほしい。そして，わからなかったところ，間違えたところの復習を繰り返し行うことが実力向上の第一歩である。選択式の問題集なども利用して，マーク式の問題を数多くこなすことで，知識の確実な定着を図ってほしい。

世界史

年度	番号	内　容	形　式
2024 ●	〔1〕	1～5世紀の中国史	選　択
	〔2〕	第二次世界大戦直後における東西陣営の形成	選　択
	〔3〕	西アジア通史 ⊘地図	選　択
	〔4〕	デリー＝スルタン朝，古代アメリカ文明，明	選　択
	〔5〕	文化史の小問集合	正　誤
2023 ●	〔1〕	大唐帝国と周辺諸地域	選　択
	〔2〕	19世紀のアメリカ史	選　択
	〔3〕	セルジューク朝とオスマン帝国の歴史 ⊘地図	選　択
	〔4〕	各地域の古代文明	選　択
	〔5〕	文化史の小問集合	正　誤

（注）●印は全問，◑印は一部マーク式採用であることを表す。

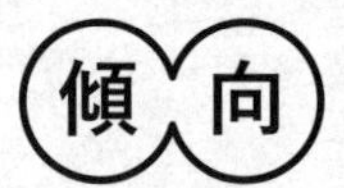

幅広い地域・時代から出題
正誤問題，文化史頻出，地図問題にも注意

01　出題形式は？

大問5題の出題で，解答個数は50個，解答はすべてマーク式である。選択法が中心だが，例年，〔5〕は文中の3つの語句の正誤をすべて判定させる正誤法が出題されている。試験時間は60分。

なお，2025年度は出題科目が「世界史探究」となる予定である（本書編集時点）。

02　出題内容はどうか？

地域別では，欧米地域では2023年度は〔2〕で近代アメリカ史が出題されたが，例年西欧地域を中心に幅広く出題されている。アジア地域では中国は必出で，西アジア，インドなどからも例年幅広く出題されている。

時代別では，大問が５題あることから，古代から近現代まで幅広く出題されている。特に〔２〕では第二次世界大戦後から出題される傾向があり，〔5〕では多様な地域，時代が取り上げられている。

分野別では，全体としては政治史中心であるが，〔５〕は文化史中心の正誤問題となっている。テーマ史的な大問が出される場合もある。なお，例年〔３〕で地図問題が出題されている。

03 難易度は？

標準的な問題である。選択肢の中に詳細な知識を問う事項が含まれる問題が１，２問みられるが，他の選択肢と比較検討することで正解を導くことができる。そのような問題は時間を要することが多いので，時間配分に注意する必要がある。教科書の理解を徹底し，得点差の出やすい文化史や地図問題でも取りこぼしを最小限に抑えよう。

対策

01 教科書学習を基礎に

まず，教科書を精読し，各事項とその流れの理解を心がけよう。本文の太字部分とその前後の説明はもちろん，地図・脚注にも必ず目を向けること。また，本文中に示される年号（年代）にも注意しなければならない。年号（年代）の効率的な学習には『風呂で覚える世界史〔年代〕[改訂新装版]』（教学社）が役立つ。幅広い時代・地域からの出題がなされているので，偏りのない学習が必要である。その際，学習が手薄になりがちな現代史を忘れずにカバーしよう。空間軸と時間軸を関連づけて理解するには，『時代と流れで覚える！世界史Ｂ用語』（文英堂）が役立つ。テーマ史，各国史という形で教科書の内容をまとめるのも，知識を整理し，歴史の流れを理解するうえで有効な学習法といえる。

02 用語集の利用を

正文（誤文）選択問題などでは『世界史用語集』（山川出版社）の説明文に準拠した選択肢が出題されることがあるので，重要な歴史事項に関しては，教科書学習と並行して，用語集の解説をよく読み込んでおくとよいだろう。

03 文化史を軽視せずに

例年，〔5〕で文化史中心の出題がみられ，これを軽視すると大きな失点につながる。とはいえ，細かい知識がなくても，人物やその業績・作品などをセットにして覚えていれば容易に得点できる問題がほとんどである。教科書を利用するのもよいが，資料集などで人物・業績・作品を一覧表としてまとめている図表を参照すると効率的であろう。

04 地図の活用を

例年，地図を利用した出題がみられるため，重要な都市・地域・国家などの位置はしっかりと押さえておきたい。教科書だけでなく，資料集の地図も利用すればより効果的である。出題される地域・時代が幅広いので，朝鮮・東南アジア・内陸アジア・アフリカ・中南米・オセアニア・北ヨーロッパなどの見落としやすい地域についても，満遍なく地図を確認すること。

05 過去問を解いておこう

過去問を解くことは，問題のレベルを知るうえで欠かせないものである。選択肢に列挙されている正解以外の語句の意味もきちんと調べておくと，有効な対策となるだろう。

政治経済・現代社会

2025 年度は「政治経済・現代社会」に代えて「政治・経済」(旧教育課程履修者への経過措置として，旧課程の「政治経済」「現代社会」いずれの履修者でも解答可能な出題範囲とする）が課される予定である（本書編集時点)。

年度	番号	内　容	形　式
2024 ●	〔1〕	政治経済の国際的課題	選択・正誤
	〔2〕	人口と雇用の諸問題	正誤・選択
	〔3〕	エネルギー問題の経済的側面　⊘統計表	選択・正誤
	〔4〕	戦後の日本経済	選択・正誤
2023 ●	〔1〕	近年の国際社会	選択・正誤・配列
	〔2〕	日本の内閣と議院内閣制	選択・正誤
	〔3〕	世界の経済圏	正誤・選択・計算
	〔4〕	物価と景気循環	正誤・選択・計算

(注)　●印は全問，◐印は一部マーク式採用であることを表す。

傾向　基本用語と時事問題に注意

01　出題形式は？

大問 4 題の出題で，すべてマーク式である。試験時間は 60 分。経済分野では，年度により計算結果を選択させる設問もある。また，正誤法や配列法も出題されている。

02 出題内容はどうか？

「政治経済・現代社会」としての出題であるが，共通領域からの出題となっている。大問 4 題のうち，政治分野・経済分野半分ずつの割合で出題されることが多いが，近年では「政治」「経済」両分野が混在する出題が増えている。全般的に時事的内容の濃い出題がみられる。教科書の記述や用語がニュースや新聞などでどのように使われているか，というような応用的な内容が問われることも多い。さらに，政治分野・経済分野とも，国際時事問題が頻出していることも要注意である。また，統計資料を読解させる問題がよく出題されている。

03 難易度は？

選択法中心とはいえ，用語の正確な知識が前提となるものや，計算問題などもあるため，時間配分には注意を要する。また，教科書を何となく読んでいたり，一問一答のような学習をしているだけでは正解に至らない設問も多い。時事問題を中心にやや難といってよい出題傾向が続いているので，新聞やニュースに親しんでいない受験生には，難度が高いと感じられるだろう。

対策

01 基本用語の習得を

教科書の脚注や巻末資料を含めて読み通し，折にふれて用語集を活用しよう。用語には「市場」「分配」「配分」など，日常的な意味とは異なる使われ方をするものも少なくないので気をつけよう。『政治・経済用語集』（山川出版社）や『用語集 政治・経済』（清水書院）などを利用し，過去問の演習時に適切な用語が答えられるかを確かめよう。なお新課程の『公共用語集』（山川出版社）や『公共＋政治・経済』（清水書院）を活用してもよい。また，経済分野では，人口構成，国債発行残高や合計特殊出生率など，よく話題になる数字を理解しておこう。

02 時事問題に目を向ける

日頃から新聞などをチェックしておくことが必要だが，最新版の『現代用語の基礎知識』（自由国民社）などの現代用語集で各分野の新しい動きに目を通すなど，試験直前まで時事問題の動向に気をつけたい。

03 資料集の活用を

現実の政治・経済と，もともとの理論，根拠となる法規との関連を問う設問が多い。教科書をすべて読むことを前提に，例えば現実の社会に憲法の精神がどのように生かされているかなどをできるかぎり理解しておこう。教科書とともに資料集を読み込むことが重要である。学校で使用している資料集でよい。学校で資料集を用いていない場合は『政治・経済資料』（とうほう）をおすすめする。憲法条文とそれに関連する判例，京都議定書で約束された目標数値，（時事問題が起こっていた当時の）大統領・首相などをできるだけ押さえておくこと。

数　学

▶経済・経営・法・現代社会・国際関係・外国語・文化・生命科学部

年　度		番号	項　目	内　容
2024	3科目型	〔1〕	小問6問	(1)因数分解 (2)放物線と接線 (3)三角比 (4)三角関数を含む不等式 (5)空間ベクトルの平行 (6)対数関数
		〔2〕	確率，数列	四面体の4つの頂点を移動する点の確率，漸化式
		〔3〕	微・積分法	3次関数の係数決定と極値，3次関数のグラフの接線，定積分（面積）　⊘図示
	2科目型	〔1〕	小問6問	(1)因数分解 (2)対数方程式 (3)三角比 (4)場合の数 (5)式の値 (6)定積分
		〔2〕	微分法	3次関数の極大値・極小値，解と係数の関係，対称式
		〔3〕	図形と計量，ベクトル	三角比および平面ベクトルの図形への応用，条件を満たす点の存在範囲
2023	3科目型	〔1〕	小問5問	(1)因数分解 (2)三角比 (3)整式の割り算 (4)三角関数 (5)微分（極値，3次方程式の実数解の個数）
		〔2〕	確率	袋から玉を取り出すときの確率および条件付き確率
		〔3〕	ベクトル	平面ベクトルの図形への応用，直線のベクトル方程式
	2科目型	〔1〕	小問6問	(1)因数分解 (2)三角関数 (3)三角比 (4)場合の数 (5)複素数の計算 (6)定積分
		〔2〕	ベクトル	空間ベクトルの図形への応用（位置ベクトル，内積，面積，体積）
		〔3〕	微・積分法，図形と方程式	直線と放物線の共有点，接線，不等式の表す領域，積分（面積）

▶理・情報理工学部

年度		番号	項目	内容
2024	3科目型	〔1〕	小問5問	⑴整式の割り算 ⑵ベクトル ⑶確率 ⑷複素数平面（点の回転） ⑸絶対値記号を含む定積分
		〔2〕	整数の性質	2進法で表された整数
		〔3〕	微・積分法	法線の方程式，三角関数を含む関数のグラフ，定数分離
	2科目型	〔1〕	小問5問	⑴場合の数 ⑵式の値 ⑶指数関数の微分 ⑷複素数の計算 ⑸絶対値記号を含む定積分
		〔2〕	ベクトル	空間ベクトルと空間図形（平面，球）
		〔3〕	三角関数，図形と方程式	線対称，直線の方程式，線分の長さの和の最小値，三角形ができない条件
2023	3科目型	〔1〕	小問5問	⑴式の値 ⑵場合の数 ⑶三角比 ⑷平面ベクトル（内積） ⑸等比数列
		〔2〕	複素数平面，積分法	複素数平面の図形，積分法の応用（面積）
		〔3〕	微・積分法	無理関数の微分，増減表，極値，置換積分，積分法の応用（面積） ⊘図示
	2科目型	〔1〕	小問5問	⑴4次方程式の実数解 ⑵確率 ⑶空間ベクトルの大きさ ⑷三角関数の最大値 ⑸複素数の計算
		〔2〕	図形と方程式，微・積分法	円と接する放物線，円および接線の方程式，積分（面積）
		〔3〕	微分法	指数関数の微分，増減表，曲線上の格子点の個数 ⊘証明

出題範囲の変更

2025年度入試より，数学は新教育課程での実施となります。詳細については，大学から発表される募集要項等で必ずご確認ください（以下は本書編集時点の情報）。

	2024年度（旧教育課程）	2025年度（新教育課程）
経済・経営・法・現代社会・国際関係・外国語・文化・生命科学部	数学Ⅰ・Ⅱ・A・B（数列，ベクトル）	数学Ⅰ・Ⅱ・A・B（数列）・C（ベクトル）
理・情報理工学部	数学Ⅰ・Ⅱ・Ⅲ・A・B（数列，ベクトル）	数学Ⅰ・Ⅱ・Ⅲ・A・B（数列）・C（ベクトル，平面上の曲線と複素数平面）

旧教育課程履修者への経過措置

旧教育課程履修者への経過措置として，数学Aは「期待値」を除く範囲を出題する。なお，2025年度入試のみの措置である。

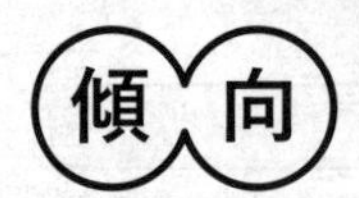

基本〜標準レベルの問題が中心 微・積分法は頻出！

01 出題形式は？

出題数は3題。

経済・経営・法・現代社会・国際関係・外国語・文化・生命科学部：〔3〕の最後の小問は導出過程が必要な記述式で，2024年度は3科目型で図示問題が出題された。他の問題はすべて結果のみを求める空所補充形式である。〔1〕は異なる分野からの小問5，6問で構成されている。試験時間は，3科目型が60分，2科目型が80分である。

理・情報理工学部：〔1〕は小問5問からなる空所補充形式の問題，〔2〕も空所補充形式の問題。〔3〕は記述式で，2023年度には図示問題や証明問題も出題されている。試験時間は，3科目型，2科目型ともに80分である。

02 出題内容はどうか？

経済・経営・法・現代社会・国際関係・外国語・文化・生命科学部：広範囲から出題されているが，微・積分法，確率，ベクトルからの出題が目立つ。微・積分法と図形と方程式との融合問題，因数分解もよく出題されている。ほかには，指数・対数関数，三角関数などが比較的よく出題されている。

理・情報理工学部：例年，出題範囲から幅広く出題されているが，全体として，微・積分法，数列・関数の極限，図形と方程式などのウエートが高い。ベクトル，場合の数・確率もよく出題されている。2023・2024年度は複素数平面についての出題もあった。また，図示問題や証明問題も出題されている。さらに複数分野の融合問題も見受けられる。

03 難易度は？

基本・標準問題中心であり，基本事項・公式をきちんと理解し，それらを十分に使いこなせるかどうかが問われる内容である。経済・経営・法・現代社会・国際関係・外国語・文化・生命科学部では，試験時間の長い2科日型の問題の中にやや難しいものが含まれている。〔3〕が記述式もしくは記述式を含む形式となっているので，時間配分に注意しよう。

01 基本事項の完全征服

教科書やその傍用問題集を中心とした学習で，基本事項を身につけておこう。特に，公式・定理は覚えるだけでなく使いこなせるようにしておきたい。そのうえで，教科書の章末問題や，より発展的な問題にも手を伸ばしておこう。

02 空所補充形式問題の対策

結果だけが求められる空所補充形式の問題のウエートが高いので，十分な対策をしておきたい。途中経過が考慮されないため，計算ミスや転記ミスなどのケアレスミスをしないことが特に重要である。また，途中の過程を省略して要領よく正解を導く技術を身につけておくと有利である。問題演習を数多くこなしておきたい。

03 記述式答案の作成練習

理・情報理工学部の記述式問題は，解答のまとめにくいものもあるので，日頃の問題練習の際には，実際の試験の答案を書くつもりで，思考過程を論理的に要領よく記述するように心がけるとよいであろう。複数分野の融合問題もよく出題されているので，いろいろなタイプの問題に当たることも大切である。また，証明問題が出題される可能性もあるので，その解答の書き方にも習熟しておきたい。

04 頻出分野の強化

仕上げの段階では，過去の問題を振り返り，出題頻度の高い分野を中心に同様のタイプの問題練習をすれば，より効果が期待できるであろう。分野としては，微・積分法，数列・関数の極限（漸化式を含む），図形と方程式，場合の数・確率を特に重点的に，次いで，ベクトル，指数・対数関数，三角関数，整数の性質といったところを強化していこう。

物　理

年度	番号	項　目	内　容
2024	〔1〕	力　学	台と小球の運動
	〔2〕	電磁気	テスターによる導通実験　⊘論述
	〔3〕	熱力学	容器内の気体の状態変化
2023	〔1〕	力　学	万有引力を受ける物体の運動，物体の分裂
	〔2〕	電磁気	RLC 並列交流回路，共振
	〔3〕	波　動	回折格子，光の分散と屈折　⊘描図

力学・電磁気が中心
基本的事項の理解を確実に

01　出題形式は？

例年，大問３題，試験時間 80 分である。多くの小問は数式や数値などを答える記述式であり，途中過程の記述は要求されない。また，適切な選択肢を選ぶ選択問題も出題される。描図問題や論述問題も出題されている。

02　出題内容はどうか？

出題範囲は「物理基礎・物理」である。例年，力学，電磁気分野からの出題に加え，波動と熱力学いずれか一方の分野から出題されている。基本的な問題から思考力を試す応用問題まで誘導形式での出題となっている。

03　難易度は？

教科書に記載されている基本～標準レベルの問題を中心に出題される。

やや難度が高く，あまり見慣れない設定の問題が出題されることもあるが，問題文中には丁寧な説明と誘導があるので，受験生にとっては取り組みやすく配慮された適切な出題であるといえる。試験時間 80 分で 3 題の出題であることを考えると，1 題を 20〜25 分程度で解けるように練習しておこう。計算過程が要求されない分，計算ミスによる芋づる式の失点もあり得るので，見直しの時間も十分確保したい。

対策

01 深い理解に基づく応用力を

教科書を繰り返し読み，内容を正確に理解し，公式や法則を自ら導出できるようにする。選択式の設問対策のためにも，教科書や図録などで正確な知識をつけておこう。疑問点は可能なかぎり追究し，解決への努力を惜しまず，問題解決の応用力を高めておきたい。また，日頃から新聞やテレビの報道などで，物理に関するニュースに注意を払うようにすることも大切である。

02 標準問題集で十分に演習を

基本的な公式を用いる問題から標準的な問題を中心に出題されるので，教科書などで基本事項を習得したあと，学校の授業で使用している傍用問題集などを用いて十分に演習をしておこう。基本的な問題の解答の成否が合否を左右するので，基本事項の問題の正解率を上げることが大切。初めて見るような問題も，教科書を中心にした基本的事項の完全な理解に立ち戻って考えれば解決されるはずである。また，解答のみを記入する形式なので，計算過程でミスのないよう，確実な計算力をつける練習も重要である。問題の内容をどのように数式化するかが解決のカギとなるものもあり，演習に際して，すぐにヒントに頼るとか，解答を見るといった安易な態度は禁物である。

03 論述・描図問題への対応を

論述問題では，その問題のポイントとなるキーワードを見出し，解答文中にそれを示して，論旨を明確にすることが大切である。普段から現象や法則を自分なりに説明できるように意識すること。作成した解答を学校の先生に添削してもらうのもよいだろう。描図問題については，問題演習の際に，的確な図やグラフを作成しながら解答するよう努力すること。

化 学

年度	番号	項　目	内　容
2024	〔1〕	状　態	溶液の濃度と浸透圧，ファントホッフの法則 ⊘計算
	〔2〕	無機・変化	硫黄の同素体と化合物，キップの装置と乾燥剤，溶解度積(55字) ⊘論述・計算
	〔3〕	有　機	A．$C_4H_4O_4$ 2価カルボン酸とその誘導体 ⊘計算 B．芳香族窒素化合物とその反応経路
2023	〔1〕	変　化	A．反応速度，化学平衡と平衡移動，平衡定数 ⊘計算 B．熱化学，結合エネルギー ⊘計算
	〔2〕	無機・理論	A．水素原子の構造と水素化合物 B．希ガス元素，空気の成分 ⊘計算
	〔3〕	有　機	A．$C_5H_{10}O_2$ エステルの構造決定 B．元素分析 ⊘計算

標準的な内容中心
計算問題頻出，論述問題に注意！

01 出題形式は？

例年，大問3題，試験時間80分。各大問は文章中の空所補充から始まることが多く，計算・論述を含む設問へと展開されていく。2023年度は出題がなかったが，2024年度は2022年度以前と同様に字数制限つきの論述問題が出題された。

02 出題内容はどうか？

出題範囲は「化学基礎・化学」である。例年，理論，無機，有機の各分野から出題されている。分野ごとの出題割合は年度により異なるが，ほぼ平均的に出題されている。

03 難易度は？

年度により一部やや高いレベルの出題もみられるが，基本も含め標準的な内容が多い。難易度は論述問題や計算問題の量に左右され，論述問題が多いとやや難化する。試験時間内で計算の見直しまでできるように，それぞれの大問を 20 分程度で解くことを意識したい。

対策

01 理論

標準的な良問が出題されるので，教科書を中心に基礎的事項を整理しておこう。さらに，問題集などで演習を積み，レベルの高い内容にも対応できる応用力をつけておくことが望ましい。また，計算の一部には煩雑なものも含まれるので，普段から自力で計算するようにし，素早く正確に計算できる力を養っておくこと。また，論述問題にも対応できるようにそれぞれの事項をきちんと理解し，まとめる練習をしておく必要がある。特に字数の多い論述はまとめ方に工夫が必要なので，過去問を用いた練習が不可欠である。

02 無機

教科書を中心に金属・非金属の単体やイオン，化合物の性質・製法・反応をよく理解しておくこと。教科書に出てくる化学反応式は必ず書けるようにし，化学反応の量的関係を用いる計算問題に対応できる力をつけておく必要がある。2024 年度は，難溶性の塩の溶解と沈殿を溶解度積を用いて判断させる問題が出題された。理論分野を融合させて出題されることもあるので，しっかりと理解しておくこと。また，硝酸やアンモニアなどの重要な化合物については工業的製法も理解しておきたい。

03 有　機

教科書に出てくる脂肪族化合物，芳香族化合物，天然高分子化合物，合成高分子化合物の名称・構造式・性質・製法・反応について整理し，理解しておくこと。元素分析から構造式の決定まで，計算および官能基の推定をきちんとできるようにしたい。有機化合物の学習では官能基の性質や反応性の理解が不可欠である。計算問題は化学反応の量的関係に関する演習をしっかりしておこう。その際，高分子化合物に関連するものも含めておくこと。また，さまざまな異性体についてもきちんと理解しておきたい。

生　物

年度	番号	項　目	内　容
2024	〔1〕	細　胞, 遺伝情報	A．細胞の構造とはたらき（20字）　⊘計算・論述 B．RNAのはたらき　⊘論述
	〔2〕	生殖・発生, 動物の反応	A．発生のしくみ（50字）　⊘論述 B．ヒトの眼の構造とはたらき　⊘論述
	〔3〕	進化・系統, 生　態	A．工業暗化　⊘論述・計算 B．群れと縄張り（30字2問）　⊘論述
2023	〔1〕	遺伝情報, 代　謝	A．DNA複製のしくみ　⊘論述 B．植物のさまざまな光合成のしくみ（80字）　⊘論述
	〔2〕	体内環境	A．ヒトの生体防御のしくみ（50字2問，100字）⊘論述 B．ヒトの自律神経系と内分泌系（60字他）　⊘論述
	〔3〕	生　態, 進化・系統	A．生態系における物質とエネルギーの移動（50字2問）　⊘論述 B．進化説と種分化のしくみ（20字他）　⊘論述・計算

論述問題に注意　総合問題や計算問題も出題

01　出題形式は？

大問3題で，すべての大問が中問(A)，(B)で構成されている。試験時間は80分。記述・選択問題が中心で，ほかに論述・計算，年度により描図問題もみられる。論述問題については，字数制限が設けられていない場合と字数制限が設けられている場合の両方がある。

02　出題内容はどうか？

出題範囲は「生物基礎・生物」である。年度ごとにさまざまな項目が取り上げられており，数年でみれば全分野から出題されているといえる。複数の分野の内容（上表の項目欄には表れないような文章の内容や小問も含む）に関する総合問題が出題されることもある。

03 難易度は？

設問数が多く，記述・論述問題が多いので，80 分の試験時間は必ずしも余裕があるとはいえない。見慣れない題材の問題が含まれることもあるが，大部分は基本的な事項を問う問題で，論述や計算も難しいものではないので，全体としての難易度は標準的といえよう。また，時間配分としては，各大問に均等に配分するのが妥当であろう。

対策

01 教科書全般の学習と論述・計算の練習

内容的には取り組みやすく，概して素直な問題が多いが，出題範囲が広いので，教科書全般について理解に努めておこう。教科書の「参考」や「コラム」，「発展学習」などの内容から出題されることもあるので，教科書に細かく目を通しておくことが大切である。一部に盲点をつくような事項や新傾向の事項が取り上げられたこともあるが，ここ数年は標準的な内容を中心に出題されているので，教科書の内容を徹底理解したうえで，論述・計算問題を含む問題集を反復練習しておくとよい。『生物〔生物基礎・生物〕基礎問題精講』（旺文社）などはおすすめである。

02 生物用語の確実な理解

暗記が重要とはいえ，暗記しただけでは得点にはつながらない。応用問題に対処できる準備が望まれる。教科書の索引にある生物用語について説明できるようにしておくとよい。そうすれば応用問題や少々の難問でも解けるはずである。着実な学習さえしていればかなりの得点が期待できる。

03 用語集の利用

教科書だけでは理解しづらい語句は，必ず用語集などで調べてみること。そしてまたわからない語句に出合えば調べる，という繰り返しによって理解力をつけていってほしい。

04 グラフ・表・図にも注意

グラフ・表・図を利用した問題が頻出である。ほとんどが教科書にみられるものであり，日頃から読解力・判断力を養っておけば，たとえ見慣れないものが出題されたとしてもクリアできるだろう。『スクエア最新図説生物』（第一学習社）などのグラフなどをチェックしておけば十分である。

国語

年度		番号	種類	類別	内容	出典
2024 ●	3科目型	〔1〕	現代文	評論	書き取り，俳句解釈，内容説明，主旨，内容真偽，文章の構成	「日本人と近代科学」渡辺正雄
		〔2〕	現代文	小説	語意，内容説明，主旨	「留学」遠藤周作
		〔3〕	古文	説話	口語訳，内容説明，文法，内容真偽，文学史	「宇治拾遺物語」
	2科目型	〔1〕	現代文	評論	書き取り，内容説明，主旨，文章の構成	「言語はこうして生まれる」モーテン・H・クリスチャンセン，ニック・チェイター
		〔2〕	現代文	小説	語意，内容説明，主旨	「熊の敷石」堀江敏幸
2023 ●	3科目型	〔1〕	現代文	評論	書き取り，内容説明，主旨	「異本論」外山滋比古
		〔2〕	現代文	小説	語意，内容説明，主旨	「いかれころ」三国美千子
		〔3〕	古文	随筆	口語訳，人物指摘，文法，空所補充，主旨，文学史	「徒然草」吉田兼好
	2科目型	〔1〕	現代文	評論	書き取り，内容説明，内容真偽，主旨	「日本人の言霊思想」豊田国夫
		〔2〕	現代文	小説	語意，内容説明，主旨	「さようなら，オレンジ」岩城けい

（注）●印は全問，◑印は一部マーク式採用であることを表す。

現代文は評論を中心に読解力を鍛えよう
古文は基礎的な知識・読解力が必要

01　出題形式は？

3科目型は現代文2題・古文1題の出題で，2科目型は現代文のみ2題の出題である。3科目型・2科目型ともに全問マーク式になっている。試験時間はいずれも 80 分。

02 出題内容はどうか？

現代文 2 題のうち 1 題は評論，もう 1 題は小説（または随筆）というパターンとなっている。漢字の書き取りは例年必ず出題されている。語意，内容説明，主旨も必出といってよい。奇をてらった設問はなく，オーソドックスな設問構成といえる。2024 年度の評論は，3 科目型では俳句の解釈，2 科目型では本文の内容をまとめたメモの空欄を補充する問題が出題された。

古文は，比較的有名な作品からの出題が多い。文章量は特に多くはない。設問内容については，解釈が中心で，文法と文学史も必ず出題されている。

03 難易度は？

現代文については，文章そのものは長さも適当で，レベルとしても難解なものは少ない。設問も標準的なレベルである。古文は本文そのものは必ずしも易しいものではないが，設問は基本的なものが多い。設問によっては時間をとられるものもある。全体的にはやや易～標準のレベル。

時間配分としては，3 科目型の場合は〔1〕30 分・〔2〕20 分・〔3〕20 分，2 科目型の場合は〔1〕40 分・〔2〕30 分を基本とし，残りの 10 分を見直しなどに回すとよいだろう。

対策

01 現代文

まず漢字の書き取りで確実に点を取っておく必要がある。漢検 2 級レベルの漢字問題集を少なくとも 1 冊は仕上げておこう。しかし，大切なのは評論・小説（随筆）の対策である。問題の形式や傾向が共通テストの問題と類似しているので，『共通テスト過去問研究 国語』（教学社）などの問題集で内容説明，論理展開，筆者の主張，登場人物の心情などの問題を解き慣れておくとよい。キーワードを押さえつつ，各段落の内容を把握することが肝要である。また，内容真偽・内容説明問題では「合致するもの，しないもの」「適切なもの，適切でないもの」のいずれを問われているかをしっかり確認する必要がある。

02 古文

まず必要なのは文法力・単語力である。『風呂で覚える古文文法』（教学社）などで基礎的な文法を身につけつつ，『風呂で覚える古文単語』（教学社）などで基本単語を習得する。次に，『マーク式基礎問題集　古文』（河合出版）などの標準的な問題集で読解力を鍛えていくとよいだろう。

03 文学史

古文では文学史が例年出題されている。国語便覧などを用いて，教科書や問題集で扱われている作品を確認する習慣を身につけよう。現代文・古文のいずれにおいても，時代の流れを背景に含めて理解したうえで，個々の作品，作者を位置づけるほうがわかりやすく，忘れにくい。

2024年度

問題と解答

一般選抜入試［前期日程］スタンダード３科目型：
１月 26 日実施分

問 題 編

▶試験科目・配点

学 部	教 科	科 目	配 点
経済・経営・法・現代社会・国際関係・外国語・文化・生命科（産業生命科）	外国語	コミュニケーション英語Ⅰ・Ⅱ・Ⅲ，英語表現Ⅰ・Ⅱ	100 点
	地歴・公民・数学	日本史Ｂ，世界史Ｂ，「政治経済・現代社会」，「数学Ⅰ・Ⅱ・Ａ・Ｂ」から１科目選択	100 点
	国 語	国語総合・現代文Ｂ・古典Ｂ（漢文を除く）	100 点
理	外国語	コミュニケーション英語Ⅰ・Ⅱ・Ⅲ，英語表現Ⅰ・Ⅱ	100 点
	数 学	数学Ⅰ・Ⅱ・Ⅲ・Ａ・Ｂ	100 点
	理 科	「物理基礎・物理」，「化学基礎・化学」から１科目選択 ＊宇宙物理・気象学科は「物理基礎・物理」指定	100 点
情 報 理 工	外国語	コミュニケーション英語Ⅰ・Ⅱ・Ⅲ，英語表現Ⅰ・Ⅱ	100 点
	数 学	数学Ⅰ・Ⅱ・Ⅲ・Ａ・Ｂ	100 点
	理 科	「物理基礎・物理」，「化学基礎・化学」，「生物基礎・生物」から１科目選択	100 点
生命科（先端生命科・産業生命科）	外国語	コミュニケーション英語Ⅰ・Ⅱ・Ⅲ，英語表現Ⅰ・Ⅱ	100 点
	数 学	数学Ⅰ・Ⅱ・Ａ・Ｂ	100 点
	理 科	「物理基礎・物理」，「化学基礎・化学」，「生物基礎・生物」から１科目選択	100 点

▶**備　考**

高得点科目重視３科目型：スタンダード３科目型で受験した科目のうち，高得点１科目の得点を自動的に２倍にし，400点満点で合否を判定する。

共通テストプラス：スタンダード３科目型の「英語」と大学入学共通テストの出題教科・科目のうち，各学部・学科が指定する教科・科目〈省略〉の成績（総合点）で合否を判定する。

高得点科目重視３科目型・共通テストプラスは，同日に実施するスタンダード３科目型に出願した場合に限り，併願可能。

▶**出題範囲**

- 生命科学部産業生命科学科は，文系／理系のどちらかの科目を出願時に選択する。
- 「政治経済・現代社会」は，「政治・経済」「現代社会」のいずれの履修者でも解答可能な出題範囲とする。
- 「数学Ｂ」は「数列，ベクトル」を出題範囲とする。

英語

(80分)

〔I〕 次の英文を読んで，空欄（ 1 ）〜（ 6 ）に入れる最も適切なものをそれぞれ一つ選び，その番号をマークせよ。

Michelle, my wife, came downstairs looking tired. She had a good reason to be (1). I like waking up early in the morning while she likes to stay up late. This means that I usually wake up before her and start making breakfast. I often close the kitchen cabinets (2) while I am getting things out.

At first, I didn't even realize I was being noisy. When Michelle pointed it out to me, I promised to stop. However, the next morning, I did it again without thinking. I sometimes remembered that she was still sleeping, but most of the time I didn't. I was disappointed in myself and wondered why I (3).

Research shows that we are often unaware of how much our habits control our behavior. As a matter of fact, much of what we do is (4), so we don't even realize it.

After I accidentally woke Michelle up early again with my kitchen noise, we realized that I needed (5) to close the cabinets quietly. We printed out pictures of a sleeping baby. Then, I taped the pictures to the cabinets. Every time I was about to shut the cabinets noisily, I (6) the babies and remembered to close them gently. This helped me break my habit of shutting the cabinets noisily and made Michelle happy.

1 空欄（ 1 ）

1. upset
2. bored
3. pleased
4. interested

2 空欄（ 2 ）

1. gently
2. loudly
3. partially
4. suddenly

3 空欄（ 3 ）

1. stayed up late
2. kept forgetting
3. was just like her
4. clearly remembered

4 空欄（ 4 ）

1. worthless
2. automatic
3. successful
4. intentional

5 空欄（ 5 ）

1. some time
2. a reminder
3. more advice
4. better reasons

6 空欄（ 6 ）

1. fed
2. saw
3. ignored
4. covered

〔Ⅱ〕 次の英文を読んで，下記の設問に答えよ。

Historians believe that minced beef was first eaten by Mongolians and in the 13th century made its way to Russia where it became known as tartare steak. The delicious raw food was taken over trade routes on the Baltic Sea to Hamburg, Germany. By the 17th century, minced beef had become a popular dish with Germans who fried it or made it into sausages.

The first mention of this early form of the hamburger is in a 1763 English cookbook, *The Art of Cookery, Made Plain and Easy* by Hannah Glasse. She describes a smoked Hamburg sausage made from minced beef and seasoned with hard fat, pepper, salt, wine, rum, and spices. In 1802, the *Oxford English Dictionary* includes "Hamburg steak"—a thick slice of salted, minced beef that is slightly smoked and mixed with onions and tiny pieces of bread.

Salted and smoked food was ideal for long sea voyages, and in the 18th century the Hamburg steak made its way across the Atlantic Ocean. Ships following the Hamburg-America Line brought thousands of people to new homes in the US, and soon Hamburg-style beef patties were served from food stands in New York. Interestingly, the Germans have never called this dish "Hamburg steak," instead it's known as *frikadelle* or *bulette*.

Now that we know how the beef patty made its way to North America, the question remains: Who first combined it with bread, creating the hamburger that we know and love? History is rarely simple, and there are several possibilities. US Library of Congress records state that the restaurant Louis' Lunch in New Haven, Connecticut served minced beef patties between slices of bread in 1895. Another story places the birth of the hamburger a decade earlier in Seymour, Wisconsin. It is said that, in 1885, "Hamburger Charlie" Nagreen, when having little success at selling meatballs at a county fair, decided to put them between two pieces of bread to make it easier to eat them while walking. Finally, the Menches brothers claim to have invented the dish at a county fair in the town of Hamburg, New

York in 1885. As the story goes, the brothers ran out of pork for their sausage patty sandwiches and cooked up a minced beef sandwich, flavored with coffee and brown sugar, instead.

Regardless of who made it first, the hamburger soon gained popularity. In 1904, it was presented at the St. Louis World's Fair. Then in 1916, Walter Anderson, a cook from Kansas, invented a type of bread specially for hamburgers. Five years later, he co-founded White Castle restaurant and the world's first hamburger chain was born.

A century later, hamburgers are sold all across the world in countless variations. They are a common food served at both fast food and high-end restaurants. In the US alone, an estimated 50 billion burgers are eaten every year, that is three per American every week. Burgers make up 40% of all sandwiches sold and account for over 70% of beef served in restaurants. Over its long history, the hamburger has kept its connection to the city of Hamburg, the place from where the minced beef patty began its world domination.

〔設問〕 本文の内容に最もよく合うものをそれぞれ一つ選び，その番号をマークせよ。

[7] According to the passage, historians believe that minced beef was (　　).

1. first introduced to Mongolians by Germans
2. originally a type of Mongolian fried sausage
3. invented by Russian traders on the Baltic Sea
4. a popular food in Germany by the 17th century

[8] How did Hamburg steak get to the US?

1. People found it in Oxford, England.
2. Russians introduced it to New York food stands.
3. Europeans brought it with them on ocean voyages.
4. Americans discovered Hannah Glasse's cookbook recipe.

9 Which hamburger sandwich maker changed the meat from pork to beef?

1. Walter Anderson
2. the Menches brothers
3. Louis' Lunch restaurant
4. "Hamburger Charlie" Nagreen

10 When did the world's first hamburger chain restaurant open?

1. 1885
2. 1904
3. 1916
4. 1921

11 In the US today, hamburgers are (   ).

1. the most popular beef menu item
2. more than half of all sandwiches sold
3. served at 70% of fast food restaurants
4. eaten by 40% of Americans every week

12 This passage shows us that the hamburger we know today (   ).

1. was a uniquely European creation
2. was originally a German sandwich
3. has a truly international background
4. has stayed mostly the same throughout history

13 What would be the best title for this passage?

1. The History of Hamburg Steak
2. The Hamburger: Born in the US
3. The Evolution of the Hamburger
4. International Hamburger Recipes

〔Ⅲ〕 与えられた英文の内容を伝える文として最も適切なものをそれぞれ一つ選び，その番号をマークせよ。

14 As people grow older, they tend to become less social.

1. We prefer to spend less time with other people as we age.
2. People who are less social often appear older than their age.
3. No matter what age we are, we can always learn to become social.
4. The older we become, the more we begin to enjoy the company of others.

15 Classical music is the only style that he enjoys listening to.

1. He'd rather hear anything but classical music.
2. He doesn't like any music other than classical.
3. He can't hear any genre except enjoyable classical music.
4. He'd prefer to listen to something other than classical music.

16 I was just wondering if you could check my essay.

1. Would you mind checking my essay?
2. Are you certain about my checking skills?
3. Could checking my essay make you wonder?
4. Are you checking my essay just so I wonder?

17 This picture of me was taken by my mother's friend.

1. I took my mother's picture to her friend.
2. My mother's friend took this photo of me.
3. This photo of my mother and her friend is mine.
4. My mother took this picture of me for her friend.

〔Ⅳ〕 次の会話文を読み，空欄（　a　）〜（　h　）に入れる最も適切なものをそれぞれ一つ選び，その番号をマークせよ。

Two university friends are talking:

Lisa: Hi, Kayo! Long time no see!

Kayo: Oh.... Lisa? (　a　)!

Lisa: Oh really?

Kayo: You completely changed your hairstyle. It looks good on you! How have you been?

Lisa: Great! You know what? I have two free movie tickets. Do you want to go with me this weekend?

Kayo: Let me check my schedule.... Oh, no. I have a report due on Monday, and I haven't even started it yet. (　b　).

Lisa: That's a shame! We haven't hung out for ages!

Kayo: True, but I can't really enjoy myself if I have something on my mind. (　c　)?

Lisa: Well, the tickets are only valid until this Sunday....

Kayo: Oh, I see. OK, then can we go to a late show on Sunday night? I'll try to finish my assignment by then.

Lisa: Cool! (　d　)!

18 空欄（　a　）

1. I can't see you
2. You can see me
3. You still know me
4. I didn't recognize you

19 空欄（ b ）

1. I wish I could go
2. I'll definitely join you
3. The movie is shameful
4. You won't be able to see it

20 空欄（ c ）

1. Can we go now
2. When did you finish
3. Where are the tickets
4. How about next week

21 空欄（ d ）

1. Lucky you
2. I can't wait
3. I'll miss you
4. I'm so jealous

A man and a woman are talking on the phone:

Man: Hello?

Woman: Hello, I'm calling you today to take a survey. Do you have a（ e ）?

Man: Yes, I have a few minutes now. Go ahead.

Woman: Great! The survey is to gather information about which bank people in your city are using.

Man: Really? Why do you need to know which bank I use?

Woman: This information will help us with our customer service. Please trust me. This is an official survey. You have（ f ）.

Man: Hmm. Well, OK.

Woman: （ g ）, please tell me your name, address, age, and current bank account information.

Man: What? Why do you need such personal information? This sounds like a trick.

Woman: Oh, no sir, (h). This is totally safe. Please tell me the information.

Man: No! I'm going to hang up and call the police to report you.

Woman: Oh, no! Please don't!

22 空欄(e)

1. pen
2. chance
3. moment
4. question

23 空欄(f)

1. all the information
2. too many questions
3. enough money for us
4. nothing to worry about

24 空欄(g)

1. First of all
2. Once again
3. Nonetheless
4. For the last time

25 空欄(h)

1. not again
2. I promise
3. I'm kidding
4. give me more

〔V〕 与えられた英文に続くA～Dの最も適切な配列をそれぞれ一つ選び，その番号をマークせよ。

26 Since its invention, the pencil has become so common that it's easy to forget how remarkable a technology it is.

A．That's what makes tablet computers so impressive.

B．It's not easy creating a digital tool that can copy all of these functions.

C．It can write at any angle, write darker when you press harder, and its marks can be erased.

D．They allow users to draw, paint, or write on a screen, just as they would on a sheet of paper with a pencil.

1. A－C－D－B
2. B－D－C－A
3. C－B－A－D
4. D－A－B－C

27 Many people take supplements in order to improve their memory and protect against age-related memory problems.

A．Among them, blueberries are the best.

B．Above all, berries, such as strawberries, blueberries, and raspberries are considered superfoods.

C．However, natural foods, especially superfoods, are much better than supplements at doing this.

D．This is because blueberries in particular reduce the level of certain substances in the brain that can negatively affect memory function.

1. A－D－B－C
2. B－C－D－A
3. C－B－A－D
4. D－A－C－B

〔Ⅵ〕 次の空欄に入れる最も適切なものをそれぞれ一つ選び，その番号をマークせよ。

28 Dreams are made up of bits and pieces of your memory, and different memories appear at different points in your sleep. Recent memories tend to appear in dreams that you see just after you fall asleep. By contrast, distant memories—like that house you lived in as a child—appear in those that you might see (　　).

1. once a year
2. more frequently
3. when you're relaxed
4. right before you wake up

29 Compared to machine drying clothes, air drying uses less energy, saves money, and extends the life of clothing by reducing wear and tear caused by the dryer. Although it takes longer, air drying is recommended. Therefore, if you must use a dryer, choose (　　).

1. a warm sunny day
2. cold water for washing
3. the shortest time setting
4. the right color and material

30 To make a sandcastle, you need only sand and water. If the sand is completely dry or extremely wet, it flows like a liquid, but somewhere in between, it will behave like a solid. To make a firm sandcastle, (　　　).

1. just keep adding water
2. you need the perfect balance
3. you must build from the center
4. keep the sand as dry as you can

31 If you're trying to get slim, which is more effective, diet or exercise? Consider the following calculations. An average of 23 minutes of aerobic exercise is needed to burn off the 237 calories in a 45g chocolate bar. A large order of fried potatoes contains about 460 calories, and takes around 45 minutes to burn off. Since it takes a lot of exercise time to burn off extra calories, you should eat (　　　).

1. fewer high calorie foods
2. anything you like before exercising
3. while you're exercising to save time
4. more food to maintain your energy level

〔Ⅶ〕 次の空欄に入れる最も適切なものをそれぞれ一つ選び，その番号をマークせよ。

(A) The concert (32) to start at 7pm, but we had to wait around because it actually (33) 30 minutes late.

32 1. schedule　2. scheduled　3. scheduling　4. was scheduled

33 1. has started　2. started　3. starting　4. starts

(B) (34) kids, we used to go camping at the lake, but we are (35) busy to go these days.

34 1. As　2. Because　3. Them　4. Until

35 1. much　2. so　3. too　4. 語句不要

(C) I can't find (36) phone charger. Could I use (37) until I find it?

36 1. me　2. mine　3. my　4. own

37 1. you　2. your　3. you're　4. yours

(D) (38) this article, gender-neutral baby names are more popular (39) ever before.

38 1. According to　2. Although　3. Explained　4. Moreover

39 1. and　2. as　3. for　4. than

(E) There was (40) news while you were away. I'll tell you all about it (41).

40 1. a lot of 2. loads 3. lots 4. too many

41 1. as soon as 2. lately 3. later 4. sooner

(F) I didn't like (42) of the two menu choices, but (43) I didn't have much money, I chose the cheaper one.

42 1. both 2. either 3. neither 4. some

43 1. because of 2. due to 3. since 4. therefore

(G) Starting next summer, the city of Rome (44) heavier fines for tourists who try to swim (45) the city's historic Trevi Fountain pool. Tourists will be fined (46) they are naked or clothed.

44 1. has introduced 2. introduce
3. introduced 4. is introducing

45 1. in 2. next 3. on 4. with

46 1. all 2. except 3. regarding 4. whether

〔Ⅷ〕 下線の語彙と意味が最も近いものをそれぞれ一つ選び，その番号をマークせよ。

47 The bicycle was abandoned by the side of the road.

1. discarded　　2. found　　3. parked　　4. purchased

48 The house was completely destroyed in the blaze.

1. crash　　2. fire　　3. flood　　4. storm

49 She has many devoted fans of her music around the world.

1. chosen　　2. loyal　　3. new　　4. secret

50 If you can speak three languages, many companies will hire you.

1. employ　　2. promote　　3. retire　　4. transfer

51 Many legends are based on real historical events.

1. documents　　2. myths　　3. novels　　4. songs

52 The price of electricity is expected to increase rapidly.

1. gradually　　2. partially　　3. quickly　　4. slowly

日本史

(60分)

〔Ⅰ〕 古代・中世の文化に関する次の文章ⅰ～ⅲを読み，下線部①～⑮について，それぞれ後の設問を読み，最も適当な答えを一つずつ選び，その番号を解答欄にマークせよ。

ⅰ 「世界の記憶」とは，「世界的に重要な記録物への認識を高め，保存やアクセスを促進することを目的とし，ユネスコが1992年に開始した事業の総称」(文部科学省ホームページ)であり，1995年より重要な記録物の登録制度が開始されている。

日本では８つの国際登録と１つの地域登録がおこなわれており，その中に４つの古代・中世の史料が含まれている。

まず，上野三碑と呼ばれるものがある。かつての上野国，現在の群馬県高崎市内にある古代の石碑で，2017年に登録された。天武天皇①の時代の681年につくられたのが山上碑(山ノ上碑)，元明天皇②の時代である711年の郡③設置を記念してつくられたのが多胡碑，聖武天皇④の時代の726年に祖先の菩提を弔うためにつくられたのが金井沢碑である。

東国ではすでに５世紀の稲荷山古墳出土鉄剣銘に，(　⑤　)にあたると思われる「ワカタケル大王」の名が刻まれている。これに対して，上野三碑は７世紀から８世紀に，地方で文字を彫った碑文がつくられていたことを示すものである。

設　問

① 下線部について，天武天皇(大海人皇子)がおこなったこととして，誤っているものを答えよ。

1. 壬申の乱に勝利して，皇位を継承した。
2. 我が国最初の全国的戸籍として庚午年籍を作成した。
3. 八色の姓を定めた。
4. 飛鳥浄御原宮に遷都した。

② 下線部に関連して，奈良時代前半までの出来事を，古いものから年代順に正しく配列したものを答えよ。

A 『古事記』が献上された。
B 和同開珎が発行された。
C 藤原京から平城京に都が遷された。

1. A→B→C　2. B→C→A　3. C→A→B　4. C→B→A

③ 下線部について，その説明として，正しいものを答えよ。

1. 地方組織として置かれた。
2. 外交使節の迎接施設として設置された。
3. 平城京の東西に置かれた。
4. 貧窮者・孤児の救済施設である。

④ 下線部について，聖武天皇についての説明として，誤っているものを答えよ。

1. 国分寺建立の詔を出した。
2. 西大寺を造営した。
3. 恭仁京を造営した。
4. 遺品の多くは正倉院に収められている。

⑤ 下線部にあてはまる人物として，正しいものを答えよ。

1. 元正天皇　2. 雄略天皇　3. 醍醐天皇　4. 近衛天皇

ii　2013年に「世界の記憶」に登録された『御堂関白記』は平安時代の藤原道長⑥の日記で，自筆本14巻が現存している。

道長は，藤原氏内部の争いに勝利して権力を掌握し，摂政・太政大臣を務め，晩年には法成寺を造営した。彼の権力の絶頂を示すものとして，「望月の歌」があるが，この歌は『御堂関白記』にはなく，(　⑦　)の『小右記』に記されている。その後，道長の子で，平等院鳳凰堂⑧を造営した(　⑨　)も長く摂政・関白を務めた。『御堂関白記』は彼らの子孫により，受け継がれてきたものである。

設　問

⑥　下線部に関連して，藤原道長の時代に女真族が九州北部に侵入したが撃退された事件の名称として正しいものを答えよ。

1. 三浦の乱　　2. 応永の外寇
3. 刀伊の入寇　　4. 文禄・慶長の役

⑦　下線部について，あてはまる人名を答えよ。

1. 藤原良房　　2. 藤原定家　　3. 藤原実資　　4. 藤原時平

⑧　下線部に関連して，平等院鳳凰堂阿弥陀如来像の作者として，正しいものを答えよ。

1. 止利仏師(鞍作鳥)　　2. 定　朝
3. 運　慶　　4. 巨勢金岡

⑨　下線部について，あてはまる人名を答えよ。

1. 藤原鎌足　　2. 藤原兼家　　3. 藤原秀衡　　4. 藤原頼通

iii　2015年に「世界の記憶」に登録された東寺百合文書は，平安時代初期に(　⑩　)を開いた空海が朝廷から下賜された東寺(教王護国寺)⑪に伝来した，平安時代から江戸時代までの文書群である。他の寺院と同じく，東寺も平安時代中期以降，多くの荘園⑫を所有したため，その管理に関する文書を多く含んでいる。

2023年に「世界の記憶」に登録されたのは，「円珍関係文書典籍」である。円珍は，最澄が開いた延暦寺に学んだ人物である。最澄は，(⑬)に保護され，(⑭)を著した。その弟子たちは，相次いで唐にわたり密教を学んだ。代表的な人物に(⑮)を著した円仁がいる。円珍はそれに続き，唐に学んだが，のち彼らの末流が対立を深めることとなった。「円珍関係文書典籍」は円珍の弟子の流れをくむ寺門派が拠点とした園城寺(三井寺)で長く保存されていたものである。

設　問

⑩ 下線部について，あてはまる宗派名を答えよ。

1. 真言宗　2. 天台宗　3. 曹洞宗　4. 黄檗宗

⑪ 下線部に関連して，東寺と同じく空海が開いた寺院を答えよ。

1. 元興寺　2. 金剛峰寺　3. 建仁寺　4. 法隆寺

⑫ 下線部に関連して，後三条天皇が荘園の証拠文書を審査するために設けた役所の名称を答えよ。

1. 弾正台　2. 雑訴決断所
3. 問注所　4. 記録所(記録荘園券契所)

⑬ 下線部について，あてはまる人物を答えよ。

1. 桓武天皇　2. 宇多天皇　3. 称徳天皇　4. 一条天皇

⑭ 下線部について，あてはまる名称を答えよ。

1.『立正安国論』　2.『往生要集』　3.『興禅護国論』　4.『顕戒論』

⑮ 下線部について，あてはまる名称を答えよ。

1.『東関紀行』　2.『十六夜日記』
3.『入唐求法巡礼行記』　4.『海道記』

〔Ⅱ〕次の文章ｉ・ⅱを読み，下線部①～⑮について，それぞれ後の設問を読み，最も適当な答えを一つずつ選び，その番号を解答欄にマークせよ。

ｉ　鮎川義介は，1880年に長州藩士の子として生まれた。鮎川家は，長州出身の元老として政界に君臨した(　①　)や貝島太助，藤田組②を組織した藤田伝三郎らとも姻戚であった。それゆえ鮎川義介は，東京帝国大学機械工学科卒業後，芝浦製作所の職工となるが，さらにアメリカに渡り，可鍛鋳鉄を研究して帰国した。1908年③に(　①　)の後援を得て，戸畑鋳物を創設し，経営にあたった。

その後妹婿である，久原房之助の久原鉱業が経営難に直面した際，その社長となり，これを改組して持株会社④「日本産業(日産)」とし，久原鉱業(日本鉱業と改称)・日立製作所を子会社として1928年⑤に発足した。日産は1930，31年の不況期⑥には赤字を重ねたが，1932年以後，業績は急激に好転し，日本水産・日産自動車・日産化学を傘下におさめる等の拡張を重ね，当時の軍需工業発展の一翼をにない，新興財閥としての地位を確立した。鮎川は日本窒素の(　⑦　)らと共に，技術者出身のコンツェルン主宰者として脚光を浴びた。

設　問

①　あてはまる人名を答えよ。

1. 西郷従道　2. 西園寺公望　3. 木戸孝允　4. 井上馨

②　下線部が払下げを受けた現在の秋田県の鉱山を答えよ。

1. 小坂銅山　2. 高島炭鉱　3. 足尾銅山　4. 別子銅山

③　以下のA～Cは，下線部の年以降に朝鮮において日本が進めた政策について述べたものである。古いものから年代順に正しく配列したものを答えよ。

A　産米増殖計画開始

B　創氏改名の実施

C　土地調査事業開始

1. A→B→C　2. B→A→C　3. C→A→B　4. C→B→A

④　下線部について述べた次の文，X・Yは，それぞれ正しいか誤っているか。その正誤の組み合わせとして正しいものを答えよ。

X：株式所有によって企業を支配する会社である。

Y：太平洋戦争後，独占禁止法により禁止された。

1. X：正　Y：正　　2. X：正　Y：誤
3. X：誤　Y：正　　4. X：誤　Y：誤

⑤　下線部の前年に金融恐慌が発生していた。金融恐慌発生過程について述べた次の文，X・Yと最も関係の深い用語a～dの組み合わせとして正しいものを答えよ。

X：議会での大蔵大臣の失言から，取付け騒ぎが起こった。

Y：台湾銀行を緊急勅令により救済しようとしたが，枢密院の了承が得られなかった。

a　国立銀行券　b　震災手形　c　鈴木商店　d　昭和電工

1. X－a　Y－c　　2. X－a　Y－d
3. X－b　Y－c　　4. X－b　Y－d

⑥　下線部について述べた次の文，X・Yと最も関係の深い用語a～dの組み合わせとして正しいものを答えよ。

X：正貨が大量に海外に流出した。

Y：農産物価格が暴落した。

a　モラトリアム　　b　金輸出解禁
c　戊申詔書　　d　女子の身売り

1. X－a　Y－c　　2. X－a　Y－d
3. X－b　Y－c　　4. X－b　Y－d

⑦　あてはまる人名を答えよ。

1. 中野友礼　2. 野口遵　3. 大河内正敏　4. 浅野総一郎

ii　日本産業は，1935年頃から業績はやや低迷していた。1936年に鮎川は陸軍の希望によって満州⑧を視察し，満州産業開発計画に助言したことがあったが，1937年⑨春，同計画の発足にあたり，陸軍・関東軍の要請を受けて満州に重工業を建設する事業を引き受けた。同年，日産本社を満州に移し満州重工業と改称して，これを満州国法人とした。その際の条件は，満州国政府の全額出資によって倍額に増資して資本金を4.5億円にすると共に，満鉄⑩傘下の昭和製鋼以下の各社を満州重工業の子会社とすること。そしてそのための技術・資金を外国，特にアメリカ⑪に求めることなどであった。しかし日中戦争⑫が長期化するなかで，対日世論が悪化して，外資導入の交渉は不成功に終わった。ドイツとの連絡もうまくいかず，重工業の建設ははかばかしくないままに，鮎川は1942年，後事を高碕達之助⑬に委ねて満州重工業を退いた。

帰国後は(　⑭　)内閣顧問となり，戦後戦犯容疑で東京の巣鴨に拘置されたが，1947年に釈放された。その後参議院議員となり，1958年には岸内閣の最高顧問として訪米している。翌年議員を辞任し，1967年⑮に死去した。

設　問

⑧　下線部について述べた次の文，X・Yと最も関係の深い用語a～dの組み合わせとして正しいものを答えよ。

X：疲弊した農村の農民を最も多く入植させた。

Y：1945年8月，ソ連軍が侵攻してきた。

a　千葉県　　b　長野県

c　中国残留孤児　　d　欠食児童

1. X－a　Y－c　　2. X－a　Y－d

3. X－b　Y－c　　4. X－b　Y－d

⑨　下線部の年に出された法を答えよ。

1. 輸出入品等臨時措置法　　2. 価格等統制令

3. 食糧管理法　　4. 金融緊急措置令

⑩　下線部は，南満州鉄道株式会社のことである。これについて述べた次の文，X・Yは，それぞれ正しいか誤っているか。その正誤の組み合わせとして正しいものを答えよ。

X：第一次世界大戦後に設立された。

Y：純民間企業であった。

1. X：正　Y：正　　2. X：正　Y：誤

3. X：誤　Y：正　　4. X：誤　Y：誤

⑪　以下のA～Cは，下線部との間の出来事について述べたものである。古いものから年代順に正しく配列したものを答えよ。

A　石井・ランシング協定が廃棄された。

B　日米通商航海条約の廃棄が通告された。

C　サンフランシスコ学童入学拒否事件が起こった。

1. A→B→C　2. B→A→C　3. C→A→B　4. C→B→A

⑫　下線部に関連して述べた次の文，X・Yと最も関係の深い用語a～dの組み合わせとして正しいものを答えよ。

X：国家総動員法が制定された。

Y：企画院が創設された。

a　国民徴用令　　b　重要産業統制法

c　傾斜生産方式　　d　物資動員計画

1. X－a　Y－c　　2. X－a　Y－d

3. X－b　Y－c　　4. X－b　Y－d

⑬　下線部の人物は，戦後政治家となり活躍した。特に1962年に中華人民共和国の代表者との間で覚書を調印し，これによって日中準政府間貿易が始まった。この貿易は何というか，答えよ。

1. LT貿易　　2. 勘合貿易

3. 李承晩ライン　　4. ドッジ=ライン

⑭　あてはまる人名を答えよ。

1. 犬養毅　2. 東条英機　3. 幣原喜重郎　4. 吉田茂

⑮　以下のA～Cは，下線部以後に発生した出来事について述べたものである。古いものから年代順に正しく配列したものを答えよ。

A　5ケ国財務省・中央銀行総裁会議は，ニューヨークのプラザホテルにおいて，ドル高是正の介入に合意した。

B　第1次石油危機が発生した。

C　東名高速道路が，全線開通した。

1. A→B→C　2. B→A→C　3. C→A→B　4. C→B→A

〔Ⅲ〕 近世後期の対外関係に関する次の文章ⅰ・ⅱを読み，設問①～⑳について，最も適当な答えを一つずつ選び，その番号を解答欄にマークせよ。なお，史料は原文を一部改変した部分がある。

ⅰ　18世紀後半は，日本を取り巻く世界情勢が大きく変わってきた時期であり，欧米各国は産業革命の拡がりを背景とし，植民地争奪および貿易拡大に邁進し始めていた。

1792年，ロシア使節が日本人漂流民大黒屋光太夫①らをともなって根室に来航し，漂流民の返還と通商を求めた。これに対して，江戸幕府は，江戸初期に定められた国以外とは新たな関係を持たないことを理由に通商を拒否した。また，1796年には（　②　）人が蝦夷地に来航し，日本近海を測量する事件も起こった。こうした事態を受けて，幕府は1798年に択捉島を調査させ，「大日本恵登呂府」の標柱を立てさせた。③その後もたびたび外国人が寄港したが，通商要求についてはすべて拒否した。

1804年には，入港許可証(「信牌」)を携えて長崎に来航したロシア使節④が，同国軍人に示唆して，1806年から翌年にかけて樺太と択捉島を攻撃させる事件を起こさせた。幕府はこの事実を朝廷に報告したが，結果，朝廷が幕府の対外政策に介入する契機を与える形となり，その後の幕政運営に大きく影響することになった。この事件に対応するべく，幕府は全蝦夷地を直轄化し，奉行を設置して同地を支配し，東北諸藩に蝦夷地の警備を命じた。ロシアとの関係は，1811年にはロシア軍艦の艦長が捕らえられる事件⑤も起きたが，この事件の解決を機に改善された。

北方での緊張に加え，幕府を驚愕させたのは，1808年に（　②　）艦船が長崎のオランダ商館員を人質にとり，薪水，食糧を要求した事件である。⑥以後，同国の艦船は1817年，1818年，1822年と3度にわたり来航したうえ，1824年には常陸国の大津浜で漁民と交易をおこなう一方，薩摩藩領の宝島で掠奪をおこなうなどの事件も起こした。これに対して幕府は1825年，異国船打払令を出して外国船の撃退を命じた。1837年，来航した外国船を砲撃し退去させる事件が発生⑦し，これに対して，その後，幕府の対外政策を批判する者も現れ，1839年，幕府は批判した者たちを厳しく処罰した。⑧ところが，その翌年に，アヘン戦争⑨が起こり，清国が劣勢であるとの海外情報⑩が伝わるや，幕府は大きく政策を転換させて薪水給与令を出し，異国船への穏便な対応，薪水・食糧の供給などを指示するに至った。

設　問

① 下線部に関して，大黒屋光太夫の見聞をもとに『北槎聞略』を著した人物を答えよ。

1. 前野良沢　　2. 大槻玄沢　　3. 稲村三伯　　4. 桂川甫周

② 下線部について，あてはまる国名を答えよ。

1. イスパニア　　2. イギリス　　3. アメリカ　　4. フランス

③ 下線部について，択捉島を探査し，標柱を立てた人物を答えよ。

1. 間宮林蔵　　2. 近藤重蔵　　3. 伊能忠敬　　4. 工藤平助

④ 下線部について，該当する人物を答えよ。

1. レザノフ　　2. オールコック

3. ラクスマン　　4. ゴローウニン

⑤ 下線部に関連して，その報復として国後島付近で捕らえられた人物を答えよ。

1. 紀伊国屋文左衛門　2. 末次平蔵
3. 田中勝介　4. 高田屋嘉兵衛

⑥ 下線部について，事件の責任を負い，自害した長崎奉行を答えよ。

1. 松平容保　2. 松平慶永　3. 松平康英　4. 松平信綱

⑦ 下線部に関して述べた文，X・Yは，それぞれ正しいか，誤っているか。その正誤の組み合わせとして正しいものを答えよ。

X：この外国船は，漂流民の返還と通商を求めて来航した。
Y：この外国船は，フランスの船舶であった。

1. X：正　Y：正　2. X：正　Y：誤
3. X：誤　Y：正　4. X：誤　Y：誤

⑧ 下線部に関して，処罰された人物の著作を答えよ。

1.『中朝事実』　2.『華夷通商考』　3.『慎機論』　4.『海国兵談』

⑨ 下線部に関連して，アヘン戦争前後，1838年から1845年までの出来事として誤っているものを答えよ。

1. 幕府はオランダからアヘン戦争の情報を得ていた。
2. 将軍徳川家定はオランダ国王から開国の勧告を受けた。
3. 幕府は，川越・庄内・長岡の３藩に領知替えを命じた。
4. 幕府は江戸・大坂支配を強化するために上知令を出した。

⑩ 下線部に関連して，海外からの情報は，蘭学の研究や洋書の翻訳によって日本にもたらされた。著された書物を成立年代順に正しく配列したものを答えよ。

A．シーボルト『日本』　B．ケンペル『日本誌』　C．志筑忠雄『鎖国論』

1. A→B→C　2. A→C→B　3. B→C→A　4. C→B→A

ii　近世日本の対外政策は，西洋列強の砲艦外交により大転換を迎えることになった。⑪1853年，アメリカ東インド艦隊司令長官のペリーは4隻の軍艦を率いて来航し，開国を求めるアメリカ大統領の国書を幕府側に受け取らせると，翌1854年にも再び来航して，開国を迫った。幕府はこれを受けて，⑫日米和親条約を締結し，ついでイギリス，⑬ロシア，オランダとも同様の条約を結んだ。⑭幕府は，こうした開国をめぐる難局を挙国一致の体制で乗り切るべく，先例に反して，朝廷に報告して理解を得るとともに，全国諸大名や幕臣らに広く意見の提出を求めた。特に，諸藩との協調のもとで幕政にあたる姿勢をうち出し，優秀な人材を積極的に登用した。前水戸藩主徳川斉昭の海防参与就任はその一例である。しかし，このことは諸大名の発言力の強化につながり，それを嫌う保守勢力との間で深い対立が生まれることになった。

日米和親条約にもとづいて着任した⑮ハリスは，当初から通商条約の締結を企図していた。幕府は当初より消極的な対応で乗り切りろうとしていたが，ハリスの強い主張によって，条約締結は避けられないとの方向性を固めるにいたった。幕府はまず，孝明天皇の勅許を得ることで条約締結に反対する声を抑制できると考えた。しかし，天皇から勅許が下ることはなく，条約締結問題は暗礁に乗りあげた。また，同じ時期に幕府は政権を二分する⑯将軍継嗣問題も抱えており，熾烈な政争が朝廷をも巻き込んで展開されていた。

このような政治混迷のなか，大老に就任したのが井伊直弼であった。幕府の権威回復を目指す直弼は，1858年，勅許を得られないまま，⑰日米修好通商条約の調印を断行し，幕府が抱えた外交問題に決着をつけた。ついで幕府は，イギリス・ロシア・オランダ・フランスとも同様の条約を結び，⑱翌1859年から日本と欧米諸国との貿易が開始された。日本の輸出額は急速に増大したが，その反面，⑲諸物価の高騰や金銀比価の違いから生じた混乱などによって庶民の生活は著しく圧迫され，反幕府の気運とともに貿易に対する反感が高まり，激しい攘夷運動が頻発するようになった。

⑳勅許を得ることなく強行された条約締結は，違勅調印と解されて反対派の非難の的となったが，直弼は強硬姿勢で臨み，反幕派とみなされた公家や大名，その家臣，さらには幕臣たちが多く処罰された。「安政の大獄」と呼ばれる厳し

い政治粛清に対する人びとの憤りは，直弼自身に向けられることになり，1860年3月，江戸城への登城途次，水戸出身の浪士らによって襲撃を受け，暗殺された。

設 問

⑪ 下線部について，ペリーが入港したのはどこか，答えよ。

1. 兵 庫　2. 新 潟　3. 長 崎　4. 浦 賀

⑫ 下線部に関して，次の史料X・Yに関して述べた文，a～dについて，正しい解釈の組み合わせを答えよ。

X：第二ヶ条　一，伊豆下田，松前地箱館の両港ハ，日本政府ニ於(おい)て，亜墨利加船薪水・食料・石炭欠乏の品を，日本人にて調(ととの)ひ候丈ハ給し候為メ，渡来の儀差し免し候。

Y：第九ケ条　一，日本政府，外国人江当節亜墨利加人江差し免さす候廉(かど)相免し候節ハ，亜墨利加人江も同様差し免し申すへし。

（『幕末外国関係文書』）

a　下田と箱館の二港では，日本とアメリカによる自由な取引ができた。

b　下田と箱館の二港では，アメリカ船への物品補給については，日本側が調達したものに限り供給できた。

c　日本側が，アメリカ以外の外国人に許可してこなかった事項を許可する場合については，アメリカ人にも同様に許可する。

d　日本側は，アメリカ以外の外国人に許可しない事項についても，アメリカに限り許可する。

1. X：a　Y：c　　2. X：a　Y：d

3. X：b　Y：c　　4. X：b　Y：d

⑬ 下線部に関して，日露和親条約で定められた国境線を答えよ。

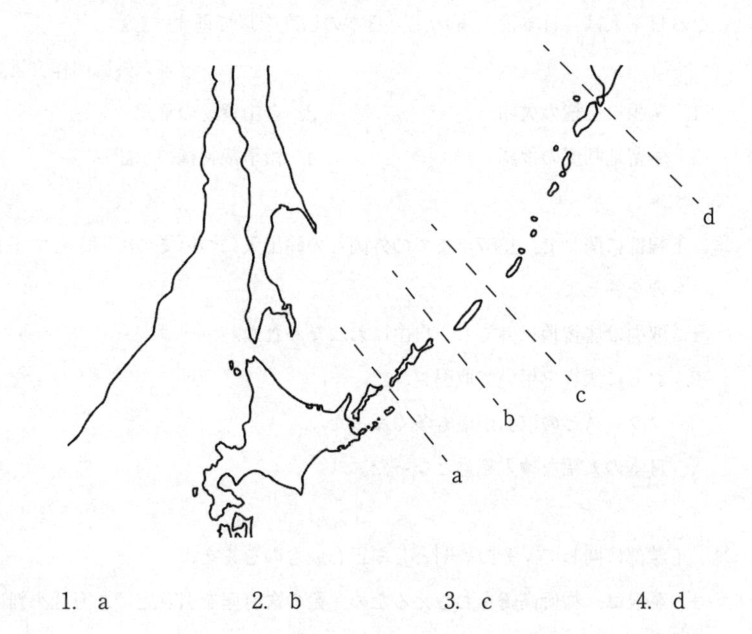

1. a　　2. b　　3. c　　4. d

⑭ 下線部に関して，当時の幕府を主導した老中首座の人物を答えよ。

1. 堀田正睦　　2. 阿部正弘　　3. 水野忠邦　　4. 久世広周

⑮ 下線部について，ハリスの職名を答えよ。

1. 駐日総領事　　2. 駐日公使　　3. 駐日大使　　4. 駐日領事

⑯ 下線部に関して，前水戸藩主徳川斉昭の実子であり，幕政改革派の親藩，外様大名らによって将軍継嗣に推された人物を答えよ。

1. 徳川慶福　　2. 徳川慶喜　　3. 徳川家達　　4. 徳川昭武

⑰ 下線部について，以下の史料はこの条約の一部を抜粋したものであり，その不平等性が問われる条項であった。この取り決めを何と呼称するか，答えよ。

第六条　日本人に対し法を犯せる亜墨利加人は，亜墨利加コンシユル裁断所にて吟味の上，亜墨利加の法度を以て罰すへし。亜墨利加人へ対し法を犯したる日本人は，日本役人糺（ただし）の上，日本の法度を以て罰すへし。

（『幕末外国関係文書』）

1. 関税自主権の欠如　　2. 自由貿易の承認
3. 居留地制度の承認　　4. 領事裁判権の承認

⑱ 下線部に関して，1867年までの外国との輸出入についての説明として正しいものを答えよ。

1. 取引は居留地以外でも，自由におこなわれた。
2. おもに銀貨を用いて取引された。
3. フランスとの取引が最も多くなった。
4. 日本の大幅な輸入超過となった。

⑲ 下線部に関して，その説明として正しいものを答えよ。

1. 幕府は，物価高騰をおさえるため，金の含有率を引き上げた万延小判に改鋳した。
2. 幕府は，商品流通を効率化するため，雑穀・水油・蠟などの五品については，生産地から開港場に直送するよう命じた。
3. 機械生産の綿織物が大量輸入されたため，農村で発達した綿作や綿織物業が圧迫された。
4. 外国人が日本に持ちこんだ外国金貨で日本の銀貨が安く購入されたため，大量の銀貨が海外に流出した。

⑳ 下線部に関して述べた次の文，X・Yは，それぞれ正しいか，誤っているか。その正誤の組み合わせとして正しいものを答えよ。

X：大老井伊直弼は，彦根藩主であった。
Y：長州藩の高杉晋作は，反幕派とみなされ，投獄されて刑死した。

1. X：正　Y：正　　2. X：正　Y：誤
3. X：誤　Y：正　　4. X：誤　Y：誤

世界史

(60分)

〔Ⅰ〕 次の文章を読み，設問A～Jに対する答えを選択肢1～4から一つ選び，その番号を解答欄にマークせよ(同一記号は同一語句を表す)。

1世紀初め，王莽(a)が漢(前漢)をたおして新をたてた。しかし，実情にあわない政治をおこなったため，各地で反乱(b)がおき，新はわずか15年で滅んだ。その後，漢の一族の劉秀が漢を復興して(後漢)，皇帝となった(光武帝)。光武帝は都を(　c　)に移し，内政重視の方針をとった。後漢時代には，(　d　)によって，勢力のある豪族が官僚として政治に進出した。2世紀になると，党派争いがくりかえされ，やがて宗教結社(e)を主体とする反乱がおこると，各地に軍事集団が割拠し，後漢は滅んだ。

後漢の皇帝から皇帝位をゆずりうけた曹丕は華北に魏をたてた。すると四川の劉備，長江下流域の孫権もつぎつぎに建国し，中国は三国時代(f)に突入した。やがて三国のなかでもっとも優勢だった魏の将軍の(　g　)が晋をたて，中国を統一した。

しかし(　g　)の死後，帝位をめぐる(　h　)がおこり，この内乱のなかで遊牧諸民族が勢力をのばし，各地で蜂起した。そして山西で挙兵した(　i　)が晋の都をおとしいれ，晋は滅んだ。5世紀前半に北魏(j)の太武帝が華北を統一するまで，華北では遊牧諸民族によってたてられた多くの政権が興亡した。

A. 下線部aに関連して，「王莽」に関する説明として正しいものはどれか。

1. 西域都護として活躍した。
2. 外戚として実権を握った。
3. 殷を理想とする復古主義を強行した。
4. 経書を研究して訓詁学を大成した。

B．下線部bに関連して，この「反乱」はどれか。

1. 赤眉の乱　2. 黄巣の乱　3. 黄巾の乱　4. 紅巾の乱

C．（　c　）にあてはまる語句はどれか。

1. 洛　陽　2. 咸　陽　3. 長　安　4. 建　康

D．（　d　）にあてはまる語句はどれか。

1. 九品中正　2. 郷挙里選　3. 里甲制　4. 科　挙

E．下線部eに関連して，太平道の指導者はだれか。

1. 張　陵　2. 張　儀　3. 張　騫　4. 張　角

F．下線部fに関連して，「三国時代」の出来事として正しいものはどれか。

1. 呉が蜀を滅ぼした。　2. 晋が蜀を滅ぼした。

3. 蜀が呉を滅ぼした。　4. 晋が呉を滅ぼした。

G．（　g　）にあてはまる人物はだれか。

1. 司馬光　2. 司馬睿　3. 司馬炎　4. 司馬遷

H．（　h　）にあてはまる語句はどれか。

1. 呉楚七国の乱　2. 永嘉の乱　3. 八王の乱　4. 三藩の乱

I．（　i　）にあてはまる語句はどれか。

1. 匈　奴　2. 柔　然　3. 突　厥　4. 鮮　卑

J．下線部jに関連して，「北魏」に関する説明として間違っているものはどれか。

1. 北魏は，拓跋氏がたてた国である。

2. 北魏の太武帝は，仏教を弾圧した。

3. 北魏の孝文帝は，漢化政策を進めた。

4. 屯田制は，北魏で始まった制度である。

〔Ⅱ〕 次の文章を読み，設問A～Jに対する答えを選択肢1～4から一つ選び，その番号を解答欄にマークせよ。

第二次世界大戦後，フランス(a)やイタリア(b)で共産党が躍進し，東欧では親ソ政権が成立した。このため，ソ連に対する警戒心が高まり，1947年にアメリカ合衆国大統領の(　c　)がソ連拡大を封じ込める政策を提唱した。ついで，ヨーロッパ経済を復興するための(　d　)が発表された。

これに対し，各国共産党の情報交換機関としてコミンフォルム(e)が組織された。東欧諸国へのソ連の影響力が強化されたのを受け，西欧5カ国(f)は1948年に西ヨーロッパ連合条約を結んだ。翌年にはアメリカを含む12カ国が(　g　)を結成して共同防衛を行うことになった。ソ連及び東欧6カ国も，1955年に(　h　)を発足させて対抗した。

他方，ドイツでは1945年に(　i　)の分割管理が始まった。1949年には，ドイツ連邦共和国(j)が成立した。

A. 下線部aに関連して，「フランス」に関する説明として正しいものはどれか。

1. ペタンがレジスタンス運動を指導した。
2. 自由フランス政府がヴィシーに成立した。
3. 第二次世界大戦直後に第三共和政が成立した。
4. 対独降伏に反対したド=ゴールがロンドンに亡命した。

B. 下線部bに関連して，「イタリア」に関する説明として間違っているものはどれか。

1. バドリオの逮捕後にムッソリーニ政府が樹立された。
2. 国民投票により王政が廃止された。
3. 第二次世界大戦前にエチオピアを併合した。
4. スペイン内戦ではフランコを支援した。

C．（ c ）にあてはまる人物はだれか。

1. チャーチル
2. トルーマン
3. アトリー
4. フランクリン=ローズヴェルト

D．（ d ）にあてはまる語句はどれか。

1. シューマン=プラン
2. 大西洋憲章
3. 第1次五カ年計画
4. マーシャル=プラン

E．下線部eに関連して，「コミンフォルム」に関する説明として間違っているものはどれか。

1. フランス共産党が参加した。
2. 当初ベオグラードに本部を置いた。
3. ティトーが指導するルーマニアが除名された。
4. スターリン批判ののち解散した。

F．下線部fに関連して，この「西欧5カ国」に含まれないものはどれか。

1. ベルギー
2. オランダ
3. イギリス
4. イタリア

G．（ g ）にあてはまる語句はどれか。

1. ヨーロッパ石炭鉄鋼共同体
2. 中央条約機構
3. 北大西洋条約機構
4. ヨーロッパ経済協力機構

H．（ h ）にあてはまる語句はどれか。

1. バグダード条約機構
2. 経済相互援助会議
3. ワルシャワ条約機構
4. ヨーロッパ自由貿易連合

I．（ i ）にあてはまる語句はどれか。

1. ミュンヘン
2. ベルリン
3. ボ ン
4. フランクフルト

J．下線部jに関連して，「ドイツ連邦共和国」に関する説明として間違っているものはどれか。

1. 初代首相はアデナウアーである。
2. パリ協定によって主権を回復した。
3. 東ドイツと呼ばれる。
4. 「経済の奇跡」と呼ばれる高度経済成長を達成した。

〔Ⅲ〕 次の文章を読み，設問A～Jに対する答えを選択肢1～4から一つ選び，その番号を解答欄にマークせよ(同一記号は同一語句を表す)。

世界最古の文明とされるメソポタミア文明を築いたのは，シュメール人[a]であった。彼らが使用した(　b　)文字は，アケメネス朝ペルシアでも使用されるほど，広範に用いられた。また彼らが生み出したシュメール法典は，(　c　)のハンムラビ法典に継承された。

A．下線部aに関連して，「シュメール人」と関係のないものはどれか。

1. 『ギルガメシュ叙事詩』
2. ウルク
3. ジッグラト
4. ヴァルナ

B．(　b　)にあてはまる語句はどれか。

1. 線
2. 楔　形
3. 神　官
4. 神　聖

C．(　c　)にあてはまる語句はどれか。

1. バビロン第一王朝
2. イスラエル王国
3. セレウコス朝シリア
4. ユダ王国

シーア派[d]を国教とするサファヴィー朝の首都は当初はタブリーズであったが，(　e　)の時代にイスファハーン[f]を首都に定めた。イスファハーンの繁栄ぶりを表す言葉として，「イスファハーンは(　g　)の半分」がある。

D．下線部dに関連して，「シーア派」に関する説明として間違っているものはどれか。

1. 現在のイランで最も信者が多い宗派である。
2. アリーとその子孫がムハンマドの後継者であると主張する。
3. シーア派最大の宗派は十二イマーム派である。
4. ムガル帝国で中心的な宗派になった。

E．（　e　）にあてはまる人物はだれか。

1. アッバース1世　　2. イスマーイール
3. メフメト2世　　4. セリム1世

F．下線部fに関連して，「イスファハーン」の位置は地図上のどこか。

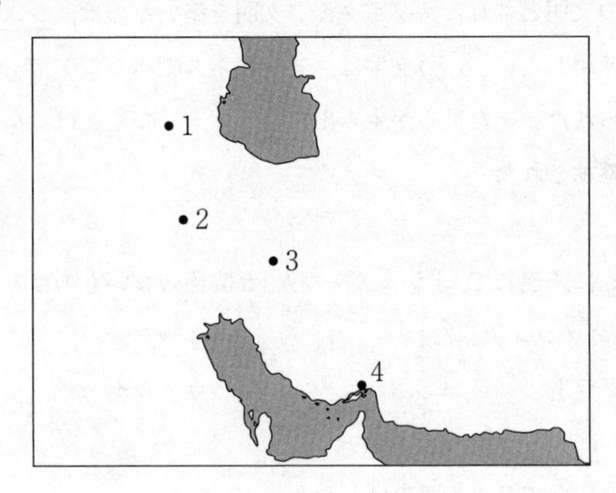

G．（　g　）にあてはまる語句はどれか。

1. アジア　　2. 世　界　　3. 中　東　　4. ユーラシア

イラク大統領のサダム=フセインは，1990年に（　h　）に侵攻した。それをきっかけとして翌91年に湾岸戦争(i)が勃発した。湾岸戦争では多国籍軍(j)が派遣され，イラクは，（　h　）から撤退した。

H．（　h　）にあてはまる語句はどれか。

1. バーレーン　　2. オマーン
3. アラブ首長国連邦(UAE)　　4. クウェート

I　下線部ｉに関連して，「湾岸戦争」勃発時のアメリカ大統領はだれか。

1. レーガン　2. ブッシュ(父)　3. クリントン　4. オバマ

J. 下線部ｊに関連して，「多国籍軍」に加わっていない国はどれか。

1. スイス　2. イギリス

3. フランス　4. サウジアラビア

〔Ⅳ〕 次の文章を読み，設問Ａ～Ｊに対する答えを選択肢１～４から一つ選び，その番号を解答欄にマークせよ。

13世紀以降のインドでは，（　a　）を本拠にしたイスラーム諸王朝の興亡が続いた。その最後の王朝となったのは，15世紀半ばに成立した（　b　）である。これらの諸王朝のもと，イスラーム文化とインド土着の様式や習俗が融合し，インド=イスラーム文化(c)が生まれた。

A.（　a　）にあてはまる語句はどれか。

1. デリー　2. アグラ　3. ゴ　ア　4. ボンベイ

B.（　b　）にあてはまる語句はどれか。

1. イドリース朝　2. ロディー朝　3. ブワイフ朝　4. 奴隷王朝

C. 下線部ｃに関連して，「インド=イスラーム文化」に関する説明として正しいものはどれか。

1. カロリング=ルネサンスに影響を与えた。
2. ナーランダー僧院が教学の中心となった。
3. 『ラーマーヤナ』が現在の形にまとめられた。
4. 代表的な建築物として，タージ=マハルがある。

15世紀半ば，現在のコロンビア南部からチリにいたる地域に，(　d　)を中心としてインカ帝国が成立した。この頃ユカタン半島では，マヤ文明(e)が展開していた。またメキシコ高原では，(　f　)人がテノチティトランを首都とする王国を築いていた。

D．(　d　)にあてはまる語句はどれか。

1. アカプルコ　2. クスコ　3. ギ　ザ　4. テーベ

E．下線部eに関連して，「マヤ文明」に関する説明として間違っているものはどれか。

1. ピラミッド状の神殿が建設された。
2. 二十進法がもちいられた。
3. 民用文字が使用された。
4. 16世紀にスペイン人に征服された。

F．(　f　)にあてはまる語句はどれか。

1. アステカ　2. フェニキア　3. ケチュア　4. ベルベル

15世紀，(　g　)が遠征の拠点としたことなどから，マラッカ王国は交易の中心となって発展した。この国が朝貢関係を結んだ中国の王朝は，明(h)である。マラッカの王がイスラームに改宗したことは，東南アジアのイスラーム化をうながし，ジャワではイスラームの(　i　)が成立した。しかし1511年，マラッカ王国は(　j　)に占領された。

G．(　g　)にあてはまる人物はだれか。

1. 呉三桂　2. 鄭　和　3. 義　浄　4. 鄭芝竜

H．下線部hに関連して，「明」に関する説明として間違っているものはどれか。

1. 衛所制が実施された。
2. 永楽帝がモンゴル遠征をおこなった。
3. ベトナムに安南都護府をおいた。
4. 江南を拠点として中国を統一した。

I．(　i　)にあてはまる語句はどれか。

1. メロエ王国　　2. ミタンニ王国
3. ラーンサーン王国　　4. マタラム王国

J．(　j　)にあてはまる語句はどれか。

1. ポルトガル　　2. オランダ　　3. イギリス　　4. スペイン

〔Ⅴ〕 次のA～Jの文章を読み，下線部に間違っているものがあればその番号を，間違っているものがなければ4を，解答欄にマークせよ。

A．ヒッタイト人は，古代オリエントで強勢を誇ったインド=ヨーロッパ語系民族$_{1}$である。前17世紀半ば頃王国を建て，コーサラ国$_{2}$を滅ぼした。はじめて鉄器$_{3}$を本格的に使用し，前14世紀には全盛期を迎えた。

B．ゾロアスター教の最高神は，アーリマン$_{1}$である。開祖ゾロアスターが示した概念である最後の審判$_{2}$は，ユダヤ教・キリスト教に影響を与えた。ササン朝のホスロー1世の時代に，教典『アヴェスター』$_{3}$が整理され，文字化された。

C．マウリヤ朝のアショーカ王$_{1}$は，仏教に帰依し，仏典結集やスリランカ布教をおこなった。グプタ朝$_{2}$のカニシカ王も仏教を保護し，この王の時代にヘレニズム文化の影響を受けたガンダーラ美術$_{3}$が発達した。

D．玄奘$_{1}$は，インドで学び，帰国後，唐の太宗の勅命を受けて経典の翻訳につとめた。顔真卿$_{2}$は，太宗に仕え，『五経正義』の編纂をになった。呉道玄$_{3}$は，玄宗に画才を認められて宮中に入り，人物・神仏・禽獣・草木などを描いた。

E．ローマ帝政末期に，五本山$_{1}$と呼ばれるキリスト教会が重要となった。なかでも有力であったローマ教会は，アーリヤ人$_{2}$への布教を熱心におこなうようになった。西欧で6世紀から広がる修道院運動$_{3}$は，学問・教育や農業技術の発展に貢献した。

F．『春秋』[1]は，屈原や宋玉らの作品を集めた韻文集である。『文選』[2]は，南朝梁の昭明太子が編纂した詩文集である。『四庫全書』[3]は，乾隆帝が編纂させた中国最大の叢書である。

G．王重陽は，儒教・仏教・道教が融合した全真教[1]を成立させた。フビライは，チベット仏教[2]の高僧であるパスパを国師として厚遇した。ナーナクが創始したマニ教[3]は，偶像崇拝や苦行，カースト制を否定した。

H．グロティウス[1]は，自然法思想を国家間の関係に適用して，「国際法の祖」となった。ホッブズ[2]が著した『リヴァイアサン』は，国家主権を絶対とし，抵抗権を排除したことに特徴がある。ロック[3]は，『統治二論』を著し，社会契約説に基づき，名誉革命を正当化した。

I．イギリスのマルサス[1]は，古典派経済学者であり，その著作に『人口論』がある。ドイツのリスト[2]は，厳密な史料批判に基づく近代歴史学の基礎をつくった。フランスのコント[3]は，実証主義哲学を創始した。

J．バロック音楽は，バッハ[1]やヘンデルによって大成された。古典派音楽の代表的な作曲家であるハイドン[2]は，「交響楽の父」と呼ばれた。ロマン派の作曲家であるシューベルト[3]は，「ピアノの詩人」と呼ばれた。

政治経済・現代社会

（60分）

〔Ⅰ〕 以下の文章を読み，各設問に答えよ。

法の支配①は民主主義②の根幹であり，平和で開かれた国際秩序にとって譲れない原則だ。日米欧など民主主義国は，力による現状変更を辞さない権威主義国に協力して立ち向かうとともに，新興国や途上国を含め，世界に法の支配を広めるよう努力を強めたい。

米国のバイデン政権が主導する「民主主義サミット③」がオンライン形式で開かれた。開催は2回目で約120カ国・地域を招いた。

バイデン大統領はウクライナに侵攻したロシアに対し，民主主義国が「かつてないほど結束している」と強調。「世界中で民主主義の取り組みへの支援を強化する」と新たな資金拠出を表明した。ウクライナのゼレンスキー大統領は「これは自由と民主主義に対する戦争だ」と訴えた。

世界では民主主義と，中ロを筆頭にした権威主義との綱引きが激しさを増している。中国④は台湾⑤への威圧を強め，アフリカや中東にも影響力を拡大する。グローバルサウス（南半球を中心とした途上国）⑥の取り込みをめぐって，両陣営がしのぎを削っている。

危機感を募らせる米国は初回に続いて台湾から閣僚を招請，アフリカからも新たに5カ国を招いた。顔認証などの先端技術が人権弾圧に結びつかないよう，輸出管理を強化する対策も急ぐ。

ただ，白黒をつけるような米国の姿勢には批判がつきまとう。NATO 加盟国のハンガリーやトルコ，アジアでもタイ⑦やシンガポールが招待されなかった。政治状況などが理由とみられるが，基準は曖昧だ。

自由や人権の尊重，法の支配へのあからさまな挑戦に毅然と対抗していくことは当然だ。一方で，陣営固めを優先するあまり分断を深めたり，理念先行で中間的な国の離反を招いたりすれば本末転倒になりかねない。

途上国⑧には開発優先で民主主義の制度が整わないところもあり，きめ細かな支援が欠かせない。人材育成や法整備などの経験が豊富な日本は大いに汗をかくべきだ。

(出典：2023年4月1日　日本経済新聞　朝刊　社説

「法の支配広める努力を強く」，一部改変)

問1　下線部①に関する以下の問に答えよ。

(1)　コモン・ローの伝統に基づいて法の支配の重要性を主張したイギリスの人物として最も適切なものを次の1～4の中から一つ選び，その番号をマークせよ。

1. アリストテレス　　2. ウィルソン
3. クック(コーク)　　4. モンテスキュー

(2)　1215年にイギリスで発布され，法の支配にとって重要とされる文書として最も適切なものを次の1～4の中から一つ選び，その番号をマークせよ。

1. マグナ・カルタ(大憲章)　　2. 権利章典
3. 社会契約論　　4. 私擬憲法

問2　下線部②に関連する以下の問に答えよ。

(1)　次の文章中の空欄［　A　］と［　B　］に当てはまる語句の組合せとして最も適切なものを下の1～4の中から一つ選び，その番号をマークせよ。

民主主義に基づく政治は，かつては「財産と教養のある人々」だけが参加できる［　A　］選挙制が一般的であったが，現在ではすべての成人に参政権を認める［　B　］選挙制が一般的になっている。

1. A－間　接　B－直　接　　2. A－秘　密　B－公　開
3. A－市　民　B－人　民　　4. A－制　限　B－普　通

(2) 19世紀のイギリスで生じた参政権拡大を求める運動として［C］運動がよく知られている。空欄［C］に当てはまる語句として，最も適切なものを次の1～4の中から一つ選び，その番号をマークせよ。

1. エスノセントリズム　　2. エンクロージャー
3. チャーティスト(チャーチスト)　　4. ラッダイト

問3　下線部③に関連する以下の問に答えよ。

(1) 先進7か国が参加するG7サミット(主要国首脳会議)が2023年に日本で開催されたが，その開催地として最も適切なものを次の1～4の中から一つ選び，その番号をマークせよ。

1. 北海道　2. 東　京　3. 広　島　4. 沖　縄

(2) 1975年に開催された先進6か国による第1回の首脳会議の開催国として最も適切なものを次の1～4の中から一つ選び，その番号をマークせよ。

1. アメリカ　2. イギリス　3. カナダ　4. フランス

問4　下線部④に関する記述ア，イの正誤の組合せとして最も適切なものを下の1～4の中から一つ選び，その番号をマークせよ。

ア　全国人民代表大会(全人代)は一院制である。
イ　司法機関として最高人民法院がある。

1. ア－正　イ－正　　2. ア－正　イ－誤
3. ア－誤　イ－正　　4. ア－誤　イ－誤

問5　下線部⑤に関連する以下の問に答えよ。

(1)　コロナ禍の台湾でデジタル担当の政務委員(大臣)として活躍したことで知られる人物として最も適切なものを次の1～4の中から一つ選び，その番号をマークせよ。

1. オードリー・タン　2. ジェフ・ベゾス
3. ジャック・マー　4. ビル・ゲイツ

(2)　日本政府の誘致に応じて日本国内での工場の操業を決めた台湾の企業TSMCが世界最大級で製造している製品として最も適切なものを次の1～4の中から一つ選び，その番号をマークせよ。

1. 医薬品　2. 繊　維　3. 鉄　鋼　4. 半導体

問6　下線部⑥に関連して，南北問題を扱う国際連合の機関として最も適切なものを次の1～4の中から一つ選び，その番号をマークせよ。

1. IAEA　2. NPO　3. PKF　4. UNCTAD

問7　下線部⑦に関連して，1997年にタイの通貨［ D ］が暴落したことをきっかけに各国に経済危機が波及するアジア通貨危機が生じた。空欄［ D ］に当てはまる語句として，最も適切なものを次の1～4の中から一つ選び，その番号をマークせよ。

1. ウォン　2. 人民元　3. バーツ　4. ペ　ソ

問8　下線部⑧に関連して，途上国の中でも特に経済発展が遅れている国の呼称として最も適切なものを次の1～4の中から一つ選び，その番号をマークせよ。

1. EPA　2. LDC　3. NGO　4. SDI

〔Ⅱ〕 以下の文章を読み，各設問に答えよ。

国際関係や安全保障①・軍縮を専門とする私だが，祖国日本にとって今最も大きな脅威だと感じている課題は，実は国内の多様性の欠如と，その最も分かりやすい例としての極端なジェンダー格差である。

政治的，経済的，社会的な男女格差の諸調査を見ると，日本は先進国の最下位というだけでなく，世界でも底辺近くにある。法制度上の男女差別はほぼないが，長く続いた慣習や社会文化に基づく不平等を解消するには，社会の隅々であらゆる方策を組み合わせて実施し，包括的，戦略的に思い切った改革を進める必要がある。

過去30年にわたって上昇せず，先進国では下位に転落した平均年収とともに，ジェンダー不平等②が少子化の大きな原因であることは間違いない。まずしっかり理解する必要があるのは，少子化問題③は社会の構造的な問題の帰結であって，根本的な問題に対応しなければ，断片的対策では解決しないということだ。

「世界人口白書2023」の発表に際し，国連人口基金(UNFPA)④のカネム事務局長も「職場や家庭での性差別といった構造的な状況が，不本意ながら子どもを持つことができない状況をいかに助長してきたかを，経験と調査は示している」とし「問題視されるべきは不平等である」と述べている。

先進国ではジェンダー格差と出生率の間に関連性があることが経済協力開発機構(OECD)⑤の分析で明らかになっており，内閣府⑥の資料もジェンダー格差が少ないほど出生率が高まる傾向があることを示している。

男女にかかわらず取得できる育児休業制度があっても，男女間の賃金格差が大きければ男性が育休を取るのは難しい。日本で女性の平均賃金は男性の約7割，非正規雇用⑦も多い。非正規の場合，出産後の離職率も高い。出産・離職後にシングルマザーになれば，貧困に陥る可能性もあるわけで，合理的に見れば出産は経済的なリスクとなっている。

女性も男性も将来に不安を感じ結婚や出産をためらう社会状況の中で，児童手当や婚活支援といった断片的な方策が効果を発揮することはまずない。安定した雇用が少なく，男尊女卑的な文化の残る地域から女性が都市部に流出⑧していく。

そして賃金が上がらない日本からチャンスを求めて海外移住が増加している。過去最高を記録した昨年の55万人のうち，３人に２人は女性だった。

人口動態から見て少子化対策は2030年までがラストチャンス。これを肝に銘じて，深く根付く不平等な慣習や社会構造にメスを入れ，女性も男性も一人一人が将来に希望を持ち，安心して働きながら子どもを育てられる環境を早急に整えなければならない。

若い世代が安定した雇用と収入を得ること，ひとり親でも不安なく子育てができる社会にすること，現在OECD加盟国で最低レベルの教育への公的支出を増やすこと，⑨長時間労働などあしき習慣をなくすこと，そして職場や学校などあらゆる場所でのジェンダー不平等を正していくことが必要だ。

(出典：2023年６月９日　京都新聞　朝刊
　　中満泉「少子化の原因は男女不平等　断片的対策で解決せず」，一部改変)

問１　下線部①に関連して，2015年９月に制定された，いわゆる安全保障関連法に関する記述ア，イの正誤の組合せとして最も適切なものを下の１～４の中から一つ選び，その番号をマークせよ。

ア　自衛隊の海外派遣のための恒久法である国際平和支援法が制定されるまで，自衛隊は海外に派遣されたことはない。

イ　重要影響事態法を改正して，「重要影響事態」を日本周辺の地域の事態に限定した。

1. ア－正　イ－正　　2. ア－正　イ－誤
3. ア－誤　イ－正　　4. ア－誤　イ－誤

問２　下線部②に関連して，女性の社会進出に関する記述として最も適切なものを次の１～４の中から一つ選び，その番号をマークせよ。

1. 男女が対等な立場であらゆる社会活動に参加し，利益と責任を分かち合う社会を目指す法律として，男女雇用機会均等法が制定されている。
2. 芝信用金庫訴訟では，女性社員が昇進と賃金における男女差別を争い，男性と同じ昇進と差額賃金の支払を認めるなどの和解が最高裁で成立した。

3. 雇用，職場における男女差別をなくすために，男女共同参画社会基本法が制定されている。

4. 男女共同参画社会基本法は，労働者の募集や採用に関する性別を理由とした差別的取扱いを禁止している。

問3 下線部③に関連する記述として最も不適切なものを次の1～4の中から一つ選び，その番号をマークせよ。

1. 少子化が進むと，労働力減少による経済活動の停滞が懸念される。
2. 現在の日本において合計特殊出生率が3.0ならば，人口が増加する。
3. 子育てや教育に多額の費用がかかることも少子化の原因といわれている。
4. 2020年代に入り，世界的にみて，日本のみが少子化問題に直面している。

問4 下線部④に関連して，国連の主要機関のうち，存在するもののみをすべて含む組合せとして最も適切なものを下の1～7の中から一つ選び，その番号をマークせよ。

ア 安全保障理事会　イ 経済社会理事会　ウ 国際司法裁判所

1. ア　2. イ　3. ウ　4. アとイ
5. アとウ　6. イとウ　7. アとイとウ

問5 下線部⑤に関する記述として最も適切なものを次の1～4の中から一つ選び，その番号をマークせよ。なお，選択肢中の年号に誤りはない。

1. OECDは，自由貿易を拡大するためにドーハ・ラウンド(ドーハ開発アジェンダ)を立ち上げた。
2. OECDは，環境汚染を引き起こした者が，その浄化のための費用を負担すべきとする汚染者負担原則(PPP原則)を勧告した。
3. OECDは，「持続可能な開発」を実現するために，17の目標と169のターゲット達成を掲げるSDGsを2015年に採択した。

4. OECDは，核兵器の管理などを議題とするパグウォッシュ会議を主催している。

問6　下線部⑥に関する記述として最も不適切なものを次の1～4の中から一つ選び，その番号をマークせよ。なお，選択肢中の年月に誤りはない。

1. 2023年4月に，内閣府の外局として，こども家庭庁が発足した。
2. 内閣府は，各省庁より一段高い立場から政府内の政策の総合調整を行う。
3. 内閣府の長は，内閣官房長官である。
4. 特命担当大臣は，内閣府に属している。

問7　下線部⑦に関する記述として最も不適切なものを次の1～4の中から一つ選び，その番号をマークせよ。

1. アルバイトなどのパートタイム労働者は，非正規雇用に含まれる。
2. 非正規労働者では，最低生活水準を維持する収入を得られない「ワーキングプア」も多いことが問題となっている。
3. いわゆる働き方改革関連法が制定され，同一労働同一賃金への道筋が示された。
4. 派遣労働者は，派遣元事業者の紹介により，あらかじめ派遣先と労働契約を結んで働く。

問8　下線部⑧に関連して，地方に関する記述として最も適切なものを次の1～4の中から一つ選び，その番号をマークせよ。なお，選択肢中の年号に誤りはない。

1. 過疎化が進み，65歳以上の人口が過半数を占め，社会的共同生活の維持が困難になった地域は，「限界集落」と呼ばれている。
2. 中心街で事務所や店舗が並ぶ街並みのことを「シャッター街」という。
3. 2014年に「まち・ひと・しごと創生法」が制定され，国の指導のもとで全国で画一的な地域社会作りが目指されている。
4. 地方税法に規定された税以外で，独自課税を条例により導入した地方自治体はない。

問9　下線部⑨に関する以下の問に答えよ。

(1)　日本の労働問題に関する記述として最も<u>不適切</u>なものを次の1～4の中から一つ選び，その番号をマークせよ。

1. 過労死が労働災害として認定されることがある。
2. 労働者同士で仕事を分け合うワークシェアリングは，雇用を減らすためのもので，労働環境を悪化させる。
3. 法令を軽視又は無視して労働者に過重労働を強いる企業は，「ブラック企業」と呼ばれることがある。
4. 日本では，実際の残業時間に見合う賃金や手当が支払われない「サービス残業」が問題となっている。

(2)　就業時間に関して，次の文章中の空欄 [A] と [B] に当てはまる語句の組合せとして最も適切なものを下の1～6の中から一つ選び，その番号をマークせよ。

[A] とは，実際の労働時間ではなく，あらかじめ企業と労働者が定めた時間分を働いたものとみなす制度のことである。
[B] では，あらかじめ働く時間の総量(総労働時間)を決めた上で，日々の出退勤時刻や働く長さを労働者が自由に決定することができる。

1. A－裁量労働制　　B－フレックスタイム制
2. A－裁量労働制　　B－ジョブ型雇用
3. A－フレックスタイム制　　B－裁量労働制
4. A－フレックスタイム制　　B－ジョブ型雇用
5. A－ジョブ型雇用　　B－裁量労働制
6. A－ジョブ型雇用　　B－フレックスタイム制

問10　本文の内容に最も合致していないものを次の1～4の中から一つ選び，その番号をマークせよ。

1. 日本では法制度上の男女差別はほぼないが，政治的，経済的，社会的な男女格差は世界的にみても大きい。
2. 上昇しない平均年収だけではなく，ジェンダー不平等も日本における少子化問題の原因である。
3. 児童手当や婚活支援という方策は，日本において，ジェンダー不平等の解消，少子化問題の解消に効果を発揮している。
4. 日本の社会において，子をもつことが経済的リスクとなる可能性は，男性よりも女性の方が高い。

〔Ⅲ〕 以下の文章を読み，各設問に答えよ。

人類の活動範囲の拡大はエネルギー①消費の拡大とともにあり，人類の生活レベルを向上させてきた。しかし一方でこうしたエネルギーの大量消費②は人口の急激な増加ももたらした。産業革命③以前，地球の人口④は少しずつしか増えず，18世紀初頭の人口は約6億人程度であったと言われている。その後，急激に増え始め，2013年現在，約72億人がこの地球上に住んでいる。数百万年の歳月を経て18世紀までに6億人に増えた世界の人口が，産業革命以後のほんの300年間で約65億人も増えたことになる。現状のペースで進んだ場合，2013年の推計では2025年の人口は81億人，2050年には96億人にまで増加すると予測されている。

この人口増加という圧力はわれわれに多くの問題をもたらしている。その1つが水・食糧⑤の不足であり，さらなるエネルギー需要の増加である。米国や欧州，日本など，現在先進国と呼ばれる国々はエネルギーを大量に消費することで飛躍的な経済成長を遂げ，豊かな生活を享受してきた。今後，人口が急激に増えることが予測されるインドを中心としたアジア諸国やアフリカ諸国⑥においても，経済活動の増加を通じて莫大なエネルギーが必要となることが予想される。

しかし現在の主要なエネルギー資源である化石燃料は再生可能ではない。使えば減っていく一方であり，石炭にしても石油にしてもその埋蔵量は有限で，しかも産出する地域と分量に大きな偏りのあるエネルギーである。その安定確保をめぐって，経済が動き，時には戦争の原因にもなっている。しかも，化石燃料は燃やすと，自然に悪い影響を及ぼす。例えば石炭の大量消費により工業地帯では煙突が林立し，すすや二酸化硫黄などの有害物質による大気汚染が従業員や住民の健康を損なうこともある。自動車⑦利用者の増加によって窒素酸化物や硫黄酸化物の大気中への排出が増加する可能性もある。さらに，石油や石炭，天然ガスなど化石燃料を燃やすことによって発生する二酸化炭素が地球全体の温度を上昇させてしまう温室効果ガスの主要原因となっている。大気中の二酸化炭素濃度の上昇に起因する温暖化現象によって，海面の上昇や植物生態系の変化，砂漠化の加速等の地球規模の深刻な問題が生じると言われている。

エネルギーを生産したり消費したりする，人間の活動そのものが，人間の存続を脅かすという皮肉な事態が起きているのである。経済成長・維持のために資源・エネルギーを大量消費せざるを得ず，エネルギーの大量消費によって環境の悪化が引き起こされるというこうした問題はトリレンマ問題とも呼ばれている。これだけ大きな問題は，1つの国で解決できるものではないため，気候変動枠組条約締約国会議⑧などが定期的に開催されるようになってきている。

（馬奈木俊介編著，伊藤豊他著『エネルギー経済学』中央経済社，2014年，一部改変）

問１　下線部①に関連する以下の問に答えよ。

(1)　エネルギーに関する記述として最も不適切なものを次の１～４の中から一つ選び，その番号をマークせよ。

1. ICTによって電力の効率利用を図るスマートグリッドが注目されている。
2. 原子力は，石油の代替エネルギーの一つである。
3. サトウキビやトウモロコシなどの植物から生成されているエタノールは，バイオエタノールと呼ばれている。
4. 地熱発電は，発電時の排熱を冷暖房や給湯に利用するシステムである。

(2)　表１は，2000年度と2020年度のEJで換算した日本の一次エネルギーの国内供給とその内訳を示している。この表の2000年度から2020年度への変化に関する記述として最も適切なものを下の１～４の中から一つ選び，その番号をマークせよ。なお，EJ は熱量を表す単位である。

表１

単位：EJ

	2000年度	2020年度
石油	11.16	6.54
石炭	4.20	4.42
天然ガス	3.06	4.27
原子力	2.86	0.33
水力	0.75	0.67
再生可能エネルギー等(水力除く)	0.68	1.74
合計	22.71	17.96

(資源エネルギー庁ホームページより作成。)

1. 天然ガスは増加しているが，全体のシェアからみると減少している。
2. 石油の増加率は，約40パーセントである。
3. 石油，石炭，天然ガスの合計は，減少している。
4. 一次エネルギーの国内供給の合計は減少しており，その減少率は10パーセント以下である。

問２　下線部②に関連して，消費者問題に関する記述ア，イの正誤の組合せとして最も適切なものを下の１～４の中から一つ選び，その番号をマークせよ。

ア　生産者に比べて消費者が商品に関する十分な情報を持たないことをアナウンスメント効果という。

イ　契約自由の原則とは，生産されるものの種類や数量を決定するのは最終的には消費者であるという考えをいう。

1. ア－正　イ－正　　2. ア－正　イ－誤
3. ア－誤　イ－正　　4. ア－誤　イ－誤

問3　下線部③に関連して，18世紀後半にイギリスで起こった産業革命に関する記述ア，イの正誤の組合せとして最も適切なものを下の1～4の中から一つ選び，その番号をマークせよ。

ア　石油を利用する技術革新が起こり，生産性が高まった。

イ　問屋制家内工業に代わって，工場制機械工業が発展し，重商主義が確立した。

1. ア－正　イ－正
2. ア－正　イ－誤
3. ア－誤　イ－正
4. ア－誤　イ－誤

問4　下線部④に関連して，人口の動向に関する記述として最も<u>不適切</u>なものを次の1～4の中から一つ選び，その番号をマークせよ。なお，選択肢中の年号に誤りはない。

1. 2023年の国連人口基金の推計によると，2023年中にインドの人口は中国を抜き世界1位になる。
2. 2020年の日本の女性の平均寿命は80歳を上回っている。
3. 日本の人口ピラミッドは，富士山型になっている。
4. 人口オーナスとは，生産年齢人口の割合の減少が経済成長にマイナスに働く状態である。

問5　下線部⑤に関連して，近年の日本の食料を取り巻く現状に関する記述として最も<u>不適切</u>なものを次の1～4の中から一つ選び，その番号をマークせよ。

1. 日本の一部の牛肉などは，ブランド化による高付加価値化が試みられている。
2. 大規模農家の育成のため，日本政府は企業の農業への参入を認めた。
3. インターネットを利用した農産品の流通経路の改善が進められている。
4. 食糧自給率の向上のため，食糧の輸出を禁止している。

問6　下線部⑥に関する記述として最も<u>不適切</u>なものを次の1～4の中から一つ選び，その番号をマークせよ。なお，選択肢中の年号・年代に誤りはない。

1. 1955年に開催されたバンドン会議(アジア・アフリカ会議)において，平和10原則が発表された。
2. OPECの加盟国には，アフリカ大陸に位置する国もある。
3. アジア太平洋経済協力会議(APEC)に参加しながら，東南アジア諸国連合(ASEAN)に加盟する国は存在しない。
4. 2010年代にアフリカ・中東諸国で広がった一連の民主化運動はアラブの春と呼ばれている。

問7　下線部⑦に関する記述ア，イの正誤の組合せとして最も適切なものを下の1～4の中から一つ選び，その番号をマークせよ。

ア　日本の自動車会社は，自動車の生産を日本国内の工場に限定している。
イ　電気自動車(EV)は，日本では一般向けにも販売されている。

1. ア－正　イ－正　　2. ア－正　イ－誤
3. ア－誤　イ－正　　4. ア－誤　イ－誤

問8　下線部⑧に関連する以下の問に答えよ。

(1)　過去の気候変動枠組条約締約国会議に関する記述ア，イの正誤の組合せとして最も適切なものを下の1～4の中から一つ選び，その番号をマークせよ。なお，選択肢中の年号に誤りはない。

ア　2015年のCOP21で採択されたパリ協定の対象は，発展途上国を含むすべての締約国である。
イ　1997年のCOP3では，産業革命前からの気温の上昇を2度未満にすることを目的とする京都議定書が採択された。

1. アー正　イー正　　2. アー正　イー誤
3. アー誤　イー正　　4. アー誤　イー誤

(2) 世界の環境問題に関連する条約に関する記述として最も不適切なものを次の1～4の中から一つ選び，その番号をマークせよ。なお，選択肢中の年号に誤りはない。

1. 1987年に採択されたモントリオール議定書は，世界の文化遺産と自然遺産の保護を目的としている。
2. 1973年に採択されたワシントン条約は，絶滅の恐れのある野生動植物の国際取引を制限している。
3. 1992年に採択された生物多様性条約は，生物の生息環境の保全と生物資源の持続可能な利用を目的としている。
4. 1971年に採択されたラムサール条約は，国際的に重要な湿地の保護を目的としている。

問9 本文の内容に最も合致していないものを次の1～4の中から一つ選び，その番号をマークせよ。

1. エネルギーの大量消費と人口の増加には関係がある。
2. 本文にあるようなトリレンマ問題は，1国の努力でも解決可能である。
3. 今後，先進国以外の国において，エネルギー消費が増加することが予想されている。
4. 再生不可能な化石燃料の確保は，戦争の原因にもなっている。

〔Ⅳ〕 以下の文章を読み，各設問に答えよ。

2000年代①初頭にはバブル崩壊後②の負の遺産の処理にメドはついたのですが，2008年から2011年にかけて，病み上がりの日本経済に追い打ちをかけるかのように「２つのショック」が襲いました。

第１のショックは2008年の米国発の世界金融危機(リーマン・ショック)，第２のショックは2011年の東日本大震災と原発③事故の危機です。この２つの危機はバブル崩壊後の危機からようやく立ち直りつつあった日本経済④に新たな試練をもたらしたのです。

日本経済はバブル崩壊後にずっと低迷していたようなイメージがありますが，その間にも景気の循環はあり，景気が回復しデフレからの脱却へもう一歩という時期がありました。それは2007年頃です。(中略)日本企業⑤や金融⑥機関もようやく息を吹き返し，中国⑦や米国など世界経済⑧も好調，円安で輸出も伸び，日本経済は緩やかながら長い景気拡大局面に入りました。実際，景気拡大の期間は2002年２月から2008年２月までの73ヵ月に及び，それまで戦後⑨最長だった1965年から1970年⑩のいざなぎ景気57カ月を抜きました。とはいえ，いざなぎ景気に比べても成長率などの水準は低く，実感なき景気拡大局面とも言われました。

(出典：藤井彰夫『シン・日本経済入門』日経文庫，2021年，一部改変)

問１ 下線部①に起きた出来事に関する記述として最も不適切なものを次の１～４の中から一つ選び，その番号をマークせよ。なお，選択肢中の年号に誤りはない。

1. 日本では，2004年に消費者保護基本法が消費者契約法に改正された。
2. 2009年の衆議院議員総選挙直後に，民主党を中心とする政権が誕生した。
3. 2003年に起きたイラク戦争では，イラクの大量破壊兵器保有を理由としてアメリカ等がイラクを攻撃した。
4. 日本で2007年に成立した国民投票法は，憲法改正に必要な手続きを定めている。

問2　下線部②の日本の状況を説明する記述として最も<u>不適切</u>なものを次の1〜4の中から一つ選び，その番号をマークせよ。

1. 銀行は，企業などに貸し付けた資金が返済されず，多額の不良債権を抱えた。
2. 経営が苦しくなる金融機関はあったが，破綻することはなかった。
3. 株や土地などの資産価格が下落し，企業や投資家に多額の損失が発生した。
4. バブル崩壊に対し，当初，政府は公共事業増大などによる積極財政で臨んだ。

問3　下線部③に関連する記述として最も<u>不適切</u>なものを次の1〜4の中から一つ選び，その番号をマークせよ。

1. 日本では，東日本大震災の原発事故以前にも東海村臨界事故が起きた。
2. 東日本大震災で大きな事故が起きたのは，福島県の原子力発電所であった。
3. 日本では，原子力発電所は運転開始後40年を超えても，一定の条件の下で稼働できる。
4. 原子力発電は二酸化炭素や放射性廃棄物を発生させない点で，環境にやさしいとされる。

問4　下線部④に関連する記述として最も適切なものを次の1〜4の中から一つ選び，その番号をマークせよ。なお，選択肢中の年号に誤りはない。

1. 1948年に示された経済安定9原則では，日本のデフレ脱却による経済安定化が目指された。
2. 日本は1963年に，国際収支の悪化を理由に輸入の数量制限が認められるGATT11条国に移行した。
3. 1993年から始まった日米包括経済協議では，日本の対米貿易赤字が大きな問題となった。
4. 日本の経常収支は2000年以降，約20年間は黒字基調であったといえる。

問5　下線部⑤に関連する記述として最も<u>不適切</u>なものを次の1～4の中から一つ選び，その番号をマークせよ。

1. 現在，日本の上場企業は女性役員比率を30%以上にすることが義務化されている。
2. 日本では，全企業数に占める上場企業数の比率は10%以下である。
3. 株主などが適切な企業運営がなされるように経営を監視する仕組みのことを，コーポレート・ガバナンスという。
4. 日本でも国際標準化機構の環境保全に関する認証取得を目指す企業がある。

問6　下線部⑥に関連する記述として最も<u>不適切</u>なものを次の1～4の中から一つ選び，その番号をマークせよ。

1. 日本では，すべての金融機関が預金を受け入れることができる。
2. 銀行からの借入だけでなく，証券市場から資金を調達する企業もある。
3. 世界の中央銀行が行う金融政策の中には，インフレ目標を設定するケースがある。
4. 日本では，金融自由化の一環で銀行・保険・証券の相互参入が可能になった。

問7　下線部⑦に関連する記述として最も<u>不適切</u>なものを次の1～4の中から一つ選び，その番号をマークせよ。

1. 中国は近年，新たな経済構想として「一帯一路」を提唱している。
2. 途上国の資金需要に応えるなどの目的で，中国はアジアインフラ投資銀行設立を主導した。
3. 現在，中国の名目GDPは日本のそれよりも大きい。
4. 中国は日本とともにTPPに加盟している。

問8　下線部⑧に関連する記述として最も不適切なものを次の1〜4の中から一つ選び，その番号をマークせよ。なお，選択肢中の年代に誤りはない。

1. 2010年代には，ギリシャで起きた財政危機の影響でEUの金融不安が高まった。
2. 新型コロナウイルスの影響で，世界各地でロックダウンが行われた。
3. G20のすべての参加国間では，協定により貿易に関税がかからないことになっている。
4. 顧客の資金を運用し高い運用益を目指すヘッジ・ファンドが，近年の国際金融市場で存在感を高めている。

問9　下線部⑨に関連して，55年体制に関する記述として最も適切なものを次の1〜4の中から一つ選び，その番号をマークせよ。

1. 55年体制の下で，自由党と民主党の間で政権交代がたびたび生じた。
2. 55年体制の下で，自由民主党と公明党は一貫して協調関係をとった。
3. 日本社会党の統一と自由民主党の成立で，55年体制ができあがったといわれる。
4. 55年体制では，日本社会党は保守，自由民主党は革新を代表する政党といわれた。

問10　下線部⑩に関連して，1970年代に関する記述ア，イの正誤の組合せとして最も適切なものを下の1〜4の中から一つ選び，その番号をマークせよ。なお，選択肢中の年号に誤りはない。

ア　1975年に開催された欧州安全保障協力会議は，約20年後に欧州共同体に改組された。

イ　1973年に起きた第四次中東戦争は，アメリカへの同時多発テロによって始まった。

1. アー正　イー正　　2. アー正　イー誤
3. アー誤　イー正　　4. アー誤　イー誤

問11　本文の内容に最も合致していないものを次の1～4の中から一つ選び，その番号をマークせよ。

1. 21世紀に入って，日本の戦後における景気拡大の最長記録が更新された。
2. 2007年はデフレからの脱却へもう一歩という時期といえた。
3. いざなぎ景気はその経済成長率が低く，実感の乏しいものであった。
4. 2000年代の日本の景気拡大要因の一つに，海外の好調な経済状況があげられる。

数　学

◀経済・経営・法・現代社会・国際関係・外国語・文化・生命科学部▶

（60 分）

〔Ⅰ〕 以下の［　　］にあてはまる式または数値を，解答用紙の同じ記号のついた欄に記入せよ。

(1) $2x^2 - 3y^2 - xy + 10y - 8$ を因数分解すると［ア］である。

(2) a を実数とする。xy 平面において，放物線 $y = x^2 - x + 2$ と直線 $y = 2x + a$ が接するとき，$a =$［イ］であり，そのときの接点の座標は［ウ］である。

(3) $\angle\mathrm{CAB} = 45°$，$\angle\mathrm{ABC} = 30°$，$\mathrm{BC} = 2$ であるような三角形 ABC の AB の長さは［エ］で，三角形 ABC の面積は［オ］である。

(4) $0 \leqq \theta < 2\pi$ であるとき，不等式 $2\cos\left(\theta - \frac{\pi}{6}\right) - 2\sin\theta \geqq 1$ を満たす θ の値の範囲は［カ］である。

(5) x と y を実数とする。2つのベクトル $\vec{a} = (x, 1, 3)$ と $\vec{b} = (-4, 2, y)$ において，$\vec{a} + \vec{b}$ と $3\vec{a} - \vec{b}$ が平行であるとき，$x =$［キ］，$y =$［ク］である。

(6) 関数 $y = \log_3(3x - 1) + 2\log_9(1 - x)$ は $x =$［ケ］のとき最大値［コ］をとる。

〔Ⅱ〕 以下の □ にあてはまる式または数値を，解答用紙の同じ記号のついた欄に記入せよ。

四面体ABCDの頂点間を移動する点Pがある。Pは1秒ごとに他の3つの頂点に等しい確率で動くが，確率 $\frac{1}{10}$ で動かずに同じ頂点にとどまる。最初PはAにあるとする。

(i) 動き始めてから1秒後にPがBにいる確率は [ア]，2秒後にPがAにいる確率は [イ]，3秒後にPがAにいる確率は [ウ] である。

(ii) t を正の整数とする。動き始めてから t 秒後にPがAにいる確率を p_t とする。p_{t+1} を p_t を用いて表すと，$p_{t+1}=$ [エ] である。数列 $\{p_t\}$ の一般項は [オ] である。

〔Ⅲ〕 以下の □ にあてはまる式または数値を，解答用紙の同じ記号のついた欄に記入せよ。また，(iv)の問いについて，記述欄に過程も含めて解答せよ。

関数 $f(x)=x^3+ax^2+bx-9$ が $f(3)=0$，$f'(3)=0$ を満たしている。xy 平面における $y=f(x)$ のグラフを C とし，C 上の点 $\mathrm{P}(2, f(2))$ における C の接線を ℓ: $y=px+q$ とする。ただし，a，b，および p，q は実数とする。

(i) $a=$ [ア]，$b=$ [イ] である。

(ii) C と x 軸との交点の x 座標のうち，$x=3$ と異なるものは $x=$ [ウ] である。$f(x)$ は $x=$ [エ] で極大となる。

(iii) $p=$ オ , $q=$ カ である。ℓ と C との交点のうち，P と異なる点の座標は キ である。

(iv) 以下の連立不等式で表される領域を図示し，その面積を求めよ。

$$\begin{cases} y \geqq f(x) \\ y \leqq px+q \\ 0 \leqq x \leqq 2 \\ y \geqq 0 \end{cases}$$

◀理・情報理工学部▶

(80分)

〔 I 〕 以下の □ にあてはまる式または数値を，解答用紙の所定の欄に記入せよ。

(1) 整式 x^3+2x^2+3x-7 を整式 $P(x)$ で割ると，商が $x-1$，余りが $4x-5$ である。このような $P(x)$ を求めると □ である。

(2) $|\vec{a}|=|\vec{b}|=3$，$|\vec{a}+\vec{b}|=\sqrt{19}$ のとき，$|\vec{a}-\vec{b}|$ の値は □ である。

(3) 大中小 3 個のさいころを同時に投げて，出る 3 つの目の和が 10 となる確率は □ である。

(4) i を虚数単位とする。複素数平面上の点 $\sqrt{3}+i$ を原点 O を中心に $\dfrac{\pi}{3}$ だけ反時計回りに回転した点を表す複素数は □ である。

(5) 定積分 $\displaystyle\int_0^1 \left|e^x-\sqrt{e}\right| dx$ の値を求めると □ である。ただし，e は自然対数の底とする。

〔 II 〕 以下の $\boxed{}$ にあてはまる式または数値を，解答用紙の所定の欄に記入せよ。

N を 2 以上の整数とし， 整数 n を

$$n = a_N 2^N + a_{N-1} 2^{N-1} + a_{N-2} 2^{N-2} + \cdots + a_0 2^0 = \sum_{i=0}^{N} a_i 2^i \qquad (a_i = 0 \text{ または } 1)$$

により定める。このような n に対し，

$$f(n) = \sum_{i=0}^{N} a_i$$

とおく。また，1 以上の整数 n に対して 0 以上の整数 $g(n)$ を，条件

$$n = 2^{g(n)} m \qquad (m \text{ は奇数})$$

により定める。

(1) $N = 5$ の場合を考える。このとき，$f(40) =$ $\boxed{\text{(ア)}}$ であり，$g(40) =$ $\boxed{\text{(イ)}}$ である。$g(n) = 3$ となる n は $\boxed{\text{(ウ)}}$ 個ある。

以下，$N \geqq 2$ とする。

(2) $f(n) = 2$ となる最小の n は $n =$ $\boxed{\text{(エ)}}$ である。$f(n) = 2$ となる最大の n を N の式で表すと，$n =$ $\boxed{\text{(オ)}}$ である。

(3) k を $1 \leqq k \leqq N + 1$ であるような整数とする。$f(n) = k$ のとき，$g(n)$ の最大値は $\boxed{\text{(カ)}}$ である。

(4) $g(n) = 2$ となるような n をすべて考えたとき，それらの和を N の式で表すと $\boxed{\text{(キ)}}$ である。

〔III〕 xy 平面上の曲線

$$C\colon y=3+\sin x \qquad (0<x<\pi)$$

を考える。C 上の点 $\mathrm{P}(t,\ 3+\sin t)$ における法線とは，P を通り，P における C の接線と垂直な直線である。このとき，以下の問いに答えよ。

(1) x 軸上の点 $\mathrm{A}(a,0)$ を考える。直線 AP が C の P における法線であるとき，$a=f(t)$ と書けるような関数 $f(t)$ を求めよ。

(2) (1) のとき $f'(t)$ を求めよ。また，$f'(t)=0$ となる t の値を求めよ。

(3) (1) のとき A から C へ異なる 2 本の法線が引けるような a の値の範囲を求めよ。

物　理

（80分）

〔Ⅰ〕 次の文章を読み，［　　］に適する数式または数値を入れよ。ただし，［　　］内に記号が記載されている場合は，それらの中から必要なものを用いて表せ。［　　］（点線）は，すでに［　　］で与えられたものと同じものを表す。また，｛　　｝の中から最も適切なものを選び，記号で答えよ。解答は解答用紙の所定の欄に記入し，記号の場合は該当するものを○で囲め。

図のように，質量 M の物体Aが水平でなめらかな床の上に静止している。物体Aの上面の高さは h であり，右側はなめらかな曲面となっている。物体Aの左方向には障害物はないが，右方向の離れた位置には壁が存在する。いま，物体Aの曲面の上端から，質量 $m(m<M)$ で大きさを無視できる小球を静かに落下させる。ただし，小球は曲面にそって運動し，曲面の下端と床との間をなめらかに運動できるものとする。なお，小球および物体Aは同一鉛直面内を運動する。また，重力加速度の大きさを g とし，空気抵抗は無視する。

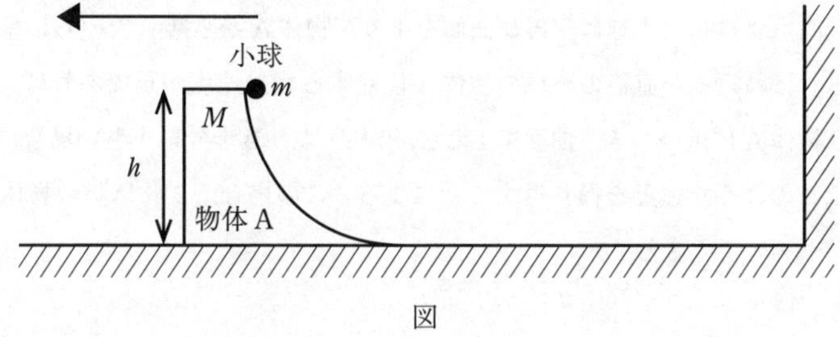

図

曲面の上端から落下し始める直前の小球の重力による位置エネルギーは，床を基準面とすると，［　①　］である。小球が曲面にそって落下を始めると，物体Aも動き始める。小球が曲面を下り，物体Aから離れるときの小球の速さを u_0，物体Aの速さをV_0とする。小球が物体Aから離れた直後の小球と物体Aの水平方向の運動量の和はゼロとなり，図の左向きを水平方向の力や速度の正の向きとして，［②m, M, u_0, V_0］＝0と書ける。また，このときの小球と物体Aの力学的エネルギーの和は，［③m, M, u_0, V_0］となる。［②］＝0，および小球と物体Aの力学的エネルギーの和の保存を考えると，u_0は，u_0＝［④m, M, g, h］と表される。物体Aから離れた小球は図の右方向に進み，壁と衝突する。小球と壁とのはねかえり係数(反発係数)をeとすると，壁と衝突してはね返った小球の速さu_1は，u_1＝［⑤e, u_0］と表される。

以下では，小球が壁と弾性衝突する場合を考える。このとき，壁ではね返った小球の物体Aに対する相対速度の大きさは，mおよびMを含む式で表すと，［⑥m, M, u_0］と書ける。この相対速度が正の向きであることからも分かるように，小球はいずれ物体Aに追いつく。小球が物体Aに追いつく直前の，小球と物体Aの水平方向の運動量の和は，［⑦m, u_0］と書ける。物体Aに追いついた小球は，曲面を上り始め，最高点に達する。この最高点の床からの高さをyとする。小球が最高点に達したとき，物体Aに対する小球の相対速度は0となり，物体Aの速さV_1は，V_1＝［⑧m, M, u_0］と書ける。このときの小球と物体Aの力学的エネルギーの和は，V_1を含む式で表すと，［⑨m, M, y, g, V_1］となる。また，yをhを含む式で表すと，y＝［⑩m, M, h］である。

最高点に達した小球は，再び曲面を下り，物体Aから離れたのちに壁と衝突する。はね返った直後の小球の物体Aに対する相対速度が正であれば，小球は再び物体Aに追いつき，曲面を上る。mがMよりも十分に小さい場合には，小球はこのような運動を繰り返すことになる。この場合，これ以降の物体Aの運動について考えると，

⑪ {（ア）小球が曲面を上下運動するたびに物体Aは加速され，十分に時間が経過した後でも物体Aの速さはどこまでも大きくなり続ける。
（イ）小球が曲面を上下運動するたびに物体Aは加速されるが，十分に時間が経過した後には物体Aの運動エネルギーは［①］よりも大きな

値で一定となる。

(ウ)小球が曲面を上下運動するたびに物体Aは加速されるが，十分に時間が経過した後には物体Aの運動エネルギーは ① 以下の値で一定となる。

(エ)小球が曲面を上下運動するたびに物体Aは加速と減速を繰り返し，十分に時間が経過した後には物体Aの運動エネルギーは $\frac{1}{2}MV_0^2$ よりも大きな値で一定となる。

(オ)小球が曲面を上下運動するたびに物体Aは加速と減速を繰り返し，十分に時間が経過した後には物体Aの運動エネルギーは $\frac{1}{2}MV_0^2$ 以下の値で一定となる。}

〔Ⅱ〕 次の文章は，物理を学ぶ生徒のAさんと教師のB先生が会話をしている様子である。二人の会話が成立し，Aさんが正しい解答をしているとして，［　　］に適する数値を入れ，{　　}の中から最も適切なものを選べ。［　　］（点線）は，すでに与えられたものと同じ数値や語句をあらわす。解答は解答用紙の所定の欄に記入し，選択問題の場合は該当するものを○で囲め。また，会話の文章の後に書かれている問への解答を，指定された解答欄に記入せよ。

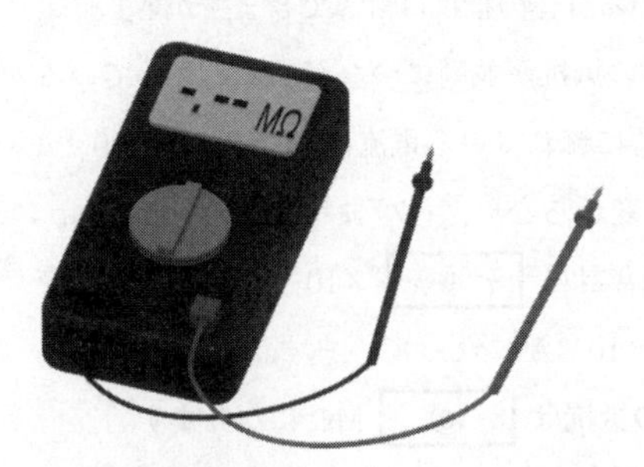

図1：何も接続されていないテスター

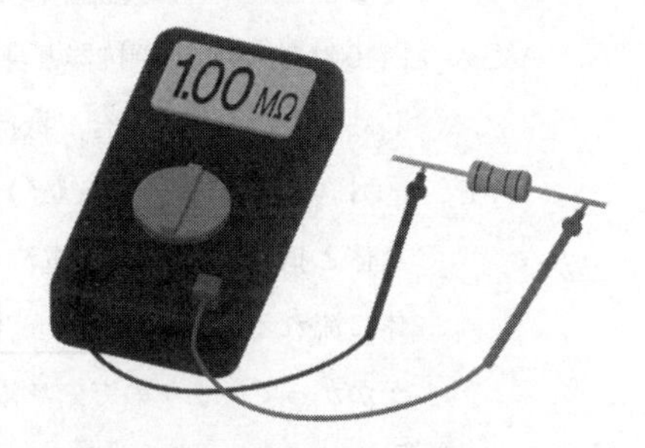

図2：1.00 MΩ の抵抗が接続されているテスター

（物理実験室にて）

Aさん：「このテスターは電気抵抗が測れる装置ですね。」

B先生：「はい。スイッチを入れて何もつながれていないときは図1のように表示されます。これを『導通がない状態』，と呼びます。1.00 MΩ，つまり $1.00\times10^{6}\,\Omega$ の抵抗値をもつ抵抗器をつなぐと図2のように表示されます。この抵抗器をここでは単に抵抗器と呼ぶことにしましょう。基本的には，電圧を 0.50 V かけて測定をしていると思えばよくて，このとき抵抗器に流れている電流と発生している消費電力がどのくらいか，わかりますか？」

Aさん：「オームの法則から，電流は［ ① ］$\times10^{-6}$ A で，このとき消費電力は［ ② ］$\times10^{-6}$ W ですね。」

B先生：「そうです。導通がない状態でなく，テスターに抵抗の値が表示されているときは観測できるだけの電流が流れていることになります。」

Aさん：「私も試してみていいですか？（両手の指でテスターの端子2つを抵抗器の両端子に押しつける）あれ，さっきと違って 0.20 MΩ くらいと表示されて，安定しませんでした。」

B先生：「テスターの2つの端子の両方に指が触れてしまっていますね。電流が身体を通って流れてしまったために表示値が変わってしまいました。ちなみにその状態でテスターの表示値が 0.20 MΩ になったとすると，そのときテスターに接続されている身体の抵抗は計算できますか？」

Aさん：「1.00 MΩ のこの抵抗器と身体の抵抗が並列につながってしまっているわけですか。この場合，抵抗器に流れている電流は［ ① ］$\times10^{-6}$ A ③｛（ア）より大きい，（イ）と変わらない，（ウ）より小さい｝ですね。身体と抵抗器に流れる電流の合計は［ ④ ］$\times10^{-6}$ A ですから，身体に流れる電流は［ ⑤ ］$\times10^{-6}$ A になっています。0.50 V の電圧がかかっていますので，身体の抵抗は［ ⑥ ］MΩ になります。」

B先生：「はい。では，正確に測るためゴム手袋をつけることにしましょう。」

Aさん：（ゴム手袋を両手につけて測定）「これでさっきと同じ『1.00 MΩ』が表示されました。では，いろいろな素子にテスターをつないで何が起きるか見てみようと思います。」

B先生：「面白いですね。では，発光ダイオードでない半導体のダイオード，極性のない，つまりプラスとマイナスの区別のない，電荷のたまっていないコンデンサー，そしてコイル，この3つの中から試してみてください。コンデンサーの容量は1μF，そしてコイルの自己インダクタンスは1μHで，これらはすごく小さいものではないと思ってくれればいいです。あとちょっと補足すると，このテスターでは0.1秒より短い時間でしか起きない現象は観測できないと思ってください。」

Aさん：「わかりました。ではまず，⑦｛ダイオード，コンデンサー，コイル｝を試してみます。テスターをつなげると…あれ，最初は『10.0 MΩ』とかの大きな抵抗値が表示されたのですが，それがだんだん大きくなって数秒後には導通がない状態になりました。」

B先生：「一度テスターの端子を離してからもう一度同じように接続するとどうなりますか？」

Aさん：「こんどは最初から導通がない状態ですね。さっきとは違います。」(*1)

B先生：「ではもう一度テスターの端子を離して，テスターの2つの端子を入れ替えて，先ほどとは逆に接続するとどうなりますか？」

Aさん：「あ，こんどは最初と似ていて，大きな抵抗値が表示されてそれが大きくなって，やはり数秒後に導通がない状態になりました。」(*2)

B先生：「その理由はあとで考えましょう。」

Aさん：「では次に，⑧｛ダイオード，コンデンサー，コイル｝を試してみます。これは…接続しても導通がない状態ですね。逆に接続すると…こんどは『0.60 MΩ』と表示されました。」

B先生：「そうですか。[⑧]ではオームの法則が成り立たないのでこの数字自体にあまり意味はなくて，接続の極性，つまりプラスとマイナスを逆にすると電流が流れるかどうかが変わるところが重要です。いろいろ試してもらいましたが，最近のテスターは優秀で，[⑦]や[⑧]の特性を測る専用の機能がついているものが多いです。」

Aさん：「ならそちらを使うように言ってくださいよ。」

B先生：「でも，抵抗測定の機能でわかることもありましたよね。そういう探究のしかたもあります。」

（会話は以上）

問1 会話の(*1)に書かれているように， ⑦ にもう一度テスターを接続したとき，最初と異なるふるまいを観測したのはなぜか。理由を考えて解答欄 ⑨ に書きなさい。

問2 会話の(*2)に書かれているように， ⑦ に前回とは逆にテスターを接続したらそのようなふるまいが観測された理由を考えて解答欄 ⑩ に書きなさい。

〔Ⅲ〕 次の文章を読み，[ ] に適する数式または数値を入れよ。ただし，数式はそれぞれの [ ] 内に記載した記号のうち，必要なものを用いて表せ。[ ] は，すでに [ ] で与えられたものと同じものを表す。また，{ }の中から最も適切なものを選び，記号で答えよ。解答は解答用紙の所定の欄に記入し，記号の場合は該当するものを○で囲め。

図1のように，鉛直方向に動くピストンが取り付けられた容器がある。ピストンと容器の間には摩擦はないとし，ピストンの質量は無視できるとする。容器内部には物質量 n の理想気体が閉じ込められている。容器およびピストンは断熱材でできており，容器内部に取り付けられた熱容量が無視できる加熱器により理想気体を加熱することができる。ピストンの上部にはおもりをのせることができる。また，ピストンを任意の高さで固定することができる。容器は高さ方向に十分な長さがあり，ピストンが容器から抜けることはないものとする。ピストンの断面積を S，容器外部の気体の圧力を p_0，気体定数を R，容器内部の理想気体の定積モル比熱を C_V，重力加速度の大きさを g とする。

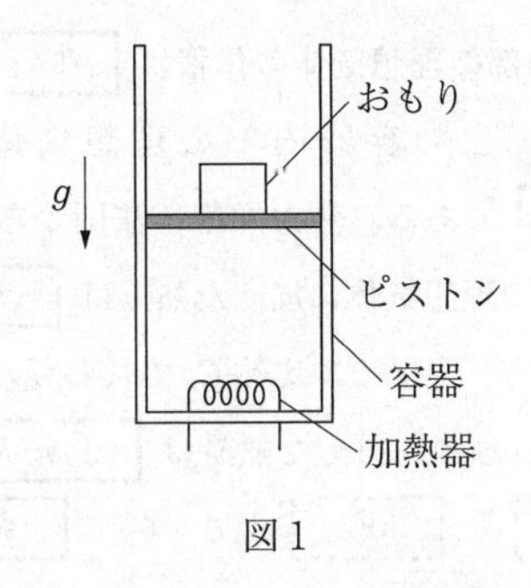

図1

(1)　最初，ピストンはおもりがのっていない状態で静止しており，容器内部の理想気体の絶対温度は T_A であった。このとき，容器内部の理想気体の体積は ［① n, R, p_0, T_A］ である。このときの容器内部の理想気体の状態を状態Aとする。

(2)　次に，ピストンを固定し，加熱器を用いて容器内部の理想気体の絶対温度が T_B になるまでゆっくり加熱した。このとき，容器内部の理想気体の圧力は，ボイル・シャルルの法則から，$p_0\left(\dfrac{T_B}{T_A}\right)$ であることがわかる。この状態で，ピストンの上部におもりをのせて，その後，ピストンの固定を外したところ，ピストンは動かなかった。このときの容器内部の理想気体の状態を状態Bとする。断面積 S のピストンには，容器内部の理想気体の圧力による力，容器外部の気体の圧力 p_0 による力，および，おもりにはたらく重力による力がはたらく。これらの力のつりあいにより，おもりの質量は ［② p_0, T_A, T_B, S, g］ であることがわかる。状態A→状態Bの変化による容器内部の理想気体の内部エネルギーの変化は ［③ n, C_V, T_A, T_B］ である。熱力学第一法則から，状態A→状態Bの変化において容器内部の理想気体に加えた熱量は ［④ n, C_V, T_A, T_B］ と求めることができる。

(3)　次に，状態Bから，ピストンを固定しないで，ピストンの上部におもりをのせたままで，加熱器を用いて容器内部の理想気体をゆっくり加熱して，絶対温度を T_C にした。このときの容器内部の理想気体の状態を状態Cとする。状態Cにおける容器内部の理想気体の体積は [⑤ n, R, p_0, T_A, T_B, T_C] である。状態B→状態Cの変化で容器内部の理想気体が外部にした仕事は [⑥ n, R, C_V, T_B, T_C] である。熱力学第一法則から，状態B→状態Cの変化において，容器内部の理想気体に加えた熱量は [⑦ n, R, C_V, T_B, T_C] と求めることができる。一方，定積モル比熱 C_V の代わりに容器内部の理想気体の定圧モル比熱 C_p を用いると，加えた熱量は [⑧ n, R, C_p, T_B, T_C] と表すことができる。[⑦] と [⑧] より，$C_p=$ [⑨ n, R, C_V] の関係があることがわかる。

(4) 次に，状態Cから，ピストンを固定しない状態のままで，おもりをゆっくり取り除き，おもりをのせない状態とした。このときの容器内部の理想気体の状態を状態Dとする。状態C→状態Dの変化は断熱変化であり，圧力 p と体積 V の間に以下の関係がある。

$$pV^{\gamma}=一定$$

ここで，γ は定数であり，$\gamma>1$ である。この関係式と理想気体の状態方程式から，圧力 p と絶対温度 T の間に

$$p^{1-\gamma}T^{\gamma}=一定$$

の関係があることを示すことができる。この関係式を利用して，状態Dにおける容器内部の理想気体の絶対温度を求めると，[⑩ T_A, T_B, T_C, γ] となる。

(5) 状態A→状態B→状態C→状態Dの変化を，横軸に体積 V，縦軸に圧力 p をとって表した場合，図2の(ア)～(カ)のうち最も適当なのは ⑪ {(ア)，(イ)，(ウ)，(エ)，(オ)，(カ)}である。

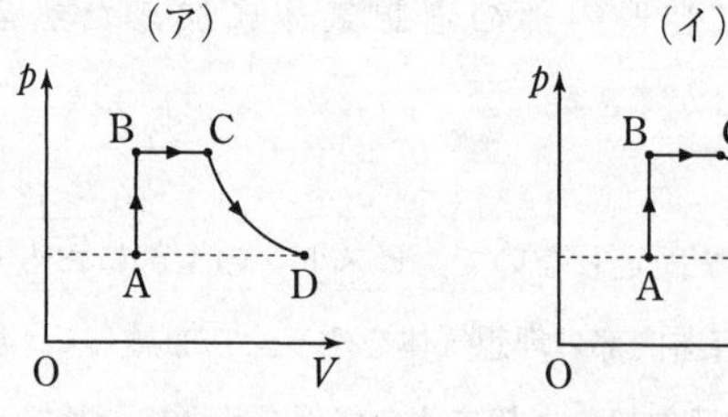

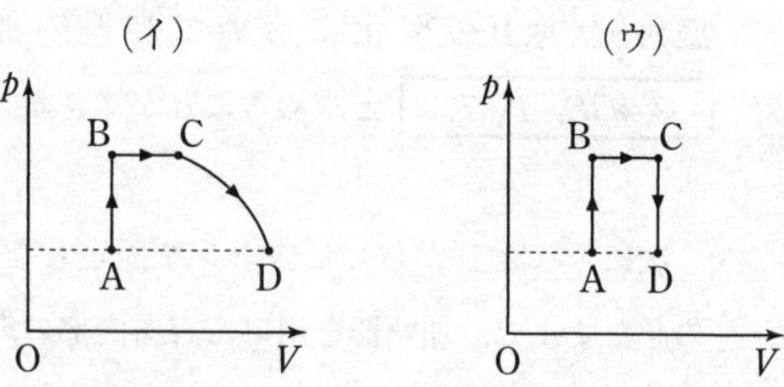

（エ）

（オ）

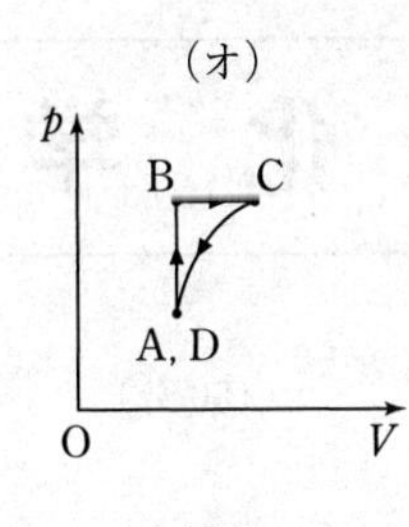

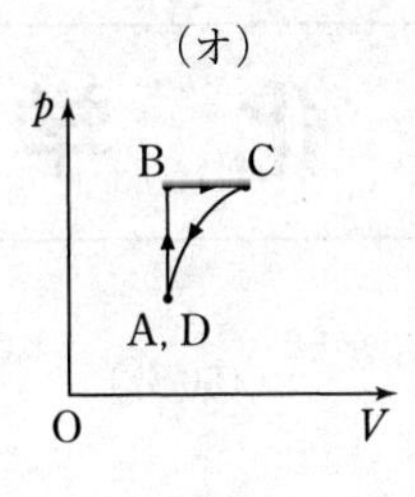

（カ）

図2

化 学

(80分)

〔I〕 次の文を読み，問いに答えよ。ただし，溶質間の相互作用は無視できるものとし，気体定数は $R = 8.3 \times 10^3$ Pa·L/(K·mol) とする。また計算を簡単にするために，$8.3 \times 10^3 \times 300 = 2.5 \times 10^6$ を使ってよい。

半透膜は小さな孔があいた膜で，水のような小さい分子や一定の大きさ以下の分子またはイオンのみを通す。U字管を半透膜で仕切って，両側に純粋な水と比較的大きな分子の溶液を同じ高さまで入れる(図1(i))。長時間放置すると，純粋な水側の液面が下がり，溶液側の液面が上がる(図1(ii))。これは水分子だけが半透膜を通って水溶液側に拡散するために起こる。このように半透膜を通って溶媒分子が水溶液中に拡散する現象を [(ア)] という。液面の高さに差が生じないようにするには，溶液の液面に圧力を加えなければならない(図1(iii))。これに相当する圧力を浸透圧といい，半透膜を通って溶媒が溶液側に [(ア)] する圧力に等しい。このときの浸透圧 Π[Pa]は，水溶液の密度を d[g/cm³]，液面の高さの差を h[cm]，水銀の密度を 13.6 g/cm³ とすると，標準大気圧 1.01×10^5 Pa のとき水銀柱は 76.0 cm であるから，

$$\Pi = 1.01 \times 10^5\ \mathrm{Pa} \times \frac{h[\mathrm{cm}] \times d[\mathrm{g/cm^3}]}{13.6\ \mathrm{g/cm^3} \times 76.0\ \mathrm{cm}} = 98 \times h \times d\ [\mathrm{Pa}] \qquad ①式$$

と表すことができる。

浸透圧は溶質の種類に関係なく，半透膜を通れない溶質のモル濃度だけによって決まる。すなわち，体積 V[L]の溶液に半透膜を通れない分子量 M の溶質が w[g]溶けてモル濃度が c[mol/L]になったとし，絶対温度を T[K]，気体定数を R とすると，浸透圧 Π[Pa]は，溶質が電離しない場合は次のように表すことができる。

$$\Pi = \frac{w}{MV}RT = cRT \qquad ②式$$

このような関係を [(イ)] の法則という。

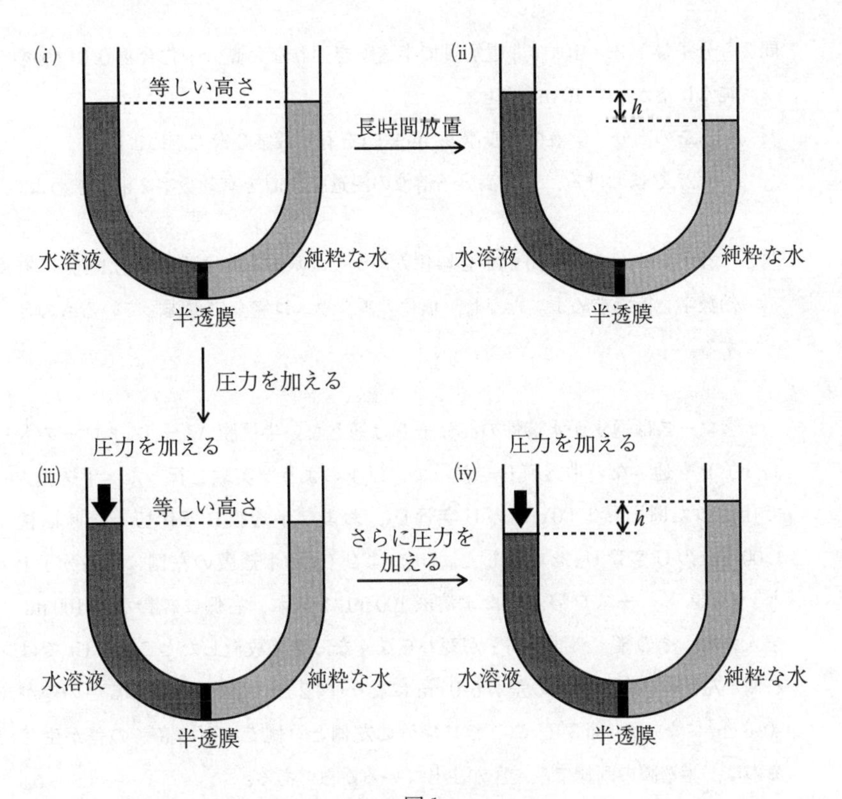

図1

図1(iii)で溶液側に浸透圧以上の圧力を加えると，通常の［(ア)］とは逆向きに溶媒分子の移動が進む(図1(iv))。この現象を［(ウ)］といい，海水の淡水化などに幅広く応用されている。

問1　文中の空欄(ア)〜(ウ)に入る最も適切な語を下のa〜hから選び，記号で記せ。

a．透析　　b．浸透　　c．半浸透

d．逆浸透　　e．ヘンリー　　f．ファンデルワールス

g．ファントホッフ　　h．ボイル

問2　分子量 1.2×10^4 の非電解質で半透膜を通れない高分子化合物 0.012 g を純水に溶かして 10 mL にした。

(i)　この高分子溶液のモル濃度[mol/L]を有効数字2桁で求めよ。

(ii)　27℃における，この高分子溶液の浸透圧[Pa]を有効数字2桁で求めよ。

問3　27℃における 0.010 mol/L 塩化カルシウム水溶液の浸透圧は何 Pa か，有効数字2桁で求めよ。ただし，塩化カルシウムは完全に電離しているものとする。

スクロースは通すが水溶性の高分子Pは通さない半透膜Aと，スクロースも高分子Pも通さない半透膜Bを使って，以下のような実験を行った。半透膜Aで仕切った断面積 1.00 cm^2 のU字管 U_A，および半透膜Bで仕切った断面積 1.00 cm^2 のU字管 U_B を準備した。U_A および U_B の半透膜の左側に，高分子Pと x g のスクロースを溶かした水溶液 100 mL を入れ，右側に純粋な水 100 mL を入れた。その後，液面の高さが変わらなくなるまで放置したところ，U_A では右側と左側の液面の高さの差が 6.0 cm になり(図2)，U_B では液面の高さの差が 20.0 cm になった(図3)。ここでU字管の左側と右側で液面の高さの差が生じるのは，半透膜の両側で浸透圧が生じているからである。

以下の問いに答えよ。ただし，高分子Pは電離せず，温度は27℃，高分子Pおよびスクロースの水溶液の密度を 1.0 g/cm^3，スクロースの分子量を 342，水の蒸発は無視できるものとする。

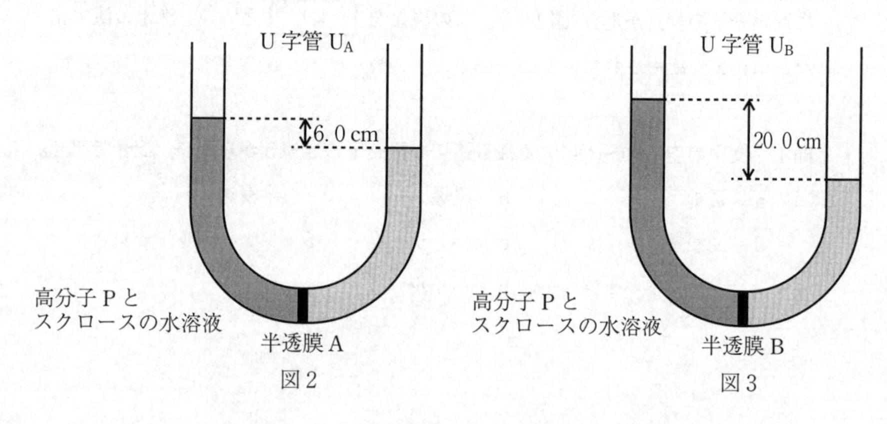

図2　　図3

問4　あいている孔が，より大きいと考えられる半透膜はどちらか，以下のa，bから適切なものを選び，記号で記せ。

a．半透膜A　　b．半透膜B

問5　(i) U_A の浸透圧 Π_A，および (ii) U_B の浸透圧 Π_B はそれぞれ何Paか。①式より，有効数字2桁で求めよ。

問6　U_A の左側の水溶液の体積 V_A は何mLになるか。整数値で答えよ。

問7　問5で求めた Π_A の値を使って，②式より，U_A の左側の水溶液の高分子Pのモル濃度[mol/L]を有効数字2桁で求めよ。

問8　溶かしたスクロースの質量 x g を以下のようにして求めた。次の文中の空欄(エ)～(ケ)に入る最も適切な数値をそれぞれ記せ。(エ)は整数値，(オ)～(ケ)は有効数字2桁で答えよ。

図3の U_B で，左側の水溶液の体積 V_B は [(エ)] mLなので，高分子Pのモル濃度は，図2の U_A の左側の水溶液の高分子Pのモル濃度の [(オ)] 倍，すなわち [(カ)] mol/Lである。また，Π_B は高分子Pによる浸透圧とスクロースによる浸透圧の和なので，U_B で左側の水溶液のすべての溶質(高分子Pおよびスクロース)粒子のモル濃度は，②式より，[(キ)] mol/Lとなる。したがって U_B で左側の水溶液のスクロースのモル濃度は [(ク)] mol/Lとなり，溶かしたスクロースの質量 x は [(ケ)] gと計算できる。

〔Ⅱ〕 次の文を読み，問いに答えよ。

硫黄は周期表の [(あ)] 族に属する典型元素で，原子は [(い)] 個の価電子をもつ。硫黄の単体は，黄色のもろい固体として火山地帯で産出される。硫黄の同素体には，ゴム状硫黄，単斜硫黄，斜方硫黄などがある。このうち，常温・常圧で最も安定なものは黄色塊状の [(1)] 硫黄である。 [(1)] 硫黄を約120℃に加熱して融解させた後，冷却すると，黄色針状の [(2)] 硫黄が得られる。また，250℃付近に加熱した液体の硫黄を水中に注いで急激に冷却すると，[(3)] 硫黄が得られる。

硫黄は常温では安定であるが，高温では，鉄や亜鉛など，多くの元素と反応して硫化物をつくる。硫黄は空気中で燃焼させると，二酸化硫黄になる。①二酸化硫黄は，銅に濃硫酸を加えて加熱しても得られる。

②硫化鉄(Ⅱ)と希硫酸とを反応させると，硫化水素が発生する。硫化水素は，腐卵臭をもつ無色の有毒な気体である。硫化水素は [(う)] 価の弱酸で水溶液中では次のように二段階で電離する。

$$H_2S \rightleftarrows H^+ + HS^- \qquad 式1$$

$$HS^- \rightleftarrows H^+ + S^{2-} \qquad 式2$$

一段階目と二段階目の反応をまとめると次のような式となる。

$$H_2S \rightleftarrows 2H^+ + S^{2-} \qquad 式3$$

③金属イオンを含む水溶液に硫化水素を通じると，電離して生じた硫化物イオンが金属イオンと反応し，特有の色をもつ硫化物の沈殿を生じる場合がある。この反応は，金属イオンの検出や分離に利用される。

問1 空欄(あ)～(う)に入る最も適切な数字をそれぞれ記せ。

問2 空欄(1)～(3)に入る最も適切な語句を以下のａ～ｃから１つずつ選び記号で記せ。

ａ．ゴム状　　ｂ．単斜　　ｃ．斜方

問3　下線部①の反応について以下の問いに答えよ。

(i)　この反応の化学反応式を記せ。

(ii)　発生した二酸化硫黄の捕集法として最も適切なものを以下のａ～ｃから選び，記号で記せ。

ａ．上方置換　　ｂ．水上置換　　ｃ．下方置換

(iii)　二酸化硫黄に関する以下のａ～ｄの記述のうち，正しいものを１つ選び，記号で記せ。

ａ．二酸化硫黄は無色・無臭・有毒な気体である。

ｂ．二酸化硫黄は水に溶け，その水溶液は中性である。

ｃ．二酸化硫黄は亜硫酸ナトリウムに希硫酸を加えると生じる。

ｄ．二酸化硫黄はヨウ素を酸化してヨウ化水素を生じる。

問4　下線部②の反応を，図の装置を使って次のように行った。この装置のＢに，硫化鉄(Ⅱ)の小塊を入れ，活栓を閉じた状態で，装置のＡに適当量の希硫酸を注いだ。図の活栓を開くと，希硫酸は装置のＣを満たした後，装置のＢに流入してＢの硫化鉄(Ⅱ)と接触し，硫化水素が発生した。以下の問いに答えよ。

(i)　下線部②の反応を化学反応式で記せ。

(ii)　図の装置の名称を記せ。

(iii)　硫化水素が発生している状態で図の活栓を閉じると，装置内に希硫酸と硫化鉄(Ⅱ)が十分残っているのにもかかわらず，反応が停止した。この理由を55字以内で記せ。なお，図中の記号を用いて記述してもよい。

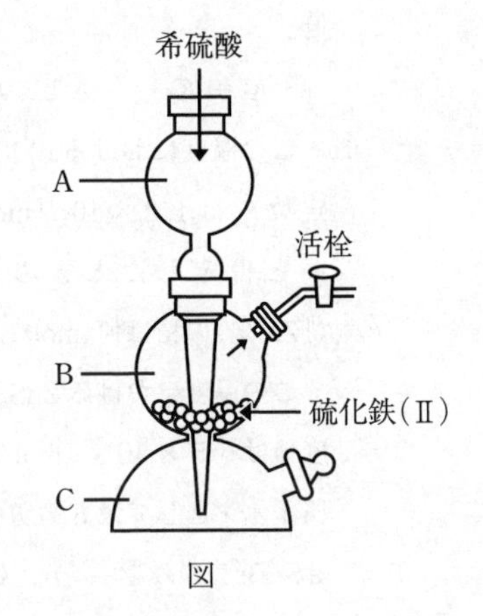

図

(iv)　硫化水素を発生させるために，希硫酸のかわりに用いる強酸として不適切な酸とその酸が不適切である理由の組み合わせとして正しいものを以下のａ～ｄから１つ選び，記号で記せ。

ａ．希塩酸は酸化作用が強いため。　　ｂ．希塩酸は還元作用が強いため。

c．希硝酸は酸化作用が強いため。　d．希硝酸は還元作用が強いため。

(v) 発生した硫化水素から水蒸気を除くための乾燥剤として最も適切なものを以下のa～cから1つ選び，記号で記せ。

a．濃硫酸　b．酸化カルシウム　c．十酸化四リン

問5 下線部③に関して，次の実験を行った。実験には，Zn^{2+}とCu^{2+}を1.0×10^{-3} mol/Lずつ含み，水素イオンの濃度が1.0×10^{-2} mol/Lの水溶液を用いた。この水溶液に硫化水素を通じて，実験中，水溶液中の硫化水素の濃度を0.10 mol/Lに保つようにした。以下の問いに答えよ。ただし，実験中，水溶液の温度，体積および水溶液中の水素イオンの濃度は変化しなかったものとする。

(i) 水溶液中の硫化水素の濃度を$[H_2S]$，水素イオンの濃度を$[H^+]$，硫化物イオンの濃度を$[S^{2-}]$とする。このとき，式3の電離定数Kを，$[H_2S]$，$[H^+]$，$[S^{2-}]$を用いた式で記せ。

(ii) 硫化水素の電離平衡を表す式1と式2の電離定数をそれぞれK_1，K_2とする。このとき，式3の電離定数KはK_1およびK_2を用いてどのように表すことができるか，適切なものを以下のa～dから1つ選び，記号で記せ。

a．K_1+K_2　b．K_1/K_2　c．$K_1\times K_2$　d．K_2/K_1

(iii) この温度における式1の電離定数K_1は1.0×10^{-7} mol/L，式2の電離定数K_2は1.2×10^{-14} mol/Lであったとする。このとき，沈殿が生じないと仮定したときの水溶液中のS^{2-}の濃度($[S^{2-}]$)とZn^{2+}の濃度($[Zn^{2+}]$)の積は何$(mol/L)^2$か，有効数字2桁で記せ。

(iv) この温度におけるZnSの溶解度積は$2.2\times10^{-18}\ (mol/L)^2$，CuSの溶解度積は$6.5\times10^{-30}\ (mol/L)^2$とすると，この実験において沈殿が生じた金属イオンとして最も適切なものを以下のa～dから1つ選び，記号で記せ。

a．Zn^{2+}のみ　b．Cu^{2+}のみ　c．Zn^{2+}とCu^{2+}

d．いずれのイオンも沈殿しない

〔Ⅲ〕

A．次の文を読み，問いに答えよ。ただし，原子量は，H = 1.00，C = 12.0，O = 16.0とする。

化合物A，BおよびCは，いずれも組成式CHO，分子量116の2価カルボン酸である。化合物Aと化合物Bは白金触媒の存在下で，それぞれ等モルの水素H_2と反応して，同一の化合物Dを生成した。化合物Aは，約160℃に加熱すると分子内で脱水反応を起こし，化合物Eに変化した。一方，化合物Bは，同じ条件下では分子内で脱水反応を起こさなかった。

問1　化合物A，B，Cに共通する分子式を記せ。

問2　化合物A，Bの物質名をそれぞれ記せ。

問3　化合物A 348 mgを水に溶かした水溶液を過不足なく中和するのに，0.100 mol/Lの水酸化ナトリウム水溶液は何mL必要か，有効数字2桁で答えよ。

問4　化合物C，D，Eの構造式を，図1にならって簡略化して記せ。

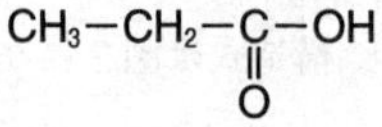

$$CH_3-CH_2-\underset{\underset{O}{\|}}{C}-OH$$

図1

B．次の文を読み，問いに答えよ。

アンモニアの水素原子を炭化水素基で置き換えた化合物を総称して［(ア)］という。代表的な芳香族［(ア)］であるアニリンは，水にはわずかしか溶けないが，分子中のアミノ基が弱い(i)(塩基・酸)性を示し，塩酸にはアニリン塩酸塩を生じて溶ける。また，アニリンは次のようにして得られる。

まず，ベンゼンをニトロ化し，次に，得られたニトロベンゼンを濃塩酸存在下において，スズ(または鉄)で (ii) (酸化・還元)することでアニリン塩酸塩としたのち，水酸化ナトリウム水溶液を加えると，アニリンが得られる。さらし粉水溶液をアニリンに加えると (iii) (白・赤紫・緑黄)色を呈する。この反応は，アニリンの検出に用いられる。また，アニリンに無水酢酸を作用させると，アセチル化され，アセトアニリドが生成する。

アニリンの希塩酸溶液を氷冷しながら [(A)] 水溶液を加え，ジアゾ化することにより塩化ベンゼンジアゾニウムと塩化ナトリウムが得られる。ジアゾニウム塩からアゾ化合物をつくる反応を [(イ)] といい，塩化ベンゼンジアゾニウムと [(B)] との [(イ)] によって合成される *p*-ヒドロキシアゾベンゼン(*p*-フェニルアゾフェノール)は，アゾ染料として知られている。

問1　文中の空欄(ア)，(イ)に入る最も適切な語句をそれぞれ記せ。

問2　文中の(i)～(iii)の選択肢から最も適切な語句を選び，それぞれ記せ。

問3　文中の空欄(A)に当てはまる (i) 化合物の名称と (ii) 化合物の化学式をそれぞれ記せ。

問4　文中の空欄(B)に当てはまる (i) 化合物の名称と (ii) 化合物の構造式をそれぞれ記せ。ただし，構造式は図2にならって簡略化して記せ。

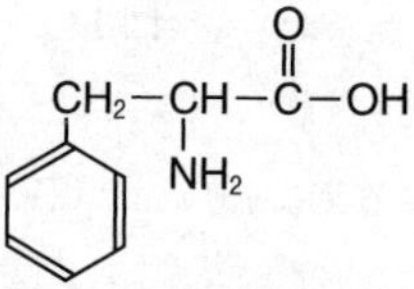

図2

問5　(i) アニリン，(ii) アニリン塩酸塩，(iii) アセトアニリドの構造式を，図2にならって簡略化してそれぞれ記せ。

問６　下線部の反応について，この反応を進めるためにベンゼンに混酸を加え，およそ60℃で反応させる必要がある。この混酸に含まれる２つの酸は濃硫酸と何か，最も適切な酸を化学式で記せ。

問７　塩化ベンゼンジアゾニウムは氷冷しなければ不安定であり，５℃以上に温度が上がると無極性の気体Ｘを発生しながら芳香族化合物を生じる。このときに（i）発生する気体Ｘと（ii）生じる芳香族化合物の名称を記せ。

生物

（80分）

〔Ⅰ〕 次の文章を読み，以下の問いに答えよ。

(A) 多細胞生物の体は多数の真核細胞からなる。真核細胞の大きさは種類によってさまざまであるが，例えば，ヒトの赤血球の直径は約8〔　X　〕である。真核細胞にはさまざまな構造があり，それぞれが多様な機能を担って細胞の生命活動を支えている。細胞質の最外層には細胞膜があり，その厚さは5～6〔　Y　〕である。<u>核，ミトコンドリア，小胞体，ゴルジ体，リソソーム，リボソーム</u>(ア)などは動物細胞，植物細胞に共通して存在するが，葉緑体や細胞壁のように植物細胞にのみ存在するもの，［　①　］のように植物細胞で特に発達しているものもある。

繊維状構造体である細胞骨格は，細胞の形の保持や運動などに関与しており，いくつかの構成タンパク質が多数結合して形成される。細胞骨格は大きく3つに分類される。1つ目は［　②　］という球状のタンパク質がつらなった繊維状構造をとる［　②　］フィラメント，2つ目はタンパク質が集合してできた繊維が束ねられ，強固な構造をつくる［　③　］フィラメント，3つ目は<u>微小管</u>(イ)で，［　④　］という球状のタンパク質が多数結合して管状構造となっている。動物細胞は，となりの細胞と細胞接着により連結されており，この接着には［　⑤　］などの膜タンパク質が関与する。また，細胞接着には，［　⑥　］結合のように，イオンやアミノ酸などの低分子物質を細胞間で交換可能なものも存在する。

(1) 〔　X　〕と〔　Y　〕に入る長さの単位として，もっとも適切なものを，それぞれ例にならってカタカナで答えよ。

(例)キロメートル

(2) 文中の ＿＿＿ に，もっとも適切な語句を入れよ。

(3) 下線部アについて，以下の(i)～(vi)は細胞構造(細胞小器官)の説明である。(i)～(vi)にあてはまる細胞構造(細胞小器官)を，以下のa～fから「　」で指定されている数だけ選び，記号で答えよ。

(i) 二重膜構造をもつ。「2つ」

(ii) 細胞内消化を行う。「1つ」

(iii) ATPを合成する。「1つ」

(iv) リボソームが表面に付着している場合がある。「1つ」

(v) 遺伝情報をもったDNAが収められている。「2つ」

(vi) 原核細胞にも存在する。「1つ」

a．核　　b．ミトコンドリア　　c．小胞体
d．ゴルジ体　　e．リソソーム　　f．リボソーム

(4) 一般に真核細胞の大きさは原核細胞よりも大きい。例えば，ある真核細胞の直径が，ある細菌の直径の8倍であったとする。このとき，この真核細胞の体積は，細菌の体積の何倍になるか。ただし，それぞれの細胞は，完全な球(球形)であるものと仮定する。

(5) 下線部イについて，

(i) 細胞分裂期において，伸長した多数の微小管などから形成される構造体は何か。

(ii) (i)の構造体が担う重要なはたらきを，20字以内で説明せよ。

(B) タンパク質は，DNAの塩基配列をもとにしてつくられる。その過程は，DNAの二重らせんの一部がほどけることで始まり，1本鎖となった片方のヌクレオチド鎖を鋳型として，DNAに [①] な塩基配列をもつRNAのヌクレオチド鎖が合成される(下線部ア)。この過程を [②] と呼ぶ。真核細胞では多くの場合，RNAの合成後に核内でそのヌクレオチド鎖の一部が取り除かれる。

このとき取り除かれる部分に対応するDNAの領域を［③］，それ以外の部分を［④］という。［③］に対応する部分が取り除かれ，隣り合う［④］の部分が連結されて成熟したmRNA（イ）ができる。この過程を［⑤］と呼ぶ。このようにして合成されたmRNAは，核膜孔を通って細胞質基質へ移動した後，タンパク質へと翻訳される。

翻訳では，通常，mRNAのトリプレット（ウ）が1つのアミノ酸を指定する。指定されたアミノ酸が次々に結合（エ）し，連なることで，タンパク質が合成される。合成されたタンパク質は適切な立体構造をとる（オ）ことで機能をもつようになる。

このようにDNA→RNA→タンパク質へと一方向に伝えられる遺伝情報の流れは［⑥］と呼ばれ，すべての生物に共通している。

(1)　文中の［　］に，もっとも適切な語句を入れよ。

(2)　下線部アについて，この過程でRNAを合成する酵素の名称を答えよ。

(3)　下線部イについて，mRNAは［⑤］以外にも，核内でその両端に化学的な修飾を受ける。

(i)　5′側の末端に付加される構造の名称を答えよ。

(ii)　3′側の末端に付加される構造の名称を答えよ。

(4)　下線部ウについて，

(i)　mRNAのトリプレットの中でメチオニンを指定し，また，ヒトを含む真核生物では，通常，タンパク質合成の開始を指示するRNAの塩基の並びを1つ答えよ。

(ii)　mRNAのトリプレットのうちUAA，UAG，UGAの3つは，アミノ酸を指定しない。これらを何と呼ぶか。

(5)　下線部エについて，アミノ酸どうしをつなぐ結合の名称を答えよ。

(6) 下線部オについて，タンパク質は適切な立体構造をとるために別のタンパク質の補助を必要とする。この補助を行うタンパク質の総称を答えよ。

(7) 翻訳の過程ではたらくRNAには，mRNA以外にも２種類のRNAがある。それぞれのRNAの名称とはたらきを述べよ。

〔Ⅱ〕 次の文章を読み，以下の問いに答えよ。

(A) 多くの動物の発生は受精卵から出発する。カエルの受精卵は卵割を繰り返し，３つの胚葉が形成され，その後，さまざまな組織や器官に分化する。カエルの発生過程において，８細胞期まで卵割がすすんだ受精卵では，DNAは【あ：a．均等　b．不均等】に分配され，mRNAとタンパク質は【い：a．均一　b．不均一】に分布する。さらに発生が進むと，細胞は周囲の隣接する細胞と相互作用するようになる。例えば，ノーダルタンパク質は隣接する胚葉にはたらき，中胚葉誘導(ア)を引き起こす。

ショウジョウバエの発生過程では，母親の体内で卵形成中にさまざまな物質が合成され，卵内に蓄えられる。合成されたもののうち，一部のmRNAやタンパク質は受精後の発生過程に大きな影響を与える。このような物質の遺伝子を［　①　］遺伝子という。［　①　］遺伝子のうち，胚の前後(頭尾)軸(イ)形成に重要な［　②　］mRNAは，楕円形の卵の前端に局在している。受精後にそこで［　②　］タンパク質がつくられ，その後，胚の後端に拡散し濃度勾配が生じ，他の遺伝子発現の調節に関わる。前後(頭尾)軸がつくられた後，［　③　］遺伝子と総称される体節形成を促す調節遺伝子(ウ)がはたらく。体節が形成されると，それぞれの体節における器官形成に関わる調節遺伝子である［　④　］遺伝子が発現する。

(1) 文中の［　　］に，もっとも適切な語句を入れよ。

⑵ 文中の【あ】と【い】に入る適切なものを１つ選び，ａあるいはｂの記号で答えよ。

⑶ 下線部アについて，

(i) 誘導作用をもつ胚の領域を，一般に何と呼ぶか。

(ii) オランダのニューコープは，両生類の胞胚を３つの領域に切り分けて培養する実験を行った。図はその概要を示している。培養後に，中胚葉性の組織に分化する胚葉を以下のａ～ｈから１つ選び，記号で答えよ。

ａ．X　ｂ．Y　ｃ．Z　ｄ．X，Y
ｅ．X，Z　ｆ．Y，Z　ｇ．X，Y，Z　ｈ．該当無し

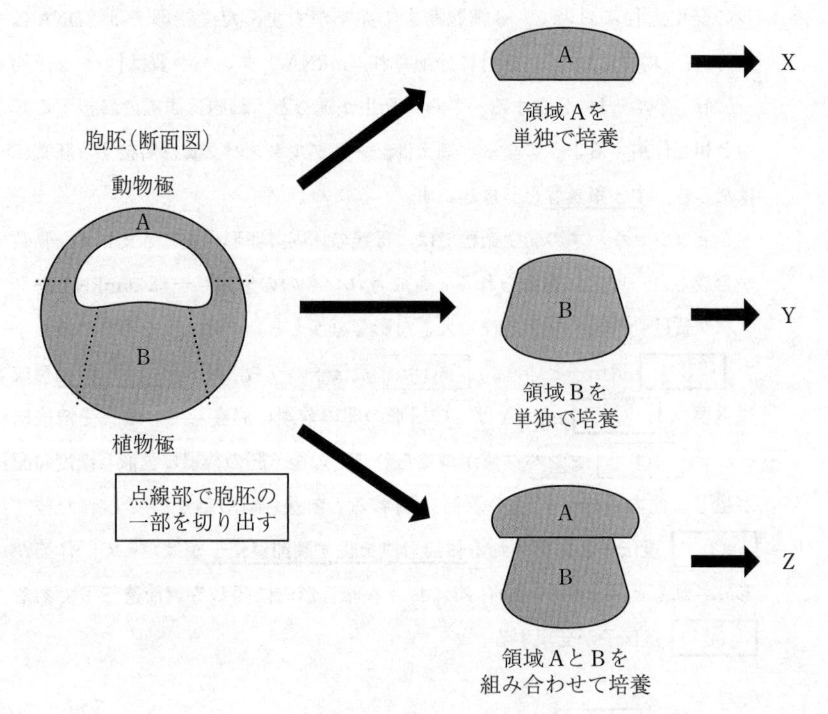

図

(iii) 中胚葉誘導とはどのような現象か。「予定内胚葉」という語句を用いて50字程度で説明せよ。

(iv) クシイモリの初期原腸胚の原口背唇部を切り取り，スジイモリの初期原腸胚の予定表皮域に移植した。移植されたスジイモリの胚が発生し尾芽胚になったときに，これとは別に新たな胚が形成された。この新たな胚を何と呼ぶか。

(v) (iv)の新たな胚で形成される脊索と腸管は，それぞれ「クシイモリ」と「スジイモリ」のいずれに由来するか。

(4) 下線部イについて，動物の体には方向性を示す3つの体軸がある。前後(頭尾)軸以外の体軸の名称を2つ答えよ。

(5) 下線部ウについて，発現する順番として正しいものを以下のa～fから1つ選び，記号で答えよ。

a．ギャップ遺伝子→セグメント・ポラリティ遺伝子→ペア・ルール遺伝子
b．ギャップ遺伝子→ペア・ルール遺伝子→セグメント・ポラリティ遺伝子
c．セグメント・ポラリティ遺伝子→ギャップ遺伝子→ペア・ルール遺伝子
d．セグメント・ポラリティ遺伝子→ペア・ルール遺伝子→ギャップ遺伝子
e．ペア・ルール遺伝子→セグメント・ポラリティ遺伝子→ギャップ遺伝子
f．ペア・ルール遺伝子→ギャップ遺伝子→セグメント・ポラリティ遺伝子

(6) 器官形成の過程では，細胞が分化するだけではなく，決まった時期に決まった細胞が死んで失われていく細胞死もみられる。正常な細胞の形態を維持しながらDNAが断片化し，まわりの細胞に影響を与えることなく縮小・断片化する細胞死を何と呼ぶか。

(B) 動物は光や音，化学物質などの外界からの情報を，眼や耳，鼻などの［　①　］器で受け取り，それに応じた反応や行動を起こす。［　①　］器は刺激の種類ごとに特殊化した感覚細胞をもち，<u>ある特定の刺激</u>（ア）にのみ応答する。感覚細胞で受け取った情報は，感覚神経を通じて［　②　］神経系に送られ，

統合される。［②］神経系では，その情報をもとに，運動神経などを介して，筋肉などの［③］器に情報を伝える。

例えば，動物は光の情報を活用し，外敵の存在や時間，場所などの，さまざまな外部の情報を得ている。光の情報は［①］器である眼(視覚器)で受け取られる。図1は，ヒトの眼を水平に切断し，上から見た図である。眼に入った光は［④］と［⑤］で屈折し，［⑥］を通過して網膜上に像を結ぶ。網膜には，感覚細胞として錐体細胞と桿体細胞の2種類の視細胞がある。これらの視細胞には光を吸収する物質が含まれている。錐体細胞はおもに明るい場所ではたらき，色の区別にも関与する。この錐体細胞には，［⑦］種類の細胞があり，それぞれ異なる波長の光を吸収するフォトプシンという視物質を含む。フォトプシンは光が当たると分解され，視細胞に興奮が生じる。興奮した錐体細胞の種類や割合の情報は，大脳にある視覚野に伝えられ，色として認識される。一方，桿体細胞はうす暗い場所でよくはたらくが，色の区別には関与しない。桿体細胞が光を受容すると，この細胞に含まれるロドプシンの構造が変化し，視細胞に電気的な変化が生じる。次に，興奮した視細胞は連絡神経細胞を介して視神経細胞を興奮させる。<u>視神経細胞の神経繊維は束となって網膜を貫き</u>(イ)，眼球の外に出て，大脳の視覚野に光の情報を伝える。これにより，視覚が生じる。

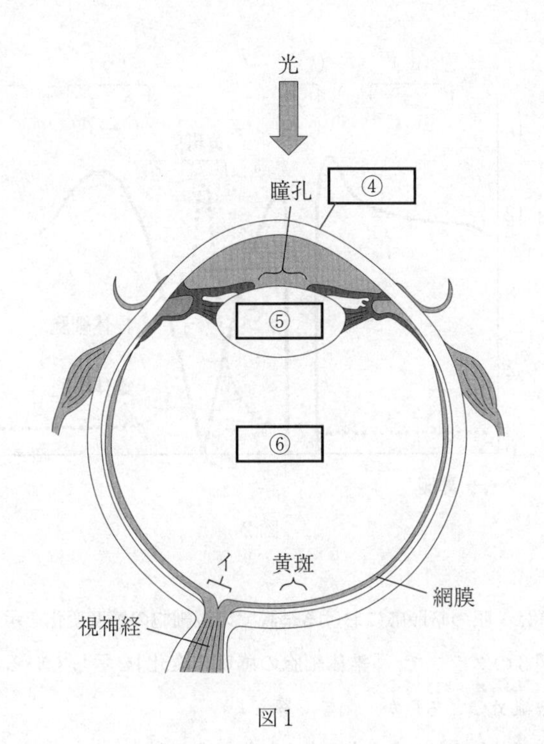

図1

(1) 文中の [　　] に，もっとも適切な語句を入れよ。なお，文中と図1の中の番号は一致する。また，[⑦] には，もっとも適切な数を入れよ。

(2) 下線部アについて，この刺激の名称を答えよ。

(3) 下線部イについて，

(i) 視神経細胞が束となって網膜を貫き，眼球外に出る領域の名称を答えよ。なお，この領域は図1の「イ」で示す領域と一致する。

(ii) 図1に示す眼は，「左眼」と「右眼」のどちらか，答えよ。

(iii) (ii)で，そのように考えた理由を答えよ。

(iv) 図2は，ヒトの眼の視細胞の分布を示す。図1の「イ」の領域は，図2の(あ)～(え)のどの領域と一致するか，記号で答えよ。

(v) (iv)で，そのように考えた理由を答えよ。

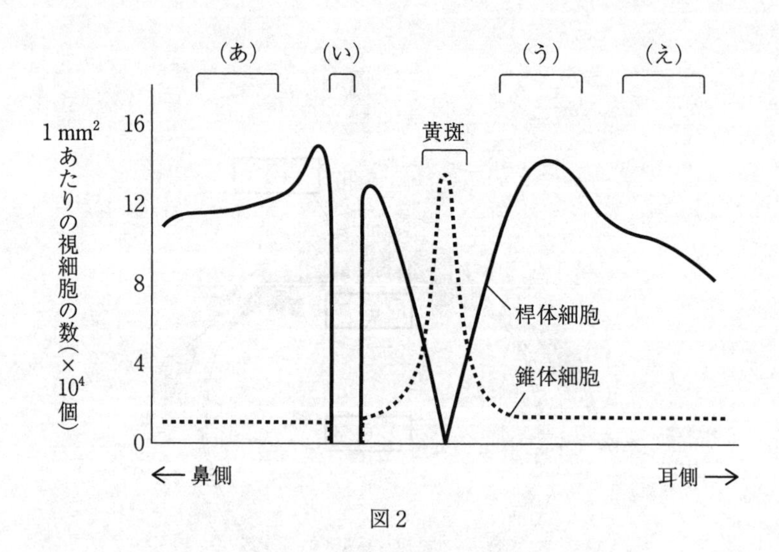

図2

(4)　図3は，眼の暗順応における網膜での視細胞の感度変化を示している。

(i)　図3のグラフで，「錐体細胞の感度の変化」を示しているのは，実線Xと破線Yのどちらか，記号で答えよ。

(ii)　暗順応とはどのような現象か，説明せよ。

(iii)　暗順応が起こるしくみを，「ロドプシン」という語句を用いて説明せよ。

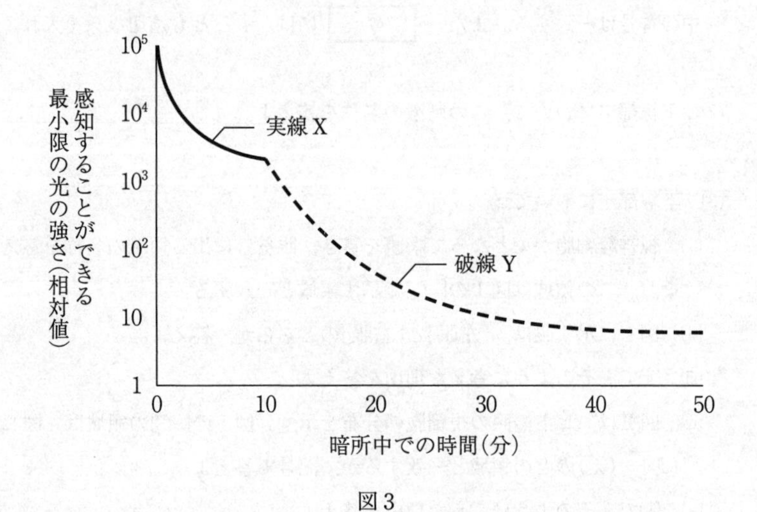

図3

〔Ⅲ〕 次の文章を読み，以下の問いに答えよ。

(A) 生物は同種の個体であっても，大きさや形，色のような外部形態のほか，酵素のはたらき方など目に見えない部分にも違いがある。このような違いを[①]といい，そのうち遺伝するものを遺伝的[①]と呼ぶ。遺伝的[①]は，もとをたどれば突然変異により生じたものであり，DNA の塩基配列に変化が生じる場合や，<u>染色体の数や構造に変化が生じる場合</u>(ア)などがある。突然変異により生じた DNA の変化は，減数分裂の過程で起こる相同染色体の[②]と乗換えを通じて染色体間で入れ変わるが，[②]が上手くいかずに不等交差が起こると，まれに同じ遺伝子を２つもつ染色体とその遺伝子を欠く染色体とが生じる。同一のゲノム内で同じ遺伝子が２つになることを<u>遺伝子重複</u>(イ)という。

生物の進化のうち，新たな種が誕生したり，種よりもさらに大きな隔たりのある生物群が生じるような進化は[③]と呼ばれ，種内の形質などがわずかに変化する進化は[④]と呼ばれる。また[④]は，時間とともに生物集団の遺伝的構成が変化することと捉えることもでき，ある遺伝子座を占める遺伝子に突然変異で塩基配列の異なる遺伝子が生じ，それが時間とともに集団中にひろがって，もとの遺伝子と置き換わってしまうことも進化の要因となる。

イギリスに生息する<u>オオシモフリエダシャク</u>(ウ)というガの体色には，白っぽい明色型と黒っぽい暗色型がある。このガは，工業化が進む以前の19世紀中頃までは明色型がほとんどで，暗色型の個体数は全体の１％程度であった。しかし，19世紀の後半から工業地帯で暗色型が急激に増加し，ある都市の郊外では，一時，暗色型の割合が93％を占めるようになった。この現象には，工場から排出される煤煙により，ガの生息場所である樹皮などが黒くなったことが関係しており，自然選択による適応進化の例として有名である。

(1) 文中の[　　]に，もっとも適切な語句を入れよ。

(2) 下線部アについて，

(i) 染色体の一部が切れて，その断片が逆向きにつながることを何と呼ぶか。

(ii) 染色体の一部が切れて，別の染色体につながることを何と呼ぶか。

(iii) 染色体の数が，正常な場合より1〜数個多い，あるいは1〜数個少ない個体を何と呼ぶか。

(3) 下線部イについて，進化における遺伝子重複の役割を述べよ。

(4) 下線部ウについて，表は，田園地帯と工業地帯における，このガの暗色型と明色型の再捕獲率を示したものである。

表

		暗色型	明色型
再捕獲率	田園地帯	0.06	0.13
	工業地帯	0.53	0.25

（再捕獲率は，目印をつけて放したガの数で，同じ場所で再捕獲された目印つきのガの数を割ったものである）

(i) 田園地帯では，明色型の再捕獲率が暗色型より高いのはなぜか。

(ii) 工業地帯では，明色型の再捕獲率が暗色型より低いのはなぜか。

(iii) 大気汚染への対策が進み，工場から排出される煤煙が少なくなると，暗色型のガの割合はどうなると予想されるか。

(5) オオシモフリエダシャクの体色は，暗色型の遺伝子Aと明色型の遺伝子aにより決まる。Aとaは対立遺伝子であり，暗色型が優性(顕性)で，明色型の個体の遺伝子型はaaとなる。

(i) 今，外部との出入りのない100匹のガの集団を考える。この集団に暗色型のホモ接合体が10匹，ヘテロ接合体が20匹，および明色型が70匹，存在するとき，Aの遺伝子頻度はいくらか。もっとも適切なものを，以下のa〜eから1つ選び，記号で答えよ。

a．0.1　　b．0.15　　c．0.2　　d．0.25　　e．0.3

(ii) この集団を天敵の鳥が襲い，明色型の個体は子供を残す前にすべて捕食され，この集団からいなくなった。生き残った暗色型の個体が遺伝子型によらずに任意交配して子供を残したとすると，この子供の集団における明色型の割合はいくらになるか。分数で答えよ。

(B) 生態系の中で同種の個体の集まりを［①］といい，さまざまな［①］をひとまとめにしたものを［②］という。生物どうしは，生態系の中で<u>生物間相互作用</u>(ア)の関係をもち，それぞれの［①］は，生活空間や食物の確保，活動時間において，ある位置を占めている。このような，ある生物種が占める生態系の中の位置を［③］という。［③］の重なりが小さい種は，［④］が起こりにくいため共存することができる。一方，お互いに似た生活様式をもつ生物種は，［③］が類似しているため，共存することが難しい。例えば，ゾウリムシとヒメゾウリムシは，同じ餌を食べるため，同じ容器内で飼育すると［④］が起こり，ゾウリムシは食物の確保に負け，やがて絶滅し，ヒメゾウリムシだけが生き残る。このような現象は自然界でも観察されているが，実際には［④］を避けて共存する関係が多い。例えば，ウミウとカワウのように食物を変えて共存するくいわけや，河川に生息する魚類が，生息場所を変えて共存する［⑤］がある。これ以外にも生物間相互作用には，異なる生物種が一緒に存在することによってお互いに利益を受ける，または一方が利益を受け，もう一方が利益も不利益も受けないような関係がある。これらの関係は，共生といい，前者を［⑥］共生，後者を［⑦］共生という。また，ダニやシラミは，動物の体表に付着し，吸血をして栄養を得る。このように一方が利益を得るが，もう一方が不利益を受ける関係を［⑧］という。

(1) 文中の［　　］に，もっとも適切な語句を入れよ。

(2) 下線部アについて，

(i) 動物には，群れの中において生殖や採餌にそれぞれ個体間で安定した優劣の関係があり，それにより集団の秩序を保っている場合がある。これを何というか。

(ii) 一部の昆虫には，母子や姉妹など血縁関係にある多数の個体が集団で巣をつくり，繁殖とそれ以外の役割を担う分業がみられる。このような昆虫のことを何というか。

(3) ウミネコは，群れが大きいほど1個体あたりの天敵を警戒する時間は少なくてすむが，同じ群れの個体と食物をめぐって争う時間が増える。図1は，縦軸に各個体の行動時間(相対値)，横軸に群れの大きさを示している。

(i) 下線部について，群れとはどういうものか，30字程度で説明せよ。

(ii) 図1の点a～cの中で各個体がもっとも利益を得ることができる群れの大きさはどれか。もっとも適切なものを図のa～cから1つ選び，記号で答えよ。

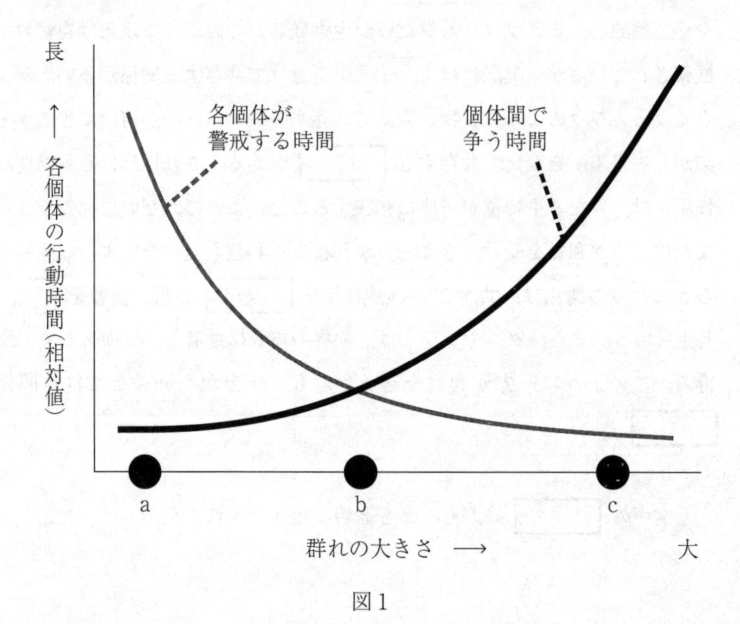

図1

(4)　アユは，縄張りをつくる性質がある。縄張りが大きいほど，食物を多く得ることができるが，縄張りを維持するための見まわりに労力がかかる。図2の縦軸は個体の利益または労力(kcal/日)，横軸は縄張りの大きさを示している。

(i)　下線部について，縄張りとはどういうものか，30字程度で説明せよ。

(ii)　図2の矢印a～eの中で，縄張りをもつ個体にとって最適な縄張りの大きさはどれか。もっとも適切なものを図のa～eから1つ選び，記号で答えよ。

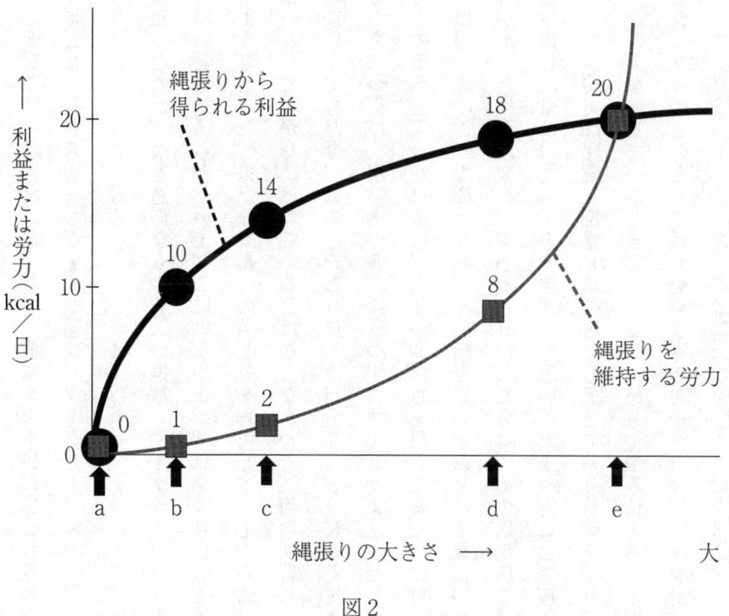

図2

3　このような復讐の心を起こさないとすれば、極楽や天上界にも生まれ変わることはできないだろう。
4　敵にかかわろうとする心を起こさなかったことにして、極楽や天上界に生まれ変わらせてほしい。

問四　空欄 甲 に入る語として最も適切なものを一つ選び、マークせよ。
1　けむ　2　けり　3　ける　4　けれ

問五　鬼は日蔵に何をしてほしかったのか。最も適切なものを一つ選び、マークせよ。
1　とり殺さなければならない敵の子孫らが、いまどこにいるのか、それを突き止める手立てを教えてほしい。
2　同じように山中をさまよう者どうし、鬼となったこの苦しみを理解して、心から寄り添い涙を流してほしい。
3　昔の自分は、恨みが報いとしてわが身に返ってくるとは知らなかった。何とか苦しみから解放してほしい。
4　敵の子孫がかわいそうに思えてきた今、人の心をとり戻した自分を、どうにかして人間の姿に戻してほしい。

問六　本文の内容に合致するものを二つ選び、解答欄の各段に一つずつマークせよ。ただし、その順序は問わない。
1　生きることに悩み吉野山の奥へと入った日蔵は、人間の罪深さを思い知るために鬼と出会う運命だったのだと得心した。
2　鬼はある人への恨みが原因でこのような姿となり、その敵を思いどおりに子孫にいたるまで殺すことができたと語った。
3　とり殺した敵の子孫らが次々と生まれ変わっていると耳にした鬼は、その居場所を教えてほしいと日蔵に泣いて頼んだ。
4　手あたりしだいに人を殺害した鬼は、幼い子を殺すことを思いとどまったことで極楽天上に生まれ変わることができた。
5　鬼は恐ろしい姿をしていたが、実は罪業を自覚し仏の道にも通じており日蔵を悟りに向かわせる導者の役割をはたした。
6　不滅の命をもつ鬼は悔恨の涙を流しているときであっても、怒りや恨みによる炎が頭の上から徐々にたちのぼっていた。

問七　『宇治拾遺物語』と異なるジャンルのものとして最も適切なものを一つ選び、マークせよ。
1　『今昔物語集』　2　『十訓抄』　3　『日本霊異記』　4　『閑吟集』

問一　傍線部X「おこなひ人」、Y「露も知らねば」、Z「せんかたなき」の現代語訳として最も適切なものをそれぞれ一つずつ選び、マークせよ。

X　おこなひ人
1　修行者　2　悪人
3　旅行者　4　仙人

Y　露も知らねば
1　夜露もわからないので　2　まったく知らないので
3　涙などとは無縁なので　4　少しも記憶にないので

Z　せんかたなき
1　それほどでもない　2　わけがわからない
3　どうしようもない　4　やりばのない

問二　傍線部A「これは何ごとする鬼ぞ」とあるが、この時の日蔵の気持ちを説明したものとして最も適切なものを一つ選び、マークせよ。

1　何事かをされるのではと不安を抱いている。
2　何かわけがあるのかと不思議に思っている。
3　さめざめと泣く鬼にあわれみを感じている。
4　屈強な鬼の姿を目にして警戒を覚えている。

問三　傍線部B「かかる心を起こさざらましかば、極楽天上にも生まれなまし」の現代語訳として最も適切なものを一つ選び、マークせよ。

1　このような復讐（ふくしゅう）の心を起こさなかったならば、極楽や天上界にも生まれ変わることができただろうに。
2　敵にかかわろうとする心を起こさなかったので、極楽や天上界に生まれ変われたのかもしれない。

〔三〕　次の文章を読んで、後の問いに答えよ。

昔、吉野山の日蔵のきみ、吉野の奥におこなひありき給ひけるに、たけ七尺(注1)ばかりの鬼、身の色は紺青の色にて、髪は火のごとくに赤く、首細く、胸骨はことにさし出でて、いらめき、腹ふくれて、はぎは細くありけるが、このおこなひ人(X)にあひて、手をつかねて泣くこと限りなし。

「これは何ごとする鬼ぞ」(A)と問へば、この鬼、涙にむせびながら申すやう、「我は、この四五百年を過ぎてのむかし人にて候ひしが、人のために恨みを残して、今はかかる鬼の身となりて候ふ。さてその敵をば思ひのごとくにとり殺してき。それが子、孫、曽孫、玄孫にいたるまで残りなくとり殺しはてて、今は殺すべきものなくなりぬ。されば、なほ彼らが生まれかはりまかる後までも知りて、とり殺さんと思ひ候ふに、次々の生まれ所、露も知らねば(Y)、とり殺すべきやうなし。瞋恚(注2)(しんい)の炎は同じやうに燃ゆれども、敵の子孫は絶えはてたり。ただ我ひとり、尽きせぬ瞋恚の炎に燃えこがれて、せんかたなき苦(Z)をのみ受け侍り。かかる心を起こさざらましかば、極楽天上にも生まれなまし(B)。ことに恨みをとどめて、かかる身となりて、無量億劫(注3)(ごふ)の苦を受けんとする事の、せんかたなく悲しく候ふ。人のために恨みを残すは、しかしながら、我が身のためにてこそあり［　甲　］。敵の子孫は尽きはてぬ。我が命はきはまりもなし。かねてこのやうを知らましかば、かかる恨みをば残さざらまし」と言ひ続けて、涙を流して泣くこと限りなし。そのあひだに、かうべより炎やうやう燃え出でけり。さて山の奥ざまへ歩み入りけり。

さて、日蔵のきみ、あはれと思ひて、それがためにさまざまの罪滅ぶべき事どもをし給ひけるとぞ。

（『宇治拾遺物語』）

（注）1　七尺――約二・一メートル。
2　瞋恚――怒り恨むこと。
3　無量億劫――計り知れないほど長い時間。

1　他人を内心馬鹿にしていても、そのことをおくびにも出さず、野心や傲慢さを上手に覆い隠すずる賢い人物。

2　人間関係の構築が巧みで、自分のやり方に自信を持ち、意見の対決や異文化との衝突を極力避けようとする人物。

3　能力があり目上の人によく従うので重用されやすい。そして、天真爛漫（らんまん）で、情に厚いところがある人物。

4　身なりに気を遣い、やや潔癖なところがある。さらに、穏やかさを装っているが、実はプライドが高い人物。

問九　この文章を評したものとして最も適切なものを一つ選び、マークせよ。

1　フランス留学を通じて文化の絶対的な質的相違という壁にぶつかり病に倒れる留学生たちの苦悩と、作中人物たちの複雑な人間関係が、巧みに描写されている。

2　異国の病床で闘病生活を送るフランス文学研究者田中の回想を通して、文学研究をめぐる田中の葛藤と、在留邦人たちの競争心と複雑な人間関係が詳細に描き出されている。

3　留学中のフランスで文化の違いを実感する日々のなかで、作品を創り出す小説家との才能の違いを悟るフランス文学研究者田中の苦悩が克明に描き出されている。

4　ヨーロッパでの生活方法や在留邦人との複雑な人間関係が、留学生たちの視点から緻密に描写され、当時の苦難に満ちた留学の様子が浮き彫りにされている。

でない人間にとって命取りにもなりかねない。ゆえに、健康に自信のない者は留学すべきではない。

3　日本の文化と質的に異なる西洋文化の本質に向き合うために、日本人として着実に努力を重ねながらそれを模倣していく。しかし、最大限に学びとろうとするも、その努力はひどく体力を消耗することであり、結局、その本質を吸収することはできない。

4　異国での生活は、自国のそれと絶対的に質が違う。とりわけ、フランス人との人間関係だけではなく、在留邦人との人間関係も煩わしく複雑で重くのしかかってくる。しかも、留学中どんなに気をつけても、手抜かりや孤独からは誰一人逃れようがなく、失敗を重ねていく。

問七　傍線部F「お前さんたちは、要するに他人のフンドシで角力をとっているだけじゃないか」を説明したものとして最も適切なものを一つ選び、マークせよ。

1　外国文学者は、小説家の言葉を口先だけでまねるが、それは実は自身の考え方や価値観とは距離のある意見にすぎない。つまり、文学を巧みに利用している嘘つきたちである。

2　外国文学者は、身を削ったり努力をしたりすることなしに一流の小説家の言葉を身につけ器用にまねる。そして、自身がそのうち芸術家になりかわっていくかのように錯覚している。

3　外国文学者は、自分で作品を創ることがなく、創作のために体を張ることで味わう小説家の苦悩や悲しさを経験しない。それでいて、一流の小説家の作品を、あたかもそれを自分が書いたかのように解説し論じる。

4　外国文学者は、自分で作品を創ることがなく、小説家のように創作のために体を張る苦悩や悲しさを味わうことはない。さらに、自身の能力を試してみようともせず、小説家の作品の紹介者という役割に安住しようとする。

問八　田中の目に映った菅沼の人物像として最も適切なものを一つ選び、マークせよ。

を支払うかのように病気になってしまったんだよ。

2　頭がよく自信にあふれている君は、着実に留学を成功させていくだろう。西洋に対するコンプレックスもなく、フランスに自在に溶け込んでいくというわけだ。ところが、俺の場合、文化の相違の実体をつかもうとするも、屈辱感やみじめさ、自信の喪失を味わうことの連続だった。しかも、在留邦人との人間関係も煩わしく、神経がとげとげして、競争心と嫉妬のあまりひねくれてしまった。だから、病気になり帰国ということになってしまったんだよ。

3　利口な君は、日本にいる時と同じように礼儀正しく先輩を立て、在留邦人との関係を築き上げることだろう。そして、人脈を最大限に利用しながらフランスの生活も存分に楽しむことだろう。俺は、在留邦人との人間関係が煩わしく、彼らに溶け込もうとしなかった。だから、悪口を言われて孤立してしまったせいでこのように病気になり、帰国する羽目になったんだよ。

4　頭がよく健康な君は、規則正しい生活を心がけることだろう。また、フランスでの生活を楽しむことを第一の目標とする一方で、巧みに人脈を広げ、研究成果を着々とあげていくだろう。それに対し、俺は不摂生のあまり生活が不規則になり、無理を重ねたあげくこのように病気になってしまった。やはり、君のような生活を心がけるべきだったな。

問六　傍線部E「違った型の血液を送りこまれれば人間は死んでしまうように、違った型の精神を注入された者が砕かれぬ筈はない」を説明したものとして最も適切なものを一つ選び、マークせよ。

1　日本の文化と質的に異なる西洋文化の本質に向き合うために、日本人としての自分をそれと対決させる際、西洋文化を吸収し学びとる過程で文化の相違に苦悩することになる。しかし、その本質を自分のものにすることはできず結局ははね返されてしまう。

2　自国のそれと絶対的に質が違う異国での生活に、日本人である自分を適応させる際、常に節制を心がけなければ、健康

したものとして最も適切なものを一つ選び、マークせよ。

1　研究対象であるサド侯爵の人生は、自分の人生と接点のないものと思われていた。ところが、留学半ばで病に倒れた今の自分の運命の残酷さが、サドの晩年や死後をめぐる状況に重ね合わされ、自分の才能がこの作家に近づいた予感がしている。

2　研究対象であるサド侯爵の人生についての記録は、それまで切実な感覚をともなわなかった。しかし、留学半ばで病に倒れた今の自分と、サドの晩年や死後の状況とが重なり合い、それまで理解できなかった運命の残酷さが思いがけず実感され感動している。

3　入院中、それまでの留学中の自分の成果を確認するためにノートを開いたが、それまで大した重要性を認めていなかったシャラントン病院でのサドの生活の様子と、死後彼の頭蓋骨が玩具（おもちゃ）のように運命に弄ばれる部分について、良い研究のアイデアが得られそうな予感がしている。

4　入院中、それまでの留学中の自分の成果を確認するためにノートを開いたが、シャラントン病院でのサド侯爵の生活の様子と、死後彼の頭蓋骨が玩具のように運命に弄ばれる部分について、停滞しているように思われた自分の研究が確実に前進している感触が得られ感動している。

問五　傍線部D「君は……君の留学生活をやればいいのさ。俺には俺の留学生活がこれでもあったんだよ……」とあるが、この時の田中の胸の内を表したものとして最も適切なものを一つ選び、マークせよ。

1　利口な君は、異国での生活を楽しみながら巧みに人脈を広げ、文学研究の成果を着々とあげていくだろう。しかし、君はフランスで出会う文化の相違に対して、衝突を回避し本質的な対決をしようとしないだろう。それに対し、俺は文化の相違の実体をつかもうとするあまり、不器用にも正面から自分をそれと対決させてしまった。だから、あたかもその代償

(イ)　気遣い
1　必然性　2　予兆　3　心配　4　焦り

(ウ)　憐憫
1　情け　2　共感　3　思いやり　4　あわれみ

問二　傍線部A「ヨーロッパで肥って帰国した留学生など信じられない」のはなぜか。最も適切なものを一つ選び、マークせよ。
1　研究や学問に勤(いそ)しんだふりをして、実際にはヨーロッパの生活を楽しむことばかりを考えて、何も真剣に取り組もうとしなかった人たちだから。
2　ヨーロッパで自分と同じような数々の困難に出会ったにもかかわらず、それらの経験を認めずごまかしているであろう人たちだから。
3　ヨーロッパの文化と本当に向き合うことを回避し、その実体を見極めようとしなかったであろう人たちだから。
4　本を読むだけで、実際にあちこち足を運ぶことはなく、ヨーロッパの文化が本当に理解できているわけではない人たちだから。

問三　傍線部B「巨大な熔岩の河」の例として適切でないものを一つ選び、マークせよ。
1　ヨーロッパの宗教建築を何世紀にもわたって創り上げてきたキリスト教精神の流れ。
2　サドの文学作品などを生み出している、何世紀にもわたるヨーロッパの文学創造の流れ。
3　彫刻作品を生み出している、何世紀にもわたるヨーロッパの芸術創造の流れ。
4　何世紀にもわたってヨーロッパ人特有の気質を醸成している気候や地理的条件。

問四　傍線部C「田中は自分が覚え書として写しておいたその数行を長い間、眺めていた」とあるが、この時の田中の心情を説明

しかし、E違った型の血液を送りこまれれば人間は死んでしまうように、違った型の精神を注入された者が砕かれぬ筈はない。菅沼は器用に利口に、それに眼をつぶり、俺は愚かにもこの国に来てから、ぶつかってしまった。しかも、ぶつかって、それを征服したのではなく、ただ、このように撥(は)ねかえされただけだ。田中は巴里について間もなくモンパルナスで、小説家の真鍋に言われた言葉を不快な気持で思いだした。「一体、お前さんたちと文学との間にはどんな関係が成立しているのかね」彼等の仲間が十年一日のように繰りかえす理窟をこの巴里のキャフェにまで持ちこんでいた。

F「お前さんたちは、要するに他人のフンドシで角力(すもう)をとっているだけじゃないか。血のかよった人間の言葉を九官鳥のようにまねをするのが外国文学者というわけか。しかし、九官鳥なら九官鳥である悲しさや辛(つら)さで生きてもらいたいね」

真鍋のような日本の文士は、自分のような男が受けねばならなかった運命を考えていないのだろう。いや、それは自分だけではなく、すべての外国文学者が当然、背負わねばならぬ運命とすれば……。

（遠藤周作「留学」。ただし本文に一部改変がある。）

（注）1　シャラントン病院――サドが入れられ晩年を過ごした精神病院。
2　ゴンクール賞――フランスの文学賞。

問一　傍線部(ア)～(ウ)の本文中の意味として最も適切なものをそれぞれ一つずつ選び、マークせよ。

(ア)　水臭い
1　よそよそしい　2　恩着せがましい
3　冷たい　4　仰々しい

「仕方ないよ。帰国するより。ここで療養費を出してくれるほど大学も余裕はないだろ」
「そうですか。何とかならないんでしょうか。ぼくから、今井先生に手紙を出しますけど」
「無駄。無駄だよ。君の方が知ってるだろ」
相手は苦しそうにうつむいたまま、よく磨いた靴で床をこすった。田中はそれを見つめながら、陰険に考える。自分がもしこの菅沼の立場だったら、どう思うだろう。心の半分では(ウ)憐憫(れんびん)を感じ、あとの半分では、そっと優越感を嚙(か)みしめるだろうな。向坂の病気を聞いた時、俺だって気の毒に思いながら、ひそかな優越感をおぼえたのだ。
「なんと言ったらいいのか……」菅沼はつらそうな表情をつくって「でも頑張って下さい」
D君は……君の留学生活をやればいいのさ。俺には俺の留学生活がこれでもあったんだよ……。ところで野坂君はどうしてる。
俺なんかには、もう一向、便りをくれないが」
菅沼が帰ったあと、またいつものようにまずい夕食が看護婦の手で運ばれてきた。一杯の葡萄(ぶどう)酒と皮のように固い焼肉とをのせたアルミ盆を膝の上におきながら、彼はさっき自分が菅沼とかわした会話を思いだした。考えてみると、折角、見舞いにきてくれたあの後輩に一語一語棘(とげ)のある皮肉をふくめてしゃべったのである。いやな奴だな俺は。どうしてこんなにひねくれてしまったのだろう。巴里に来てから、まるで陰険な老人のようになっていく。眼鏡をずりあげながら、田中は味のない肉をゆっくりと嚙みしめた。
自分が帰国したあと、菅沼はあいつらしく、規則正しく勉強し、巴里の生活を充分にたのしむだろうな。野坂和子のための土産物を入れたトランクをもって日本に戻るだろうな。彼女と結婚して、俺の代りに講師になり、巴里で知りあった人たちといつまでも巧みに交際しつづけるだろう。新しい小説やゴンクール賞(注2)をとった小説家の作品を次々と飜訳し、若い優秀な外国文学者として認められるだろう。

教養学部にまわす口実もできるからな」
撲(ぶ)たれた犬のように悲しそうな眼で、菅沼は田中を眺め、うつむいている。
「勉強、進んでいるの」
「ええ、おかげさまで、進行はしています。やはり留学した甲斐(かい)がありました」
「それは結構だ」田中は笑みをつくって「羨ましいねえ。君も巴里にすっかり馴れたろう」
「どうにか、うまく溶けこんできたようです」
「ぼくみたいに体を悪くしちゃあ駄目だぜ。もっとも、君は悪くなる気遣(イ)いはないと思うけど」
「その点は田中さんにはすみませんが」菅沼は無邪気に、
「ぼく、こうみえても本当は健康なんですよ」
「少し肥ったようじゃないの」
「ええ、生活をできるだけ規則正しくしているもんですから」
「規則正しく勉強し、規則正しく巴里を楽しむ」田中はうす笑いを浮べたまま「目に見えるようだな」
「これ途中で買ってきたんですけど」菅沼は外套の内側から、紙に包んだものを出して、寝台の横の物入れ台においた。
「蜂蜜です。精力がつくと聞きました。それからぼくに何かできることがあったら……」
「そうだな」田中は指で眼鏡をずりあげて一寸(ちょっと)考えた。
「じゃあ一つお願いしよう。俺が帰国すると大使館のほうに伝えてヴィザの手配をしてもらえないか」
「帰国されるんですか」
菅沼は驚いたように言った。

ハイムの訪問をうけて、必ず返却するという約束のもとに、これを貸さざるを得なかった。しかし、英国と独逸で講座をもっていたスプルツハイムはまもなく死んでしまい、私はサドの頭蓋骨をふたたび見ることはできなかった」

たったこれだけのことだったが、C田中は自分が覚え書として写しておいたその数行を長い間、眺めていた。入院する前にもこの話はもちろん知ってはいたが、今ほど彼の胸をしめつけはしなかったのである。懸命に自分の人生を生きた一人の男の墓が掘りかえされ、頭蓋骨を持ち去られ、どこかで失われてしまったというこの運命が、なぜ今、自分を感動させるのだろう。

ルビイはスプルツハイムが持っていた頭蓋骨の行方を調べたがアメリカに持ち去られたという噂しか、手に入れられなかった。おそらく今でも誰かが、何も知らずその頭蓋骨を部屋の飾りにしているにちがいない」田中はノートを閉じて、毛布を顎まで引きあげ、はじめて人間の運命というものを思った。サドだけではなく、運命とは結局、こういう残酷さを持つものだとじっと考えた。

眼をさますと、そばに誰か立っている。いつものように丁寧にブラッシをかけた外套を着て、菅沼が手を前で組み合わせたまま、自分を見おろしている。

「ああ、君か」

田中が枕もとに転がった眼鏡を手さぐると、菅沼は代りに拾いあげてくれた。そして幾分恨めしそうに、

「なぜ知らせて下さらなかったんです。今朝、ホテルにお電話してはじめて入院のことを知ったんです」

「いや、詰らんことで、お互いの勉強を邪魔したくないからね。いつだったかそう約束しあったじゃないか」

「でも、事情が違うでしょう。あまり(ア)水臭いじゃないですか」菅沼は、自分自身に言いきかせるように「これじゃ、大学にぼくが顔向けもできません」

「心配することはないさ」田中は頬をゆがめて皮肉に「大学の方はむしろ悦ぶだろうかも知れないよ。ぼくが病気で休職すれば、

あの霧雨の日、オルリーの飛行場に着いた夜。アンバリードまで走るバスの中で見た巴里。彼にとってははじめて見た巴里。その巴里は雨にぬれてなまこ色に光り、牢獄（ろうごく）の塀のようにうすぎたなかった。それからまた彼はやがて戻る日本のことを考えた。今はもう大学や自分のこれからについて思いたくはない。ただ、世田谷の家を考えたい。陽（ひ）のあたった生垣と物干竿（ざお）に干してある子供のおむつ。その子供の顔が急に間近に迫ってくる。やがて自分はふたたび、それを見る。不覚にも眼から涙が流れ、枕をぬらした。

翌日、久しぶりにトランクをあけて、自分のノートを引きずりだし、毛布の中で拡（ひろ）げてみた。急に自分の筆で書いたこのノートの中から（注1）シャラントン病院におけるサドの生活を読みかえしたくなったのである。もちろん、サドの場合は、今の自分とちがって、病人としてここに入れられたのではなく、牢獄生活にもはや耐えぬゆえにそれに代る幽閉場所として、この精神病院が選ばれたのだった。だからある時期はかなり気儘（まま）に他の患者と交際したり、散歩をしたり、病院内で小さな劇団さえ組織したことがあった。その劇団が病院の中で上演をする時は、シャラントンの町の有力者や巴里の文学者たちまで招待されたぐらいである。だがその一八一三年の終りからこうした自由もふたたび彼から奪われ、暗い毎日が続いている。当時、ここのインターンだったラモンの思い出は、その孤独なサドの姿を鮮やかにうつしていた。

「私はサド侯爵が、何にも関心のない恰好（かっこう）で足を重そうにひきずりながら、自室に近い廊下を散歩しているのをよく見たものだ。彼が誰かと話をしている姿を眼にしたことはない。横を通る時、会釈をしても、向うは礼儀正しいが冷やかに頭をさげるため声をかける気にもなれなかった。彼がジュスチイヌやジュリエットの作者であるとは、わたしには全く信じられなかった」

しかし、今の田中がスチームの弱い音を聞きながら、じっと読みかえしたのは、同じ医師ラモンの思い出のうち次の箇所だった。

「後年、墓地の整理が行われて……私はその作業に立ちあい、サドの頭蓋骨を手に入れた。その後、有名な骨相学者のスプルツ

我々は別の血液型の人から血はもらえない。私はそんな詰らぬことをあの巴里の冬の夜、一人ぽっちで考えていたんです……」

血というこの言葉の箇所に、向坂の万年筆から洩れた黒いインクの染みがよごれてついていた。片手を寝台についたまま、田中はその黒いインクの染みをぼんやりと見つめる。この染みの形はラ・コストの壁に一点残っていたあの朱色に似ていた。我々は別の血液型の人からは血はもらえません。するとあの銀世界の上に吐いた自分の血は、日本人の血だったのか。それとも僅かではあったがこの西洋から体内に流しこまれたものに耐えられなくて吐いた血なのか。そんなとりとめのないことを田中は夕方まで考えつづけた。

翌日、診察の時間に病室を訪れた医者は不機嫌だったが、やっと彼が日本に帰国することを許可してくれた。

「しかし、これは病院として許すのではありませんよ」医者は念を押して繰りかえした。

「我々はあなたの個人的自由まで奪うわけにはいかんから、眼をつぶるだけだ。……実はこの前に入院していた、あなたの同国人も同じようなことを要求して困ったことがありました」

「でも、留学生の気持を察して下さい」田中は一所懸命に弁解した。「私たちはこの国に勉強するために、遠い国から来たんです。病気の治療で、時間を空費するのが一番耐えられない」

医者は腕をくんで悲しそうに首をふった。

「人生は長いですよ。あせっちゃいけません」

それから彼は哀願するようにせめてあと十日間でも、ここで安静を守ることを奨めた。

「でないと、飛行機の中で、もう一度、血を吐きますよ」

しかし、医者が去ったあと、彼は枕に頬を押しあてながら、ああ、自分の留学生活に遂に終止符が打たれたのだなと思った。

のに眼(め)をつぶってきたのです。あの国に出かけていって、自分の研究や学問が肥えふとったと言う留学生が何と多いことでしょう。だが彼等(かれら)は肥える筈(はず)はない。あの国にいけば、日本人は私のようにまず疲れ果て痩せてしまう筈だ。自分の人生が、あの国のある巨大な熔岩(ようがん)にぶつかり、身動きがとれなくなったと告白する男のほうを私は信じます。帰国してから、いつもあなたと訪れたトロカデロの美術館のことを思いだします。あの寒々とした一つ一つの広間に今だって存在している石の彫刻の列。私がヨーロッパの河と呼んだもの。どの像だって今となっては心に鮮やかに思い浮べられるくらいです。

時には私はあの河と日本の河とが本質的には同じものだと考えようとしました。なぜなら形だけの相似なら、日本の河とあの河とには幾つもの近似関係が成りたつのです。たとえば、田中さんは、法隆寺金堂の釈迦三尊(しゃかさんぞん)を御存知でしょう。

あの釈迦三尊の姿勢、眼、指の形はなんとモワサックの教会にある基督(キリスト)と天使との姿に似ているでしょう。同じ法隆寺の薬師如来をシャルトル教会の門に彫られた木彫りの顔に比べてごらんなさい。まるで双生児のように、その表情も、表情の線も同じじゃありませんか。百済(くだら)観音と同じシャルトルの直立した聖母像とを並べた時、その外形の近さに大兄はきっと驚かれることと思います。中宮寺の弥勒菩薩(みろくぼさつ)とダ・ヴィンチの聖アンナの表情。クリュニ美術館のマグダラのマリアと、法隆寺の勢至(せいし)菩薩。ソミュール美術館にあった聖カトリーヌの横顔と月光菩薩、私は心弱くなった時、こうした日本と西洋との相似た形相を心に思いうかべ、B巨大な熔岩の河などは、実際はありはしないのだと思おうとしました。その方が気が楽だからです。そんなものがなければ、自分はあの安ホテルであなたが来るまで一人ぽっちで、誰にも会わず二年間生活する必要もなかったでしょう。しかし、あのホテルで私が知ったことは結局、シャルトルの寺院と法隆寺との間の越えがたい距離であり、聖アンナ像と弥勒菩薩との間にはどうにもならぬ隔たりのあるということだけでした。外形はほとんど同じでもそれを創りだしたものの血液は、同じ型の血ではなかった。このくるしい事実に私は二年間、毎日毎日生活したのです。なんだ、それだけのことかと人は言うでしょう。しかし、本で読むことと、それを生きることは別です。私はとも角、留学中それだけのことに生きたんです。

〔二〕　次の文章を読んで、後の問いに答えよ。

（主人公の田中は日本の大学の講師をしており、十八世紀の作家サド侯爵の研究者として一九〇〇年代中頃にフランスに留学中である。渡仏以来、屈辱感やみじめさ、自信の喪失を味わうことの連続だった。キャフェで紹介された作家の真鍋と激しい議論になり、その出過ぎた態度のために在留邦人の不興を買う。博士論文となる研究を進めようとするが、日本人がサドを研究することに対してフランス人研究家ルビイからは歓迎されなかった。数ヶ月あとに留学してきた後輩の菅沼は田中と同じ大学の助手をしている。田中は、左遷に等しい教養学部への異動を打診する今井助教授からの手紙を菅沼から手渡される。また、菅沼が新進気鋭の研究者として日本で実力を認められつつあること、田中がひそかに好意を抱いていた大学院生野坂和子と菅沼が結婚することを知らされる。他方、田中と同じアムランのホテルに住んでいた建築家の向坂は結核を患い日本に帰国した。サド侯爵が領主をしていたラ・コストの城を訪れた際田中も喀血し、巴里のジュルダン街の病院に入院することになった。田中は病室でホテルから回送された向坂からの手紙を手にとる。）

向坂の手紙も航空便用紙に細かい文字がぎっしりと書きこまれていた。もちろん、田中が自分と同じ病気になり、同じ病院に入院していることをあの男も知ってはいない。

『お元気でしょうね。おそらくアムランのあのホテル（私にとっては最後の、暗い思い出になったあのホテル）をもう引越されたと思いますが、とに角、そこにお手紙をお送りします。もう、すっかり大兄も巴里の冬に馴れられたことと思いますし、御研究の方も着々、進んでおられることでしょう。どうか、御勉強も大事ですが、何よりも健康に留意して下さい。私のように留学途中で挫折した者の口惜しさ、寂しさを大兄だけは味わって頂きたくないと思います。

しかし、私はA一方では大兄の健康を祈りながら、他方では、大兄の留学生活の矛盾というものを思わざるをえません。私は実は帰国後ますますヨーロッパで肥って帰国した留学生など信じられないのです。そういう連中は向うで、何か最も大事だったも

いる。

2　はじめに、日本人の自然観が西洋の自然保護の思想とは異なり、自然との一体化を求める方向に進んできたことを過去の文人たちの思想を紹介しながら分析する。そして、そのような日本人独自の思考法が近代科学の発展に寄与できなかった理由を、アメリカでの筆者の経験に基づき論証する。次に、このような反省を踏まえ、近年の動物学における日本人独自の視点が新たな研究成果を上げていることを喜び、最後に、そのような自然観が一二世紀の絵画にも見られることを提示している。

3　はじめに、自然と一体化しようとする日本人の自然観が先人たちの思想により変化し、そのことが日本の地震学の成立を遅らせたことを述べる。次に、西洋人の自然観と日本人の自然観の違いをアメリカでの体験に基づき分析し、日本人の伝統的な自然観が日本の近代科学の進展に大きな貢献をした事例について紹介する。最後に、その後の科学技術の発展に日本人の伝統的な特質が十分に発揮されたことに喜びを感じ、一二世紀の絵画にもその自然観が反映されている理由を述べている。

4　はじめに、日本人の自然観について先人たちの思想や日本人の天変地異への対応方法などを述べ、それらが自然科学の発展に日本が十分に寄与できない要素であると指摘する。次に、西洋人との自然観の違いをアメリカでの例を挙げて強調し、日本人の自然観が西洋科学と結びついて見事な成果を出している事例について紹介する。最後に、その後の動物の生態研究において日本人の特質が大いに発揮されたことに思いを巡らせ、一二世紀の絵画にもその自然観が見られることを述べている。

では特徴ある研究成果が得られるようになっている。

4　日本人の自然との接し方は科学技術の発展においてはあまり注目されてこなかった領域だが、その代わり、俳句や絵画などの芸術表現において、この感性が特に輝きを放っており、さらに動物の生態研究にも影響を与え、最近では驚くべき研究成果をもたらしている。

問九　本文の内容に合致しないものを一つ選び、マークせよ。

1　日本人の伝統的な自然観は自然の摂理と自然科学の融合を重視しているため、明治時代と大正時代において、関東大震災などの天変地異が発生しても、日本の科学技術は大きな進歩を遂げることができなかった。

2　鴨長明の思想は、逃避的で悲観的な当時の仏教的人生観にも一定の影響を受けているといえるが、彼はさまざまな天災に遭遇しながらも、自然の中での安住の道を見いだすことに価値を置いている。

3　自然を客観的な研究対象として捉える西洋の研究者は、日本で地震などの自然現象に直面した際には即座に科学的なアプローチをとり、研究を開始する体制を整備した。

4　日本人が持っている独自の自然観が動物の生態研究という分野で大きな貢献をしてきたが、この自然観は中世に描かれた『鳥獣戯画』に見られる感性と相通ずるものがある。

問十　この文章の内容について説明したものとして最も適切なものを一つ選び、マークせよ。

1　はじめに、日本人の自然観は西洋の思想とは異なり自然との一体化を追求してきたことを指摘し、この点を論証するために過去の文人たちの思想を引用する。そして、このような自然観が科学的な研究や自然保護の観点を欠いていたため、日本人研究者が国際的な研究で制約を受けた事例を取り上げる。次に、日本人とアメリカ人の自然観の違いが、日本人の動物研究に反映されている事例を紹介し、最後に、このような自然観が一二世紀の絵画にも表れている可能性を示唆して

切なものを一つ選び、マークせよ。

1　西洋人研究者は一般的に、研究対象となる自然現象や動植物を客観的な対象として観察するが、日本人研究者は自然現象や動物との関係をより繊細に捉え、生態系のバランスや環境への影響を研究に取り入れる。

2　西洋人研究者は、研究の対象となる自然現象や動植物を人間とは距離を置いた客体として観察するが、日本人研究者は、これらの対象に対して個人的な親しみを感じ、人間と同じような扱いをする。

3　西洋人研究者は、一般的に研究の対象となる自然現象や動植物を客観的に観察し分析する傾向があるが、日本人研究者は、これらの対象に対して個人的な経験や感性を重視し、主観的な結論をより重視する。

4　西洋人研究者は、科学的な手法によって客観的なデータを収集し、個々人が独自の見解を述べる傾向にあるが、日本人研究者は協調性や共同作業への意識が強く、集団での研究や情報の共有を重視する傾向がある。

問八　本文の主旨として最も適切なものを一つ選び、マークせよ。

1　日本人の豊かな感性は俳句や他の芸術を通じて自然の美しさを鮮やかに描き出し、また動物研究においてもその感性が革新的な成果を生み出しており、自然への深い理解と共生を追求する姿勢は科学技術の領域においても新たな洞察と進歩をもたらす可能性を秘めている。

2　日本人には自然をそのまま受け入れる性質があり、これにより人間を対象とした科学的研究を進展させることはなかったが、対照的に、日本人の自然への親しみは俳句などの素晴らしい芸術表現を生み出し、その感性が動物研究にも反映され卓越した成果を生み出している。

3　日本人の自然への受容的な態度は自然を対象とした科学技術の領域においては十分な寄与はしてこなかったが、一方で、俳句や絵画などの芸術表現においては優れた作品を生み出し、さらに、この感性は動物の生態研究にも影響を与え、近年

1　日本人の植物学者が車のスピードを落として蛾と接触しなかったのは、貴重な生態系のバランスを考慮するためであったが、アメリカ人教授はそれを単なる無駄な配慮と解釈し、筆者はその対照的な自然観の違いにあぜんとした。
2　日本人の植物学者が車を止めてまで蛾との接触を避けようとしたのは、自然の神秘を敬う気持ちからだったが、アメリカ人教授はそれを単なる迷信とみなし、筆者は動植物の生態系に対する思いやりの欠如に驚かされた。
3　日本人の植物学者が車のスピードを緩めて蛾を避けたのは、人間の命と同じく蛾の命も大切に扱おうとしたからだが、アメリカ人教授はそれをモノのようにみなし、筆者はその自然観のあまりの違いにあぜんとした。
4　日本人の植物学者が車のスピードを落として蛾との接触を避けたのは、自然環境の保護と安全運転への意識からであったが、アメリカ人教授はそれを道徳的行為と解釈し、筆者はその視点の相違に驚かされた。

問六　傍線部E「悲観的な結論」になったのはなぜか。最も適切なものを一つ選び、マークせよ。
1　日本人に固有の特徴が科学の発展に積極的に貢献している科学的研究が、当時は十分になされていないと考えられていたから。
2　日本人がなしえた成果が科学の発展に十分寄与できていることが、当時世界ではあまり知られていないと考えられていたから。
3　日本人の科学者が独自のアプローチや視点を持っているという確信を、研究者間でもまだ持てていないと考えられていたから。
4　日本人特有の思考方法が、科学の発展にどのように影響を与えるのかについての研究がなされていないと考えられていたから。

問七　傍線部F「日本人研究者のアプローチには西洋人研究者に真似のできないような特質がある」を説明したものとして最も適

3　朝顔があまりにもきれいだったので、ついついその様子に見とれてしまい、他の人から水を掛けられてしまった。
4　朝顔があまりにもきれいだったので、つるが巻き付いたままの釣瓶で水を汲んだら、自分に水が掛かってしまった。

問三　傍線部B「その風流心」とはどういうことか。最も適切なものを一つ選び、マークせよ。
1　人に対するのと同じように自然に接すること。
2　自然の中にある美しいものを愛でること。
3　無理に焦ることなく余裕を持って行動すること。
4　あるがままの自然を観察して楽しむこと。

問四　傍線部C「ついぞ日本人の手によって地震学というべきものは生まれなかった」のはなぜか。最も適切なものを一つ選び、マークせよ。
1　日本人は地震や他の天変地異に遭遇したとしても、最終的には自然の美しさに魅入られて、そこから新たな気づきや成長を得ずに、地震を一過性のものにしてしまったから。
2　日本人の自然への畏敬の念は、地震や他の天変地異によっても揺るがされることはなく、むしろそこから自然の力強さや安らぎを体験することで地震を人生の一部として受け入れてしまったから。
3　日本人はあるがままの自然を愛するあまり、地震や他の天変地異に直面したとしても、結局は自然の摂理を受け入れてしまい、新たな対策を取るような個人個人の気運が高まらなかったから。
4　日本人は、地震などの天変地異に見舞われても、美しい自然の中で癒やしや平穏を感じるため、天災をすぐに忘れてしまい、その後の災害を防ぐための対策を取ろうとしなかったから。

問五　傍線部D「こういうときの気持」を説明したものとして最も適切なものを一つ選び、マークせよ。

のである。近代科学の本格的な導入を開始して以来百年、日本人もやっとここまで来たのだと言えるのかもしれない。そして、この事例で貴重な役割を果たした日本人研究者の動物に対する態度については、一二世紀の『鳥獣戯画』(注2)に見られるあの日本的動物観に通じるものがあると言っても誤りではないであろう。

（渡辺正雄『日本人と近代科学』）

（注）1　釣瓶——井戸水をくむために、縄やさおなどの先につけて井戸の中におろす筒形の容器。
　　2　鳥獣戯画——日本の中世に描かれた絵巻物の一種。動物たちが人間のように様々な風変わりな行動や戯れをする様子を描いている。

問一　傍線部(1)〜(3)の片仮名の部分と同じ漢字を使うものをそれぞれ一つずつ選び、マークせよ。

(1)　アクエキ
　1　メンエキを獲得する　2　エキシャに手相を見てもらう
　3　罪を犯してフクエキする　4　ムエキな争いを避ける

(2)　セイスイ
　1　難事業をカンスイした　2　科学のスイを集める
　3　病気でスイジャクする　4　率先スイハンする

(3)　キドウ
　1　自暴ジキになる　2　話題がタキにわたる
　3　キチョウ講演を行う　4　ジョウキを逸する

問二　傍線部A「朝顔に釣瓶とられてもらい水」を説明したものとして、最も適切なものを一つ選び、マークせよ。

1　朝顔のつるが井戸の釣瓶に巻き付いていたので、一度では汲みきれず諦めて他の井戸に水を汲みに行った。
2　朝顔のつるが井戸の釣瓶に巻き付いていたので、それを取り去ることなく他の井戸に水を汲みに行った。

（一九六三年）という英文の論文である。その中でこの著者は、日本の人類学者が猿と猿の社会に関する最近の研究でひじょうにすぐれた貢献をしたと評価し、しかも、F日本人研究者のアプローチには西洋人研究者に真似(まね)のできないような特質があるからこそ、そのような成果をあげることができたのだと指摘しているのである。

研究者たちは、一定の場所に餌を置いて野生の猿の行動を観察するわけであるが、その前に、いったんこれらの猿を捕えて番号をつけ、それから放してやって観察を開始するというのが、従来の西洋式のやり方であった。ところが、日本の研究者の場合には、猿に番号をつける必要がない。相手が数十匹いようとも、おのおのの顔かたちから動作、性質などを見て、見分けがつくというのである。しかも、面白いことには、それぞれの猿に、例えば日吉丸だとか写楽だとか、その性格や顔つき、からだつきに合った親しみのある名前をつけている。そして、こうした名前を、あとで番号に改めることもせずに、そのまま研究論文の上にまで登場させている。これには西洋の研究者たちはすっかり驚いた。それは、彼らには想像もできないことだったのである。

フリッシュ氏はさらにこう書いている。西洋の学者たちがこれらの動物を見る態度は、どちらかと言えば、顕微鏡下にバクテリアを見るあの態度と同じである。これらの動物を彼らは、自分の前にある対象、客体として見るのである。ところが、日本の研究者たちは、個々の猿に対してはるかに個人的な親近さをもっている。おのおのに名前を与えるのみならず、その生い立ちや性格についても実によく知っている。それがこのたびの成果を生んだのであって、これは、日本人の固有な要素が西洋科学と結びついて見事な結果を収めた著しい事例である。日本人がもっている自然へのこうした親近さというものが、今後とも、自然を観察してその秘密を解明していくうえで独特な寄与をすることが期待されると、フリッシュ氏は結んでいる。

右の事例は、彼此(かれこれ)の自然観の相違を具体的に例示し、かつ、日本的自然観が科学の進歩に独自の積極的な貢献をなしうる場面があることを示唆した、実に興味ふかいものであると言えよう。そして、実際、その後、アフリカのゴリラや、「生きた化石」と言われるほど貴重で原始的な沖縄のイリオモテヤマネコの生態の研究などで、日本人研究者は右の特性を十二分に発揮している

筆者が米国に滞在していたとき、同じ大学に研究に来ていた日本人の植物学者が筆者をドライヴにつれていってくれたことがあった。同じドライヴでも彼のそれはアメリカ人のとこうも違うものかと、そのときつくづく感じたことであった。ハイウェイを一気に突っ走って目的地に着き、一休みしてまた全速力で戻ってくるというのではなくて、彼は、旧式の車を駆って曲がりくねった田舎道を静かに走る。米国にもこんなに風情のあるところがあったのかと、思いがけない再発見をさせてくれる。走りながら彼は、農家の庭先にある樹木を指さして、春になるとこういう花が咲くのですよと説明する。そのうち、前方の道路上に大きな蛾（が）が一羽舞っているのが見えた。筆者が予想したとおり、彼はブレーキを踏んで車の速度を落とし、蛾が行ってしまうとまたもとのスピードにもどした。翌日この蛾の話を同僚のアメリカ人教授にしたところ、彼は即座に、「そうだとも、蛾がフロントガラスにぶつかったら、あとの掃除が大変だもの」と答えた。あいた口がふさがらぬとは、Dこういうときの気持をいうのだろうと思った。「朝顔に釣瓶とられてもらい水」の現代版ともいうべきこの話は、このアメリカ人教授には全く通じないのであった。日本的な自然観への関心も、またそのころ米国で盛んになり始めた自然保護への配慮も、彼の眼中にはまだ少しもないのであった。

米国に来ている日本人の研究者（おもに自然科学系統の人々）とよく話題にしたことのひとつは、われわれは日本に固有な伝統的要素を活（い）かして科学の創造的な発展に寄与することができるであろうかという問題であった。話し合ってみると、どうもE悲観的な結論ばかりであった。ある友人などは、比喩的に述べて、近代科学の学問的な体系が発展していく様子を近代建築を建てるのにたとえれば、その中で日本的な要素が独自性を発揮して寄与するのはせいぜい室内装飾の程度ではないか、と言っていた。残念ながら、筆者自身にもそれ以上に積極的なことを言う自信はなかった。

ところが、そのようなときに偶然にも手にすることになったひとつの論文には、もっと希望的な見とおしが示唆されていた。それは、上智大学で人類学を教えている、シカゴ大学出身のジョン・フリッシュ博士が書いた「現代人類学に対する日本の寄与」

て生きるのである。

もちろん、鴨長明の場合には、きわめて逃避的で悲観的な当時の仏教的人生観の影響も少なくないであろうが、それが続発する天変地異と結びつけられたというだけでなく、さらに、その解決もまた、こうした天変地異をもたらしたその同じ自然の中に安らぎを見いだすという形で求められていくのである。典型的に日本的な自然との接し方である。

このような自然とのかかわりあいは、明治・大正期を迎えても基本的には変化していない。夏目漱石『草枕』の主人公もまた「住みにくい」「人の世」からの活路を山里に求めたのである。さらに、清水幾太郎氏によれば、関東大震災のときの人々の反応も、鴨長明のそれに通じるものがあったという。家を焼かれ家族を失った人々も、やがて地震が静まり、焼跡の大地に坐(すわ)って、夕日が西の空を真赤にそめて沈んでいくのを見ていると、もうそこに言いようのない安らぎを感じてしまうのである。同氏が書かれたように、こうして日本人は、人間を破滅させる「荒々しい自然からの救済」を「美しい自然への没入のうちに」見いだしてきたのであり、「暴力によって突き倒された人間が美としての自然によって救い上げられるという循環の(3)キドウを歩み続けてきた」のであった。この循環からは地震学は生み出されるべくもない。いかに頻繁に天災がこの国土を襲っても、「天災は忘れたころまたやって来る」(寺田寅彦)ということになるほかはなかった。さらに極端な言い方をするならば、いくら天災が続発しても、日本人がそれを忘れる速さに追いつくことはできないのであった。地震や台風を科学的に研究して、それがどのように起こるかを明らかにし、これによって今後の災害を免かれる方法を見いだそうとするような組織的な活動は生まれようもなかった。

それにもかかわらず、この日本で地震学の成立と発展をみたのは、明治初期に渡来した外国人教師たちが、日本でみずから地震を経験することになったからにほかならない。自然を研究と利用の対象として客体的に見る彼らは、地震という自然現象に出あうと、即座に、そのゆれ方を計測する地震計を作るなどしてその研究を開始し、また、日本地震学会を創設し、機関誌を発行して、研究を促進する体制を整備していったのである。

2024年度　3科目型 一般前期　国語

国語

（八〇分）

〔一〕　次の文章を読んで、後の問いに答えよ。

自然を伴侶とし、自然の中に没入し、自然とひとつになろうとする日本人の伝統的な自然観は、西洋人のそれとは著しく趣きを異にしている。西洋人のそれからは、例えば、

A 朝顔に(注1)釣瓶（つるべ）とられてもらい水

というような俳句は決して出てはこなかったのである。彼らの場合にはむしろ、これによってB その風流心をほめられるどころか、井戸が故障したわけでもないのに早朝から水をもらいにきて他人の生活を妨げなどするのは、困った隣人であり、市民として失格であるということになったであろう。

日本的自然観は、日本独特の美しい文化や生活様式を生み出してきたが、それは、近代科学や近代科学技術を生み出すような自然へのアプローチとは程遠いものであった。地震学の成立史を見れば、この点はきわめて明らかである。古来この国に地震は数かぎりなく発生したけれども、C ついぞ日本人の手によって地震学というべきものは生まれなかった。古くは鴨長明の『方丈記』（一二一二年）に見られるように、この著者は、火事、地震、つむじ風（台風）、洪水、旱魃（かんばつ）、飢饉（ききん）、(1)アクエキの流行などの自然の災害と、人の世の栄枯(2)セイスイを数えあげて世のはかなさを述べながら、けっきょく、人里離れた所に庵（いお）りを結んで、自然の懐（ふところ）に入ることに安住の道を見いだすのである。「ただ糸竹花月を友にせんにはしかじ」と彼は書いている。音楽と自然を伴侶とし

解答編

英語

I 解答 [1]−1 [2]−2 [3]−2 [4]−2 [5]−2 [6]−2

全訳

《癖を克服するための工夫》

[1] 私の妻，ミシェルは疲れた様子で階段を下りてきた。彼女には腹を立てるのに十分な理由があった。私は朝早起きするのが好きで，一方，彼女は夜更かしするのが好きだ。このことは私がたいてい彼女の前に起きて朝食を作り始めることを意味している。私は色々な物を取り出そうとするときに台所の棚を大きな音を立てて閉めてしまうことが多いのだ。

[2] 最初私は大きな音を立てていることを自覚さえしていなかった。ミシェルがそのことを指摘したとき，私はもうしないと約束した。しかし，次の朝になって私は考えずにまたそれをしてしまった。私は彼女がまだ寝ていることを時々思い出したが，ほとんどは思い出すことがなかった。私は自分自身にがっかりし，なぜ忘れ続けてしまうのだろうかと思った。

[3] 研究によると，私たちは自らの癖がどのくらい自分の行動を支配しているか自覚していないことが多いということが示されている。実際私たちがする行動の多くは無意識なものなので，それに気づきさえしないのである。

[4] 私が台所で立てた大きな音でまたミシェルをうっかり朝早く起こしてしまった後，私たちは棚を静かに閉めるよう思い出させてくれるものが私には必要だとわかった。私たちは眠っている赤ちゃんの写真をいくつか印刷した。それから私はそれらの写真を各棚にテープで貼り付けた。私が棚を大きな音を立てて閉めようとするたびに私はその赤ちゃんを見て，棚をそっと閉めることを思い出した。このことが棚を大きな音を立てて閉めると

いう私の癖を克服する助けになり，ミシェルを満足させた。

解説

1 第1段第3～最終文（I like waking … getting things out.）および第2段第1文（At first, I …）から，筆者が妻のミシェルより早起きして朝食を作ることと，その際に棚から物を取り出すのに大きな音を立てて棚を閉めていることが多いことがわかる。したがって第1段第1文（Michelle, my wife, …）でミシェルが疲れた様子で階段を下りてきたという行動は，筆者が棚を閉めるときに立てた大きな音で起こされてしまった結果だとわかる。また，第2段第2～4文（When Michelle pointed … time I didn't.）から，妻にそのことを指摘された後もたびたび筆者が同じことを繰り返して妻を起こしてしまっていたことがわかる。それらのことから，寝ているところを大きな音で何回も起こされている妻の気持ちは1．upset「腹を立てて」が最も適切である。upset は「取り乱して」という意味で覚えていることが多いと思われるが，「腹を立てて」という意味もあることを覚えておきたい。

2 第1段第3～最終文（I like waking … getting things out.）および第2段第1文（At first, I …）から，筆者が朝食を作る際，棚から物を取り出して閉めるときに大きな音を立てていることが多いとわかるので，2．loudly「大きな音で」が正解。

3 空欄がある文の I was disappointed in myself「私は自分自身にがっかりした」というのは，第2段第2～4文（When Michelle pointed … time I didn't.）で書かれている，妻に棚を閉めるとき大きな音を立てていることを指摘された後も，妻が寝ていることを忘れて同じことを繰り返してしまう自分に対しての気持ちだとわかる。したがって空欄に2．kept forgetting「忘れ続ける」を入れて，空欄を含む文の後半を「なぜ忘れ続けるのだろうか」という筆者の自問にするのが最も適切である。

4 第3段第1文（Research shows that …）では，第2段までで描写された，寝ている妻を起こしてしまうとわかっているのに，棚を大きな音を立てて閉めるという癖を直すことができない筆者の行動が，自らの癖がどのくらい自分の行動を支配しているか自覚していないことが多いという研究結果で説明されることが明らかになる。第3段第2文（As a matter …）はその説明の言い換えにあたるので，2．automatic「無意識の」を入れて,「我々の行動の多くは無意識なものなので，それに気づいてすらいない」とするのが最も適切である。

5 第4段では，棚を大きな音を立てて閉めるという筆者の癖をどうやって克服するかという工夫が描写されている。第4段第2・3文（We printed out … to the cabinets.）から，その工夫が台所の各棚に寝ている赤ちゃんの写真を貼るというものだとわかる。また同段第4文（Every time I …）で，その工夫の結果，棚を大きな音を立てて閉めようとするたびに赤ちゃんの写真を見て，そっと閉めることを思い出したという記述がある。したがって，空欄には2．a reminder「思い出させるもの」を入れるのが最も適切である。

6 第4段第1～3文（After I accidentally … to the cabinets.）から，棚をそっと閉めることを思い出すように棚に赤ちゃんの写真を貼ったとあるので，2．saw「見た」が正解。

II 解答

7―4　8―3　9―2　10―4　11―1　12―3　13―3

全訳

《ハンバーガーの発展》

1 歴史家は，ミンチの牛肉はモンゴル人によって最初に食べられていて，13世紀にロシアに伝わり，そこでタルタルステーキとして知られるようになったと考えている。その美味な生の食べ物はバルト海上の貿易ルートを通じてドイツのハンブルクに伝わった。17世紀までに，ミンチの牛肉はそれを焼いたりソーセージに加工したりしたドイツ人によって一般的な料理になっていた。

2 ハンバーグのこの初期の形態が初めて言及されたのは1763年のハナー＝グラスによって書かれた英語の料理本『簡単に作れる料理の技術』である。彼女はミンチの牛肉で作られ，獣脂と胡椒，塩，ワイン，ラム酒，香辛料で味付けされた燻製のハンブルクソーセージを記述している。1802年には，『オックスフォード英語辞典』に「ハンバーグステーキ」の項目が，少し燻製されて玉ねぎとパン粉と一緒に混ぜられた，塩味のミンチの牛肉を厚切りにしたものという説明で記載されている。

3 塩で味付けされた燻製の食べ物は長い航海には理想的なものだった。そして18世紀にはハンバーグステーキが大西洋を渡って伝えられた。ハンブルク・アメリカ航路を航行する船は非常に多くの人々をアメリカ合衆国の新たな故郷へと運んだ。そしてほどなくハンブルクスタイルのビーフパティがニューヨークの屋台で提供された。興味深いことにドイツ人はこの料理を決して「ハンバーグステーキ」とは呼んだことがなく，その代わりにその料理はフリカデッレやブレットとして知られている。

4　ビーフパティがどのようにして北アメリカに伝わったか知った今，疑問が残る。それをパンと組み合わせ，我々が知る大好きなハンバーガーを最初に作ったのは誰なのかということだ。歴史が単純であることはめったになく，いくつかの可能性があるのである。アメリカ議会図書館の記録にはコネチカット州ニューヘイブンのルイス・ランチというレストランが1895年に薄切りのパンの間にミンチのビーフパティを挟んだものを提供していたという記述がある。別の話では，ハンバーガーの誕生はウィスコンシン州シーモアでその10年前だったとしている。また1885年に「ハンバーガーチャーリー」＝ナグリーンが農畜産物品評会でミートボールの販売でほとんど成功していなかったとき，歩きながら食べやすいようにするためミートボールを2枚のパンの間に挟んだとも言われている。最後には，メンチズ兄弟が1885年ニューヨーク州ハンバーグの町の農畜産物品評会でその料理を発明したと主張している。伝えられているところによれば，その兄弟はソーセージパティのサンドイッチに使う豚肉を切らしてしまって，代わりにコーヒーとブラウンシュガーで味付けしたミンチの牛肉のサンドイッチを作ったということだ。

5　誰が最初にそれを作ったかにかかわらず，ハンバーガーはすぐに人気を得た。1904年にはセントルイスの国際博覧会でそれが提供された。それから1916年にはカンザス州出身の料理人ウォルター＝アンダーソンがハンバーガー専用の型のパンを発明した。5年後には彼はホワイトキャッスルレストランを共同設立し，世界初のハンバーガーチェーンが誕生した。

6　1世紀後，ハンバーガーには無数の種類があり，世界中で売られている。ハンバーガーはファストフードと高級レストランの両方で提供される定番の食べ物である。アメリカ合衆国だけで推定500億個のハンバーガーが毎年食べられていて，それはアメリカ人一人が毎週3個食べている計算になる。ハンバーガーは売られている全てのサンドイッチの40%を占めていて，レストランで提供される牛肉の70%超を占めている。長い歴史にわたって，ハンバーガーはミンチのビーフパティが世界を席巻する始まりとなった場所ハンブルク市とのつながりを持ち続けてきたのである。

解説

7 「本文によると，歴史家たちはミンチの牛肉は…になっていたと考えている」

第1段最終文（By the 17th…）で「17世紀までにミンチの牛肉はドイツ人によって一般的な料理になっていた」とあるので，4.「17世紀までにドイツで一般的な食べ物」が正解。

8 「ハンバーグステーキはどのようにしてアメリカ合衆国に伝わったのか」

第3段第1文（Salted and smoked…）に「18世紀にハンバーグステーキが大西洋を渡って伝えられた」という記述があり，大西洋を渡ってヨーロッパからアメリカに伝えられたことが読み取れる。また同段第2文（Ships following the…）から，航路で伝えられたことが読み取れるので，3.「ヨーロッパ人が大洋の航海で自分たちと共にそれを持ち込んだ」が正解。

9 「どのハンバーガー・サンドイッチの作り手が肉を豚肉から牛肉に変えたのか」

第4段第6・最終文（Finally, the Menches… brown sugar, instead.）からメンチズ兄弟がソーセージパティのサンドイッチ用の豚肉を切らしてしまって，代わりに牛肉を使ったという記述があるため，2. the Menches brothersが正解。

10 「世界初のハンバーガーチェーンレストランはいつオープンしたのか」

第5段最終文（Five years later,…）に「5年後には…世界初のハンバーガーチェーンが誕生した」という記述がある。またその前文（Then in 1916,…）にある年の記述から，世界初のハンバーガーチェーンは1916年の5年後，すなわち1921年に誕生したことがわかるので，4. 1921が正解。

11 「今日アメリカ合衆国では，ハンバーガーは…である」

最終段第4文（Burgers make up…）に「ハンバーガーはレストランで提供される牛肉の70%超を占めている」という記述があり，その前文

(In the US …) からそれはアメリカ合衆国の話だとわかるので，1.「最も人気のある牛肉のメニュー品目」が正解。

12 「この文章は我々が今日知っているハンバーガーは…ということを示している」

この文章全体を通して，ハンバーガーという料理がどのようにして成立したかが書かれている。ハンバーガーが元はモンゴル人によって食べられていたミンチの牛肉が起源で，それが後にロシア，ドイツに伝わり，アメリカに伝わって，パンに挟まれるようになり，それがハンバーガーの元になったということが書かれているので，3.「本当に国際的な背景を持っている」が正解。

13 「この文章のタイトルとして最も適切なものはどれか」

この文章はハンバーガーの成立について述べられているので，3.「ハンバーガーの発展」が文章全体の主題として最も適切である。1.「ハンバーグステーキの歴史」はハンバーグステーキというハンバーガーの元になったものについての言及しかなされないため不適。2.「ハンバーガー：アメリカ合衆国で生まれて」は文章前半に述べられているハンバーガーの元になった料理について触れられていないため不適。4.「国際的なハンバーガーの調理法」はこの文章の主題は調理法ではないため不適。

III 解答　14－1　15－2　16－1　17－2

解説

14 「人は年を取るにつれて，人付き合いが少なくなる傾向がある」

as～「～につれて」という接続詞の用法を覚えておきたい。1.「我々は年を取るにつれて他の人々とより少ない時間を過ごすことを好む」が正解となる。

15 「クラシック音楽は彼が聴くことを楽しむ唯一の様式である」

2.「彼はクラシック以外のどの音楽も好まない」が正解。anything but ～「～以外は何でも」，other than ～「～以外は」，except ～「～以外は」を正確に覚えておきたい。3.「彼は愉快なクラシック音楽以外どんなジャンルも聴くことができない」は enjoyable「愉快な」があるため不適。

16 「よろしければ私のエッセイをチェックしていただけますか」

1.「私のエッセイをチェックしていただけますか」が正解。I was just wondering if～「よろしければ～していただけますか」, Would you mind *doing*?「～していただけますか」を覚えているかがポイントになる。

17 「この私の写真は私の母の友だちによって撮影された」

2.「私の母の友だちがこの私の写真を撮影した」が正解。写真を撮影したのが誰で，撮影されたのは誰かという点に注目して選択肢を比べるのがポイントになる。

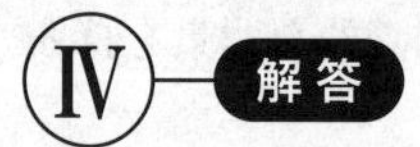

18－4　19－1　20－4　21－2　22－3　23－4
24－1　25－2

全訳

《遊びに行く相談》

2人の大学生の友だち同士が話をしている。

リサ：こんにちは，カヨ。久しぶり！

カヨ：あら…。リサ？　あなただとわからなかったわ！

リサ：ええ，本当に？

カヨ：あなた髪型をすっかり変えたのね。素敵よ！　元気だった？

リサ：とても元気よ！　聞いてよ。私，映画の無料券を2枚持ってるの。この週末に一緒に行かない？

カヨ：予定を確認させてね…。あら，だめ。私，月曜締め切りのレポートがあるわ。それにまだ手を付けてさえいなくて。行ければいいんだけれど。

リサ：それは残念！　私たち長い間遊びに行ってないものね！

カヨ：本当ね。でも気になることがあるとあまり楽しめないのよね。来週だとどう？

リサ：えっと，無料券は今週の日曜までしか有効じゃないのよ…。

カヨ：ああ，了解。よし，じゃあ日曜の夜にあるレイトショーに行けないかな？　それまでに課題を終わらせるようにするわ。

リサ：問題ないわよ！　待ち遠しいわ！

《不審な電話》

男性と女性が電話で話をしている。

男性：もしもし。

女性：もしもし。本日はある調査のためにお電話いたしました。少しお時間いただけますか？
男性：いいですよ。今少し時間はあるので。どうぞ。
女性：よかった！　調査はあなたの住む市の人がどの銀行を使っているのかについての情報を集めることなんです。
男性：本当に？　なぜ私が使っている銀行を知る必要があるんですか？
女性：この情報が当社の顧客サービスの助けになるんです。私を信用してください。これは公的な調査なんです。心配することは何もありません。
男性：ふーむ。ええと，わかりました。
女性：まず始めに，あなたの名前，住所，年齢，現在の銀行の口座情報を教えてください。
男性：何ですって？　なぜそんな個人情報が必要なんですか？　私をだましていますよね。
女性：いいえ，そうではありません，お約束します！　これはまったく安全です。私に情報を教えてください。
男性：いやです！　電話を切って，警察にあなたのことを通報します。
女性：何てこと！　お願いですからやめてください！

解説

18　空欄 a の 2 行下のカヨの発言第 1 文（You completely changed…）に「あなた髪型をすっかり変えたのね」とあり，空欄 a の直前のリサの発言第 2 文（Long time no…）に「久しぶり」とあることから，久しぶりに会って髪型が変わっていたためにカヨはリサのことがわからなかったと判断できる。したがって 4.「あなたのことがわからなかったわ」が正解。recognize「それとわかる」を覚えておきたい。

19　空欄 b の直後にリサが That's a shame!「それは残念ね！」と発言していることから，カヨはリサからの映画に行こうという誘いに対し，行けないという趣旨の発言を空欄 b でしているとわかる。1. I wish I could go「行ければいいんだけれど」は仮定法を用いた構文で，現実には行けないが行きたいという願望を表す表現のため，これが正解。

20　空欄 c の直後のリサの発言（Well, the tickets…）に「えっと，無料券は今週の日曜までしか有効じゃないのよ…」とあることから，有効期限が切れた後に行く提案をカヨがしたことがわかる。したがって4．How about next week「来週はどう」が正解。valid「有効な」を覚えておこう。

21 空欄dの直前のカヨの発言第2・3文（OK, then can … assignment by then.）でカヨが日曜の夜までに課題を終わらせるようにするから，日曜の夜のレイトショーに行かないかと提案している。それに対しリサはCool!「問題ないわ！」と発言していることから，2人は日曜の夜映画に行くことで同意したと判断できる。したがって2．I can't wait「待ち遠しいわ」が正解。assignment「課題」，cool「問題ない」を覚えておこう。

22 空欄eの直後の男性の発言第1文（Yes, I have …）で男性は女性の発言に対し，時間があると返答している。したがって3．momentを入れると，空欄eを含む文がDo you have a moment?「少しお時間いただけますか？」と時間があるか尋ねる表現となるためこれが正解。

23 空欄fの文の直前の3文（This information will … an official survey.）で，女性は調査が公的なもので信用できるものだという趣旨の発言をしている。空欄fに4．nothing to worry aboutを入れると，空欄fを含む文が「心配することは何もありません」と，直前の内容と矛盾のない発言になるため，これが正解。

24 空欄gを含む文で，女性は男性の名前や住所などを尋ねていて，これが会話中での最初の質問になるため，1．First of all「まず始めに」が正解。

25 空欄hの直前のOh, no sir「いいえ，そうではありません」はその前の男性の発言第3文（This sounds like …）「私をだましていますよね」に対して否定する趣旨の発言である。したがって，否定した発言を強調する2．I promise「お約束します」が正解。

解説

26 「鉛筆は発明されて以来とても一般的なものになっているので，それがどれほどすばらしい技術かということを忘れがちである。鉛筆はどんな角度でも書くことができて，強く押し付けるとより濃く書けるし，その書き跡は消すことができる。これらの機能を全てまねることができるデジタルツールを作り出すことは簡単ではない。それがタブレットコンピュータを非常に印象的なものにしているものである。タブレットコンピュータは使う人が画面上に絵を描いたり，色を塗ったり，文字を書いたりできるようにする。それはちょうど使う人が鉛筆で１枚の紙の上にするだろうことと同様にである」

与えられた英文より，鉛筆がすばらしい技術の例として話題にされているとわかる。この次には，鉛筆の持つすばらしい機能の具体例を述べるＣがくると考えられる。Ｂの these functions はＣで出てきた鉛筆の持つすばらしい機能を指していると考えられるのでＣの次にくる。また，Ｂの「これらの機能を全てまねるデジタルツールを作るのは簡単ではない」という内容のデジタルツールの具体例としてＡでタブレットコンピュータが挙げられていると考えられる。最後にＤの文頭 They はＡの tablet computers を指していて，Ｄでタブレットコンピュータが持つすばらしい機能について具体例が挙げられていると考えれば，適切な流れができる。よって正解はＣ→Ｂ→Ａ→Ｄの順番である。

27 「多くの人々は記憶力を改善し，年齢に関連する記憶障害を予防するためにサプリメントを飲んでいる。しかし，自然由来の食べ物，とりわけスーパーフードはサプリメントよりもはるかに効果が高い。特に，イチゴやブルーベリーやラズベリーのようなベリー類はスーパーフードだと考えられている。それらの中でもブルーベリーが最も良い。これは特にブルーベリーが記憶の機能に悪影響を与える可能性がある脳内の物質のレベルを低下させるからである」

与えられた英文より，記憶力の改善や年齢に関連した記憶障害を予防するための例としてサプリメントが挙げられているとわかる。Ｃでは自然由来の食べ物，とりわけスーパーフードがサプリメントよりも良いと，サプリメントとの対比でスーパーフードの話題提起がされていると考えられるため次にくる。次にそのスーパーフードの例としてＢでベリー類が紹介されていると考えられる。そしてＢで紹介されたベリー類の中で最も良いものとしてＡでブルーベリーが紹介されていると考えられる。最後にＤでブルーベリーが最も良いと考えられる理由が述べられていると考えられる。よって正解はＣ→Ｂ→Ａ→Ｄの順番である。

Ⅵ　解答　28－4　29－3　30－2　31－1

解説

28 「夢は記憶の断片から構成されている。そして異なった記憶は睡眠中の異なった時点で現れる。最近の記憶は就寝した直後に見る夢の中で現れる傾向がある。それと対照的に，遠い日の記憶――例えば子どもの頃に住んでいたあの家――は目を覚ます直前に見るかもしれない夢に現れるのだ」

第２文（Recent memories tend …）と第３文（By contrast, distant …）の対比構造に注目する。第２文では最近の記憶は就寝直後に見る夢に現れがちだと述べられている。第３文は by contrast「それと対照的に」で第２文の内容と対比されているとわかるので，空欄に４.「目覚める直前に」を入れると，第３文が遠い日の記憶は目覚める直前の夢に現れるとなり，内容的に自然な流れになる。４にある right before ～「～の直前」の意味がわかるようにしておきたい。

29 「機械が衣類を乾燥するのに比べて，空気乾燥は使うエネルギーがより少なく，お金の節約にもなり，乾燥機が原因のすり切れやほころびを減らすことによって衣類の寿命を延ばすことにもなる。時間はより長くかかるが，空気乾燥がおすすめだ。したがって，もし乾燥機を使わなければならないなら，一番短い時間設定を選択しなさい」

第１・２文（Compared to machine … drying is recommended.）では機械で衣類を乾燥するのと比較した空気乾燥の利点について述べられていて，その中で機械乾燥は服がすり切れたりほころんだりする原因になることが言及されている。最終文（Therefore, if you …）前半部で「したがって，もし乾燥機を使わなければならないならば」と述べられているので，その服のすり切れやほころびを最小限に抑えるために，３.「一番短い時間設定」を選ぶと自然な流れになる。２行目の wear「すり切れ」や tear「ほころび」の意味を覚えておくとよい。

30 「砂の城を作るには，必要なのは砂と水だけだ。もし砂が完全に乾いていたり，極端に水分を含んでいたりしたら，砂は液体のように流れてしまう。だがその間のどこかであれば，砂は固体のような振る舞いをする。しっかりした砂の城を作るには，完璧なバランスが必要である」

本文の話題は砂の城を作るための砂と水である。第2文（If the sand …）では，「砂が完全に乾燥していたり，極端に水分を含んだりしていたら液体のように流れるが，その間のどこかであれば固体のように振る舞う」と述べられている。砂の城を作るには砂は固体になっていないといけないので，空欄に2.「完璧なバランスが必要だ」を入れると，第2文の「その間のどこか」の言い換えになり，文意が通る。liquid「液体」，solid「固体」の意味がわかっていないと文意が把握できないと思われるので，覚えておこう。

31 「もしスリムになろうとするならば，ダイエットと運動とどちらがより有効だろうか？　次の計算を考えてみよう。平均23分の有酸素運動が45グラムのチョコレートバーに含まれている237カロリーを燃焼させるのに必要とされる。フライドポテトのLサイズは約460カロリーを含んでいて，燃焼するには45分程度の有酸素運動を必要とする。余分なカロリーを燃焼させるには多くの運動時間を必要とするので，高カロリー食品を食べるのを減らすべきである」

第1文（If you're trying …）ではスリムになるためにダイエットと運動とどちらがより有効かという問題提起がなされている。第3・4文（An average of … to burn off.）では食べ物のカロリーを燃焼するのに運動ではいかに多くの時間を必要とするかという具体例が述べられている。最終文（Since it takes …）前半では「余分なカロリーを燃焼するには多くの運動の時間が必要なので」と述べられているので，後半では摂取するカロリーを減らすべきだという内容がくると考えられる。したがって1.「より少ない高カロリー食品」を入れると自然な文の流れになる。

Ⅶ 解答

32－4　33－2　34－1　35－3　36－3　37－4
38－1　39－4　40－1　41－3　42－2　43－3
44－4　45－1　46－4

解説

(A)「そのコンサートは午後7時に始まる予定だったが，実際には30分遅れで始まったので私たちは何もせずに待っていないといけなかった」

32 後半のbut以下で「私たちは待っていないといけなかった」とあるので，前半は「コンサートは午後7時に始まる予定だった」という意味になる。be scheduled to *do* で「～する予定である」という意なので，空欄にはこれを過去形にした 4．was scheduled を入れるのが正解。

33 because 以下が「それ（コンサート）は実際には 30 分遅れで始まったので」という意味である。それ以前の部分が過去形になっていることから，because 以下も過去に起こったことだとわかり，空欄に入る動詞は過去形にしなければならないので 2．started が正解。

(B)「子どもだったとき，私たちはよく湖にキャンプに行ったものだったが，この頃は忙しすぎて行くことができない」

34 as は前置詞で「～のとき」（～には a child や a teenager など主に成長時期を表す語句が入る）という意味になる用法があり，空欄にはこれを入れるのが最も適切である。2．Because は接続詞で後ろに節がないといけないので不適。3．Them は目的格の代名詞で，単独で文頭に置くのは不自然なため不適。4．Until は「～（になる）まで」という意味になる前置詞の用法があるため，空欄の位置には入るが，コンマ以降の「私たちは湖にキャンプに行ったものだった」という意味と合わないので不適。

35 接続詞 but の前の節「私たちは（かつては）湖によくキャンプに行ったものだった」は but の後ろの節と内容的に対比関係にあると考えられる。したがって「近頃は忙しすぎて行くことができない」という意味になる too を入れるのが適切である。too ～ to *do*「…するには～すぎる」

(C)「電話の充電器が見つからない。見つかるまであなたのを貸していただけませんか？」

36 phone charger は「電話の充電器」の意。「私の電話の充電器」という意になるよう空欄には所有格の my を入れる。

37 空欄を含む文が「見つかるまであなたのを貸していただいていいですか？」という意になるよう，所有代名詞 yours を入れる。

(D)「この記事によると，両性どちらにも使える赤ちゃんの名前がかつてないほど人気だそうだ」

38 1．According to ～「～によると」は前置詞として名詞句の前で使用できるため，これが正解。2．Although「～にもかかわらず」は接続詞，4．Moreover「さらに」は副詞のため，名詞句の前に置くことはできないため不適。3．Explained は as explained in this article「この記事で説明された通り」のように語句を補えば空欄に入れられるが，必要な語句が不足しているため不適。

39 比較級＋than ever before「かつてないほど～」 比較級の後に置く 4．than が正解。

(E)「あなたがいない間に変わったことがたくさんあった。後で全て教えるよ」

40 空欄の直後の news は不可算名詞なので，不可算名詞，可算名詞両方を修飾できる 1．a lot of が正解。4．too many は可算名詞しか修飾しないため不適。2．loads，3．lots は後ろの名詞を修飾させるのに of が必要なため不適。

41 3．later「後で」が空欄の前の「私はそれについて全て話すよ」に意味的に自然につながるため，これが正解。1．as soon as「～するとすぐに」は接続詞句なので文末には置けないため不適。2．lately「最近」，4．sooner「もっと早く」は空欄の前と意味的に合わないため不適。

(F)「私は2つのメニューの選択肢のどちらも気に入らなかったが，お金があまりなかったので安い方を選んだ」

42 2．either は否定文で「2つのうちどちらも～ない」という意味になり，空欄の後の of the two menu choices とつながるため，これが正解。1．both を入れると but の前が「私は2つのメニューの選択肢のうち両方を気に入ったわけではなかった」という意味になり，but の後ろの内容と逆接関係にならなくなるため不適。3．neither，4．some は否定文とともに用いることができないため不適。

43 1．because of，2．due to は前置詞句なので，後ろに節が必要なため不適。4．therefore「したがって」は副詞で，I didn't have much money という節と I chose the cheaper one という節をつなぐはたらきはないため不適。3．since「～だから」は接続詞で2つの節をつなぐはたらきをし，意味的にも整合するため，これが正解。

(G)「今度の夏から，ローマ市は市の史跡であるトレビの泉で泳ごうとする観光客に，より重い罰金を導入しようとしている。観光客は裸だろうと服を着ていようと罰金を科せられるだろう」

44 文頭の Starting next summer が「次の夏から」という意味になるため，主節は未来を表す表現を用いる必要がある。4．is introducing は「導入しようとしている」という近い未来を表せるため正解となる。1．

has introduced, 3. introduced は未来を表すことができないため不適。2. introduce は三人称単数の s がないため不適。

45 空欄直後の the city's historic Trevi Fountain pool という名詞句に合う前置詞を選ぶ。2. next「次の」は形容詞なので不適。3. on「～の上で」, 4. with「～とともに」は意味的に空欄直後の「市の史跡であるトレビの泉」と合わないため不適。1. in「～の中で」が意味的に合うため正解となる。

46 空欄の前が「観光客は罰金を科せられるだろう」という節になっている。空欄の後も「彼らが裸か服を着ているか」という節になっているので，空欄には2つの節をつなぐ接続詞が入る。4. whether「～であろうとなかろうと」を入れると2つの節を意味的に正しくつなぐことができるため，これが正解。

VIII 解答　47－1　48－2　49－2　50－1　51－2　52－3

解説

47 「その自転車は道路のわきに捨てられていた」

abandon は「～を捨てる」の意。1 の discarded が正解。discard「～を捨てる」 2. find「～を見つける」 3. park「～を駐車する」 4. purchase「～を購入する」

48 「その家は火災で完全に破壊された」

blaze は「火災」の意。2. fire「火事」が正解。1. crash「衝突」 3. flood「洪水」 4. storm「嵐」

49 「彼女は世界中にたくさんの彼女の音楽に対する熱心なファンを持っている」

devoted は「熱心な」の意。2. loyal「熱心な」が正解。1. chosen「選ばれた」 3. new「新たな」 4. secret「秘密の」

50 「もしあなたが3つの言語を話すことができたら，多くの企業があなたを雇うでしょう」

hire は「～を雇う」の意。1. employ「～を雇う」が正解。2. promote「～を昇進させる」 3. retire「～を退職させる」 4. transfer「～を転勤させる」

51 「多くの言い伝えは現実の歴史的出来事をもとにしている」

legend は「言い伝え」の意。2 の myths「神話」が最も意味が近いので正解。1．document「書類」　3．novel「小説」　4．song「歌」

52 「電気代は急速に上がるだろうと予想されている」

rapidly は「急速に」の意。3．quickly「急速に」が正解。1．gradually「徐々に」　2．partially「ある程度」　4．slowly「ゆっくりと」

日本史

I 解答

①−2　②−2　③−1　④−2　⑤−2　⑥−3
⑦−3　⑧−2　⑨−4　⑩−1　⑪−2　⑫−4
⑬−1　⑭−4　⑮−3

解説

《「世界の記憶」からみる古代・中世の政治と文化》

①　2．誤文。庚午年籍は670年に天智天皇が作成した。

②　2が正解。B．和同開珎の発行（708年）→C．藤原京から平城京に遷都（710年）→A．『古事記』の献上（712年）の順。

③　1が正解。2は鴻臚館，3は市，4は悲田院の説明である。

④　2．誤文。西大寺は765年，聖武天皇の娘の称徳天皇が創建した。

⑭　4が正解。1．『立正安国論』は日蓮，2．『往生要集』は源信，3．『興禅護国論』は栄西の著書である。

⑮　3が正解。1．『東関紀行』と4．『海道記』は，ともに鎌倉時代の紀行文，2．『十六夜日記』は阿仏尼の著書である。

II 解答

①−4　②−1　③−3　④−1　⑤−3　⑥−4
⑦−2　⑧−3　⑨−1　⑩−4　⑪−3　⑫−2
⑬−1　⑭−2　⑮−4

解説

《鮎川義介の生涯からみる近現代の政治》

①　4が正解。元老は，3．木戸孝允を除く1．西郷従道，2．西園寺公望，4．井上馨の3人。長州出身者は3．木戸孝允と4．井上馨なので，両方にあてはまる4．井上馨が正解である。

②　1が正解。2．高島炭鉱は長崎県，3．足尾銅山は栃木県，4．別子銅山は愛媛県とわかれば，消去法で導き出せる。

③　3が正解。やや難。C．土地調査事業（1910〜1918年）→A．産米増殖計画（1920〜1934年）→B．創氏改名の実施（1940年）の順。

④　1が正解。X・Yともに正文。

⑤　3が正解。X．1927年，震災手形の処理法案についての審議中に片岡直温大蔵大臣の失言から，取付け騒ぎが起こった。Y．若槻礼次郎内閣は，経営が破綻した鈴木商店に対する不良債権を抱えた台湾銀行を救済するために緊急勅令を出そうとしたが，枢密院の了承が得られなかった。そのため，若槻礼次郎内閣は総辞職した。

⑥　4が正解。X．1930年，金輸出解禁を断行したが，世界恐慌のあおりを受けて輸出は激減し，正貨は大量に海外に流出した。Y．昭和恐慌が発生すると農産物の価格が暴落した。1931年は東北・北海道が大凶作に見舞われ，困窮が著しく，東北地方の農家では女子の身売りや欠食児童が相次いだ。

⑧　3が正解。X．全国から約27万人が満州へ移住したが，長野県が一番多く約3万人が移住している。Y．1945年8月，ソ連軍が日ソ中立条約を破って日本に宣戦布告し，満州や朝鮮に侵攻してきた。敗戦後，旧満州国地域の居留民は中国残留孤児として残されたものもあった。

⑨　1が正解。やや難。1．輸入品等臨時措置法（1937年）→2．価格等統制令（1939年）→3．食糧管理法（1942年）→4．金融緊急措置令（1946年）の順。基本事項である2の価格等統制令と終戦後に出された4の金融緊急措置令は押さえておきたい。1の輸出入品等臨時措置法は，貿易に関する物資を統制するための法律，3の食糧管理法は，米穀その他の穀物の配給を一元化するとともに，供出価格や供出数量も政府により決定されることを決めた法令である。

⑩　4が正解。X・Yともに誤文。X．南満州鉄道株式会社は日露戦争後の1906年に大連に設立された。Y．半官半民の国策会社であった。

⑪　3が正解。C．サンフランシスコ学童入学拒否事件（1906年）→A．石井・ランシング協定の廃棄（1922年の九カ国条約締結に伴い1923年に廃棄）→B．日米通商航海条約の廃棄の通告（1939年）の順。

⑫　2が正解。X．1938年の国家総動員法に基づく勅令として翌1939年に国民徴用令が出された。Y．1937年第一次近衛文麿内閣が企画院を設置し，戦争遂行のための物資動員を計画した。

⑬　1が正解。LT貿易の名称は，廖承志（L）と高碕達之助（T）の頭文字からとったものである。

⑮　4が正解。C．東名高速道路が全線開通（1969年）→B．第1次石

油危機が発生（1973年）→A．プラザ合意（1985年）の順。

Ⅲ 解答

①－4 ②－2 ③－2 ④－1 ⑤－4 ⑥－3
⑦－2 ⑧－3 ⑨－2 ⑩－3 ⑪－4 ⑫－3
⑬－2 ⑭－2 ⑮－1 ⑯－2 ⑰－4 ⑱－2 ⑲－3 ⑳－2

解説

《近世後期の外交》

② 2が正解。（ ② ）は2カ所あるので，1796年にイギリス人のブロートンが室蘭に来航した事件を知らなくても，1808年のフェートン号がイギリスの軍艦だとわかれば，十分解答できる。

⑤ 4が正解。1811年ロシア軍艦の艦長ゴローウニンが捕らえられ，監禁されたが，翌年ロシアは報復として国後島付近で淡路の商人高田屋嘉兵衛を捕らえた。高田屋嘉兵衛は1813年に送還され，その尽力によりゴローウニンも釈放。この事件解決を機にロシアとの関係は改善された。

⑦ 2が正解。X．正文。Y．誤文。「この外国船」とはモリソン号で，フランスではなくアメリカの船舶。

⑨ 2が誤文。13代将軍徳川家定ではなく，12代将軍徳川家慶。

⑩ 3が正解。Bのケンペルは17世紀後半から18世紀初頭の人物で，日本に滞在していた時期は1690～92年である。Cの志筑忠雄は18世紀後半から19世紀初頭（1760～1806年）の蘭学者である。Aのシーボルトは18世紀に活躍した人物で，日本を追放されたのは1828年。『日本』は，追放後に書いたものである。

⑫ 3が正解。X．条約で取り決めたのはアメリカ船が必要な燃料や食料を供給することであり，自由な取引を始めたわけではない。Y．アメリカに最恵国待遇を与えることを取り決めた。

⑬ 2が正解。択捉島以南を日本領，得撫島以北をロシア領とした。

⑱ 2が正文。1．誤文。商業活動は居留地のみ許可された。3．誤文。イギリスとの取引が最も多かった。4．誤文。日本の大幅な輸出超過であった。

⑲ 3が正文。1．誤文。金の含有率を引き下げた万延小判に改鋳したため，貨幣の実質価値が下がり，物価上昇に拍車がかかった。2．誤文。雑穀・水油・蠟などの五品については，必ず江戸の問屋を経て輸出すること

が命じられた。これを江戸五品廻送令という。4．誤文。外国人が日本に持ち込んだ外国銀貨で日本の金貨が安く購入されたため，大量の金貨が海外に流出した。

⑳　2が正解。X．正文。Y．誤文。安政の大獄で投獄され，刑死したのは，高杉晋作の師である吉田松陰である。

世界史

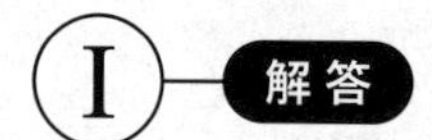

A－2　B－1　C－1　D－2　E－4　F－4
G－3　H－3　I－1　J－4

解説

《1～5世紀の中国史》

A. 前漢皇帝の外戚であった王莽は，周代を理想とし，儒家の経典を典拠とする諸改革を実施した。

B. 2．黄巣の乱は唐末に，3．黄巾の乱は後漢末に，4．紅巾の乱は元末に起こった民衆反乱である。

D. 1．九品中正は，三国時代の魏に始まり，4．科挙が隋で実施されるまで南朝政権で実施された官吏登用制度。3．里甲制は，明の洪武帝が全国で実施した村落行政制度。

F. 263年に蜀を滅ぼした魏で実権を握った司馬氏が，265年，晋（西晋）を建てた。280年，晋は呉を滅ぼした。

I. 永嘉の乱は，西晋末，華北で北方遊牧諸勢力が割拠し，そのうちの匈奴が西晋の都洛陽を陥落させた出来事である。諸王の反乱である八王の乱に乗じて発生した。

J. 4．誤文。屯田制は，はじめは兵士に耕作させるかたちで漢代に始まった。一般民に耕作させる制度としては，三国時代の魏の曹操が始めた。

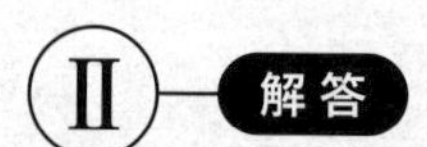

A－4　B－1　C－2　D－4　E－3　F－4
G－3　H－3　I－2　J－3

解説

《第二次世界大戦直後における東西陣営の形成》

A. 4．正文。1・2．誤文。ド＝ゴールは，対ドイツ降伏に反対してロンドンに亡命し，そこで自由フランス政府をたて，対ドイツレジスタンス運動を指導した。ドイツに協力的であったペタンは，南フランスで成立したヴィシー政府を率いた。3．誤文。1946年にフランスで成立したのは第四共和政である。

B. 1．誤文。1943年7月，ムッソリーニが失脚すると，代わってバドリオ政権が成立した。同年9月，バドリオ政権は連合軍に無条件降伏した。

E. 3．誤文。ティトーが率いるユーゴスラヴィアは，1948年にコミンフォルムから除名された。

F. 西ヨーロッパ連合条約（ブリュッセル条約）は，ベネルクス3国（ベルギー・オランダ・ルクセンブルク）とイギリス・フランスの5カ国が結んだ集団的自衛条約である。

G. 1．ヨーロッパ石炭鉄鋼共同体（ECSC）は，1952年に，フランス・西ドイツ・イタリア・ベネルクス3国が結成した共同体。2．中央条約機構（CENTO）は，イラク革命を受けてバグダード条約機構（METO）からイラクが脱退したのち，1959年に再結成された。その後，CENTOは1979年にイラン革命を受けてイラン・トルコ・パキスタンが脱退して解消。4．ヨーロッパ経済協力機構（OEEC）は，マーシャル＝プランの受け入れのために1948年に西欧諸国によって結成された。

H. 1．バグダード条約機構（METO）は，1955年にトルコ，イラク，イラン，パキスタン，イギリスが結成した安全保障機構。2．経済相互援助会議（COMECON）は，1949年にソ連とその他の東欧6カ国で結成された。4．ヨーロッパ自由貿易連合（EFTA）は，ヨーロッパ経済共同体（EEC）に加盟しなかったイギリスが，北欧諸国などと1960年に結成した。

J. 3．誤文。ドイツ連邦共和国は西ドイツと呼ばれた。

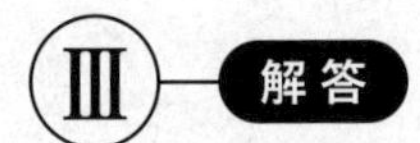

A－4　**B**－2　**C**－1　**D**－4　**E**－1　**F**－3
G－2　**H**－4　**I**－2　**J**－1

解説

《西アジア通史》

A. 4．誤り。ヴァルナは南アジアで形成された身分階層である。

D. 4．誤文。ムガル帝国はスンナ派を奉じた。

E. 2．イスマーイールは，サファヴィー教団の指導者で，サファヴィー朝を建国した。3．メフメト2世は，コンスタンティノープルを攻略し，ビザンツ帝国を征服したオスマン帝国の第7代スルタン。4．セリム1世は，マムルーク朝を滅ぼしたオスマン帝国の第9代スルタン。

F. 1はタブリーズ，2はバグダード，4はホルムズの位置を示している。

J. スイスは，永世中立国である。多国籍軍は，国連軍ではないことに注意。

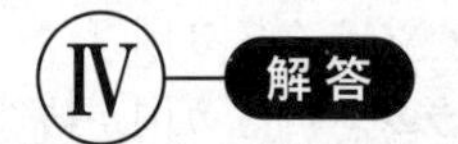

A―1 **B**―2 **C**―4 **D**―2 **E**―3 **F**―1
G―2 **H**―3 **I**―4 **J**―1

解説

《デリー＝スルタン朝，古代アメリカ文明，明》

C. 4．正文。1．誤文。カロリング＝ルネサンスは，フランク王国のカール大帝の時代（在位768～814）を中心に起こった文化運動。2．誤文。ナーランダー僧院は，グプタ朝期（5世紀）に成立した後，13世紀まで仏教教学の拠点として栄えた。3．誤文。『ラーマーヤナ』が現在の形にまとめられたのは，グプタ朝の時代。

E. 3．誤文。民用文字は，古代エジプトで用いられた文字のひとつである。

H. 3．誤文。安南都護府は，ベトナム北部を統治するために唐が現在のハノイに設置した。明代に安南都護府は設置されていない。明の永楽帝が出兵し一時的に併合することに成功したベトナム北部（大越国胡朝）は，まもなく黎朝のもとで独立を回復する。

I. 1．メロエ王国は，前7世紀から後4世紀にかけてナイル川上流域で栄えた王国。2．ミタンニ王国は，前2千年紀後半に北メソポタミアで成立した国家。3．ラーンサーン王国は，14世紀から18世紀にかけてメコン川中流域で栄えた国家。

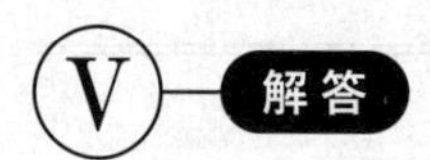

A―2 **B**―1 **C**―2 **D**―2 **E**―2 **F**―1
G―3 **H**―4 **I**―2 **J**―3

解説

《文化史の小問集合》

A. 2．誤り。ヒッタイト人が滅ぼしたのはバビロン第1王朝（古バビロニア王国）。

B. 1．誤り。ゾロアスター教の最高神は，アフラ・マズダである。

C. 2．誤り。カニシカ王は，クシャーナ朝の君主である。

D．2．誤り。『五経正義』を編纂したのは，孔穎達である。

E．2．誤り。ローマ教会は，ゲルマン人への布教を熱心に行った。

F．1．誤り。屈原らの作品を集めた韻文集は，『楚辞』である。

G．3．誤り。ナーナクが創始したのはシク教である。

I．2．誤り。厳密な史料批判に基づく近代歴史学の基礎をつくったのはランケ。リストは自由貿易論を批判し，保護関税政策を主張したドイツの経済学者。

J．3．誤り。「ピアノの詩人」と呼ばれたのは，ショパンである。シューベルトは「歌曲の王」と呼ばれた。

政治経済・現代社会

I　解答　**問1.** ⑴―3　⑵―1　**問2.** ⑴―4　⑵―3
問3. ⑴―3　⑵―4　**問4.** 1
問5. ⑴―1　⑵―4　**問6.** 4　**問7.** 3　**問8.** 2

解説

《政治経済の国際的課題》

問1. ⑴　3．クック（コーク）が正解。エドワード=クックは17世紀英国の裁判官である。13世紀の英国の法学者ブラクトンの言葉「国王といえども神と法の下にある」を引用し，法の支配を主張した。

問2. ⑵　3．チャーティスト（運動）が正解。英国で市民が参政権を拡大しようとした19世紀の社会運動の一つで，男子の普通選挙，議員になるための財産資格撤廃などからなる人民憲章を発表した。1．エスノセントリズムは，自民族中心主義の意。2．エンクロージャー（囲い込み）は，領主や地主が従来共同地であった土地を，牧羊などのため私有地化したこと。第一次エンクロージャー（16世紀）と第二次エンクロージャー（18～19世紀）がある。4．ラッダイト（運動）は，19世紀イギリスにおいて機械制導入で職を失うこととなる熟練工（職人）が起こした暴動（機械打ちこわし）である。

問5. ⑴　1が正解。オードリー・タンは，14歳で中学校を退学して情報関連の勉強をし，10代でインターネット関連企業を立ち上げるという経歴を持つ。台湾においてデジタル担当大臣に抜擢されてからは，情報活用を武器に，新型コロナ政策を行った。

⑵　4が正解。TSMCが日本に資本を導入し，神奈川県に本社を設置，熊本県に巨大な工場を作ったのは半導体生産のためである。2024年2月には熊本に第二の工場建設が発表された。

問6. 4のUNCTAD（国連貿易開発会議）が正解。1．IAEA（国際原子力機関）は1957年に設置された国連の関連機関である。2．NPOは非営利組織を表す。3．PKFは国連平和維持軍である。

問8. 2．LDCが正解。LDCは後発発展途上国（Least Developed

Countries）の略称である。資源が乏しいことや，国民の所得水準の低さ，経済のぜい弱さがあげられる。1．EPA は経済連携協定，3．NGO は非政府組織，4．SDI は戦略防衛構想のことである。

Ⅱ 解答 **問1．** 4 **問2．** 2 **問3．** 4 **問4．** 7 **問5．** 2 **問6．** 3 **問7．** 4 **問8．** 1
問9． (1)－2 (2)－1 **問10．** 3

解説

《人口と雇用の諸問題》

問1． 4が正解。ア．誤文。自衛隊の海外派遣は，1992年のPKO協力法の制定以後，カンボジア，モザンビークなどと行われてきている。イ．誤文。重要影響事態法では，これまでの周辺事態法とは異なり，「重要影響事態」を日本付近での事態に限定していない。日本と密接な関係にある他国（米国などを想定）が攻撃を受け，日本の存在が脅かされるような事態なら，地理的に遠く離れていても自衛隊の海外派遣は許される，とされている。

問2． 2が正解。1．不適切。男女雇用機会均等法ではなく，1999年に施行された男女共同参画社会基本法の内容である（同法第二条の一）。3．不適切。3は男女雇用機会均等法の内容である。4もまた男女雇用機会均等法の内容であり，不適切。

問3． 4．不適切。少子化問題は先進国の多くで共通の課題といえる。たとえば，米国・英国・ドイツ・フランス・カナダなどでは人口が維持されるといわれる合計特殊出生率2.07程度を大幅に下回っている（2023年現在）。2．合計特殊出生率が3.0なら人口は回復し，高度経済成長期のような人口のボーナス時代の再来になる。

問5． 2が正解。1972年にOECD環境委員会で採択された「環境政策の国際経済面に関するガイディング・プリンシプル」の中で，PPP原則が提唱された。1．不適切。ドーハ・ラウンドはWTO（世界貿易機関）における交渉（ラウンド）である。3．不適切。SDGsは，国連総会で採択された。4．不適切。パグウォッシュ会議は，OECDではなく科学技術者の会議で，現在も続いている。

問6． 3．不適切。内閣府の長は内閣総理大臣である。

問7． 4．不適切。派遣労働では，派遣労働者は，派遣元事業者との労働契約により現場に派遣される。

問8． 1．正解。2．不適切。「シャッター街」とは，シャッターを下ろし閉店した店舗が並ぶ街並みのことで，商店街の衰退を表す言葉である。3．不適切。「まち・ひと・しごと創生法」は，「画一的な地域社会」ではなく，個性豊かで多様な人材による地域社会作りが目標とされている。4．不適切。地方公共団体の中には，地域独自の独自課税（法定外税）として，核燃料税・宿泊税や産業廃棄物税等を定めているところもある。

問9．⑴ 2．不適切。ワークシェアリングとは仕事の分かち合いであり，労働者1人あたりの業務量が減少する。1人あたりの業務量が減ることで，新たな雇用の創出となることも期待されている。

問10． 3．不適切。リード文では，7段落目に「女性も男性も将来に不安を感じ結婚や出産をためらう社会状況の中で，児童手当や婚活支援といった断片的な方策が効果を発揮することはまずない。」と述べられている。3のように「効果を発揮している」と筆者が捉えているとは言い難い。

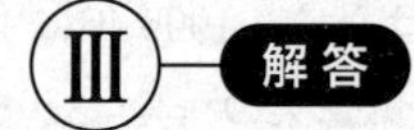

問1． ⑴－4　⑵－3　**問2．** 4　**問3．** 4
問4． 3　**問5．** 4　**問6．** 3　**問7．** 3
問8． ⑴－2　⑵－1　**問9．** 2

解説

《エネルギー問題の経済的側面》

問1．⑴ 4．不適切。地熱発電は，火山などの地熱を利用する発電方法である。排熱ではなく，地熱そのもので発電する。また，得られた電力は，冷暖房や給湯への利用にとどまらない。

⑵　3．適切。石油・石炭・天然ガスの合計は，18.42EJから，15.23EJへと減少している。1．不適切。天然ガスは3.06EJから4.27EJへと増加しており，全体のシェアからみても，約13.5%から，約23.8%へと増加している。2．不適切。石油は減少率が約41.4%である。4．不適切。一次エネルギーの国内供給の合計は減少している（22.71EJから17.96EJへ）が，減少率は約20.9%である。

問2． 4が正解。ア．誤文。アの文は情報の非対称性を指す。イ．誤文。イの文は消費者主権の定義を述べている。

問3． 4が正解。ア．誤文。18世紀は産業革命初期であり，動力・熱源ともに石炭が重要であった。石油は産業にはまだ利用されていない。イ．誤文。重商主義とは，16世紀末から18世紀半ばの経済思想および経済政策で，問屋制家内工業の時期に相当する。

問4． 3．不適切。日本の人口ピラミッドは，高度経済成長期の富士山型から釣り鐘型を経て，つぼ型となっている。2．適切。厚生労働省が2023年7月に発表した統計では，平均寿命は男子81歳，女子87歳である。

問6． 3．不適切。ASEAN（東南アジア諸国連合）の10カ国のうち，7カ国がAPECに参加している。2．OPEC加盟国でアフリカ大陸に位置する国は，リビア，アルジェリアなどがある。

問7． 3が正解。ア．誤文。1980年代以降，日本の自動車会社は，北米などからはじまって，世界各国で現地生産を行っている。イ．正文。2010年から販売されているEVもある。ただ，充電場所などが限られており，依然として日本ではガソリン車が主流である。

問8． (1) 2が正解。ア．正文。イ．誤文。産業革命前からの気温上昇を2度未満に抑えるというのはCOP21に基づくパリ協定での目標である。

(2) 1．不適切。1987年のモントリオール議定書は，世界の文化遺産と自然遺産の保護ではなく，オゾン層保護を目的としている。

問9． 2．不適切。そのような記述はなく，また，1国で3つの相反する負の側面・矛盾（トリレンマ）を解決することは，グローバル世界では考えにくい。

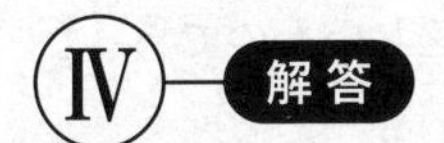

問1． 1　**問2．** 2　**問3．** 4　**問4．** 4　**問5．** 1
問6． 1　**問7．** 4　**問8．** 3　**問9．** 3　**問10．** 4
問11． 3

解説

《戦後の日本経済》

問1． 1．不適切。消費者保護基本法は，2004年に消費者基本法に改正された。

問2． 2．不適切。北海道拓殖銀行，山一證券などのように破綻した例がある。

問3． 4．不適切。原子力発電では二酸化炭素の排出はほとんどないが，処理に相当な年月を要する放射性廃棄物（核のごみ）を発生させる。

問4． 4．適切。1．不適切。戦後復興期ではインフレ（物価上昇）からの脱却が急がれた。2．不適切。1963年にGATT（関税と貿易に関する一般協定）において国際収支の悪化により輸入制限ができるGATT12条国から制限ができない11条国となった。3．不適切。日米包括経済協議では，アメリカの対日貿易赤字が大きな問題となっている。

問5． 1．不適切。上場企業の女性役員比率を30％以上とするのは，政府が2030年までに目指している目標である（「女性版骨太の方針2023」）。2．適切。日本の企業約421万社のうち上場しているのはわずかに3800社あまりであり1％にも満たない。4．適切。国際標準化機構（ISO）が品質・規格・環境基準などを企業に提示している。環境に関する認証を目指す企業もある。

問6． 1．不適切。ノンバンクと呼ばれる，預金を受け付けない金融機関もある。

問7． 4．不適切。TPP（環太平洋パートナーシップ）に中国は加盟しておらず，アメリカも，トランプ政権のときは参加していなかった。

問9． 3が正解。1955年に左右に分かれていた社会党が合一すると，保守の自由党と日本民主党が合流して現在の自由民主党が成立した。

問10． 4が正解。ア．誤文。全欧安全保障協力会議（CSCE）は，20年後の1995年，常設機構として欧州安全保障協力機構（OSCE）となった。イ．誤文。アメリカへの同時多発テロは2001年であり，1973年の第4次中東戦争より後の出来事である。

問11． 3．不適切。経済成長が緩やかであり，実感の乏しいものであったのは，2002年から2008年のいざなみ景気である。

数学

◀経済・経営・法・現代社会・国際関係・外国語・文化・生命科学部▶

I 解答

(1)**ア.** $(2x-3y+4)(x+y-2)$

(2)**イ.** $-\frac{1}{4}$　**ウ.** $\left(\frac{3}{2},\ \frac{11}{4}\right)$　(3)**エ.** $\sqrt{3}+1$　**オ.** $\frac{\sqrt{3}+1}{2}$

(4)**カ.** $0\leqq\theta\leqq\frac{\pi}{6},\ \frac{3}{2}\pi\leqq\theta<2\pi$

(5)**キ.** -2　**ク.** 6　(6)**ケ.** $\frac{2}{3}$　**コ.** -1

解説

《小問6問》

(1)
$$2x^2-3y^2-xy+10y-8$$
$$=2x^2-yx-(3y^2-10y+8)$$
$$=2x^2-yx-(3y-4)(y-2)$$
$$=\{2x-(3y-4)\}\{x+(y-2)\}$$
$$=(2x-3y+4)(x+y-2)\quad\to ア$$

(2) 放物線 $y=x^2-x+2$ と直線 $y=2x+a$ が接するためには

$$x^2-x+2=2x+a$$

整理して，2次方程式 $x^2-3x+2-a=0$ ……① が重解をもてばよい。

①の判別式を D とおくと，$D=0$ より

$$D=(-3)^2-4(2-a)=4a+1=0$$

よって　$a=-\frac{1}{4}$　→イ

$a=-\frac{1}{4}$ を①に代入すると

$$x^2-3x+\frac{9}{4}=\left(x-\frac{3}{2}\right)^2=0$$

よって　$x=\frac{3}{2}$

$y=2\times\frac{3}{2}-\frac{1}{4}=\frac{11}{4}$ より，求める接点の座標は

$\left(\frac{3}{2},\ \frac{11}{4}\right)$ →ウ

(3)　$\angle BCA=180°-(\angle CAB+\angle ABC)$

$=180°-(45°+30°)=105°$

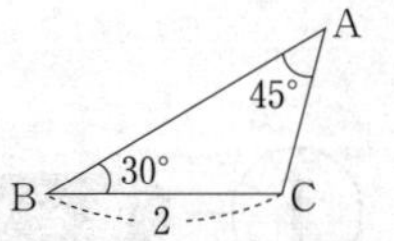

加法定理を用いると

$\sin 105°=\sin(60°+45°)$

$=\sin 60°\cos 45°+\cos 60°\sin 45°$

$=\frac{\sqrt{3}}{2}\cdot\frac{\sqrt{2}}{2}+\frac{1}{2}\cdot\frac{\sqrt{2}}{2}=\frac{\sqrt{6}+\sqrt{2}}{4}$

A
45°
30°
B
C
2

△ABC において，正弦定理より

$$\frac{2}{\sin 45°}=\frac{AB}{\sin 105°}$$

$$AB=\frac{2}{\sin 45°}\cdot\sin 105°=\frac{2}{\frac{1}{\sqrt{2}}}\cdot\frac{\sqrt{6}+\sqrt{2}}{4}$$

$$=\frac{2\sqrt{3}+2}{2}=\sqrt{3}+1$$ →エ

また，△ABC の面積は

$$\frac{1}{2}\cdot 2\cdot(\sqrt{3}+1)\cdot\sin 30°=\frac{\sqrt{3}+1}{2}$$ →オ

(4)　与式を変形すると

$$2\left(\cos\theta\cos\frac{\pi}{6}+\sin\theta\sin\frac{\pi}{6}\right)-2\sin\theta\geqq 1$$

$$(\sqrt{3}\cos\theta+\sin\theta)-2\sin\theta\geqq 1$$

$$-1\geqq\sin\theta-\sqrt{3}\cos\theta$$

三角関数の合成を行うと

$$-1\geqq 2\sin\left(\theta-\frac{\pi}{3}\right)$$

$-\frac{\pi}{3}\leqq\theta-\frac{\pi}{3}<\frac{5}{3}\pi$ において，不等式 $-\frac{1}{2}\geqq\sin\left(\theta-\frac{\pi}{3}\right)$ を解くと

$$-\frac{\pi}{3} \leqq \theta-\frac{\pi}{3} \leqq -\frac{\pi}{6},\ \frac{7}{6}\pi \leqq \theta-\frac{\pi}{3} < \frac{5}{3}\pi$$

したがって，求めるθの値の範囲は

$$0 \leqq \theta \leqq \frac{\pi}{6},\ \frac{3}{2}\pi \leqq \theta < 2\pi \quad \to カ$$

(5) $\vec{a}+\vec{b}=(x-4,\ 3,\ 3+y)$，$3\vec{a}-\vec{b}=(3x+4,\ 1,\ 9-y)$ であり，$\vec{a}+\vec{b}$ と $3\vec{a}-\vec{b}$ が平行であるならば，k を 0 でない実数とすると

$$\vec{a}+\vec{b}=k(3\vec{a}-\vec{b})$$

よって

$$\begin{cases} x-4=k(3x+4) \\ 3=k \\ 3+y=k(9-y) \end{cases}$$

これらを解くと

$$k=3,\ x=-2,\ y=6 \quad \to キ，ク$$

(6) 真数は正より

$$\begin{cases} 3x-1>0 \\ 1-x>0 \end{cases}$$

ゆえに　$\frac{1}{3}<x<1$　……①

底の変換公式を用いて，与式を変形すると

$$y=\log_3(3x-1)+2\cdot\frac{\log_3(1-x)}{\log_3 9}=\log_3(3x-1)+\log_3(1-x)$$

$$=\log_3(3x-1)(1-x)=\log_3(-3x^2+4x-1)$$

$$=\log_3\left\{-3\left(x-\frac{2}{3}\right)^2+\frac{1}{3}\right\}$$

①より，yは

$$x=\frac{2}{3} \text{ のとき，最大値 } \log_3\frac{1}{3}=-1 \quad \to ケ，コ$$

Ⅱ　解答

(i)ア．$\frac{3}{10}$　イ．$\frac{7}{25}$　ウ．$\frac{61}{250}$

(ii)エ．$-\frac{1}{5}p_t+\frac{3}{10}$　オ．$\frac{1}{4}\left\{1+3\left(-\frac{1}{5}\right)^t\right\}$

解説

《四面体の4つの頂点を移動する点の確率，漸化式》

問題の条件より，Pは1秒ごとに

確率 $\dfrac{3}{10}$ で他の頂点に移動

確率 $\dfrac{1}{10}$ で同じ頂点にとどまる

ことがわかる。

(i)　1秒後に点PがAからBに移動する確率は

$\dfrac{3}{10}$　→ア

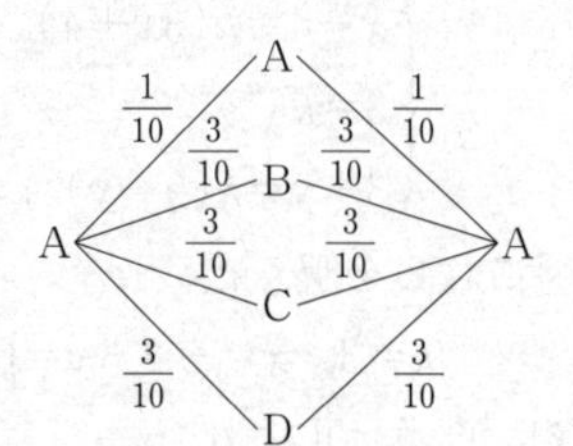

2秒後に点PがAにいる場合は右図のようになるから，その確率は

$$\left(\frac{1}{10}\right)^2+\left(\frac{3}{10}\right)^2\times3=\frac{28}{100}=\frac{7}{25}\quad→イ$$

3秒後に点PがAにいる場合は，2秒後に点PがAにいるときとA以外の頂点にいる場合を考えると，求める確率は

$$\frac{7}{25}\times\frac{1}{10}+\left(1-\frac{7}{25}\right)\times\frac{3}{10}=\frac{61}{250}\quad→ウ$$

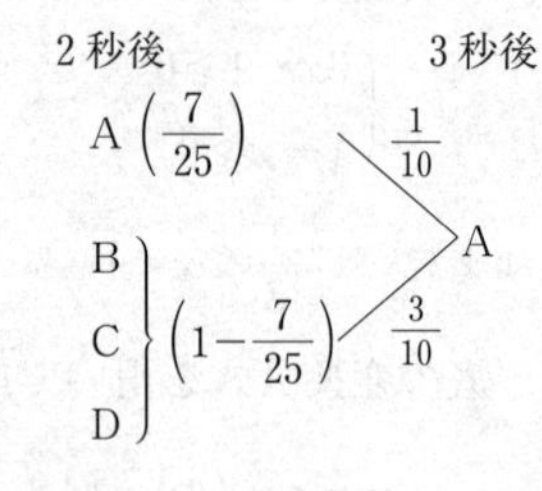

(ii)　動き始めてから t 秒後に点PがAにいる確率が p_t であるから，A以外の点にいる確率は $1-p_t$ である。

t 秒後　$(t+1)$ 秒後

A (p_t)　$\frac{1}{10}$

B, C, D　$(1-p_t)$　$\frac{3}{10}$　A (p_{t+1})

したがって，$(t+1)$ 秒後に点PがAにいる確率 p_{t+1} は

$$p_{t+1}=p_t\times\frac{1}{10}+(1-p_t)\times\frac{3}{10}$$

$$=-\frac{1}{5}p_t+\frac{3}{10}\quad→エ$$

式変形を行うと

$$p_{t+1}-\frac{1}{4}=-\frac{1}{5}\left(p_t-\frac{1}{4}\right)$$

数列 $\left\{p_t-\dfrac{1}{4}\right\}$ は初項 $p_1-\dfrac{1}{4}=\dfrac{1}{10}-\dfrac{1}{4}=-\dfrac{3}{20}$，公比 $-\dfrac{1}{5}$ の等比数列

であるから

$$p_t-\frac{1}{4}=-\frac{3}{20}\left(-\frac{1}{5}\right)^{t-1}=\frac{3}{4}\left(-\frac{1}{5}\right)^{t}$$

したがって，数列 $\{p_t\}$ の一般項 p_t は

$$p_t=\frac{1}{4}\left\{1+3\left(-\frac{1}{5}\right)^{t}\right\}\quad \to オ$$

Ⅲ　解答　(i)**ア.** -7　**イ.** 15　(ii)**ウ.** 1　**エ.** $\frac{5}{3}$

(iii)**オ.** -1　**カ.** 3　**キ.** $(3,\ 0)$

(iv)　連立不等式

$$\begin{cases} y\geqq x^3-7x^2+15x-9 \\ y\leqq -x+3 \\ 0\leqq x\leqq 2 \\ y\geqq 0 \end{cases}$$

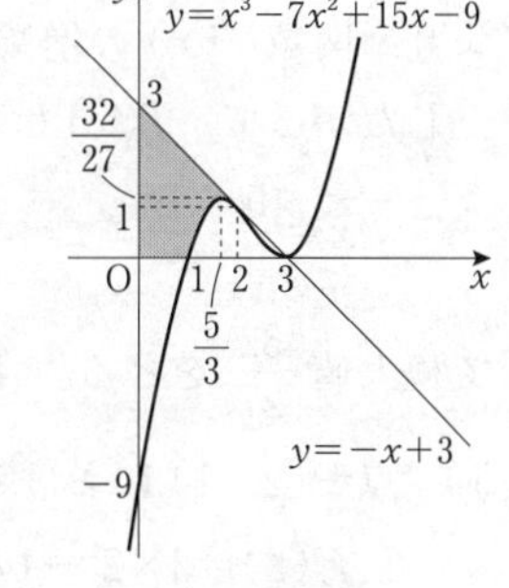

この式の表す領域を図示すると，右図の境界線を含む網かけ部分となる。

したがって，求める面積を S とすると

$$S=\int_0^1(-x+3)dx+\int_1^2\{(-x+3)-(x^3-7x^2+15x-9)\}dx$$

$$=\int_0^1(-x+3)dx+\int_1^2(-x^3+7x^2-16x+12)dx$$

$$=\left[-\frac{x^2}{2}+3x\right]_0^1+\left[-\frac{x^4}{4}+\frac{7}{3}x^3-8x^2+12x\right]_1^2$$

$$=\frac{5}{2}+\frac{7}{12}=\frac{37}{12}\quad\cdots\cdots(答)$$

解説

《3次関数の係数決定と極値，3次関数のグラフの接線，定積分（面積）》

(i)　$f(x)=x^3+ax^2+bx-9$，$f'(x)=3x^2+2ax+b$，$f(3)=0$，$f'(3)=0$ より

$$\begin{cases} 3^3+a\times 3^2+b\times 3-9=0 \\ 3\times 3^2+2a\times 3+b=0 \end{cases}$$

整理して

$$\begin{cases} 3a+b=-6 \\ 6a+b=-27 \end{cases}$$

これを解いて

$a=-7$，$b=15$　→ア，イ

(ii)　(i)の結果より

$f(x)=x^3-7x^2+15x-9$

C と x 軸との交点の x 座標で，$x=3$ と異なるものは

$x^3-7x^2+15x-9=(x-3)^2(x-1)=0$

より　$x=1$　→ウ

また，$f'(x)=3x^2-14x+15=(3x-5)(x-3)$

より，関数 $f(x)$ の増減表は右のようになる。

x	$\cdots$	$\frac{5}{3}$	$\cdots$	3	$\cdots$
$f'(x)$	$+$	0	$-$	0	$+$
$f(x)$	↗	$\frac{32}{27}$	↘	0	↗

したがって，$f(x)$ は

$x=\frac{5}{3}$　→エ

で極大値 $\frac{32}{27}$ をとる。

(iii)　点P(2，1) における接線の方程式は

$f'(2)=3\times2^2-14\times2+15=-1$

より　$y-1=-(x-2)$

$y=-x+3$

となるから

$p=-1$，$q=3$　→オ，カ

また，連立方程式

$$\begin{cases} y=x^3-7x^2+15x-9 \\ y=-x+3 \end{cases}$$

これを解くと

$x^3-7x^2+15x-9=-x+3$

整理すると

$x^3-7x^2+16x-12=(x-2)^2(x-3)=0$

よって　$x=2$，3

したがって，l と C との交点のうち，P と異なる点の座標は

$f(3)=0$

より　　(3, 0)　→キ

◀理・情報理工学部▶

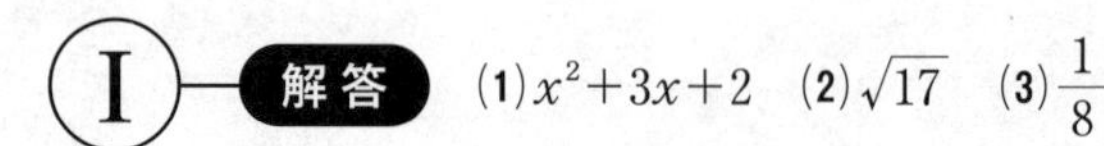

I 解答 (1) x^2+3x+2 (2) $\sqrt{17}$ (3) $\frac{1}{8}$

(4) $2i$ (5) $e-2\sqrt{e}+1$

解説

《小問5問》

(1) $$x^3+2x^2+3x-7=P(x)\times(x-1)+4x-5$$

よって

$$P(x)=\{(x^3+2x^2+3x-7)-(4x-5)\}\div(x-1)$$
$$=(x^3+2x^2-x-2)\div(x-1)$$
$$=x^2+3x+2$$

(2) $|\vec{a}|=|\vec{b}|=3$, $|\vec{a}+\vec{b}|=\sqrt{19}$ より

$$|\vec{a}+\vec{b}|^2=|\vec{a}|^2+2\vec{a}\cdot\vec{b}+|\vec{b}|^2$$
$$=3^2+2\vec{a}\cdot\vec{b}+3^2=19$$

よって $\vec{a}+\vec{b}=\frac{1}{2}$

$$|\vec{a}-\vec{b}|^2=|\vec{a}|^2-2\vec{a}\cdot\vec{b}+|\vec{b}|^2$$
$$=3^2-2\times\frac{1}{2}+3^2=17$$

$|\vec{a}-\vec{b}|\geqq 0$ より

$$|\vec{a}-\vec{b}|=\sqrt{17}$$

(3) 出る3つの目の和が10となる目の組は

$$(1,\ 3,\ 6),\ (1,\ 4,\ 5),\ (2,\ 2,\ 6),\ (2,\ 3,\ 5),\ (2,\ 4,\ 4),\ (3,\ 3,\ 4)$$

大，中，小の区別を考えると，求める確率は

$$\frac{3!+3!+3+3!+3+3}{6^3}=\frac{27}{216}=\frac{1}{8}$$

(4) 求める複素数を w とすると

$$w=(\sqrt{3}+i)\left(\cos\frac{\pi}{3}+i\sin\frac{\pi}{3}\right)=(\sqrt{3}+i)\left(\frac{1}{2}+\frac{\sqrt{3}}{2}i\right)$$
$$=2i$$

(5) $e^x-\sqrt{e}\geqq 0$ を解くと，$e^x\geqq e^{\frac{1}{2}}$ かつ $e>1$ より

$$x\geqq\frac{1}{2}$$

したがって

$$\int_0^1|e^x-\sqrt{e}\,|\,dx=\int_0^{\frac{1}{2}}(-e^x+\sqrt{e}\,)dx+\int_{\frac{1}{2}}^1(e^x-\sqrt{e}\,)dx$$
$$=\Big[-e^x+\sqrt{e}\,x\Big]_0^{\frac{1}{2}}+\Big[e^x-\sqrt{e}\,x\Big]_{\frac{1}{2}}^1$$
$$=\left(-\frac{\sqrt{e}}{2}+1\right)+\left(e-\frac{3}{2}\sqrt{e}\right)$$
$$=e-2\sqrt{e}+1$$

II　解答

(1)(ア) 2　**(イ)** 3　**(ウ)** 4　**(2)(エ)** 3　**(オ)** 2^N+2^{N-1}
(3)(カ) $N-k+1$　**(4)(キ)** 2^{2N-2}

解説

《2進法で表された整数》

(1) 40を2進法で表すと

$$40=1\times2^5+0\times2^4+1\times2^3+0\times2^2+0\times2^1+0\times2^0$$

よって

$$f(40)=1+0+1+0+0+0=2 \quad \to(ア)$$

また，$40=2^3\times5$ より

$$g(40)=3 \quad \to(イ)$$

$N=5$ であるから，n のとり得る値の範囲は

$$0\times2^5+0\times2^4+0\times2^3+0\times2^2+0\times2^1+0\times2^0$$
$$\leqq n\leqq 1\times2^5+1\times2^4+1\times2^3+1\times2^2+1\times2^1+1\times2^0$$

よって　　$0\leqq n\leqq 63$

したがって，$1\leqq n\leqq 63$ で $g(n)=3$ となる n は

$$n=2^3\times1,\ 2^3\times3,\ 2^3\times5,\ 2^3\times7$$

すなわち，$n=8,\ 24,\ 40,\ 56$ の

4個 →(ウ)

(2) $f(n)=2$ となる最小の n は

$$n=1\times2^1+1\times2^0=3 \quad \to(エ)$$

$f(n)=2$ となる最大の n は

$$n=1\times2^N+1\times2^{N-1}=2^N+2^{N-1} \quad \to(オ)$$

(3) $1\leqq k\leqq N+1$ で $f(n)=k$ となる n の値の範囲は

$$1\times2^{k-1}+1\times2^{k-2}+\cdots+1\times2^1+1\times2^0$$
$$\leqq n\leqq 1\times2^N+1\times2^{N-1}+\cdots+1\times2^{N-k+2}+1\times2^{N-k+1}$$

$$1\times\frac{1-2^k}{1-2}\leqq n\leqq 2^{N-k+1}\times\frac{1-2^k}{1-2}$$

$$2^k-1\leqq n\leqq 2^{N-k+1}(2^k-1)$$

したがって，$f(n)=k$ のとき 2^k-1 は奇数であるから，求める $g(n)$ の最大値は

$$N-k+1 \quad \to(カ)$$

(4) $g(n)=2$ より　$n=2^2m$

また，n のとり得る最大の値は

$$n=1\times2^N+1\times2^{N-1}+\cdots1\times2^3+1\times2^2$$
$$=2^2\times\frac{1-2^{N-1}}{1-2}=2^2(2^{N-1}-1)$$

よって，m のとり得る値は $m=1,\ 3,\ 5,\ \cdots,\ 2^{N-1}-1$ の 2^{N-2} 個であり，それらの和は

$$\sum_{m=1}^{2^{N-1}-1}2^2m=2^2\times\frac{2^{N-2}}{2}(1+2^{N-1}-1)=2^{2N-2} \quad \to(キ)$$

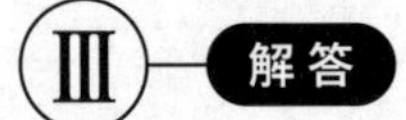

(1) $y'=\cos x$ より，点 $\mathrm{P}(t,\ 3+\sin t)$ における法線の方程式は，$t\neq\dfrac{\pi}{2}$ のとき

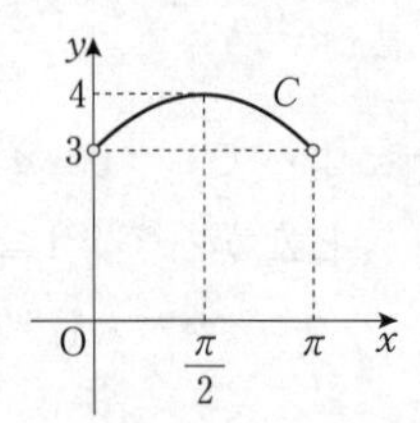

$$y-(3+\sin t)=-\frac{1}{\cos t}(x-t)$$

これが点 $\mathrm{A}(a,\ 0)$ を通るから

$$-3-\sin t=-\frac{1}{\cos t}(a-t)$$

整理すると

$$a=\sin t\cos t+3\cos t+t \quad \cdots\cdots ①$$

また，$t=\frac{\pi}{2}$ のとき，$y'=\cos\frac{\pi}{2}=0$ より法線の方程式は $x=\frac{\pi}{2}$ であり，x 軸との交点は $\left(\frac{\pi}{2},\ 0\right)$ となる。

よって　$\mathrm{A}\left(\frac{\pi}{2},\ 0\right)$　すなわち　$a=\frac{\pi}{2}$

$a=\frac{\pi}{2}$，$t=\frac{\pi}{2}$ のときも①は成り立つ。

したがって，$a=f(t)$ となる $f(t)$ は

$$f(t)=\sin t\cos t+3\cos t+t \quad \cdots\cdots(答)$$

(2)　(1)の結果より

$$f'(t)=(\sin t)'\cos t+\sin t(\cos t)'+3(\cos t)'+1$$
$$=\cos^2 t-\sin^2 t-3\sin t+1 \quad \cdots\cdots(答)$$

$f'(t)=0$ となる t の値を求めると

$$(1-\sin^2 t)-\sin^2 t-3\sin t+1=0$$

整理すると

$$2\sin^2 t+3\sin t-2=(2\sin t-1)(\sin t+2)=0$$

$0<t<\pi$ から，$0<\sin t\leqq 1$ より

$$\sin t=\frac{1}{2}$$

$0<t<\pi$ より，求める t の値は

$$t=\frac{\pi}{6},\ \frac{5}{6}\pi \quad \cdots\cdots(答)$$

(3)　点Aから C へ異なる2本の法線が引けるためには，方程式 $a=f(t)$ の解が $0<t<\pi$ の範囲で2個あればよい。すなわち，直線 $y=a$ と曲線 $y=f(t)$ の共有点が2個あればよい。

関数 $y=f(t)$ の $0<t<\pi$ における増減表およびグラフは次のようになる。

t	0	$\cdots$	$\dfrac{\pi}{6}$	$\cdots$	$\dfrac{5}{6}\pi$	$\cdots$	π
$f'(t)$		$+$	0	$-$	0	$+$	
$f(t)$	(3)	↗	$\dfrac{7}{4}\sqrt{3}+\dfrac{\pi}{6}$	↘	$-\dfrac{7}{4}\sqrt{3}+\dfrac{5}{6}\pi$	↗	$(\pi-3)$

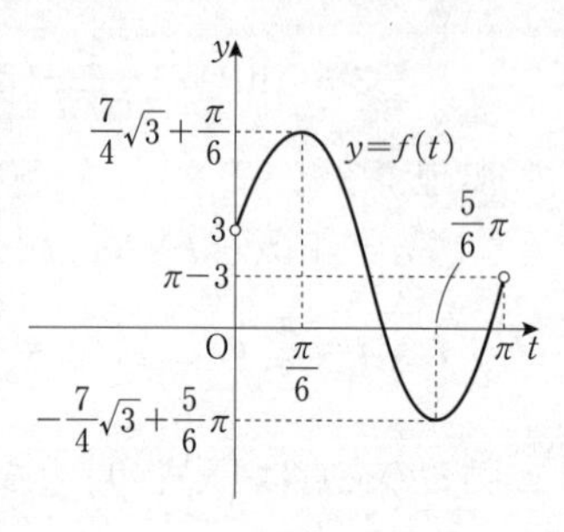

したがって，求める a の値の範囲は

$$3<a<\frac{7}{4}\sqrt{3}+\frac{\pi}{6},\quad -\frac{7}{4}\sqrt{3}+\frac{5}{6}\pi<a<\pi-3 \quad \cdots\cdots(\text{答})$$

解説

《法線の方程式，三角関数を含む関数のグラフ，定数分離》

(1)　一般に，曲線 $y=f(x)$ 上の点 $(t,\ f(t))$ における法線の方程式は

$$y-f(t)=-\frac{1}{f'(t)}(x-t) \quad (f'(t)\neq 0)$$

となる。

(2)　$\cos^2 t=1-\sin^2 t$ を用いて式変形を行い，$0<t<\pi$ に注意して $f'(t)=0$ となる t の値を求めればよい。

(3)　(2)の結果を用い，増減表およびグラフをかき，定数分離の考え方を利用して a の値の範囲を求めればよい。

物理

I 解答

①mgh　②$-mu_0+MV_0$　③$\frac{1}{2}mu_0{}^2+\frac{1}{2}MV_0{}^2$

④$\sqrt{\frac{2Mgh}{M+m}}$　⑤eu_0　⑥$\frac{M-m}{M}u_0$　⑦$2mu_0$　⑧$\frac{2m}{M+m}u_0$

⑨$\frac{1}{2}(M+m)V_1{}^2+mgy$　⑩$\left(\frac{M-m}{M+m}\right)^2h$　⑪―(ウ)

解説

《台と小球の運動》

②　u_0，V_0 が速度ではなく速さであることに注意して運動量の和を求める。

③　小球も床上を運動しているので，小球，物体Aはともに運動エネルギーをもつ。

④　小球と物体Aの力学的エネルギーの和は保存されるので，以下の式が成り立つ。

$$\frac{1}{2}mu_0{}^2+\frac{1}{2}MV_0{}^2=mgh$$

また，②の運動量保存則の式より

$$V_0=\frac{m}{M}u_0$$

これら2式より

$$u_0=\sqrt{\frac{2Mgh}{M+m}}$$

⑤　u_0，u_1 が速度ではなく速さであることに注意してはねかえり係数の式を立てると

$$e=-\frac{u_1}{-u_0}\qquad\therefore\quad u_1=eu_0$$

⑥　弾性衝突ははねかえり係数 $e=1$ の衝突であるので，⑤より

$$u_1=u_0$$

u_1，V_0 が速度ではなく速さであることに注意して相対速度の式を立て

ると

$$u_1 - V_0 = u_0 - \frac{m}{M}u_0 = \frac{M-m}{M}u_0$$

$m<M$ であるので，相対速度は正の向きとなることもわかる。

⑦　運動量の和は

$$mu_1 + MV_0 = mu_0 + M\cdot\frac{m}{M}u_0 = 2mu_0$$

⑧　相対速度が0であることは，小球と物体Aの速度が等しくなっていることを表すので，運動量保存則と⑦より

$$mV_1 + MV_1 = mu_1 + MV_0 = 2mu_0$$

$$\therefore\quad V_1 = \frac{2m}{M+m}u_0$$

⑨　小球と物体Aの運動エネルギーおよび小球の重力による位置エネルギーがあるので，このときの力学的エネルギーの和は

$$\frac{1}{2}mV_1{}^2 + \frac{1}{2}MV_1{}^2 + mgy$$

⑩　小球と壁との衝突は弾性衝突であるので，衝突の前後で力学的エネルギーは保存される。よって，小球が物体Aの曲面の上端から落下しはじめてからこのときまでの力学的エネルギーの和は保存される。

$$\frac{1}{2}mV_1{}^2 + \frac{1}{2}MV_1{}^2 + mgy = mgh$$

④，⑧を用いて y を求めると

$$y = \left(\frac{M-m}{M+m}\right)^2 h$$

⑪　小球が物体Aの曲面を上下運動する際，小球が物体Aを押す力の水平成分は常に左向きになるので，物体Aは加速のみされ減速することはない。また，力学的エネルギーの和は保存されるので，小球と物体Aがもつ力学的エネルギーの和は，はじめに小球がもっていた重力による位置エネルギーよりも大きくなることはない。よって，答えは(ウ)となる。

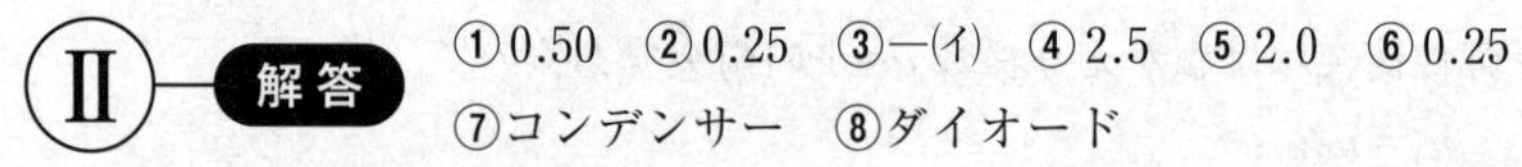

Ⅱ 解答

①0.50　②0.25　③―(イ)　④2.5　⑤2.0　⑥0.25
⑦コンデンサー　⑧ダイオード

⑨先にテスターを接続したときにコンデンサーに蓄えられた電荷が残って

おり，もう一度テスターを接続したときにはコンデンサーの充電が完了された状態で導通しなかったため。

⑩テスターの端子を逆に接続したときにはコンデンサーに蓄えられた電荷が放電され導通するが，時間が経つとコンデンサーの極板にはじめとは異符号の電荷が充電され導通しなくなるため。

解説

《テスターによる導通実験》

① 求める電流をI_1〔A〕とすると，オームの法則より

$$0.50=1.00\times10^6\times I_1 \qquad \therefore \quad I_1=0.50\times10^{-6}\text{〔A〕}$$

② 求める消費電力をP_1〔W〕とすると，消費電力P，電圧V，抵抗Rの間には$P=\dfrac{V^2}{R}$が成り立つから

$$P_1=\frac{0.50^2}{1.00\times10^6}=0.25\times10^{-6}\text{〔W〕}$$

③ 抵抗器には前と同じ電圧0.50Vがかかるので，同じ強さの電流が流れる。

④ 身体と抵抗器の合成抵抗は0.20MΩで0.50Vの電圧がかかっている。求める電流をI_2〔A〕とすると，オームの法則より

$$0.50=0.20\times10^6\times I_2 \qquad \therefore \quad I_2=2.5\times10^{-6}\text{〔A〕}$$

⑤ 身体に流れる電流をI_3〔A〕とすると

$$2.5\times10^{-6}=0.50\times10^{-6}+I_3 \qquad \therefore \quad I_3=2.0\times10^{-6}\text{〔A〕}$$

⑥ 身体の抵抗をR_1〔Ω〕とすると，オームの法則より

$$0.50=R_1\times2.0\times10^{-6}$$

$$\therefore \quad R_1=0.25\times10^6\text{〔Ω〕}=0.25\text{〔MΩ〕}$$

⑦ コンデンサーは充電が進むにつれ電流を流しにくくなり，充電が完了すると電流を流さなくなる。

⑧ ダイオードは一方向にのみ電流を流す整流作用をもつ。

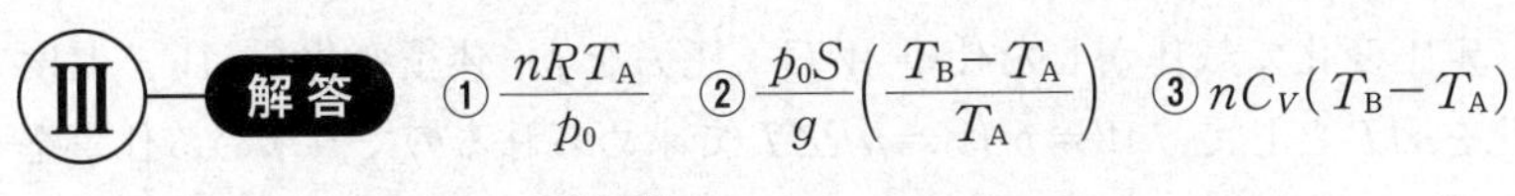

Ⅲ 解答 ① $\dfrac{nRT_\mathrm{A}}{p_0}$ ② $\dfrac{p_0S}{g}\left(\dfrac{T_\mathrm{B}-T_\mathrm{A}}{T_\mathrm{A}}\right)$ ③ $nC_V(T_\mathrm{B}-T_\mathrm{A})$

④ $nC_V(T_\mathrm{B}-T_\mathrm{A})$ ⑤ $\dfrac{nRT_\mathrm{A}T_\mathrm{C}}{p_0T_\mathrm{B}}$ ⑥ $nR(T_\mathrm{C}-T_\mathrm{B})$

⑦$n(C_V+R)(T_C-T_B)$ ⑧$nC_p(T_C-T_B)$ ⑨C_V+R ⑩$\left(\frac{T_B}{T_A}\right)^{\frac{1-\gamma}{\gamma}}T_C$

⑪—(ア)

解説

《容器内の気体の状態変化》

① 状態Aでの容器内部の気体の圧力をp_Aとすると，ピストンにはたらく力のつり合いより

$$p_AS=p_0S \qquad \therefore \quad p_A=p_0$$

求める気体の体積をV_Aとすると，状態方程式より

$$p_0V_A=nRT_A \qquad \therefore \quad V_A=\frac{nRT_A}{p_0}$$

② おもりの質量をmとすると，ピストンにはたらく力のつり合いより

$$p_0\left(\frac{T_B}{T_A}\right)S=p_0S+mg \qquad \therefore \quad m=\frac{p_0S}{g}\left(\frac{T_B-T_A}{T_A}\right)$$

③ 内部エネルギーの変化ΔUは，定積モル比熱C_Vと温度変化ΔTを用いて，$\Delta U=nC_V\Delta T$で表されるので，状態A→状態Bでの容器内部の気体の内部エネルギーの変化を$\Delta U_{A\to B}$とすると

$$\Delta U_{A\to B}=nC_V(T_B-T_A)$$

④ 状態A→状態Bの変化は定積変化であるので，この間容器内部の気体は外部に仕事をしない。求める熱量を$Q_{A\to B}$とすると，熱力学第一法則より

$$Q_{A\to B}=\Delta U_{A\to B}+0=nC_V(T_B-T_A)$$

⑤ 容器内部の気体をゆっくりと加熱しているので，状態B→状態Cの変化は定圧変化である。状態Cでの容器内部の気体の圧力は状態Bと等しく$p_0\left(\frac{T_B}{T_A}\right)$である。

求める気体の体積をV_Cとすると，状態方程式より

$$p_0\left(\frac{T_B}{T_A}\right)V_C=nRT_C \qquad \therefore \quad V_C=\frac{nRT_AT_C}{p_0T_B}$$

⑥ 定圧変化で気体がした仕事Wは，圧力をp，体積変化をΔV，温度変化をΔTとして，$W=p\Delta V=nR\Delta T$で求められるので，求める仕事を$W_{B\to C}$とすると

$$W_{B\to C}=nR(T_C-T_B)$$

⑦　どのような状態変化においても，内部エネルギーの変化 $\varDelta U$ は，定積モル比熱 C_V と温度変化 $\varDelta T$ を用いて，$\varDelta U=nC_V\varDelta T$ で表すことができるので，状態B→状態Cでの容器内部の気体の内部エネルギーの変化を $\varDelta U_{B\to C}$ とすると

$$\varDelta U_{B\to C}=nC_V(T_C-T_B)$$

となり，求める熱量を $Q_{B\to C}$ とすると，熱力学第一法則より

$$Q_{B\to C}=\varDelta U_{B\to C}+W_{B\to C}=n(C_V+R)(T_C-T_B)$$

⑧　定圧モル比熱 C_p を用いると，モル比熱の定義より，$Q_{B\to C}$ は

$$Q_{B\to C}=nC_p(T_C-T_B)$$

⑨　$Q_{B\to C}=n(C_V+R)(T_C-T_B)$ と $Q_{B\to C}=nC_p(T_C-T_B)$ を比較すると

$$C_p=C_V+R$$

のマイヤーの関係が導かれる。

⑩　状態Dでの容器内部の気体の圧力を p_D とすると，ピストンにはたらく力のつり合いより

$$p_DS=p_0S \qquad \therefore \quad p_D=p_0$$

状態C→状態Dの断熱変化では $p^{1-\gamma}T^{\gamma}=$一定の関係が成り立つので，状態Dの容器内部の気体の絶対温度を T_D とすると

$$p_0{}^{1-\gamma}T_D{}^{\gamma}=\left\{p_0\left(\frac{T_B}{T_A}\right)\right\}^{1-\gamma}T_c{}^{\gamma}$$

$$p_0{}^{1-\gamma}T_D{}^{\gamma}=p_0{}^{1-\gamma}\left(\frac{T_B}{T_A}\right)^{1-\gamma}T_c{}^{\gamma}$$

両辺を $p_0{}^{1-\gamma}$ で除算し γ 乗根をとると

$$T_D=\left(\frac{T_B}{T_A}\right)^{\frac{1-\gamma}{\gamma}}T_C$$

⑪　状態A→状態Bの変化は定積変化であるので，この変化でのグラフは横軸 V に垂直となり，状態B→状態Cの変化は定圧変化であるので，この変化でのグラフは縦軸 p に垂直となる。状態C→状態Dの変化は断熱変化であり

$$pV^{\gamma}=k\ (\text{一定}) \qquad \therefore \quad p=k\frac{1}{V^{\gamma}}$$

が成り立つので，$\gamma>1$ より，この変化でのグラフは単調減少かつ下に凸

な曲線となる。

よって，答えは(ア)となる。

化学

I 解答

問1．(ア)—b　(イ)—g　(ウ)—d

問2．(i) 1.0×10^{-4} mol/L　(ii) 2.5×10^{2} Pa

問3．7.5×10^{4} Pa　問4．a

問5．(i) 5.9×10^{2} Pa　(ii) 2.0×10^{3} Pa

問6．103 mL　問7．2.4×10^{-4} mol/L

問8．(エ) 110　(オ) 9.4×10^{-1}　(カ) 2.2×10^{-4}　(キ) 8.0×10^{-4}

(ク) 5.8×10^{-4}　(ケ) 2.2×10^{-2}

解説

《溶液の濃度と浸透圧，ファントホッフの法則》

問2．(i)

$$\frac{0.012}{1.2\times10^{4}}\times\frac{1000}{10}=1.0\times10^{-4}\text{〔mol/L〕}$$

(ii) ファントホッフの法則より

$$1.0\times10^{-4}\times8.3\times10^{3}\times(273+27)$$
$$=1.0\times10^{-4}\times2.5\times10^{6}=2.5\times10^{2}\text{〔Pa〕}$$

問3．$CaCl_2 \longrightarrow Ca^{2+}+2Cl^-$ と電離するから，ファントホッフの法則より

$$0.010\times3\times8.3\times10^{3}\times(273+27)$$
$$=0.030\times2.5\times10^{6}$$
$$=7.5\times10^{4}\text{〔Pa〕}$$

問4．スクロースを通す半透膜 **A** の方が大きな孔があいている。

問5．(i)　$\Pi_A=98\times6.0\times1.0=588\fallingdotseq5.9\times10^{2}$〔Pa〕

(ii)　$\Pi_B=98\times20\times1.0=1960\fallingdotseq2.0\times10^{3}$〔Pa〕

問6．$V_A=100+1.00\times3.0=103$〔mL〕

問7．U_A の左側の水溶液の高分子 P のモル濃度を C_1〔mol/L〕とすると，問5(i)で求めた Π_A を使って，ファントホッフの法則より

$$5.9\times10^{2}=C_1\times8.3\times10^{3}\times(273+27)$$

$$\therefore\quad C_1=2.36\times10^{-4}\fallingdotseq2.4\times10^{-4}\text{〔mol/L〕}$$

問8． (エ)　$V_B = 100 + 1.00 \times 10 = 110$〔mL〕

(オ)　高分子Ｐのモル濃度は水溶液の体積に反比例するので

$$\frac{103}{110} = 0.936 \fallingdotseq 0.94\text{ 倍}$$

(カ)　U_B の左側の水溶液の高分子Ｐのモル濃度を C_2〔mol/L〕とすると

$$C_2 = C_1 \times \frac{103}{110}$$

$$= 2.4 \times 10^{-4} \times \frac{103}{110}$$

$$= 2.24 \times 10^{-4} \fallingdotseq 2.2 \times 10^{-4}\text{〔mol/L〕}$$

(キ)　U_B の左側の水溶液のすべての溶質粒子のモル濃度を C_3〔mol/L〕とすると，問5(ii)で求めた Π_B を使って，ファントホッフの法則より

$$2.0 \times 10^3 = C_3 \times 8.3 \times 10^3 \times (273 + 27)$$

$$\therefore\quad C_3 = 8.03 \times 10^{-4}$$

$$\fallingdotseq 8.0 \times 10^{-4}\text{〔mol/L〕}$$

(ク)　U_B の左側の水溶液のスクロースのモル濃度 $(C_3 - C_2)$〔mol/L〕は

$$C_3 - C_2 = 8.0 \times 10^{-4} - 2.2 \times 10^{-4} = 5.8 \times 10^{-4}\text{〔mol/L〕}$$

(ケ)　スクロースの分子量は342なので

$$\frac{x}{342} \times \frac{1000}{110} = 5.8 \times 10^{-4}$$

$$\therefore\quad x = 2.18 \times 10^{-2} \fallingdotseq 2.2 \times 10^{-2}\text{〔g〕}$$

Ⅱ　解答

問1． (あ)16　(い)6　(う)2

問2． (1)—c　(2)—b　(3)—a

問3． (i) $Cu + 2H_2SO_4 \longrightarrow CuSO_4 + SO_2 + 2H_2O$

(ii)—c　(iii)—c

問4． (i) $FeS + H_2SO_4 \longrightarrow FeSO_4 + H_2S$

(ii)キップの装置

(iii)活栓を閉じると，**B**内の圧力が増加し，希硫酸の液面を押し下げて硫化鉄(Ⅱ)と接触しなくなり，反応が停止するため。(55字以内)

(iv)—c　(v)—c

問5． (i) $K = \dfrac{[H^+]^2[S^{2-}]}{[H_2S]}$　(ii)—c　(iii) 1.2×10^{-21} $(\text{mol/L})^2$　(iv)—b

解説

《硫黄の同素体と化合物，キップの装置と乾燥剤，溶解度積》

問1． 原子番号16のSは，元素の周期表の第3周期の16族元素であり，6個の価電子をもつ。H_2Sは，式3で示されるように2価の酸としてはたらく。

問2． 斜方硫黄と単斜硫黄はどちらもS_8環状分子でできているが，分子配列が異なる。私たちが通常目にするのは，常温・常圧で安定な斜方硫黄の方である。

問3． (iii)　a．誤文。二酸化硫黄は無色・刺激臭・有毒な気体である。

b．誤文。二酸化硫黄は水に溶け，その水溶液は弱酸性である。

c．正文。化学反応式は次の通り。

$$Na_2SO_3+H_2SO_4 \longrightarrow Na_2SO_4+H_2O+SO_2$$

d．誤文。二酸化硫黄はヨウ素を還元してヨウ化水素を生じる。化学反応式は次の通り。

$$SO_2+I_2+2H_2O \longrightarrow 2HI+H_2SO_4$$

問4． (iv)　発生するH_2Sは強い還元作用を示し，強い酸化作用を示す希硝酸とは酸化還元反応により硫黄に変化してしまう。硫化水素の還元剤としての半反応式は次の通り。

$$H_2S \longrightarrow S+2H^++2e^-$$

(v)　硫化水素は酸性の気体で還元作用を示すので，濃硫酸とは酸化還元反応，酸化カルシウムとは中和反応するため不適。十酸化四リンは硫化水素とは反応しないので乾燥剤として用いることができる。

問5． (ii)　式1より　$K_1=\dfrac{[H^+][HS^-]}{[H_2S]}$

式2より　$K_2=\dfrac{[H^+][S^{2-}]}{[HS^-]}$

よって

$$K_1 \times K_2=\frac{[H^+][HS^-]}{[H_2S]} \times \frac{[H^+][S^{2-}]}{[HS^-]}$$

$$=\frac{[H^+]^2[S^{2-}]}{[H_2S]}=K$$

(iii)　(i)，(ii)より

$$[S^{2-}]=\frac{K_1K_2[H_2S]}{[H^+]^2}=\frac{1.0\times10^{-7}\times1.2\times10^{-14}\times0.10}{(1.0\times10^{-2})^2}$$

$$=1.2\times10^{-18}\,[\mathrm{mol/L}]$$

$$\therefore\ [Zn^{2+}][S^{2-}]=1.0\times10^{-3}\times1.2\times10^{-18}$$

$$=1.2\times10^{-21}\,[(\mathrm{mol/L})^2]$$

(iv)　この実験において，金属イオンの濃度と硫化物イオンの濃度の積がこの温度における各溶解度積の値を超えていれば沈殿を生じ，超えていなければ沈殿を生じない。

①　ZnS に関して

$$[Zn^{2+}][S^{2-}]=1.0\times10^{-3}\times1.2\times10^{-18}$$

$$=1.2\times10^{-21}<2.2\times10^{-18}$$

よって，ZnS は沈殿しない。

②　CuS に関して

$$[Cu^{2+}][S^{2-}]=1.0\times10^{-3}\times1.2\times10^{-18}$$

$$=1.2\times10^{-21}>6.5\times10^{-30}$$

よって，CuS は沈殿する。

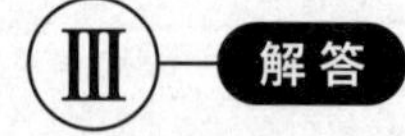

A．問1． $C_4H_4O_4$

問2． 化合物 A：マレイン酸　化合物 B：フマル酸

問3． 60 mL

問4． 化合物 C：$CH_2=C(COOH)_2$（$CH_2=C$ に $C(=O)-OH$ が2つ結合）

化合物 D：$HO-C(=O)-CH_2-CH_2-C(=O)-OH$

化合物 E：無水マレイン酸（$CH=CH$ の両端の C が $O=C$ および $C=O$ に結合し，その2つの C が O で環状に結合）

B．問1． (ア)アミン　(イ)ジアゾカップリング（カップリングも可）

問2． (i)塩基　(ii)還元　(iii)赤紫

問3． (i)亜硝酸ナトリウム　(ii)$NaNO_2$

問4．(i)ナトリウムフェノキシド　(ii) ONa

問5．(i) NH_2　(ii) $[NH_3]^+$ Cl^-　(iii) $NH-C(=O)-CH_3$

問6．HNO_3　**問7．**(i)窒素　(ii)フェノール

解説

《$C_4H_4O_4$ 2価カルボン酸とその誘導体，芳香族窒素化合物とその反応経路》

A．問1．化合物A～Cの分子式を$(CHO)_n$とおくと

$$29n=116 \qquad \therefore \quad n=4$$

よって，化合物A～Cの分子式は　$C_4H_4O_4$

問2・問4．化合物A～Cは分子式$C_4H_4O_4$でカルボキシ基を2つもつため，考えられる構造式は以下の3通り。

H＼C＝C／H（HOOC／　＼COOH）　　H＼C＝C／COOH（HOOC／　＼H）

H＼C＝C／COOH（H／　＼COOH）

化合物A，Bは水素と反応して同一の化合物Dが生じることから，2列目左が化合物Cとわかる。

また，1列目の2つは以下のような反応を示すことから，化合物A，BおよびD，Eが特定できる。

H＼C＝C／H（HOOC／　＼COOH）——加熱・分子内脱水→ H＼C＝C／H（O＝C＼O／C＝O）

A．$C_4H_4O_4$ マレイン酸　　E．$C_4H_2O_3$ 無水マレイン酸

A ——H_2 (Pt)→ D

H＼C＝C／COOH（HOOC／　＼H）——H_2 (Pt)→ $HOOC-CH_2-CH_2-COOH$

B．$C_4H_4O_4$ フマル酸　　D．$C_4H_6O_4$ コハク酸

問3．必要な水酸化ナトリウム水溶液をV〔mL〕とすると

$$\frac{348\times10^{-3}}{116}\times2=\left(0.100\times\frac{V}{1000}\right)\times1$$

$\therefore\quad V=60$〔mL〕

B. 反応経路は以下の通り。

ベンゼン ⟶ ニトロベンゼン（NO_2） ⟶ アニリン塩酸塩（NH_3Cl）

アニリン塩酸塩（NH_3Cl） ⟶ アニリン（NH_2） ⟶ 塩化ベンゼンジアゾニウム（N_2Cl）

アニリン ⟶ アセトアニリド（$NHCOCH_3$）

塩化ベンゼンジアゾニウム ⟶ p-ヒドロキシアゾベンゼン（$C_6H_5-N{=}N-C_6H_4-OH$）

塩化ベンゼンジアゾニウム ⟶ フェノール（OH）$+N_2$

問1. (イ)　化学反応式は次の通り。

$$C_6H_5N_2Cl+C_6H_5ONa\longrightarrow C_6H_5-N{=}N-C_6H_4-OH+NaCl$$

問2. (i)　アニリンは特有の臭気をもつ無色の液体で，弱い塩基性を示す。

(ii)　Sn や Fe は自身は酸化するので還元剤としてはたらく。

(iii)　アニリンのさらし粉反応。アニリンの検出に用いられる。

問3. ジアゾ化の化学反応式は次の通り。

$$C_6H_5NH_2+NaNO_2+2HCl\longrightarrow C_6H_5N_2Cl+NaCl+2H_2O$$

塩化ベンゼンジアゾニウムの構造式は

$C_6H_5-N^+\equiv NCl^-$　または　$\left[C_6H_5-N\equiv N\right]^+Cl^-$

問 4． カップリングの化学反応式は次の通り。

$$C_6H_5N_2Cl + C_6H_5ONa \longrightarrow C_6H_5\text{-}N{=}N\text{-}C_6H_4\text{-}OH + NaCl$$

問 6． 混酸は 2 種類以上の酸の混合物のことであるが，ニトロ化においては，濃硫酸と濃硝酸を体積比 1：1 で混合した液体を指す。

問 7． 塩化ベンゼンジアゾニウムの加水分解の化学反応式は次の通り。

$$C_6H_5N_2Cl + H_2O \longrightarrow C_6H_5OH + N_2 + HCl$$

生　物

I　解答

(A)　(1)X．マイクロメートル　Y．ナノメートル
(2)①液胞　②アクチン　③中間径　④チューブリン
⑤カドヘリン　⑥ギャップ
(3)(i)—a・b　(ii)—e　(iii)—b　(iv)—c　(v)—a・b　(vi)—f
(4)512倍
(5)(i)紡錘体
(ii)分裂期後期に染色体を両極に分離すること。(20字以内)
(B)　(1)①相補的　②転写　③イントロン　④エキソン
⑤スプライシング　⑥セントラルドグマ
(2)RNAポリメラーゼ
(3)(i)キャップ　(ii)ポリA鎖（ポリAテール，ポリA尾部）
(4)(i)AUG　(ii)終止コドン
(5)ペプチド結合　(6)シャペロン（分子シャペロン）
(7)tRNA：mRNAのコドンに対応したアンチコドンがあり，コドンに対応したアミノ酸と結合しリボソーム上のmRNAまで運ぶ。
　rRNA：タンパク質とともにリボソームを構成し，mRNA上の遺伝情報を翻訳する場となる。

解説

《細胞の構造とはたらき，RNAのはたらき》

(A)　(2)　⑤細胞接着に関わる膜タンパク質はカドヘリンとインテグリンがよく知られている。カドヘリンは細胞同士の接着に関与し，インテグリンは細胞と細胞外マトリックスとの接着に関わる。本問では，文中の空欄⑤の前に，細胞同士の接着という内容が書いてあるため，カドヘリンが正解となる。
(4)　細胞が球形であることから球の体積で比較すればよいことがわかる。球の体積は，半径をr，円周率をπとすると，

$$球の体積=\frac{4}{3}\pi r^3$$

であるため，細菌の直径を 2 とすると，真核細胞の直径は細菌の直径の 8 倍より 16 とおける。よって半径 r は細菌が $r=1$，真核細胞が $r=8$ となる。

したがって

$$\text{細菌の体積：真核細胞の体積}=\frac{4}{3}\pi 1^3:\frac{4}{3}\pi 8^3$$
$$=1^3:8^3$$
$$=1:512$$

より，真核細胞の体積は細菌の体積の 512 倍となる。

(B)　**(3)**　真核生物では転写中の mRNA 前駆体の 5′ 末端にはキャップという 3 つのリン酸とメチル化したグアノシンが付加される。また，転写直後の mRNA 前駆体の 3′ 末端にはポリ A 鎖という数十個から数百個の AMP が連続して付加される。このような加工によって細胞質基質に存在する RNA 分解酵素から mRNA は保護されている。

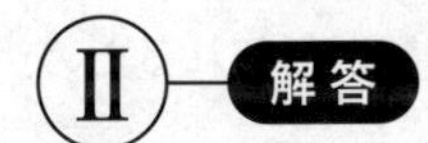

(A)　**(1)**①母性効果　②ビコイド　③分節
④ホメオティック

(2)あ－a　**い**－b

(3)(i)形成体（オーガナイザー）　**(ii)**－c

(iii)予定内胚葉から分泌されるノーダルタンパク質を受容した予定外胚葉の細胞が中胚葉に分化する現象のこと。(50 字程度)

(iv)二次胚　**(v)**脊索：クシイモリ　腸管：スジイモリ

(4)背腹軸，左右軸　**(5)**－b　**(6)**アポトーシス

(B)　**(1)**①受容　②中枢　③効果　④角膜　⑤水晶体（レンズ）
⑥ガラス体　⑦3

(2)適刺激

(3)(i)盲斑　**(ii)**右眼

(iii)水平断面図を上から見た場合，盲斑は鼻側に位置するため，図 1 の左側に鼻があり，右側に耳があることになるから。

(iv)－(い)

(v)盲斑は視神経細胞の神経繊維が束になって網膜を貫く部分であり，視細胞はないから。

(4)(i)－X

(ii)明るい場所から暗い場所に入ったとき，はじめはよく見えないが，やがて見えるようになる現象のこと。

(iii)ロドプシンはオプシンとレチナールからできている。光が少ない場所では，レチナールの遊離が起こりにくくなるため，ロドプシンが蓄積し，桿体細胞の感度が上昇する。

解説

《発生のしくみ，ヒトの眼の構造とはたらき》

(A) **(1)** ②母性効果遺伝子にはビコイド遺伝子とナノス遺伝子がある。楕円形の未受精卵の前端にはビコイドmRNA，後端にはナノスmRNAが局在している。受精するとそれぞれ翻訳され，各タンパク質が卵内を拡散し濃度勾配を形成することで胚の前後軸が形成される。

(2) カエルの発生では4細胞期までは等割を行い，8細胞期になるとき赤道面よりも動物極側の動物半球で緯割が行われるため，生じる割球に分配される細胞質中のmRNAやタンパク質などは不均一に分配されることになる。しかし，DNAは半保存的複製によって正確に複製が行われるため，DNAの分配は均等におこる。

(3)(ii) 図中の各領域（A，B，C）はそれぞれ，A（アニマルキャップ）は外胚葉に分化し（X），Bは内胚葉に分化する（Y）。しかし，AとBを組み合わせたときはBが形成体としてはたらき，接するAを中胚葉に誘導する（Z）。

(v) 新たに形成された二次胚は移植片となったクシイモリの原口背唇部が形成体となって誘導された胚である。そのため，二次胚の脊索は移植片の原口背唇部（クシイモリ）に由来し，それ以外の腸管などは宿主の細胞（スジイモリ）に由来する。

(6) プログラム細胞死にはアポトーシスとネクローシス（壊死）がある。本問では，正常な細胞の形態を維持しながら，まわりの細胞に影響を与えることなく縮小・断片化するとあるので，アポトーシスが正解となる。

(B) **(1)** ⑦錐体細胞には，赤色光をよく吸収する視物質をもつものと，青色光をよく吸収する視物質をもつものと，緑色光をよく吸収する視物質をもつものの，3種類が存在する。

(3)(iii) 眼の左右の判断は盲斑の位置が鼻側ということをキーワードとして書いておくとよい。

(4)(i)　錐体細胞は，主に明るいところではたらく視細胞であり，光に対する閾値が高く，弱い光を感知することができない。グラフより，実線Xよりも実線Yの方が弱い光を感知できていることがわかるため，実線Xが錐体細胞だとわかる。

(A)　(1)①変異　②対合　③大進化　④小進化
(2)(i)逆位　(ii)転座　(iii)異数体

(3)遺伝子重複ではすでに存在する遺伝子が増加するため，生存に不利にはならず，さらに，増加した遺伝子の一方にさらなる変異が生じれば新たな機能の獲得を可能にする役割がある。

(4)(i)田園地帯では，暗色型が目立ち，明色型が目立たない。目印をつけて放したガを再捕獲するまでの間に，暗色型のガは捕食される確率が明色型よりも高いため，個体数が減少する。そのため，再捕獲率は明色型の方が高くなる。

(ii)工業地帯では，明色型が目立ち，暗色型が目立たない。目印をつけて放したガを再捕獲するまでの間に，明色型のガは捕食される確率が暗色型よりも高いため，個体数が減少する。そのため，再捕獲率は明色型の方が低くなる。

(iii)減少する。

(5)(i)－c　(ii) $\frac{1}{9}$

(B)　(1)①個体群　②生物群集　③ニッチ（生態的地位）
④競争（種間競争）　⑤すみ分け　⑥相利　⑦片利　⑧寄生

(2)(i)順位制　(ii)社会性昆虫

(3)(i)同種の個体群が一定数集まって集団で生活すること。(30字程度)
(ii)－b

(4)(i)動物の個体が同種の他個体を寄せ付けず，一定の空間を占有すること。(30字程度)
(ii)－c

解説

《工業暗化，群れと縄張り》

(A)　(1)　②相同染色体の対合が上手くいかないことで生じる不等交差とは

以下のような図で示すとわかりやすい。同一のゲノム内で同じ遺伝子を2つもつ染色体はABBの染色体であり，その遺伝子を欠く染色体はAの染色体（Bがない）である。

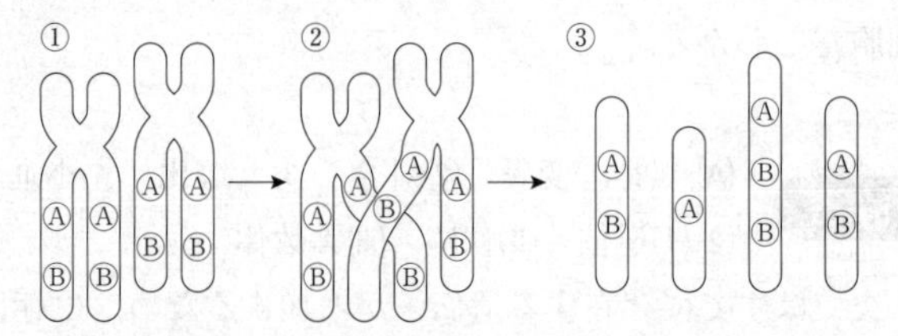

(4)(iii)　工場から排出される煤煙が減少すると，樹皮の黒味は徐々に落ちてくる。そのため，暗色型のガは捕食者に見つかりやすくなり，捕食される割合が増えるため，個体数は減少すると予想される。

(5)(i)　100匹のガの遺伝子型はAAが10匹，Aaが20匹，aaが70匹であるため，遺伝子Aと遺伝子aの合計は

$$(10\times2)+(20\times2)+(70\times2)=200$$

である。以下，200個の遺伝子プールとしてAの遺伝子頻度を考える。200個の遺伝子のうち，Aは

$$(10\times2)+(20\times1)=40$$

であるため，遺伝子Aの遺伝子頻度は

$$\frac{40}{200}=0.2$$

(ii)　明色型の個体がすべて捕食されたと考えると，残された集団は，暗色型のホモ接合体（AA）が10匹とヘテロ接合体（Aa）が20匹で，その比は1対2である。任意交配で残される子供集団は以下のようになる。

AAとAAの子は全体の$\frac{1}{9}$で，暗色型のホモ接合体である。

AAとAaの子は全体の$\frac{4}{9}$で，暗色型であり，遺伝子型はホモ接合体とヘテロ接合体が1：1である。

AaとAaの子は全体の$\frac{4}{9}$であり，その内訳は暗色型のAA，Aaと明色型のaaで1：2：1となる。

よって，残される子の明色型の割合は全体の$\frac{1}{9}$となる。

<table>
<tr><td colspan="2" rowspan="2"></td><td colspan="3">オス</td></tr>
<tr><td>AA（暗色）$\frac{1}{3}$</td><td colspan="2">Aa（暗色）$\frac{2}{3}$</td></tr>
<tr><td rowspan="3">メス</td><td>AA（暗色）$\frac{1}{3}$</td><td>AA（暗色）$\frac{1}{9}$</td><td colspan="2">AA または Aa（暗色）$\frac{2}{9}$</td></tr>
<tr><td rowspan="2">Aa（暗色）$\frac{2}{3}$</td><td rowspan="2">AA または Aa（暗色）$\frac{2}{9}$</td><td>AA（暗色）$\frac{1}{9}$</td><td>Aa（暗色）$\frac{1}{9}$</td></tr>
<tr><td>Aa（暗色）$\frac{1}{9}$</td><td>Aa（明色）$\frac{1}{9}$</td></tr>
</table>

(B)　**(3)(ii)**　群れをつくるメリットとして，採餌の効率化や，生殖活動の容易化などがある。これらに割く時間が最も多くなるところが，最適な群れの大きさになるため，各個体が警戒する時間や個体間で争う時間の合計時間が最も少なくなる b が最適な大きさとなる。

(4)(ii)　縄張りの大きさは，縄張りを維持するコストと，得られる利益の差が最も大きくなるところが最適と考えられる。

以下のようにグラフの値を整理してみるとわかりやすい。

	a	b	c	d	e
利益	0	10	14	18	20
労力	0	1	2	8	20
利益－労力	0	9	12	10	0

以上より，利益と労力の差が最も大きい，c が最適な縄張りの大きさとわかる。

助動詞「まし」の終止形であるので後半は〝極楽天上にもきっと生まれたことだろうに〟という訳となる。よって、1が正解。

問四　空欄の前に係助詞「こそ」があるので、文末の空欄には已然形の活用語が入る。1は助動詞「けむ」の終止形または連体形、2「けり」は助動詞「けり」の終止形、3「ける」は助動詞「けり」の連体形、4「けれ」は助動詞「けり」の已然形である。よって、4が正解。

問五　傍線部Bの直後から、恨みを残して、鬼の姿となり、計り知れないほど長い時間の苦しみを受けようとしていることが、どうしようもなく悲しいということを鬼は訴えている。ここが鬼の悲しみの中心である。よって、3が正解。「昔の自分は、恨みが報いとしてわが身に返ってくるとは知らなかった」は、空欄甲の一行後「かねてこのやうを知らましかば、かかる恨みを残さざらまし」という反実仮想から事実を考えると適切だと判断できる。2「心から寄り添い涙を流してほしい」は、本文末尾で鬼に同情した日蔵が罪滅ぼしになるようなことをしたという記述から不適と判断できる。

問六　本文と照らし合わせて選択肢を吟味する。1は選択肢前半、後半ともに本文にない内容である。2は第二段落一～三行目の記述と合致。3「その居場所を教えてほしい」は本文にない内容である。4「幼い子を殺すことを思いとどまったことで」が本文にない内容である。「極楽天上に生まれ変わることができた」は反実仮想を踏まえられていない。5「鬼は…仏の道にも通じており」が本文にない。「日蔵を悟りに向かわせる導者の役割をはたした」も根拠がない。6は空欄甲の一行後「我が命はきはまりもなし」と二行後「そのあひだに、かうべより炎やうやう燃え出でけり」から適切である。

問七　『宇治拾遺物語』は説話集である。1・2・3も説話集だが、4『閑吟集』は歌謡集である。

三

出典　『宇治拾遺物語』〈巻第十一　日蔵上人吉野山にて鬼にあふ事〉

解答

問一　**X**―1　**Y**―2　**Z**―3
問二　2
問三　1
問四　4
問五　3
問六　2・6（順不同）
問七　4

解説

問一　**X**「おこなふ」は重要古文単語で〝修行する・勤行する〟という意である。
Y「露」は打消表現と呼応して〝まったく・決して〟を意味する副詞である。
Z「せんかたなし」は〝する方法がない・どうしようもない〟の意の重要古文単語である。

問二　第一段落から、日蔵に会ってこの上なく泣いているという状況で、傍線部Aのように〝お前はどういう鬼なのか〟と尋ねているので、泣いている事情を知ろうとしていることがわかる。よって、2が正解。1「何事かをされるのでは」は傍線部の内容と異なるので不適。3「あわれみを感じている」は傍線部の段階では事情がわかっていないので不適。4「屈強な鬼の姿を目にして」は泣いている鬼の姿に合わないので不適。

問三　「かかる心」は〝このような心〟で具体的には「瞋恚（＝怒り恨むこと）」を指す。「ざら」は打消の助動詞「ず」の未然形、「ましか」は反実仮想の助動詞「まし」の未然形、「ば」は順接仮定の接続助詞なので、傍線前半は〝もし怒り恨む気持ちを抱かなかったならば〟という訳になる。「な」は強意の助動詞「ぬ」の未然形、「まし」は反実仮想の

精神）に眼をつぶ」るとも考えている。田中は自身の留学については傍線部Eの一～二行後で「俺は……ぶつかってしまった。しかも、ぶつかって……ただ、このように撥ねかえされただけだ」と考えている。以上より、1が正解。

問六　「違った型の血液」は、傍線部Bの三行後に「それを創り出したものの血液は、同じ型の血液ではなかった」と向坂の手紙の中にもあるように、日本人にはないヨーロッパ文化を生み出した本質を表している。「違った型の精神を注入された者が砕かれぬ筈はない」は傍線部Eの一～二行後の「ぶつかって、……撥ねかえされた」自分の経験を日本人留学生一般に押し広げて考えている。1が正解。

問七　「お前さんたち」は外国文学者を指し、「他人のフンドシで角力をとっている」とは「九官鳥のようにまねをする」ことである。外国文学者は、外国の作家の作品を解説する立場である。それを小説家の真鍋が揶揄して発言である。さらに、「九官鳥なら九官鳥である悲しさや辛さで生きてもらいたいね」という発言から、解説者、紹介者としての悲しみや辛さを感じていないことを批判しているとわかる。よって、正解は3。4「自身の能力を試してみようともせず」は不要。

問八　田中の目に映った菅沼の人物像については傍線部Eの前後に書かれている。田中は「菅沼はあいつらしく、規則正しく勉強し、巴里の生活を充分にたのしむだろうな。……認められるだろう」と菅沼の言葉通りに成功するだろうと見ている。ただ、「菅沼は器用に利口に、それに眼をつぶり」とあることから、ヨーロッパ文化を生み出す精神については避けるだろうと見ている。以上を踏まえた2が正解。

問九　各選択肢を本文と照らし合わせる。1「フランス留学を通じて……留学生たちの苦悩」は田中や向坂の苦悩と合致している。「作中人物たちの複雑な人間関係」は、田中と菅沼、真鍋、今井、野坂の関係に合致しているので正解。2「田中の回想を通して」は文章末尾の真鍋の発言にしか該当しない。3「作品を創り出す小説家との才能の違いを悟る」が不適。真鍋の発言を通して田中は外国文学者の運命というものを考えている。4「ヨーロッパでの生活方法」については本文に書かれていない。

問三　4
問四　2
問五　1
問六　1
問七　3
問八　2
問九　1

解説

問二　傍線部Aの直後に「そういう連中は向うで、何か最も大事だったものに眼をつぶってきたのです」と理由が書かれている。「何か最も大事だったもの」とは、傍線部Aの二〜三行後の「あの国のある巨大な熔岩」であり、傍線部B「巨大な熔岩の河」のことである。傍線部Bの二行後「越えがたい距離」、三行後「どうにもならぬ隔たり」という表現から、日本の文化とは隔絶したヨーロッパ文化の本質であることがわかる。以上より3が正解。1はヨーロッパ文化の本質について触れていないので不適。

問三　問二でも触れたが、傍線部B「巨大な熔岩の河」とはヨーロッパ文化の本質である。それが様々な文化を生み出しているのである。4「ヨーロッパ人特有の気質を醸成している気候や地理的条件」は不適。

問四　傍線部Cの一〜二行後「懸命に自分の人生を生きた……この運命が、なぜ今、自分を感動させるのだろう」から、サドの運命に感動していることがわかる。さらに傍線部の次段落末尾から「運命とは結局、こういう残酷さを持つものだとじっと考えた」という部分を押さえる。以上を踏まえた2が正解。

問五　田中は菅沼について傍線部Dの七〜十行後で「菅沼はあいつらしく規則正しく勉強し……認められるだろう」と留学も学問も成功させるだろうと考えている。一方で、傍線部Eの直後で「菅沼は器用に利口に、それ（＝違った型の

っている」と説明されている。以上を踏まえた2が正解。

問八　本文のタイトルは『日本人と近代科学』なので、日本人の自然観と近代科学の関係を確認する。第一～五段落では、〈日本人の自然観は近代科学を生み出すことはなかったこと〉、第六～十一段落では、〈日本人の自然観が科学の進歩に独自の積極的な貢献をなしうる場面があること〉を示している。1「科学技術の領域においても」が不適。「技術」についての可能性には本文に書かれていない。2は日本人の自然観を二つに分けて対比的に捉えている点が不適。3「十分な寄与はしてこなかったが、……この感性は動物の生態研究にも影響を与え、近年では特徴ある研究成果が得られるようになっている」が正解。4「あまり注目されてこなかった領域だが」が不適。科学技術を生み出さなかったが、独自の貢献をなしうるという内容からずれている。

問九　合致しないものを選ぶ問題。1「日本人の伝統的な自然観は自然の摂理と自然科学の融合を重視している」は第二段落一～二行目から不適。2は第三段落に、3は第五段落に、4は第十一段落にそれぞれ対応している。

問十　問八で説明した内容を踏まえて各選択肢を検討する。1「このような自然観が科学的な研究や自然保護の観点を欠いていたため、日本人研究者が国際的な研究で制約を受けた」が本文には書かれていない。2「日本人独自の思考法が近代科学の発展に寄与できなかった理由を、アメリカでの筆者の経験に基づき論証する。次に、このような反省を踏まえ」は不適。3「日本人の自然観が先人たちの思想により変化し」「二一世紀の絵画にもその自然観が反映されている理由」が本文に書かれていない。

（二）

出典　遠藤周作『留学』（新潮文庫）

解答

問一　(ア)―1　(イ)―3　(ウ)―4

問二　3

を推測する。「井戸が故障したわけでもないのに」ともあるので、つるを取り去れば釣瓶は使えるのだが、そうすることが忍びなかったのである。したがって正解は2。

問三　本文冒頭に「自然を伴侶とし、自然の中に没入し、自然とひとつになろうとする日本人の伝統的な自然観」とある。これに近いのは1である。釣瓶に巻き付いた朝顔に対して、人に対するのと同じように接したから、釣瓶を使うために取り去ることはなかった、という風流心である。

問四　第四段落七行目に「この循環からは地震学は生み出されるべくもない」、同段落末尾の「地震や台風を科学的に研究して、……生まれようもなかった」という傍線部Cと同内容の文を見つけて、その直前の理由を押さえると、〈暴力によって突き倒された人間が美としての自然によって救い上げられる循環の軌道を歩み続け、いくら天災が続発しても、日本人がそれを忘れる速さに追いつくことはできなかったから〉となる。以上を踏まえた4が正解。

問五　日本人の植物学者が蛾にぶつからないように車の速度を落としたのに対して、アメリカ人教授はそれを「蛾がフロントガラスにぶつかったら、あとの掃除が大変だもの」と話したことについて、「あいた口がふさがらぬ」思いがしたということである。傍線部直後にもあるように、これは自然観の違いによるものである。日本人の自然観については第一段落一行目を確認すること。

問六　まず何についての結論かを確認すると、「日本に固有な伝統的要素を活かして科学の創造的な発展に寄与することができるであろうか」という問題についてである。次に、「悲観的な結論」の具体的内容は、傍線部直後の比喩的表現から、あまり寄与できていないと考えられていたことがわかる。よって、1が正解。4「科学の発展にどのように影響を与えるのかについての研究がなされていない」のなら、悲観的な結論には至らず、未知の研究領域という判断になる。

問七　日本人研究者のアプローチは第十段落の二～三行目「これらの動物を彼ら（＝西洋の学者たち）は、自分の前にある対象、客体としてみるのである。ところが、日本の研究者たちは、個々の猿に対してはるかに個人的な親近さをも

国語

一

出典 渡辺正雄『日本人と近代科学』(岩波新書)

解答

問一 (1)―1 (2)―3 (3)―4
問二 2
問三 1
問四 4
問五 3
問六 1
問七 2
問八 3
問九 1
問十 4

解説

問二 有名な俳句であるから知識として知っておきたいところだが、知らなくても本文から推測できる。傍線部の二行後に「早朝から水をもらいにきて」とあることから「もらい水」は、隣人に水を求めることであることがわかる。(注)1を参照し、朝顔のつるが釣瓶に巻き付いていたため、自分の家の井戸から水をくむことができなかったという事情

一般選抜入試［前期日程］スタンダード２科目型

問　題　編

▶試験科目・配点

学　部	教　科	科　　目	配　点
経済・経営・法・現代社会・国際関係・外国語・文化	外国語	コミュニケーション英語Ⅰ・Ⅱ・Ⅲ，英語表現Ⅰ・Ⅱ	100点
	数学・国語	「数学Ⅰ・Ⅱ・A・B」，「国語総合・現代文B（古文・漢文を除く）」から１科目選択	100点
理・情報理工	外国語	コミュニケーション英語Ⅰ・Ⅱ・Ⅲ，英語表現Ⅰ・Ⅱ	100点
	数　学	数学Ⅰ・Ⅱ・Ⅲ・A・B	100点
生　命　科	外国語	コミュニケーション英語Ⅰ・Ⅱ・Ⅲ，英語表現Ⅰ・Ⅱ	100点
	数　学	数学Ⅰ・Ⅱ・A・B	100点

▶備　考

「数学B」は「数列，ベクトル」を出題範囲とする。

高得点科目重視２科目型：スタンダード２科目型で受験した科目のうち，高得点１科目の得点を自動的に２倍にし，300点満点で合否を判定する。

共通テストプラス：スタンダード２科目型の「英語」と大学入学共通テストの出題教科・科目のうち，各学部・学科が指定する教科・科目〈省略〉の成績（総合点）で合否を判定する。

高得点科目重視２科目型・共通テストプラスは，同日に実施するスタンダード２科目型に出願した場合に限り，併願可能。

英　語

(80分)

〔Ⅰ〕 次の英文を読んで，空欄（　1　）～（　6　）に入れる最も適切なものをそれぞれ一つ選び，その番号をマークせよ。

When it comes to houseplant illness, the owner is most often (　1　). Overwatering, underwatering, and providing insufficient sunlight are common factors that can leave your plant looking sick. But if you notice a sudden decline in your plant's health, you may ask yourself: Can plants die of old age?

Living things eventually die, and plants are no exception. Even if they're given close attention and cultivated in a (　2　) environment, they will die from natural causes in the end. But it takes most plants much longer to die than animals.

Unlike your pet goldfish, your plants don't stop growing once they reach a certain age. (　3　), plants go through indeterminate growth, meaning they will continue to grow and mature under ideal conditions.

Depending on the species, this could last decades—or centuries, in some cases. The oldest potted plant on Earth is a prickly cycad planted in 1775. Plants in the wild can live (　4　), like Methuselah, the 4,855-year-old pine tree in California.

However, even the most lovingly cared-for plants will start to die with time. After living for years, their cells will fail to (　5　), leading to death. But few plants live long enough to reach this stage. The vast majority die from causes like improper care, insects, or disease.

If you notice your houseplant is looking ill and you've had it for less than a decade, (　6　) likely isn't the cause. Because plants never stop growing, they need to be moved to bigger pots throughout their lifetime.

[1] 空欄（ 1 ）
1. at risk
2. at home
3. sick, too
4. to blame

[2] 空欄（ 2 ）
1. harsh
2. perfect
3. foreign
4. complex

[3] 空欄（ 3 ）
1. Instead
2. Similarly
3. As a result
4. Nevertheless

[4] 空欄（ 4 ）
1. even longer
2. many times
3. less frequently
4. more consistently

[5] 空欄（ 5 ）
1. care
2. finish
3. regrow
4. disappear

[6] 空欄（ 6 ）
1. its size
2. old age
3. lack of time
4. overwatering

〔Ⅱ〕 次の英文を読んで，下記の設問に答えよ。

From the perspective of language use, people in the world can be broadly categorized into three groups: those who speak only one language, those who speak two languages, and those who speak three or more languages. Respectively, these groups are referred to as monolinguals, bilinguals, and multilinguals. According to recent data, 43% of the world population is bilingual, 40% is monolingual, and the rest is multilingual.

Studies have shown that being bilingual or multilingual has many more benefits than simply having the ability to communicate in multiple languages. In fact, bilingual children are better at doing several tasks at the same time and can focus more easily than monolingual children. Another study has shown that bilinguals have advantages when doing recognition tasks, as well.

Psychologist and professor Ellen Bialystok of York University, who focuses on bilingualism and language learning, conducted studies on this. In one of her experiments, bilingual participants completed recognition and psychological tasks more quickly than monolinguals. The tasks were constructed to test their attention levels, memory, and ability to shift between one task and another successfully.

There also seem to be advantages regarding brain activity. First, the brain of bilinguals is more active than that of monolinguals because bilinguals are constantly switching between languages in their minds. This is similar to being able to perform several complex tasks at once. Additionally, it can help them express things in one language that may be more difficult in the other. Many bilingual people have likely noticed a word in one language that simply cannot be translated into another.

It is also said that speaking more than one language slows memory decline as people grow older. As people age, brain tissue naturally begins to decline. However, scientists have shown through MRI scans, which show the quality and amount of brain tissue, that older bilingual people had more and higher quality brain tissue than monolingual people of the same age. This suggests that speaking more than one language may prevent memory decline and help preserve brain tissue.

Another study by Dr. Nina Kraus, professor at Northwestern University, analyzed the brain activity of bilingual people to study the areas of their brains that process complex sounds. Dr. Kraus found that, much like skilled musicians, bilinguals were able to pick out and focus on a specific sound after it was first played to them by itself and then when it was played along with background noise. On the other hand, monolingual people were not.

Furthermore, bilingual people were shown to have a greater ability to "pick out" important sounds than monolinguals when tasked with clicking a mouse every time they heard a specific word that was mixed among other sounds. This indicates that those who speak multiple languages can pay attention to selected, relevant sounds while ignoring others, picking out what is necessary.

〔設問〕 本文の内容に最もよく合うものをそれぞれ一つ選び，その番号をマークせよ。

7 According to the passage, the smallest percentage of people in the world speak (　　　).

1. two languages
2. only one language
3. less than two languages
4. more than two languages

8 Compared with monolingual children, bilingual ones can (　　　).

1. complete a memory task easily
2. accomplish multiple tasks smoothly
3. perform complex tasks in a short time
4. pay attention to other children for a while

[9] Ellen Bialystok's experiment examined the participants' (　　).

1. expressive language ability
2. brain activity during communication
3. ability to perform several monolingual tasks
4. memory, concentration power, and task switching ability

[10] If you speak more than one language, it may be possible to (　　).

1. delay memory loss
2. prevent getting older
3. replace old brain tissue
4. increase the risk of brain disease

[11] Dr. Nina Kraus's experiment showed that bilinguals can (　　).

1. become skilled musicians
2. better identify certain sounds
3. click a mouse more accurately
4. easily play music in the background

[12] This passage shows us that (　　).

1. bilinguals are good at studying the brain
2. more people in the world are becoming bilingual
3. there are additional mental benefits to being bilingual
4. studies have uncovered the secret of monolingual brains

[13] What would be the best title for this passage?

1. How to Become Bilingual
2. The Amazing Bilingual Brain
3. Brain Tissue: Mysterious Monolinguals
4. Brain Activity: Bilingual vs Multilingual

〔Ⅲ〕 与えられた英文の内容を伝える文として最も適切なものをそれぞれ一つ選び，その番号をマークせよ。

14 Sugar and salt are both bad for you if you eat too much of them.

1. A lot of salt and sugar can prevent serious bodily damage.
2. Extremely high sugar and salt content can be very healthy.
3. Proper body function requires large amounts of salt and sugar.
4. Your health will be damaged by consuming excessive salt and sugar.

15 Be careful not to leave without your smartphone.

1. Never put your smartphone down carelessly.
2. You need to go without taking your smartphone.
3. You should carefully leave your smartphone alone.
4. Make sure you've got your smartphone when you go.

16 The company cannot proceed with their plan without consent.

1. The company has a plan to create many agreements.
2. Only with approval can the company continue with its plan.
3. Without approval, the company can't cancel with their plan.
4. In order for the company to continue, every plan should get approved.

17 I shouldn't have trusted you to do the right thing.

1. You put my trust right where I wanted it.
2. I believed you would do wrong, but you didn't.
3. I expected you to do the wrong thing, and you did.
4. Thinking that you'd do the right thing was a mistake.

〔Ⅳ〕 次の会話文を読み，空欄（ a ）～（ h ）に入れる最も適切なものをそれぞれ一つ選び，その番号をマークせよ。

Kai is talking to Moeko at a party:

Kai: Hi. I'm Kai. Nice to meet you.

Moeko: Nice to meet you, too. Are you Risa's brother, the one who's living in Canada?

Kai: Yeah, that's me! (a)?

Moeko: She mentioned that you're back in Japan for the summer. She also told me you're super tall, so I could easily recognize you!

Kai: Right. Did she say anything else about me?

Moeko: (b)! She speaks so highly of you. She said that you study a lot. You're a university student, right?

Kai: That's right. I'm starting my third year in the fall.

Moeko: That's cool. (c) over there?

Kai: Well, generally they study hard and play hard! How about here?

Moeko: (d). I'm still in high school!

Kai: Oh, I see!

18 空欄（ a ）

1. Are you sure
2. How did you know
3. What do you think
4. Where is it in Canada

19 空欄（ b ）

1. Never
2. Don't worry
3. I can't tell you

4. You're kidding me

20 空欄(c)

1. Is it beautiful
2. Do you like living
3. What are students like
4. Are your classmates tall

21 空欄(d)

1. I have no idea
2. That sounds great
3. They are in university
4. I think I'm a good student

Masa is talking with his professor:

Masa: Hi, professor, could I ask you for some advice?

Professor: Absolutely. (e)?

Masa: Thank you. I want to go study abroad to improve my English and also study history and culture.

Professor: That's great, Masa! Have you thought about where to go?

Masa: I'm considering Singapore. I've always wanted to experience the cultural diversity and excellent education system there.

Professor: (f)!

Masa: Yes, I'm glad you agree. But the problem is that studying abroad is expensive. Do you know where I can get some help?

Professor: Have you been to the international office on campus?

Masa: (g). What do they do?

Professor: The staff there know more about scholarships and financial aid for study abroad than I do.

Masa: I hadn't thought of that. I'll reach out to them and gather more information!

Professor: Good luck and (h). Let me know if there's anything else you need.

Masa: Thank you, professor! I will.

22 空欄(e)

1. What about
2. What's my answer
3. What do you mean
4. What's your advice

23 空欄(f)

1. That's too bad
2. I'm not so sure
3. Excellent choice
4. You read my mind

24 空欄(g)

1. No, not yet
2. I was just there
3. Doesn't make sense
4. I don't need to know

25 空欄(h)

1. help me out
2. save me time
3. keep me posted
4. show me around

〔V〕与えられた英文に続くA～Dの最も適切な配列をそれぞれ一つ選び，その番号をマークせよ。

26 Animals in human care need medical care, including needles sometimes. And just like many humans, zoo animals often do not like needles.

A. However, they can be trained not to mind.
B. To begin, trainers show a tiny needle to an animal.
C. They gradually increase the size and show it up to 100 times before using it.
D. This whole process can take a few weeks to a few months, depending on the animal.

1. A－B－C－D
2. B－D－A－C
3. C－A－D－B
4. D－C－B－A

27 The French philosopher René Girard believed that humans don't know individually what they want.

A. Rather, to find out what we want, we look at the people around us.
B. Basically, he meant that desire is not something that comes from within us.
C. In short, our desire for things comes from learning what they think about them.
D. If we see that others think something is desirable, then we may start to want that thing, too.

1. A－B－C－D
2. B－A－D－C
3. C－D－A－B
4. D－C－B－A

〔Ⅵ〕 次の空欄に入れる最も適切なものをそれぞれ一つ選び，その番号をマークせよ。

28 Testing the effect of rising CO_2 levels due to global warming in some rice fields in China and Japan, researchers showed decreases in four vitamins—B1, B2, B5 and B9—in rice. The researchers also found an average 10.3% drop in protein, and an 8% fall in iron. If global warming continues, by the end of the century, (　　　).

1. CO_2 levels of rice may be higher than in the past
2. the price of rice in Japan and China may increase
3. rice may not be as good for our health as it is currently
4. there will probably be enough rice produced in both countries

29 During the 2010s, it became clear to psychology researchers that teenagers were reporting much higher levels of mental health problems than before. To explain this, they claim that the major difference is that smartphones and social media use became widespread, especially since 2015. They argue that these have (　　　).

1. affected teenagers' lives in negative ways
2. made it harder to treat mental health issues
3. allowed people better access to their feelings
4. connected us to more supportive communities

30 Over the past few years, solo camping has gained popularity in Japan. Solo campers appreciate the quietness and peacefulness of nature on their own. Some enjoy fishing alone or (　　).

1. having a big party
2. reading a book quietly
3. singing songs in a group
4. outdoor cooking with family

31 Gorillas tend to walk around much less than the average adult American. But while adult humans who don't move around much have a higher risk of developing heart disease than those who do, the same is not true for gorillas. In fact, (　　).

1. we need to encourage them to be more active
2. they can remain healthy even without much activity
3. lifestyle diseases are twice as common among them
4. catching diseases is something that only concerns us

〔Ⅶ〕次の空欄に入れる最も適切なものをそれぞれ一つ選び，その番号をマークせよ。

(A) The hikers were advised to bring enough water and snacks (32) their long trek (33) the mountains.

32 1. along 2. for 3. since 4. with

33 1. above 2. at 3. in 4. under

(B) Your words must (34) hurt Mayu's feelings. (35) you have to do is apologize to her.

34 1. be 2. have 3. have been 4. have being

35 1. All 2. For 3. So 4. Then

(C) I haven't seen you for (36) that I couldn't recognize you! You look (37) your father now!

36 1. a long time 2. many years
3. much longer 4. so long

37 1. more like 2. resemble 3. similar 4. the same

(D) (38) a storm warning is issued, the game won't be postponed (39) hard it rains.

38 1. Because 2. Despite 3. Unless 4. Where

39 1. how much 2. no matter how
3. regardless of 4. so

(E) The news that (40) my classmates has won a gold medal (41).

40 1. one of 2. some of
3. someone who 4. the one

41 1. are surprised 2. is surprising
3. surprise 4. surprisingly

(F) When I (42) Australia, I noticed that (43) Australian people liked sushi.

42 1. going to 2. had gone 3. have been 4. went to

43 1. almost 2. most 3. nearly 4. the most

(G) I really don't like (44) to karaoke. Perhaps if I were a better (45), I might enjoy going there (46) my friends.

44 1. go 2. goes 3. going 4. gone

45 1. sing 2. singer 3. singing 4. sings

46 1. also 2. among 3. together 4. with

〔Ⅷ〕 下線の語彙と意味が最も近いものをそれぞれ一つ選び，その番号をマークせよ。

47 The striking workers got a concession from the company management.

1. bonus　2. compromise　3. raise　4. response

48 His perfect test scores show that he is the most earnest student.

1. careless　2. excited　3. serious　4. troubled

49 I dropped the pen in the gap between my desk and the wall.

1. box　2. case　3. edge　4. space

50 I didn't mean to imply that your new shirt is unfashionable.

1. deny　2. joke　3. reply　4. suggest

51 The smell of that glue is really nasty.

1. interesting　2. sweet　3. unique　4. unpleasant

52 There were scraps of paper all over the floor after art class.

1. fragments　2. piles　3. shapes　4. sheets

数学

◀経済・経営・法・現代社会・国際関係・外国語・文化・生命科学部▶

(80分)

〔Ⅰ〕 以下の［　］にあてはまる式または数値を，解答用紙の同じ記号のついた欄に記入せよ。

(1) $x(x-1)(x-2)(x-3)-24$ を因数分解すると［ア］である。

(2) x に関する方程式 $\log_2(2x-3)+\log_2(x-5)=2$ の解は［イ］である。

(3) 円 O に内接する四角形 ABCD について，$\angle \mathrm{DAB}=135^\circ$，$\mathrm{AB}=1$，$\mathrm{BC}=2\sqrt{2}$，$\mathrm{CD}=2$ であるとする。このとき，円 O の半径は［ウ］である。

(4) 0，1，2，3，4，5 の 6 個の数字を使って 3 桁の整数を作る。同じ数字は 1 回だけしか使えないとき，偶数は全部で［エ］個，3 の倍数は全部で［オ］個できる。

(5) $x=1+\sqrt{6}$ とする。このとき，$x^4-x^3-3x^2-8x$ の値は［カ］である。

(6) xy 平面上の曲線 $C : y=x^3-2x^2-3x$ と直線 $\ell : y=5x$ の共有点の x 座標をすべて求めると［キ］である。C と ℓ で囲まれた 2 つの部分の面積の和は［ク］である。

〔II〕 以下の □ にあてはまる式または数値を，解答用紙の同じ記号のついた欄に記入せよ。

k を実数とし，

$$f(x) = 2x^3 + 2kx^2 - (6k + 39)x$$

を考える。関数 $y = f(x)$ は $x = \alpha$ で極大値，$x = \beta$ で極小値をとるとする。ただし，α と β は実数である。

(i) $\alpha + \beta$，$\alpha\beta$ をそれぞれ k を使って表すと，$\alpha + \beta =$ [ア]，$\alpha\beta =$ [イ] である。

(ii) $k = -3$ のとき，$\alpha^2 + \beta^2$ の値は [ウ]，$f(\alpha) + f(\beta)$ の値は [エ] である。

(iii) $(\alpha - \beta)^2$ は $k =$ [オ] のとき，最小値 [カ] をとる。このとき，$f(\alpha) - f(\beta)$ の値は [キ] である。

〔Ⅲ〕 以下の $\boxed{}$ にあてはまる式または数値を，解答用紙の同じ記号のついた欄に記入せよ。また，(iv)の問いについて，記述欄に過程も含めて解答せよ。

三角形ABCにおいて，$AB=2\sqrt{5}$，$BC=\sqrt{17}$，$CA=1$であるとする。

(i) $\cos\angle CAB=$ $\boxed{ア}$ である。三角形ABCの面積は $\boxed{イ}$ である。

以下 s，t を実数とし，Pを

$$\overrightarrow{AP}=s\overrightarrow{AB}+(s+t)\overrightarrow{AC}$$

で定まる点とする。

(ii) $\overrightarrow{AD}=\overrightarrow{AB}+\overrightarrow{AC}$ とおいたとき，$\overrightarrow{AP}$ を s，t，$\overrightarrow{AC}$，$\overrightarrow{AD}$ を用いて表すと $\overrightarrow{AP}=$ $\boxed{ウ}$ である。

(iii) Pが線分BC上にあり，$AP=4$であるとき，sとtの値は$s=$ $\boxed{エ}$，$t=$ $\boxed{オ}$ である。

(iv) s，tが条件$0\leqq s+t\leqq 2$，$s\geqq 0$，$t\geqq 0$を満たしながら変化するとき，点Pの描く図形の面積を求めよ。

◀理・情報理工学部▶

（80分）

〔 I 〕 以下の ＿＿ にあてはまる式または数値を，解答用紙の所定の欄に記入せよ。

(1) 7人の学生を4人, 2人, 1人の3つのグループに分ける方法は ＿＿ 通りある。

(2) $\dfrac{x}{2}=\dfrac{y}{3}=\dfrac{z}{5}$，$xyz\neq 0$ のとき，$\dfrac{y^3+z^2x}{x^3+y^2z}$ の値は ＿＿ である。

(3) 関数 $y=e^{-x^2}$ を微分すると $y'=$ ＿＿ である。ただし，e は自然対数の底とする。

(4) 複素数 $z=x+yi$ が $z\bar{z}=4$ を満たすとき，$2x+3y$ の最大値は ＿＿ である。ただし，x，y は実数とし，i を虚数単位とする。$\bar{z}$ は z の共役複素数である。

(5) 定積分 $\displaystyle\int_0^{\frac{\pi}{2}}\left|\sin x-\frac{1}{2}\right|dx$ の値を求めると ＿＿ である。

〔 II 〕 以下の $\boxed{}$ にあてはまる式または数値を，解答用紙の所定の欄に記入せよ。

xyz 空間の点 A$(1,0,0)$，B$(0,2,0)$，C$(0,0,3)$ を通る平面を α とする。

(1) α 上の点 P について，$\overrightarrow{\mathrm{CP}} = s\overrightarrow{\mathrm{CA}} + t\overrightarrow{\mathrm{CB}}$ (s，t は実数) と表したとき，P の座標を s，t を用いて表すと $\boxed{\text{(ア)}}$ である。

(2) 原点 O$(0,0,0)$ から α に下ろした垂線を OM とする。M の座標は $\boxed{\text{(イ)}}$ である。

(3) O を中心とし半径が r であるような球面 β を考える。β と α が接するのは，$r = \boxed{\text{(ウ)}}$ のときである。$r > \boxed{\text{(ウ)}}$ のとき，β と α が交わってできる図形は，M を中心とする円であり，その半径を r の式で表すと $\boxed{\text{(エ)}}$ である。

(4) xy 平面上で点 Q が O を中心とする半径 1 の円の周上を動く。Q を通り z 軸に平行な直線と α の交点を R とする。OR の長さ L が最大になるとき，$L^2 = \boxed{\text{(オ)}}$ である。また，そのときの Q の座標は $\boxed{\text{(カ)}}$ である。

〔III〕 xy 平面上の点 A(1,3), 点 B(4,2), および直線 ℓ: $x+y=2$ を考える。また, 直線 ℓ に関して A と対称な点を C とする。このとき, 以下の問いに答えよ。

(1) C の座標を求めよ。

(2) 直線 BC の方程式を求めよ。

(3) 直線 ℓ 上の点 P について, 線分の長さの和 AP+PB が最小となるような P の座標を求めよ。また, そのときの 2 直線 AP, PB のなす角を θ（ただし, $0 \leqq \theta \leqq \frac{\pi}{2}$）とする。$\tan\theta$ の値を求めよ。

(4) 3 つの直線 ℓ, BC, $ax+y=0$ が三角形を作らないような, 定数 a の値をすべて求めよ。

3 フランスに住む旧友を訪れた主人公が、会話を交わすなかで旧友の抱えているアイデンティティーの問題を図らずして知ることになり、内心驚きながらも寄り添おうとする様子を、静かな緊張のなかで描いている。

4 主人公と友人ヤンのあいだの心温まる会話とは裏腹に、帰る家がある日本人の主人公と故郷を持たないユダヤ人との間に潜んでいる決定的な違いが一層あらわになっていく様子を、簡素な筆致で描いている。

て口にしないものだ。この矛盾に君が気づくように、それとなく君に指摘しておこう。

4　君はユダヤ人としてのつらさを強調しているが、異邦人である私も故郷を離れているのはつらい。ただ、それを口にしないだけだ。だから本当は苦しみを共にする対等な関係であることを考えて、私に歩み寄ってほしい。

問十一　「私」はどのような人物か。最も適切なものを一つ選び、マークせよ。

1　自分の気持ちに正直で、それをはっきりと言葉にして表現することのできる人物。

2　人の話をよく聞き、様子を丁寧に観察し、人の気持ちに寄り添うことのできる人物。

3　複雑な状況も筋道立てて考えて、他人にわかりやすく説明することのできる人物。

4　世渡りが上手で、人の懐に飛び込んで、腹を割って話し合うことのできる人物。

問十二　ヤンはどのような人物か。最も適切なものを一つ選び、マークせよ。

1　自分の運命に囚(とら)われまいとしながらも囚われている真面目な人物。

2　意見の合わない両親とは交流しない個人主義を貫こうとする人物。

3　民族の問題を客観的に分析しながら乗り越えようとする知的な人物。

4　家族のトラブルを自分の問題として解決しようとする家族思いの人物。

問十三　この文章を評したものとして最も適切なものを一つ選び、マークせよ。

1　旧友との再会をついに果たした主人公が、写真家そしてユダヤ人である友人と自分の価値観の食い違いを見出しながらも、なんとか関係を破綻させまいと奮闘する様子を、躍動感あふれる筆致で描いている。

2　フランスの片田舎に暮らすユダヤ人の旧友を訪れた主人公が、何気なく言葉のやりとりを交わすなかで、異邦人である自己の孤独を見出して徐々に自己の内側に沈潜していく様子を、淡々と正確に描いている。

問九　傍線部H「私が大切に思ってきた貝の火は、種類をたがえて燃えていたのかもしれない」とあるが、このときの「私」の気持ちを説明したものとして最も適切なものを一つ選び、マークせよ。なお、この作品のなかで言われる「貝の火」を「私」は「理解する心」を指すと考えており、「私」とヤンとの間に「なんとなく」存在すると認識しているものである。

1　「私」はヤンとは文化的な背景も生き方も異なるが、感覚的に近い部分があると思って交流してきた。本音でぶつかって理解し合う間柄を築くのは難しいが、共通する部分を見つけて友情を再確認することに、微かな希望を見出している。

2　真の友情は常に意見の率直な対立を繰り返して成立する。民族も出自も異なるヤンと「私」の間にはそのような対立が起こらないので、ふたりの関係は友情にはなりえず、関係を求める相手をそもそも間違えたのではないかと自問している。

3　「私」はユダヤ人としての葛藤を告白するヤンの話を聞いて、彼に対して抱いていた友情が誤解の上に築かれていたことを知って驚いたが、それに気づかないふりをすれば友情に似たような関係を維持することができると考えている。

4　「私」はヤンのように過酷な運命を背負っていないし、そのような生き方を模倣することもできない。それゆえ、ヤンに抱く感情は、相互ではなく一方通行のものである。そう考えて、友情の炎が消えるのではないかと心配している。

問十　傍線部I「ようこそ、これがぼくの家だ。今日の午後、はじめてこの家に招き入れるとき、きみはそう言ったよ」から読み取れる「私」の気持ちはどういうものか。最も適切なものを一つ選び、マークせよ。

1　君は私を迎え入れる時に歓迎の言葉を言ってくれた。だとすれば、このように私を他人扱いし続けるのは礼儀に反するふるまいなのではないか。だから、ここでもう一度、私を迎え入れたときの気持ちを思い出してほしい。

2　君は自分を故郷を持たないユダヤ人であるとみなしているが、その実、自覚をしていなくても、自分の居場所を自分の家だと考えているではないか。その点において、私と共通点があることに思いをめぐらせてほしい。

3　君は自分がさまよえるユダヤ人であることを強調しているが、さきほど私を歓迎してくれた言葉はユダヤ人ならば決し

最も適切なものを一つ選び、マークせよ。

1　個人が感じる深い感情というものは、どんなに親しい仲間や家族であっても共有することはできない。最良の伝達の仕方が人によってそれぞれ異なるため、実際に多数の人に伝えるのは、非常に難しいということ。

2　怒りや悲しみといったような感情は、苦しくともまずは個人で受け止めて、親しい人たちに伝えるしかない。こういった感情を多数の人と共有できればすばらしいが、それは不可能に近いということ。

3　怒りや悲しみといったような感情は、個人的なものであり、実際は普遍性を持たない。ヤンの父や母が同じ歴史的な出来事を前にしても、ヤンとは違う感じ方をしていることからも、それは明らかであるということ。

4　個人が感じる深い感情というものは、個人対個人でしっかりと伝えていくことでしか共有することはできない。しかも伝えられる相手も話し手に心から歩み寄る必要があることから、実際にそれを実践するのは不可能に近いということ。

問八　傍線部G「私はつねに、そのたびごとの私の家にいる」とはどういうことか。最も適切なものを一つ選び、マークせよ。

1　「私」は、どこかに旅をしていても、結局は同じ場所に戻ると考えているので、家から出ていないのとほとんど同じであるということ。

2　「私」はすぐに環境に慣れることができ、どこでもリラックスできる人間なので、どこにいても家にいるのとさほど変わらないということ。

3　「私」は命の危険にさらされているわけではないので、どこにいても家族に守られているような気持ちで生活できるということ。

4　「私」はどこかに旅に出かけても、帰る家があると考えているおかげで、どこにいてもさほど不安を感じないですんでいるということ。

この記録を消し去りたい。

問五　傍線部D「びっくりするほどの音が響いた」から読み取れる「私」の様子として最も適切なものを一つ選び、マークせよ。

1　自分の家族の話をするヤンの真面目な顔つきを見て、深刻な雰囲気に合わせようと、自分がどのように取り繕えばいいのかを悩んでいたところに、いきなりスプーンの大きな音が聞こえてきて、びっくりしている。

2　これまでに聞いたことのないヤンの出生の秘密を聞いてすっかり狼狽(ろうばい)し、冷静になるために砂糖をいれてかき混ぜたところ、スプーンが大きな音をたてて鳴ってしまい、ひどく焦っている。

3　ヤンの両親がヤンに授けた教育が正しいかどうか、判断ができなかったので、どう返事をしたらいいのかわからずに黙って考えこんでいたところ、マナーに反することをしてしまい、ひどく恥ずかしがっている。

4　ヤンが自分のアイデンティティーの根幹にある話をはじめたため、自分も真剣に受け止めようと、静粛な雰囲気のなかで考えていたところ、ふだんとは違う行動をしてしまい、スプーンの音ではっとしている。

問六　傍線部E「収容所を知っている世代とそうでない世代では、なにかが変わる」とあるが、収容所を知っている世代（ヤンの祖父母や両親）と知らない世代（ヤン）の間にはどのような差があるとヤンは考えているのか。最も適切なものを一つ選び、マークせよ。

1　前者がユダヤ人特有の文化を家族に伝えるのに前向きだったのに対し、後者は継承するのに乗り気ではないという差。

2　前者がイディッシュ語を用いて世界中を旅していたのに対し、後者は図書館に閉じこもって学習しているという差。

3　前者がドイツ政府から賠償金をもらっていたのに対し、後者は自分たちで職を見つけて暮らしているという差。

4　前者が戦前のユダヤ人の生活や戦時下の出来事を話したがらないのに対し、後者はそれを知りたがっているという差。

問七　傍線部F「怒りや悲しみを不特定多数の同胞と分かち合うなんてある意味で美しい幻想にすぎない」とはどういうことか。

選び、マークせよ。

1 黒いビニールシートの上に置かれたタイヤの山を撮ったときのように、客観的に薫製小屋の写真を撮ったつもりだったのに、実際は家族を思わせる主観的なものになって、残念に思っている。

2 アルメニア人の双子のような美しい写真を撮ろうとしたのに、撮影したときには美しいと思った家がよく見ると豚の薫製小屋であることに気がついて、自分の見る目のなさに自己嫌悪を抱いている。

3 薫製小屋を撮影したときには形にばかり気を取られていたが、現像してみると、それが自分の家族の歴史を暗示している不吉なものに見えてきて、やるせない気持ちになっている。

4 なにげなく撮影した薫製小屋の写真を真剣に分析してみると、そこには家父長制への憧憬が刻印されており、無意識に自分を縛っている価値観が露呈したようで、不愉快な気持ちになっている。

問四 傍線部C「もらってくれないか」と述べたときのヤンの気持ちを説明したものとして最も適切なものを一つ選び、マークせよ。

1 この写真の建物は、人類の犯した罪のなかで最も忌まわしい収容所を連想させる。それを手元に置きたくない。だから、友人に押し付けてしまおう。

2 この写真には、自分の家族の歴史が映り込んでいるように見える。この写真を見る度にそれを思い出してしまうだろうから、友人の申し出は渡りに船だ。

3 この写真には、ユダヤ民族の本質が表現されている。忘れるわけにはいかないが、怖くもある。この友人に保管してもらえれば、一安心だ。

4 この写真の小屋は豚の薫製小屋だ。それが収容所に似ていることから、家族が豚にたとえられているようで、不愉快だ。

5　イディッシュ語──ユダヤ人の使う言語。ヘブライ語とともに世界中のユダヤ人の間で最も普及した。
6　イマジネール──想像上の（フランス語）。
7　コンタクトプリント──べた焼き。ネガフィルムを直接印画紙にのせて原寸大で焼き付けた写真。

問一　傍線部(ア)～(ウ)の本文中の意味として最も適切なものをそれぞれ一つずつ選び、マークせよ。

(ア)　いじりまわして
1　これ以上ないほど位置を直して
2　ひたすら手でかき混ぜて
3　何枚も何枚もあちこちに配置して
4　小突きながら手でもてあそんで

(イ)　素気なさ
1　関心はあるが気のなさそうな様子
2　万人受けを狙っていない様子
3　愛想を振りまかずに我が道をいく様子
4　関心をもたず平然としている様子

(ウ)　幾何学的な
1　形に規則性があって整然とした
2　論理的な整合性をもった
3　図形や空間が組み合わさった
4　上下左右が対称になっている

問二　傍線部A「彼らしいといえばまさしくそうと頷くほかないようなものばかり」から読み取れるヤンの人物像はどういうものか。最も適切なものを一つ選び、マークせよ。
1　日常で見かけた何気ない風景に感情移入することができる、豊かな感受性をもった人物。
2　好奇心旺盛で見えるものすべてに心を寄せることのできる、開放的な心をもった人物。
3　人があまり関心を向けないような光景に魅力を見出せる、独自の審美眼をもった人物。
4　人物も風景も等価物として冷徹に見られる、老成したような落ち着きをもった人物。

問三　傍線部B「なんだか急に不快になってね」とあるが、このときのヤンの気持ちを説明したものとして最も適切なものを一つ

たびごとの私の家にいる。自分自身の行動をコンタクトプリント(注7)さながら見晴らしよく回顧すれば、それらはすべて往還であって漂泊ではないことが明らかになるだろう。その意味で、ヤンの個と私の個は完全にぶつかっていないのかもしれない。「なんとなく」接触する部分があっても、そこから先の衝突が起こっていない以上、H私が大切に思ってきた貝の火は、種類をたがえて燃えていたのかもしれない。やかんの火を止め、珈琲を淹れてひと口啜ってから、私は言った。

「ようこそ、これがぼくの家だ」

「なんだって？」

I「ようこそ、これがぼくの家だ。今日の午後、はじめてこの家に招き入れるとき、きみはそう言ったよ。ずいぶん嬉しそうにね。パリから移った勇気は認めるけれど、きみはここに住んでるんじゃなくて、停泊してると親父さんに説明してるんだろ？　停泊だとしたら、ぼくの家だなんて言えないはずだ」

「そうか。そのとおりだな」

（堀江敏幸「熊の敷石」）

（注）1　シードル――林檎の酒。ノルマンディー地方でよく作られる。

2　シックスティーン・ホイーラー――十六個のタイヤがついた大きなトラック。

3　センプルン――ホルヘ・センプルン（一九二三―二〇一一）。スペイン人で、主にフランス語で執筆した作家。第二次世界大戦中にナチス・ドイツの秘密警察であるゲシュタポに捕らえられて拘禁された。収容所での経験を土台にした作品を書いた。収容所の囚人登録証の職業欄に「学生 Student」と書くべきところを「漆喰工 Stuckateur」と書いたことで収容所で従事可能な熟練工とみなされ、命拾いをした。

4　ボル――大きなカップ（フランス語）。

が住処(すみか)だといって居残った、冷静に考えれば逃げるしかない唯一無二の機会を逸したんだ。
小屋の写真一枚からヤンがなぜこれほど熱くなるのか、正直なところ私は戸惑っていた。たぶんに芝居がかった行動をすることもあった二十代の頃の悪い癖が再発したのではないか、自身の饒舌(じょうぜつ)に酔っているのではないかと。しかし言葉の勢いとは裏腹に、ヤンの表情は終始穏やかで、そこにはたしかに時の流れが刻まれていた。角砂糖をがりがり嚙(か)みながら彼はつづけた。
「それと似た状況をボスニアで見た。きみと会わなかった時期に、じつはボスニアに行って来たんだ。迫害があり、レイプがあり、強制労働があるといわれた現実を自分の目で確かめたくなってね。言っておくけど、センプルンを読む前だよ。アヴランシュの慈善団体を通じて、現地語のできる女性と戦禍の町へ取材に出かけたんだ。ただし写真機は持っていかなかった。撮影しても仕方がないと思ってね。この目で確かめたかったんだ。ぼくらが入ったのは境界地域で、ついこのあいだまで行き来していた村の子どもたちが川を隔てて敵と味方に別れ、その川を越えて遊んだというだけの理由で射殺されたりしていた。あるとき、砲撃を逃れて移動中の家族に出会ったんだ。通訳の女性にどこに行くのかと訊いてもらったら、家に戻るところだと言う。信じられるか？　家に戻るっていうんだ。許しを得ていっしょについて行くと、そこはなにひとつない瓦礫(がれき)のようなアパートだった。なぜこんなところにいるのか。彼らの答えはこうだった。《ここがあたしたちの家だからだ》。第二次大戦時にぼくの一族に起きたことが、ここでも繰り返されてる。めまいがしたよ。まるきりおなじことの反復じゃないかって」
珈琲のお代わりを淹(い)れるために、今度は私が湯を沸かしに立った。どう反応するべきか、そのあいだに適当な言葉を探そうと思ったのだ。あわよくば話題を転じようとの腹づもりもあって、助けを求めるみたいにテーブルのうえの写真の束を手に取り、やかんの湯を見張りながら一枚ずつめくっていった。さまようこと、彷徨(ほうこう)すること、あるいは漂泊すること。私の小さな現実においては、過去に命のかかった逃亡などありはしなかったし、またこれからもありえないだろう。どこかへ出かければ、かならず出かけたところへ戻ってくる。パリからこの村へ移動したあとふたたびパリに戻り、さらには東京へ戻る。G私はつねに、その

「まちがいないよ」

「言われてみるとそういう気もするな。とにかくぼくが知りたかったのは、ポーランド時代の彼らの姿なんだ。でも話してくれない。なにがあったのか、どういう暮らしをしていたのか、子どもの頃の話なんて聞いたことがない。まあ、この手の物語はありふれてるけれどね。ヨーロッパならどこにでも転がってる話だ。祖母の一族は十六人いて、戦後も命があったのはわずか四人さ。彼女が生き残ったについては、もしかすると《漆喰工》みたいな魔法の一語が関わってるんじゃないかともぼくは思う。おばあちゃんは菓子職人だったからね、パンも焼ける。そして、収容所みたいな所でもひとはパンなくして生きられない。義憤だとか人道に悖（もと）る罪だとか、そんなたいそうな話をしてるんじゃないんだ。ただこの写真を見たとたん、ごく個人的に悲しくなってね。悲しいなんて言葉を使うのは、不適切かもしれないけれど」

公の悲しみなんてありうるのだろうか、とヤンの言葉を耳に入れながら私は思っていた。悲しみなんて、ひとりひとりが耐えるほかないものではないのか。本当の意味で公の怒りがないのとおなじで、F<u>怒りや悲しみを不特定多数の同胞と分かち合うなんてある意味で美しい幻想にすぎない</u>。痛みはまず個にとどまってこそ具体化するものなのだ。ヤンが身内から話を広げていくのは、どんなに「ありふれた」事例であってもまちがいのないやり方なのだろう。大切なのは個のレベルで悲しみをきちんと伝えていくことなのだ。むかし彼が両親とぎくしゃくしていたのは、過去の伝達をめぐって意見のくいちがいがあったというよりも、ヤンが感じている悲しみの位相が理解されなかったからではないか。親父（おやじ）もおふくろも、外に出ようとしない、じぶんの町から移動しようとしない、ぼくがあちこち渡り歩いて家に寄りつかないことを理解してくれない、と彼はよくこぼしていた。さまよえるユダヤ人とは、陳腐ななりに真実を衝（つ）いた表現だよ。いったいなぜ閉じこもるんだ、なぜ外の世界がないものとみなして隠れるんだ、扉を閉ざして。たとえばアンネ・フランクの行動が、いやアンネの父親の行動が理解できないのはそこなんだよ。戦争はイマジネール（注6）なものじゃない、逃げなければだめなんだ、逃げる機会はいくらもあったのに彼らは逃げなかったんだ、ここ

「ずっと前に、きみとサン・ポールに行ったことがあるだろ。あの界隈(かいわい)にイディッシュ語の図書館があって、おばあちゃんはときどきそこに通ってた。両親も少しならイディッシュ語ができるんだ。小さい頃、家に親戚が集まると、みんなぼくにはさっぱりわからない言葉で話をしていたよ。つまりイディッシュで話す習慣は、ぼくの前の世代で終わったんだ。出身地の異なるユダヤ人が共通の言語で語りえた時代はもう遠い昔の話になりつつある。もちろん伝統は根強く残ってる。うちではクリスマスなんてやらないからね。でも、ぼくの両親はイディッシュ語をぼくと弟に伝えるのを止(や)めた。それを強いるのを止めた、といったほうが正しいかな。そういう習慣を、彼らは伝えようとしなかったんだ。おばあちゃんもそれに賛成していたようだったし、過去の話は絶対にしてくれなかった。母親は、小さいときこんな話を聞いたって教えてくれたことがあるけれど、それだけだ」

真っ暗な戸外には、なんの物音もなかった。風のそよぎも、虫の鳴き声も、都会ならあたりまえの車の音も。テレビはないし音楽をかけていたわけでもないから、珈琲を啜(すす)る音と椅子の軋(きし)みだけが私たちをとりまく音のすべてだった。反応の仕方を考えながら、青いボール箱に入った蔗糖(しょとう)の塊をふたつ無意識に摘んでふだんは入れない珈琲のなかに落とし、食事用のスプーンの柄でかきまわしてみると、それがカチカチと陶器にぶつかってDびっくりするほどの音が響いた。

「E収容所を知っている世代とそうでない世代では、なにかが変わる。決定的な線引きが行われる。なぜ両親はぼくに大事なことを伝えなかったのかって、それが不思議でね。理由を問いただしても、詳しくは聞いてないと言うだけなんだ。そもそも、おばあちゃんは死ぬまでドイツ政府から年金をもらっていたんだよ。暮らすに十分な額の賠償金をもらって、それで晩年を生きていたんだ。そのことひとつとってもあの記憶から逃れられるはずなんてないんだけれどな。死んだじいさんとはポーランド語かイディッシュで話してたんだしね」

「そういえば、きみのアトリエでそのおばあちゃん直伝のキャロット・ケーキを食べたことがある」

「そうだったかな?」

「なるほど……そうとも言える。でもぼくがそんな馬鹿げた想像をしてしまったのは、この有刺鉄線のせいなんだ。現像してはじめてそこに有刺鉄線が張られていることに気づいたんだから、ずいぶんいいかげんなものだけどさ。ともかくこの写真はきみにあげる。というか、捨てるのも嫌だし、持ってるのもいやでね。立場が逆転しちゃったけれど、こちらから頼むよ。Cもらってくれないか」

「撮影したのは、いつ？」

「わりと最近だよ、車で走ってるときに見つけたんだ」

「廃屋だとか崩れた作業小屋だとか、そういうモチーフの写真がよくあるだろう？　これはこれで面白い写真だと思うよ。考えすぎのような気がするな。センプルン(注3)を読んだ影響じゃないか？」

ヤンはそこでふいに立ち上がってレンジのほうへいき、やかんを火にかけ、そのままなにも言わず二階にあがって、大きな写真立てを持って下りてきた。私にそれを差し出し、もういちどレンジに戻って火を調節しながら、珈琲か紅茶かと訊いてくる。私は手にしたものが家族写真で、真ん中に座っている老婆は彼の祖母だろうなと思いつつ、珈琲を頼んだ。彼の両親と叔父には会ったことがあるのだが、祖母は話のなかでしか知らない。しかし目鼻立ちがみなそっくりで、老婆の顔の造作がヤンの原型であることは一目瞭然だった。

「ばあさんが写ってるだろ？　ぼくがここへ来る前に亡くなったんだ。考えすぎだなんてきみは言うけど、このところ自分の受けた教育のことで思うところあってね。学校の話じゃない。家庭内での教育ってことさ」

古いアルミポットに落とした珈琲を、紅茶に使うのとおなじ傷だらけのボル(注4)にたっぷり注ぎながらヤンが言う。カトリーヌがくれた珈琲はボーモンという大手スーパーの独自ブランドで、湯を注ぐと粉が膨らむ代わりに陥没し、饐えた匂いのするような代物だったが、頭を下げて頂戴してきた品の味に文句をつける資格などあろうはずはなかった。

「窓の形がちょっとふつうと違ってるだろ。なんのための建物かわかるかい？」

漁師の小屋でもないし、農家の納屋でもない。(イ)素気なさのうちに(ウ)幾何学的な美しさすらたたえているその様子は、理科の実験棟だといってもおかしくはなかった。

「シードルの蒸留所みたいだな」

「いい線だけど、ちがうね」

「石工たちの休憩所とか？」

「残念。豚肉の薫製をつくる小屋さ」

薫製小屋など見たことのない私には、説明されてもなんだかぴんと来なかった。

「撮影したときには、面白い絵になりそうだと感じただけで、とくべつなにも考えなかった。でもプリントが出来あがってみたら、B なんだか急に不快になってね。この土管の列の、ほら、左の方に、ちょっと大きい胴長の黒いやつがあるだろ？　これが父親、つまり家長だ。右の方でいちばん上の支柱になってる白くくねった二段つなぎの土管が母親、あとは彼らの子どもたち。全部で十六ある……これはぼくのおばあちゃんの家族とおなじ数なんだよ」

「なにが言いたい？」

顔をあげてヤンの目を見ようとしたが、彼はそれに応えず言葉を継いだ。

「四つの窓は、押し開いたり引いたりするんじゃなく、上げ下げする特殊なつくりで、そのむこうにあるのは独房だ」

「収容所を連想させるってことか？」

「そうだ」

「土管はガスを吐き出す口、あるいは火葬場でもある、と」

〔二〕 次の文章を読んで、後の問いに答えよ。

（フランス語の本の翻訳を進めるためにパリに滞在する日本人の「私」は、数年間疎遠だった友人ヤンと久しぶりに会うことになる。パリ留学時代に知り合ったヤンはユダヤ人の写真家で、かつてはパリのユダヤ人街サン・ポール付近で会っていた。フランス北西部のノルマンディー地方の小さな村アヴランシュに移り住んだヤンに会うために、「私」はヤンの家に行き、歓待を受けた。）

カトリーヌにもらった珈琲（コーヒー）を飲みながら、閉まっていて見学することのできなかった石切場の写真を中心に、ヤンの仕事を解説つきで見せてもらった。被写体に選ばれているのは、太陽熱で干し草を発酵させるために黒いビニールシートをかぶせ、重石（おもし）がわりにおびただしい数のタイヤが乗せてある不気味な黒山の連なりであったり、古家の漆喰（しっくい）にできた傷であったり、シードル（注1）作りのための林檎（りんご）をつぶす石の圧搾機であったり、国道で立ち往生したシックスティーン・ホイーラー（注2）であったり、A彼らしいといえばまさしくそうと頷（うなず）くほかないようなものばかりで、自然の風物や戸外に放置された物の写真が大半を占めていたが、アヴランシュのダンス・スタジオで出会ったアルメニア人の双子の少女や、厚いショールにくるまってベンチでじっと黙している老婆、海辺の流木のわきで寝そべっている浮浪者など、人間を写したものもかなりある。どれか一枚、気に入らないのでいいから譲ってくれと頼んでみると、ヤンはながいこと未整理の写真をまとめた箱を(ア)いじりまわして、奇妙な木造の小屋の写真を引き出した。板を横に渡した外壁に小さなガラス窓が四つ等間隔に配されていて、草の生えた地面と接する土台部分に粗末な板切れでこしらえた三段の棚があり、そこに土管と土管をつなぐ、ちょうど人差し指の先を曲げた形の大小さまざまな接続部がずらりとならんでいる。雨ざらしだからどれも風化して表面がぼろぼろになっているのだが、いちおう口の向きを揃（そろ）えてあるので、疲れ切った男たちが背中を接して隊列を組んでいるようにも見えるし、画面手前に写っている真新しい四本の有刺鉄線のせいで縦横の軸に漸近線が引かれているようにも見える。

る。そして、これを意識することで、コミュニケーションが成功する見込みが高まる。

問十　この文章の構成を説明したものとして最も適切なものを一つ選び、マークせよ。

1　まず、筆者の主張を理解するための足がかりとしての具体例が示され、次に、専門的な観点からの原理説明や考察が行われるとともに筆者の主張が示されている。続いて、その考察と主張の妥当性を示すさまざまな例が提示され、最後に、これらを踏まえた読者への提言が述べられている。

2　まず、具体例の提示と考察のための基本的な概念の導入が行われ、次に、考察の過程で行われたさまざまな実験とそこから導き出される筆者の主張が提示されている。続いて、筆者の主張の妥当性を示す先進的な取り組みが紹介され、最後に、これらを踏まえた教訓が述べられている。

3　まず、筆者の主張が具体例を用いて示され、次に、専門的な概念の導入や考察が行われるとともに実証のための実験が提示されている。続いて、その考察の妥当性を示す先進的な取り組みが紹介され、最後に、これらを踏まえた筆者の主張が述べられている。

4　まず、基本的な概念の導入を意図した具体例が提示され、次に、専門的な観点からの考察とその妥当性を示すいくつかの現象が例示されている。続いて、筆者の主張が示されるとともにその根拠となる実験や取り組みが紹介され、最後に、これらを踏まえた読者への助言が行われている。

ようになり、科学に対する新たな視点を得ることができると考えられるから。

2　科学者の多くは、熱意をもって自分の仕事に取り組んでいるにもかかわらず、科学に関することを一般の人にうまく伝えられず、苦労している。しかし、このような科学者が即興劇を経験することで、聞き手との協調がうまくできるようになり、わかりやすい話をその場で創造することができるようになると考えられるから。

3　科学者の多くは、自身の視点からしか世界を見ておらず、科学に関することを一般の人に語る際に自分が言いたいことのみを言っているに過ぎない。しかし、このような科学者が即興劇を経験することで、聞き手が何を求めているのかを感じ取って同じ視点で話ができるようになり、言いたいことが伝わる見込みが高くなるから。

4　科学者の多くは、科学の世界しか見ておらず、科学に関することを一般の人にうまく伝えるために必要なスキルを身につけられず、苦労している。しかし、このような科学者が即興劇を経験することで、聞き手に何が不足しているのかを考えるようになり、聞き手と協調しながら話を進めることができるようになると考えられるから。

問九　この文章の主旨として最も適切なものを一つ選び、マークせよ。

1　言語コミュニケーションでは、送り手と受け手が互いに信頼関係を築き、一方的な意味の伝達に終始しないようにすることを心がけるべきである。そして、これが、コミュニケーションの鉄則である。

2　言語が伝える意味は、言語を手がかりに、それに関わるさまざまなものを用いて、送り手と受け手が共同作業を行うことで構築される。そして、これを意識することで、コミュニケーションが成功する見込みが高まる。

3　言語コミュニケーションでは、言語をきっかけに、相手の背景への配慮と相手からの要求への注意を怠らず、伝達内容の理解を深めるべきである。そして、これが、コミュニケーションの鉄則である。

4　言語が伝える意味は、送り手が受け手の協調を期待して、言語の背後にあるさまざまなものを視野に入れながら創られ

の状況に応じた適切な情報交換を行い、目標達成のための糸口を作り上げている。
3　会話では、言語的な情報のやり取りに加えて、相手のその時点での状況を互いが視覚的に把握することが不可欠であり、それにより目標達成のための手がかりを互いに作り上げている。
4　会話では、その時々の個別の状況に対する相手のこれまでの経験の有無を鋭く感じ取り、それを踏まえた柔軟な対応を互いが協力して行い、目標達成に向けた行動を行っている。

問八　傍線部G「科学コミュニケーションを向上させる目的で即興劇が利用されている」とあるが、
(1)　「即興劇」について説明したものとして最も適切なものを一つ選び、マークせよ。
1　互いに協調して共同作業ができるようになることと観客の心理状態を察知する能力を高める手がかりを得ることを目的に、複数の俳優が同調しながらその場でアイデアを出し合い、共同でシナリオを創り上げていく芝居。
2　互いの考えや行動が読めるようになることと観客の心理状態を察知する能力を高める手がかりを得ることを目的に、複数の俳優が相手の考えや行動を読み合いながらシナリオなしでその場で共同で創り上げていく芝居。
3　互いの考えや行動が読めるようになることと観客の心理状態を察知するヒントを見つける能力を高めることを目的に、複数の俳優が同調しながらその場でアイデアを出し合い、共同でシナリオを創り上げていく芝居。
4　互いに協調して共同作業ができるようになることと観客の心理状態を察知するヒントを見つける能力を高めることを目的に、複数の俳優が相手の考えや行動を読み合いながらシナリオなしでその場で共同で創り上げていく芝居。
(2)　その理由として最も適切なものを一つ選び、マークせよ。
1　科学者の多くは、一般の人を見下しており、科学に関することを一般の人に語る際に自分が何を求められているのかを感じ取ろうとしない。しかし、このような科学者が即興劇を経験することで、聞き手と同じ目線で話すことができる

(1) 空欄 X

1 共同作業におけるコミュニケーションの重要性を実証する。

2 会話が作業の円滑な遂行に与える影響を実証する。

3 会話が共同作業で成り立っていることを実証する。

4 視覚が会話の成功に深く関与していることを実証する。

(2) 空欄 Y

1 パターン①はパターン②より時間が二倍以上かかり、単語数も二倍近く必要である。そして、パターン③の結果はパターン②と変わらないが、模型の完成度が極めて低い。

2 パターン②はパターン①より時間も単語数も二倍程度必要である。そして、パターン③の結果はパターン②と変わらないが、模型の完成度が極めて低い。

3 パターン②はパターン①より時間が二倍以上かかり、単語数も二倍近く必要である。そして、パターン③の結果はさらに悪く、模型の完成度も低い。

4 パターン①はパターン②より時間も単語数も二倍程度必要である。そして、パターン③の結果はさらに悪く、模型の完成度も低い。

(3) 空欄 Z

1 会話では、相手が持っている情報をできるだけ詳細に把握し合いながら、その時々の個別の状況を踏まえた柔軟な対応を互いに行い、目標達成を目指している。

2 会話では、そこに関与する者が互いに協力し、相手のその時点での状況を視覚的に把握し合いながらその時々の個別

ことができる人。

問七　次の［　　］は、傍線部F「スタンフォード大学の心理言語学者、ハーバート・ハーブ・クラークの実験研究」についてまとめたメモである。空欄［X］〜［Z］に入るものとして最も適切なものを後の選択肢の中からそれぞれ一つずつ選び、マークせよ。

【メモ】

●ハーバート・ハーブ・クラークの実験

◆目的：［X］

◆実験方法：

・「指示係」の指示で「組み立て係」がレゴのブロックを一から模型に組み立てる。

・「指示係」だけが事前に目標となる見本の模型を見ている。

・三つのパターンで、実験を行う。

パターン①　「組み立て係」が何をしているかが「指示係」から見える。

パターン②　「組み立て係」が何をしているかが「指示係」から見えない。

パターン③　「指示係」の指示が録音の再生である。

・作業完了までの時間、対話に使う単語数、完成の度合いを比較する。

◆結果：［Y］

◆筆者の考察：［Z］

ろで機能しているものがあることが比喩的に表現されている。

2 コミュニケーションを行う際に必要なものに、単語や句や文といった、目にとまるかたちで主要な役割を果たしているものと、文化的、社会的、事実的な知識といった、水面下に隠れていてコミュニケーションで付随的な役割を果たしているものがあることが比喩的に表現されている。

3 コミュニケーションを行う際に必要なものに、言語研究での主な対象とすべき、単語や句や文といった目にとまりやすいものと、言語研究での直接の対象とすべきではない、文化的、社会的、事実的な知識といったコミュニケーションを目に見えないところで支えているものがあることが比喩的に表現されている。

4 コミュニケーションを行う際に必要なものに、単語や句や文といった、目にとまりやすくこれまでの言語研究が主な分析の対象としてきたものと、文化的、社会的、事実的な知識といった、水面下に隠れていてコミュニケーションの基盤となっているものがあることが比喩的に表現されている。

問六 傍線部E「有能なコミュニケーター」を説明したものとして最も適切なものを一つ選び、マークせよ。

1 自分が持っている知識を動員して相手に不足していることを把握し、課題解決に必要なことを余すところなく伝えることができる人。

2 ことばとして発せられていることの背後にあるさまざまなことを踏まえ、可能な限り相手の立場にたって意思疎通を行うことができる人。

3 コミュニケーション氷山の存在を常に意識して、場面や状況を適切に把握しながら伝えたいことをわかりやすく相手に伝えることができる人。

4 対人技能を発揮してことばの背後にあるさまざまなことを読み取り、相手との人間関係を構築しながら意思疎通を行う

3　意味は、音声や文字などに不必要なものが入り込まないような工夫をした状態で伝達されるようなものではなく、伝達の過程で入り込んでくる不必要なものを送り手と受け手が協力して取り除き、その時々の場面や状況、両者の関係に即して作り上げていかなければならない。

4　意味は、受け手に届きやすいような加工が送り手によって行われた状態で伝達されるようなものではなく、受け手がさまざまな知識を動員して送り手との信頼関係を築き、送り手が文字や音声などに込めようとした伝達意図を推論しながら作り上げていかなければならない。

問四　傍線部C「言語ゲーム」とはどういうことか。最も適切なものを一つ選び、マークせよ。

1　コミュニケーションにおける、送り手と受け手が音声やサインを使って意味を伝える時に、互いの意図に配慮しながら音声やサインを修正し、効率的な伝達の方法を作り出していく行為のこと。

2　コミュニケーションにおける、送り手と受け手の合意に基づいて、送り手は一定のルールにのっとって意味を伝えようとし、受け手は送り手が使っているルールにのっとって意味を理解しようとする行為のこと。

3　コミュニケーションにおける、送り手と受け手が言語の機能の要である意味の構築を行いながら、言語では表されていない意味を想像し、対話の相手と歩み寄っていこうとする行為のこと。

4　コミュニケーションにおける、送り手と受け手が互いに力を合わせ、送り手は相手に伝わるように工夫して意味を伝えようとし、受け手は送り手が伝えようとしている意味を当てようとする行為のこと。

問五　傍線部D「コミュニケーション氷山」を説明したものとして最も適切なものを一つ選び、マークせよ。

1　コミュニケーションを行う際に必要なものに、単語や句や文といった、言語の中核として目にとまるかたちで存在しているものと、文化的、社会的、事実的な知識といった、コミュニケーションを円滑に機能させるために目に見えないとこ

(3)　ソウシツ
　1　設備をシンソウする
　2　友人がモフクを着ている
　3　水草がハンモする
　4　シッソウ届を提出する

問二　傍線部A「読む人の多くに強い感情を呼び起こす」のはなぜか。最も適切なものを一つ選び、マークせよ。
　1　文字で書かれている事柄が予想をはるかに超える出来事を読者に喚起し、その散文の背景やそこに込められた複雑な心情を想像させ、一つの物語を想起させるから。
　2　わずかな語数であるにもかかわらず、それぞれの語が読者のこれまでの体験やその際の心情を喚起し、事柄の背景にある、文字では表せない状況を想像させ、一つの物語を想起させるから。
　3　文字で書かれている事柄が読者が持っているさまざまな知識を喚起し、事柄の背景にある、文字には書かれていないさまざまなことを想像させ、一つの物語を想起させるから。
　4　わずかな語数であるにもかかわらず、それぞれの語が読者の持っているさまざまな知識を喚起し、文字では表すことができない複雑な思いを想像させ、一つの物語を想起させるから。

問三　傍線部B「意味は瓶詰めされたメッセージのように伝達されるのではなく、対話の当事者どうしの共同作業によって構築されなくてはならない」とはどういうことか。最も適切なものを一つ選び、マークせよ。
　1　意味は、送り手によって音声や文字などに余すところなく込められたものを受け手が余すところなく受け取るというやり方で伝達されるようなものではなく、音声や文字などを糸口に、送り手と受け手がさまざまな知識を動員しながら互いに協力して作り上げていかなければならない。
　2　意味は、送り手が頭の中で記憶していたものをそのままの状態で受け手に届けるというやり方で伝達されるようなものではなく、送り手と受け手がその時々の場面や状況、両者の関係に配慮して協力関係を築き、互いの理解を確かめ合いながら作り上げていかなければならない。

手がこちらに求めるものにつねに注意を向けることだ。コミュニケーションは一方通行路ではないのだということを忘れずにいれば、人は誰でも他人とやりとりする能力を向上させられる。自分が何を言いたいかに集中しすぎるよりも、相手が何を理解しているかに注意を払っていれば、コミュニケーションが成功する見込みは格段に上がる。これはインプロの鉄則にも反映されていることだ。インプロには「イエス、アンド……」という標語があり、相手が何を言っても、何をしても、それをそのまま受け入れて、以後のやりとりの基盤にしなくてはならない。互いの思考、提案、関心をすんなり認めて尊重すれば、会話はより円滑に進むようになり、それが互いのためにもなる。

（モーテン・H・クリスチャンセン、ニック・チェイター著　塩原通緒訳『言語はこうして生まれる』新潮社）

（注）レゴ――デンマークの玩具会社。

問一　傍線部(1)～(3)の片仮名の部分と同じ漢字を使うものをそれぞれ一つずつ選び、マークせよ。

(1)　ショウコウグン

1　判決を不服としてコウソする　　2　容疑者をコウソクする
3　変化のチョウコウが見られる　　4　雑誌にキコウする

(2)　立ちツくして

1　ジンソクに対応する　　2　復興にジンリョクする
3　両軍が川を挟んでフジンする　　4　ジンダイな被害がでる

だけでなく、芝居の観客から出ているかもしれない観客自身の心理状態についての手がかりに、俳優が気づきやすくなるという点でも役立っている。それならインプロ練習は、俳優でない人のコミュニケーション技能を向上させるのにも使えるのではないか。聞き手の求めるものに話し手の注意を向けさせることを、インプロ練習によって学べるのではないか。俳優であり監督であり脚本家であり、作家でもあるアラン・アルダは、間違いなくそうだと考えている。

アルダといえば、おそらくテレビ版『マッシュ』(M*A*S*H)でのホークアイ・ピアス役が最も有名だろう。朝鮮戦争時の野戦病院を舞台にした長期連続テレビドラマで、切れ者の軍医を演じたのがアルダだった。その一方、アルダは科学を広く大衆に普及させることにも並々ならぬ関心を持ち、『サイエンティフィック・アメリカン・フロンティアーズ』というテレビ番組の司会を一二年にわたって務めた。科学者たちとのつきあいのなかで、アルダは多くの科学者が明らかに熱意をもって自分の仕事に取り組んでいるにもかかわらず、それをうまく聴衆に伝えられずに苦労していることに気がついた。そしてこの問題を、科学者が聴衆と「協調」していないせいではないかと考えた。科学者たちは一般聴衆の視点で世界を見てはいないのだ。だから聴衆との共同作業でコミュニケーションをとろうとせずに、ただ自分から聴衆に向かって話しかけている。そこでアルダは、俳優が舞台の観客とつながる能力を高めるためにやっているのと同じような練習が、科学者にとっても有効なのではないかと考えた。そして実際、ミラーリングなどのインプロ練習をやってみるよう科学者に勧めると、科学者はてきめんに他人の気持ちを読むのがうまくなった。聴衆の求めているものに敏感になり、上から語りかけるのではなく、相手と同じ目線で話すようになったので、その後のコミュニケーションは確実にうまくいった。アルダのメソッドは、いまやストーニーブルック大学のアラン・アルダ科学コミュニケーションセンターに結実し、大きな反響を得たアプローチとして全米の大学や研究機関を中心に広く採用されるようになっている。

科学を伝えるときであれ、物語を語るときであれ、あるいはただ指示を出すときであれ、必要なのは伝える相手の背景と、相

に、ブロックを完成模型に組み立てるのに必要な段階を順番どおりに指示すればよい。

ところが、実際はそうはならなかった。組み立て係が何をしているかを指示係が逐一見ていられない組は、作業の完了までにかかる時間がそうでない組の二倍以上になり、レプリカの完成にこぎつけるための対話に使う単語の数も二倍近く多かった。テーブル上の障壁は視界をさえぎっただけでなく、対話もさえぎっていて、障壁のある組のコミュニケーションのスピードと効率をそうでない組に比べて格段に下げていた。そして相互のやりとりがまったくない場合――指示係があらかじめ指示の言葉を録音し、それを再生して組み立て係に聞かせた場合――の結果はさらにひどく、できあがりの間違いも多かった。ここから得られるメッセージは、会話はジェスチャーゲームのようなものだということだ。この共同作業による持ちつ持たれつのゲームでは、互いが相手の視点に敏感になること、相手が何を知っていて何を知らないかに注意を払うことが必要で、そうして初めて互いに適切な手がかりを送れるようになる。

こうした見方の重要性をさらに裏づけるのが、G科学コミュニケーションを向上させる目的で即興劇（インプロ）が利用されていることだ。インプロは演劇の一形式だが、動作も会話も台本に書かれておらず、俳優がその場で共同して芝居をこしらえる。そうした性質上、喜劇的な要素が含まれることが多い。ある意味で、これは一種の連続ジェスチャーゲームだといえなくもない。ジェスチャーゲームをしながら即興で連続した筋書きを紡いでいくのだ。インプロを成り立たせるには、俳優どうしが同調して互いのアイデアと即興を「食いあう」必要がある。インプロ練習の目的は、複数の人間が調子を合わせて円滑に共同作業ができるようになるのを促すことだ。たとえばミラーリングの練習では、二人一組になって代わる代わる、一方がもう一方の始めた動作をできるだけ真似（まね）て鏡像にしていく。最初は「フォロワー」がかなり「リーダー」に後れをとるが、練習を重ねるにつれ、二人の動作はしだいに同期する。フォロワーとリーダーが互いに相手の心を「読む」ようになるので、相手の次の動作が予測できるのだ。しまいには、二人でいっせいに次の動作をつくっていくことさえ可能になる。こうしたインプロ練習は、俳優どうしの協調を促進する

その仕組みについての常識である。こうした文化的、社会的、事実的な知識を総動員し、あわせて持ち前の対人技能も活用することで、初めてコミュニケーション氷山のうちの言語にかかわる一角を浮上させられる。さもなければ、言語を通じて意思疎通する人間の能力はあえなく水没して、互いに話がいっさい通じなくなるだろう。

言語に対するこのような見方には、実際的な効果もある。整備士が客の自動車のどこが不具合なのかを説明するときであれ、医者が病気を治すのにどういう処置が必要なのかを説明するときであれ、はたまた科学者が最新の画期的な研究結果を説明するときであれ、このコミュニケーション氷山の隠れた部分に注意を払っていればいるほど、人はそれだけE有能なコミュニケーターになれる。これは相手の考えていることをでたらめに予想してみるのとはわけが違う。コミュニケーションを成功させるには共感が必要で、自らが相手の身になって、相手の視点で（できるだけ）ものを見なければならない。ただ自分の言いたいことにかまけるのではなく、相手がどういうものの見方をしているのかに注意をすれば、それだけ言いたいことを理解してもらえる見込みが高くなる。

実際、会話は一種の共同プロジェクトだ。その最終目標は、話されている内容を相互に理解することである。これをみごとに実証してみせたのが、高い評価を得ているFスタンフォード大学の心理言語学者、ハーバート・ハーブ・クラークの実験研究である。被験者は二人一組になって長さ約二メートルのテーブルの端と端に座り、単純なレゴの模型を所定の見本どおりに組み立てるよう求められた。二人のうちの一人が「組み立て係」を担当し、もう一人の「指示係」の言うことにしたがってレゴ(注)のブロックを一から模型に組み立てる。作業の目標となる見本の模型をあらかじめ見せられているのは指示係だけだ。被験者全体のうち半分の組は、テーブルの中央に障壁を立てられていて、組み立て係が何をしているのかを指示係が見られないようになっている。一方、もう半分の組は、障壁がないので互いのことがよく見える。もし対話の成功が単純にメッセージの受動的な往復の問題で、会話にかかわる個別の状況が無関係なのだったら、二つのグループのあいだにたいした差はあらわれないはずだ。指示係は単純

でこしらえたものだ――親について、子供について、悲嘆についてのそれまでの知識を動員して。

この六単語の子供靴の物語は、「フラッシュ・フィクション」と呼ばれている小説ジャンルの極端な例だ。要は超短編小説のことで、各作品はできるだけ少ない単語で読者の頭にまるまる一個の物語を呼び起こすことを狙いとしている。このような超簡潔な小説は、書かれていることの解釈に読者がどれほど加担しているかをよく例証している。たった数個の単語から、物語の詳細な展開がたちまち頭に浮かぶのだ。

だが、この原理はあらゆる種類の言語にも働いている。B意味は瓶詰めされたメッセージのように伝達されるのではなく、対話の当事者どうしの共同作業によって構築されなくてはならない。一方が音声やサインで発した単語は、意図された意味をつかむ手がかりにすぎない。相手が何を言っているのかを完全に理解するには、その言語的手がかりと自分のそれまでの知識――世界全般について、互いについて、前に話したことについて――をもとにして、なんらかの解釈をこしらえる必要がある。この構築プロセスこそ、言語の機能の核心にあるものだ。それはたいていの場合うまくいくが、もちろん構築のしかたがどこかずれているときもあり、そのときは共同で修正にあたる必要がある。ジェスチャーゲームと同じように、対話の相手との「同調」を図って共通理解に達しなくてはならない。互いに相手の考えを――少なくともある程度までは――読みあって、いっしょにC言語ゲームを成功させなくてはならない。

私たちが誰かと話しているときに発する単語や句や文は、いってみればD「コミュニケーション氷山」の一角でしかない。言語学で研究されていることのほとんどは、この目に見える部分に集中している。しかし、言語が本当に機能するには――相手の言っていることがきちんと理解されるには――コミュニケーション氷山の水面下に隠れた部分が必要となる。六単語の子供靴の物語から詳細な展開を紡ぎだすことができるのは、一連の材料が共有されているからだ。それはたとえば文化的規範であり、慣習であり、価値観であり、しきたりであり、暗黙のルールや社会的役割や人間関係についての了解を前提にした予想であり、世界と

国語

（八〇分）

〔一〕　次の文章を読んで、後の問いに答えよ。

「売ります。赤ん坊の靴。未使用」（"For sale, Baby shoes, Never worn"）。これはこれだけで一つの物語として知られる。この簡潔な散文で描かれた痛ましい六単語の物語は、新品の子供靴を売りに出す案内広告を模したものだが、A読む人の多くに強い感情を呼び起こす。背景にあるあれこれがすぐさま頭のなかで物語となって展開するだろう。この打ちひしがれた両親は、おそらく流産か、出産時の合併症か、乳幼児突然死ショウ(1)コウグンで赤ちゃんを亡くしたのだろう。それで使われなくなった靴を売ろうとしているのだ。子供が生まれてくるのを楽しみにしながら愛情込めて買ったであろうに。読者の頭のなかで、子供を奪われた両親が墓地に立ち(2)ツくしている。涙が頰を伝うのを拭いもせず、小さな棺（ひつぎ）が地中に降ろされるのを見つめている。この靴を手放すことにした両親の悲痛な思いも想像される。暮らしが貧しいのでお金が必要だったのかもしれない。あるいはこの靴を残しておくのがつらかったのかもしれない。家のなかを子供の小さな足がぱたぱたと走り回る音を、彼らはもう永久に聞けないのだから。さらに想像は、その先にもおよぶ。この(3)ソウシツと絶望はこれからもずっと二人につきまとうのだろう。ことによるとそのせいで夫婦関係まで壊れてしまうかもしれない。

しかしもちろん、このような詳しい展開は何一つ、もとの六単語の物語には書かれていない。これらはすべて読者が頭のなか

解答編

英　語

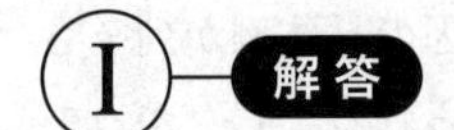

I 解答　1－4　2－2　3－1　4－1　5－3　6－2

全訳

《室内観賞用植物が枯れる原因》

1　室内観賞用植物の病気ということについては，責めを負うべきはほとんどの場合その持ち主である。水をやりすぎたり，水やりが不足していたり，日光に当てるのが不十分だったりするのが植物が病気のように見える状態になりうるありふれた要因である。しかし，もしあなたが植物の健康が急に損なわれていることに気づいたら，こう自問するかもしれない。「植物が老齢で枯れることはありうるのだろうか？」

2　生き物は最後には死ぬ。そして植物も例外ではない。植物が十分に手入れされ，完璧な環境で栽培されたとしても，最終的には自然による原因で枯れるだろう。しかしほとんどの植物は枯れるのに動物よりはるかに長い時間がかかるのだ。

3　ペットの金魚とは違って，植物はある一定の時期に達したら成長を止めるということはない。そうではなく，植物は永続的に成長を続ける。これは植物が理想的な条件下では大きくなり成長し続けるということを意味する。

4　種によるが，場合によればこの成長は何十年あるいは何百年の間続きうる。地球上で最も高齢の鉢植えは1775年に植えられた，とげのあるソテツだ。野生の植物はさらに長く生きる可能性がある。例えばカリフォルニアの樹齢4855年になる松，メトシェラのように。

5　しかし，どれだけ丹精に世話をされた植物でさえも時間と共に枯れ始める。長年生きた後，植物の細胞は再生できなくなり，死へと向かってゆくだろう。しかしこの段階まで達するほど長生きする植物はほとんどない。大多数は不適切な世話や虫や病気のような原因で枯れるのだ。

⑥ もしあなたが世話している観賞用植物が病気のように見えて，それが10年にも満たない樹齢ならば，原因はおそらく老齢ではない。植物は成長を止めることは決してないので，生きている限りずっとより大きな植木鉢に移してやる必要がある。

解説

1 空欄直後の第1段第2文（Overwatering, underwatering, and …）は室内観賞用植物が病気のように見えるありふれた要因の具体例が列挙されているが，それらは全て持ち主による過失だと考えられる。したがって空欄に4．to blameを入れると，空欄を含む文が「室内観賞用植物の病気ということについては，責めを負うべきはほとんどの場合その持ち主である」となり，それに続く具体例への流れが自然になるためこれが正解。be to blame「責めを負うべきである」の用法を覚えておこう。

2 空欄を含む文で，Even if～「たとえ～だとしても」以下の副詞節と主節との論理関係に注目する。主節の内容は「植物は最終的には自然による原因で枯れるだろう」なので，空欄に2．perfect「完璧な」を入れると，副詞節が「たとえ植物が十分に世話され，完璧な環境で栽培されたとしても」となり，論理的に矛盾がなくなるためこれが正解。even if～の用法を知っているかがポイントとなるため，覚えておきたい。

3 文修飾の副詞（句）の意味を知っているかどうかがポイントとなる。1．Instead「そうではなく」，2．Similarly「同様に」，3．As a result「その結果として」，4．Nevertheless「それにもかかわらず」は全て覚えておきたい。第3段第1文（Unlike your pet …）の内容は「ペットの金魚と違って，植物はある一定の時期に達したら成長を止めるということはない」となっている。空欄を含む文は「植物は永続的に成長する。これは植物が理想的な条件下では大きくなり，成長を続けるということを意味する」と金魚とは対照的な植物の成長の仕方について述べているので1．Insteadが正解となる。

4 第4段第2文（The oldest potted …）は地上で最も高齢の鉢植えの植物の例，空欄を含む文は野生での高齢の植物の例が挙げられている。比べると野生の植物の樹齢の方がはるかに高いため1．even longer「さらに長い」が正解。

5　第5段第1文（However, even the …）では「どれだけ丹精に世話をされた植物さえも時間と共に枯れ始める」という内容になっていて，空欄を含む文はその内容をさらに具体的に述べた文になっていると考えられる。したがって空欄に3．regrow を入れると「長年生きた後，植物の細胞は再生できなくなり，死へと向かってゆくだろう」となり，文の流れが自然になるため正解。fail to *do*「～できない」を覚えておきたい。

6　第5段までで述べられている内容は「植物は動物よりはるかに長く生きるが，ほとんどは寿命以外の原因で枯れてしまう」というものである。空欄を含む文はその内容のまとめにあたる文なので，2．old age「老齢」を入れると「もしあなたが世話している観賞用植物が病気のように見えて，それが10年にも満たない樹齢ならば，原因はおそらく老齢ではない」となり，第5段までの内容と一致するためこれが正解。

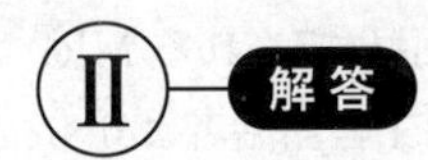

7－4　**8**－2　**9**－4　**10**－1　**11**－2　**12**－3　**13**－2

全訳

《すばらしい2言語話者の脳》

1　言語使用の観点からみると，世界の人々はおおまかに3つのグループに分類することができる。1つの言語しか話せない人々と2つの言語を話せる人々と3つ以上の言語を話せる人々である。それぞれこれらのグループは1言語話者，2言語話者，多言語話者と呼ばれている。最近のデータによれば，世界の人口の43パーセントが2言語話者で，40パーセントが1言語話者で残りが多言語話者である。

2　研究が示すところによると，2言語話者や多言語話者であることは単に複数の言語で意思疎通をする能力を持っているよりもはるかに多くの恩恵があるのである。実際，2言語を話す子どもたちは1言語を話す子どもたちよりも同時にいくつかの作業をするのがより得意で，集中することもより簡単にできるのである。別の研究が示すところによると，2言語話者は同様に認識系の作業を行うときに強みを持っているということだ。

3　心理学者でヨーク大学の教授であるエレン＝ビアリストクは2言語使用

や言語学習に焦点を当てているのだが，このことについていくつかの研究を行った。彼女の実験の1つで，2言語話者の被験者は1言語話者よりも認識系や心理的な作業を手早く終わらせた。その作業は彼らの集中の度合いや記憶力や1つの作業から別の作業にうまく移行する能力を検証するために構成されていた。

4 脳の活動に関しても強みがあるようだ。まず，2言語話者の脳は1言語話者の脳よりも活動的だった。それは2言語話者が頭の中で2つの言語の間でたえず切り替えをしているからである。これは一度にいくつかの複雑な作業を行うことができるというのに似ている。加えて，2つの言語で切り替えをするということは，彼らが片方の言語では表現するのがより難しいかもしれない物事をもう片方の言語で表現する助けになりうる。多くの2言語話者はおそらく，ある言語の単語で別の言語に翻訳することがとてもできないものに気付いているのである。

5 2つ以上の言語を話すことは人々の加齢に伴う記憶力の低下を遅らせてくれるとも言われている。人々は年を取るにつれて，脳の組織が自然に衰え始める。しかし，科学者たちは脳の組織の質と量を示してくれるMRIスキャンを通して，より高齢の2言語話者は同じ年齢の1言語話者よりも量も質も高い脳の組織を持っていたということを示した。このことは2つ以上の言語を話すことは記憶力の低下を予防し，脳の組織を保つ助けになるかもしれないということを示唆しているのである。

6 ノースウェスタン大学の教授ニーナ＝クラウス博士による別の研究では，複雑な音を処理する脳の領域を研究するために2言語話者の脳の活動が分析された。クラウス博士が発見したのは，2言語話者は熟練の音楽家とよく似ていて，特定の音がまずそれだけで演奏された後でその音が周囲の雑音と共に演奏されたとき，その特定の音を選び出し，集中することができたということだった。一方で，1言語話者はそうすることができなかった。

7 さらには，2言語話者は他の音の中に混ぜられた特定の単語が聞こえるたびにマウスをクリックするという作業を課せられたとき，1言語話者よりも重要な音を「選び出す」能力がより優れていることが示された。このことは，複数の言語を話す人は必要なものを選び出しているときに，選ばれた関連のある音に注意を向け，一方で他の音を無視することができるということを示しているのだ。

解説

7 「本文によると，世界の最も少ない割合の人々が…を話している」

第1段最終文（According to recent…）の内容より，2言語話者は世界の人口の43パーセント，1言語話者は40パーセントであることがわかるので，残りの3言語以上を話す人の割合は17パーセントであることが読み取れる。したがって4．「3言語以上」を話す人の割合が一番少ないのでこれが正解。

8 「1言語を話す子どもたちと比べて，2言語を話す子どもたちは…ことができる」

第2段第2文（In fact, bilingual…）に「2言語を話す子どもたちは1言語を話す子どもたちよりもいくつかの作業を同時にするのがより得意だ」とあるので2．「複数の作業を円滑に達成する」が正解。multiple「多数の，複数の」を覚えておきたい。3．「短い時間で複雑な作業を行う」は「短い時間で」という記述が本文中にはないため不適。

9 「エレン＝ビアリストクの実験は被験者の…を検証した」

第3段最終文（The tasks were…）にエレン＝ビアリストクが実験で検証した内容が記述されているが，その内容は attention levels「集中の度合い」，memory「記憶力」，ability to shift between one task and another successfully「1つの作業から別の作業にうまく移行する能力」なので，それら3つが全て含まれている4．「記憶力，集中力，作業を切り替える能力」が正解。

10 「もし2つ以上の言語を話すことができたら，…ことが可能かもしれない」

第5段第1文（It is also…）に「2つ以上の言語を話すことは加齢に伴う記憶力の低下を遅らせるとも言われている」と述べられているので，1．delay memory loss「記憶力の低下を遅らせる」が正解。delay「～を遅らせる」を覚えておきたい。

11 「ニーナ＝クラウス博士の実験は2言語話者は…ことができるということを示した」

第6段第2文（Dr. Kraus found that,…）に「クラウス博士は，2言語話者は特定の音が周囲の雑音と共に演奏されたとき，その特定の音を選び出し，集中することができたということを発見した」と述べられている。

したがって2.「より上手に特定の音を認識する」が正解。

12 「この本文は我々に…ということを示している」

第2段第1文（Studies have shown …）の内容より，本文が2言語以上を話す人が持つ利点について述べられているとわかる。第3段以降ではどのような利点を持っているかについて，2名の大学教授の研究内容が紹介されている。研究で示されているのは，第4段第1文（There also seem …）で述べられているように brain activity「脳の活動」に関することなので，3.「2言語話者であることにさらなる知能面での利点がある」が正解。1.「2言語話者は脳の研究をするのが得意だ」は studying the brain の部分の意味を正確にとれていないと選んでしまう可能性があるので注意したい。

13 「この本文のタイトルとして最も適したものはどれか」

2言語以上を話す人が脳の活動の面で様々な利点を持っていることについて述べられた文章であることから，2.「すばらしい2言語話者の脳」が正解。

III 解答 14－4 15－4 16－2 17－4

解説

14 「砂糖と塩はどちらも摂取しすぎるとよくない」

4.「過度な塩と砂糖を摂取しすぎることであなたの健康は損なわれるだろう」が正解。eat too much「多く摂取しすぎる」を覚えておきたい。

15 「スマートフォンなしで出発しないように気をつけなさい」

be careful not to *do*「～しないように注意する」の意。4.「出かけるときにはスマートフォンを持っているのを確認しなさい」が正解。make sure ～「～を確認する」を覚えておきたい。

16 「その企業は意見の一致なしで計画を続行することはできない」

proceed with ～「～を続ける」の意。2.「同意を得た場合のみその企業は計画を続行することができる」が正解。only with approval「同意を得た場合のみ」は，only を含む副詞句で，文頭に出た場合は後に続く主語と助動詞に倒置が起こることに注意。4.「その企業が存続するためにはすべての計画が同意されるべきだ」は続行するのは計画でなく企業になっているので不適。

17 「私はあなたが正しいことをすると信頼すべきではなかったのに」

shouldn't have *done*「～すべきではなかったのに」は過去の行為に対する後悔の気持ちを表す用法。4.「あなたが正しいことをすると考えるのは間違いだった」が正解。trust *A* to *do*「*A* が～すると信頼する」を覚えておこう。to do the right thing の不定詞句を「正しいことをするために」と副詞的用法としてとらえてしまわないように注意。

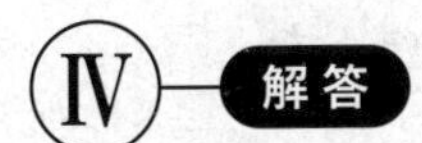

18－2 19－2 20－3 21－1 22－1 23－3
24－1 25－3

全訳

《友達のお兄さんとの会話》

カイはパーティーでモエコと話をしている。

カイ：こんにちは。カイといいます。はじめまして。

モエコ：こちらこそはじめまして。あなたはリサのお兄さんで，カナダに住んでらっしゃる方ですか？

カイ：ああ，僕のことだよ！ どうやって知ったの？

モエコ：あなたが夏に日本に戻ってきているって彼女が言っていたんです。彼女はあなたがとても背が高いとも言っていたから，すぐにあなたのことがわかりました！

カイ：そのとおり。彼女は僕について何か他に言っていた？

モエコ：心配しないでください！ 彼女はあなたのことをとても良く言っていますよ。彼女はあなたがよく勉強しているって言っていました。あなたは大学生なんですよね？

カイ：そうだね。秋に3年生になるよ。

モエコ：すごいですね。向こうの学生はどんな感じですか？

カイ：ええと，たいていは勉強も遊びも一生懸命するよ！ ここではどうなの？

モエコ：わからないです。まだ高校生なので！

カイ：ああ，なるほど！

《海外留学の相談》

マサは彼の指導教授と話をしている。

マサ：こんにちは，教授。アドバイスをいただいてもよろしいでしょうか？
教授：もちろん。何についてかな？
マサ：ありがとうございます。私は英語力を向上させ，歴史と文化も学ぶために海外留学をしたいんです。
教授：それはすばらしいね，マサ！　どこに行くかについて考えているのかな？
マサ：私はシンガポールを考えています。私はそこで文化的多様性と非常に優れた教育システムを経験したいと常々考えていました。
教授：それはすばらしい選択だよ！
マサ：はい，賛成してくださってうれしいです。でも問題は海外留学は高額だということなんです。何らかの援助が受けられるのはどこか知ってらっしゃいますか？
教授：キャンパスにあるインターナショナルオフィスに行ったことはあるかい？
マサ：いいえ，まだです。どんなところですか？
教授：そこのスタッフは海外留学のための奨学金や財政的な援助について私よりくわしく知っているよ。
マサ：それについては考えたことがありませんでした。そこに連絡をとってもっと情報を集めます！
教授：頑張ってね。そして私に状況を報告してね。もし必要なことが他にあれば知らせてね。
マサ：ありがとうございます，教授！　そうします。

解説

18　空欄 a 直後のモエコの発言第 1 文（She mentioned that …）に「あなたが夏に戻ってきているって彼女（＝リサ）が言っていたんです」とあることから，自分のことをどうやって知ったかを尋ねている 2 が正解。

19　空欄 b 直後のモエコの発言（She speaks so …）に「彼女はあなたのことをとても良く言っている」とあることから，空欄直前のカイの発言第 2 文（Did you say …）「彼女は僕について何か他に言っていた？」という問いかけに対して，Don't worry「心配しないで」と答える 2 が前後の内容に合うので正解。speak highly of *A*「*A* のことをほめる」を覚えておきたい。

20 空欄 c を含む文でのモエコの問いかけに対して，直後のカイの発言第1文（Well, generally they …）で「たいてい彼らは勉強も遊びも一生懸命する」とある。会話の流れから「彼ら」はカナダの学生のことだと推測できるので，空欄を含む一文でモエコはカナダの学生の様子を聞いていると判断できる。したがって3．What are students like を入れて，「向こうの学生はどんな感じですか？」とするのが正解。

21 空欄 d の直前のカイの発言第1・2文（Well, generally they … How about here?）でカイはカナダの学生の様子を述べた後，here「ここ（日本）」の（大）学生の様子を聞き返している。それに対して空欄直後でモエコは「私はまだ高校生です！」と発言していることから，空欄には日本の大学生の様子はわからないという意味を表している1．I have no idea「わからないです」が入る。

22 空欄 e の直前のマサの発言（Hi, professor, could …）でマサは教授にアドバイスを求めていて，それに対し教授は Absolutely.「もちろん」と発言しているため，アドバイスの内容を尋ねる1．What about「何についてかな」が正解。3．What do you mean は「どういう意味ですか」と相手が質問した意図を尋ねる表現なので不適。

23 空欄 f の直後のマサの発言第1文（Yes, I'm glad …）に「はい，賛成してくださってうれしいです」とあることから，空欄には留学先にシンガポールを考えているというマサの意見に賛成する内容の発言が入るとわかる。したがって3．Excellent choice「すばらしい選択だ」が正解。

24 空欄 g の直前の教授の発言（Have you been …）に「キャンパスにあるインターナショナルオフィスに行ったことはあるかい？」とあることから，空欄にはそれに対する返答が入るとわかる。空欄直後に What do they do?「彼らは何をしているのですか（インターナショナルオフィスとはどういうところですかの意）」とあるので，マサはまだインターナショナルオフィスに行ったことがないと判断できる。したがって1．No, not yet「いいえ，まだです」が正解。

25 空欄直後の教授の発言（Let me know …）に「必要なことが他にあれば知らせてね」とあることから，空欄直前のマサの発言第2文（I'll reach out …）でマサが「インターナショナルオフィスに連絡をとってもっと情報を集めます」と言ったことに対して，インターナショナルオフィスに連絡した後もサポートはするという趣旨の発言をしていると考えられる。したがって3．keep me posted「私に状況を報告して」が正解。1「私を助けて」，2「私に時間をかけさせないで」，4「私を案内して」はいずれも会話の内容に合わない。

V 解答 26－1 27－2

解説

26「人間の保護下にある動物は医療が必要だ。それには時には注射針によるものも含まれる。そして多くの人間とまったく同様に，動物園の動物は針を好まないことが多い。しかし，いやがらないように彼らを訓練することが可能だ。初めに訓練士は動物にごく小さな針を見せる。彼らはだんだんサイズを大きくしていき，そして針を使用する前には最大で100回は動物に見せる。この過程は動物にもよるが全体で数週間から数カ月かかる場合もある」

与えられた英文の内容から，動物は医療行為に使う注射針を好まないということが話題であることがわかる。Aのtheyが「動物」を指していると考えるとAは「しかし，（注射針を）いやがらないように彼らを訓練することができる」と，与えられた英文との逆接関係が成立するため，まずAがくると考えられる。B，C，Dは，動物が注射針をいやがらないようにするための方法について，B「まず小さな針を見せて」，C「だんだんサイズを大きくしていき，最大で100回は見せ」，D「その過程に数週間から数カ月」かけると順番に説明しているので，この順で並べるとよい。したがってA→B→C→Dが正解。

27「フランスの哲学者ルネ＝ジラールは人間は自分たちが望むものを個人としてはわかっていないと考えていた。基本的に彼の言いたいことは欲求とは我々の中から生まれてくるものではないということだった。それどころか，我々が望むことを見つけ出すために我々は自分たちの周りにいる人々を見ているのだ。もし他人が何かが望ましいと考えているとわかったら，我々は自分たちもそのことを望みだすかもしれない。つまりは，我々の物事に対する欲求はその物事について周りの人々が考えていることを知ることから生まれてくるのだ」

まずBにある he に注目する。この he は与えられた英文に出てくるフランスの哲学者ルネ＝ジラールのことを指していると考えられるため，まずBがくると考える。与えられた英文でルネ＝ジラールが考えていた「人間は自分たちが望むものを個人としてはわかっていない」という内容に対して，Bで彼の考えていたことの意図が「欲求とは我々の中から生まれてくるものではない」と言い換えられている。その後A，DはBの内容がさらに具体化された内容と考えられるので次にくる。最後にCは我々の欲求がどこから生まれてくるかという本文内容のまとめにあたると考えられるので最後にくる。したがって正解はB→A→D→Cの順番になる。In short「つまりは」を覚えておくとよい。

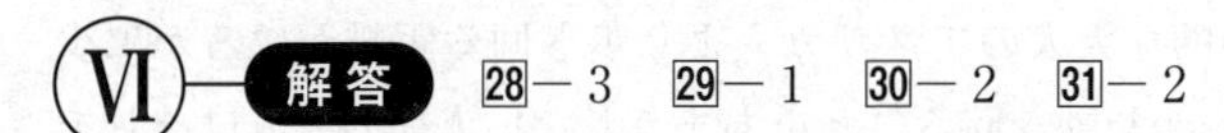

Ⅵ　解答　28—3　29—1　30—2　31—2

解説

28 「中国と日本の水田の一部で地球温暖化による CO_2 レベルの上昇を検証する中で，研究者たちはコメに含まれる4つのビタミン——ビタミンB1，B2，B5，B9——が減少していることを示した。研究者たちはタンパク質が平均10.3パーセント，鉄分は8パーセント減少していることも発見した。もし地球温暖化が進めば，今世紀の終わりには，コメは今ほど健康に良いものではなくなっているかもしれない」

第1・2文（Testing the effect … fall in iron.）ではコメの栄養価が減っていることを研究者たちは発見したと述べられている。したがって空欄にはその言い換えとなる3．「コメは今ほど健康に良いものではなくなっているかもしれない」を入れると内容的に一致する。

29 「2010年代の間，十代の若者たちは以前よりはるかに高い水準の精神的な健康問題を報告しているということが心理学の研究者たちに明らかになった。このことを説明するために，彼らは大きな違いはスマートフォンとソーシャルメディアの使用が特に2015年以来普及したことだと主張している。彼らはこれらが十代の若者の生活に悪い形で影響を与えたと主張している」

第2文（To explain this, …）での研究者たちの主張は「大きな違いはスマートフォンとソーシャルメディアの使用が特に2015年以来普及したことだ」と述べられている。第1文（During the 2010s, …）の内容からそれが2010年代に十代の若者の精神面での健康問題がはるかに高水準になったことの原因と考えられるので，空欄には1.「十代の若者の生活に悪い形で影響を与えた」が正解となる。

30「過去数年にわたって，ソロキャンプが日本で人気になっている。ソロキャンプをする人は自然の静けさと平穏を独り楽しむのである。一人で魚釣りを楽しむ人もいれば，静かに読書を楽しむ人もいる」

第2文（Solo campers appreciate …）の内容は「ソロキャンプをする人は自然の静けさと平穏を独り楽しむ」というものなので，空欄にはその具体例となる2.「静かに読書をすること」を入れるのが適切。他の選択肢は全て一人ですることではないので不適。

31「ゴリラは平均的な大人のアメリカ人より歩き回る距離がはるかに少ない傾向がある。しかし動き回ることをあまりしない人間の大人はそれをよくする人より心臓病になる危険性が高い一方で，ゴリラには同じことはあてはまらない。実際，彼らはあまり活動していなくても健康でありうるのだ」

第2文（But while adult …）では「動き回ることをしない人間の大人はそれをよくする人より心臓病になる危険性が高い一方で，ゴリラにはそれがあてはまらない」と，人間とゴリラが対比されている。第1文（Gorillas tend to …）で「ゴリラは人間の大人より歩き回る距離がはるかに少ない」と述べられているので空欄には以上の2文から導き出される結論である2.「彼らはあまり活動していなくても健康でありうるのだ」を入れると内容的に一致する。be true for *A*「*A*にあてはまる」を覚えておきたい。

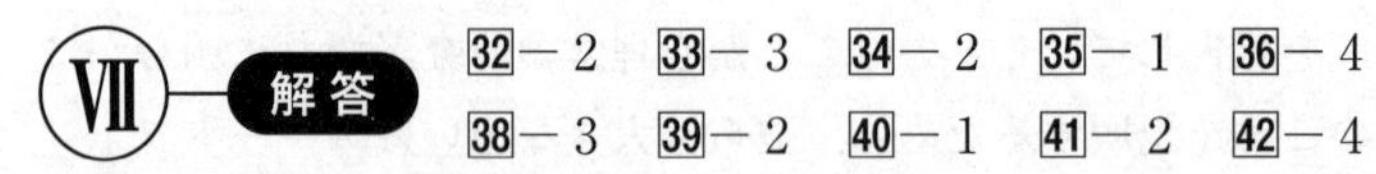

VII 解答　32―2　33―3　34―2　35―1　36―4　37―1　38―3　39―2　40―1　41―2　42―4　43―2　44―3　45―2　46―4

解説

(A)「ハイカーたちは山中での長距離トレッキングのために十分な水と軽食を持っていくようアドバイスを受けた」

32　long trek「長距離トレッキング」に合う前置詞を選ぶ。「長距離トレッキング」は行動であるため，「～のために」と目的を表す2．for が最も適切。

33　文の内容に合うように，適切な前置詞を選ぶ。空欄の前の内容がハイカーが長距離トレッキングをするというものなので，above「～の（空中の）上」は不適。under「～の下で」も意味的に合わない。at「～（の地点）で」は場所を点ととらえる場合に使用されるので，「山中での長距離トレッキング」という本文の意味と合わない。したがって3．in「～の中で」が最も適切。

(B)「あなたの言葉はマユの気持ちを傷つけたにちがいない。あなたがしなければならないのは彼女に謝ることだけだ」

34　must have *done*「～したにちがいない」の意。hurt は「～の感情を傷つける」という他動詞で直後の Mayu's feelings を目的語にとっているので，受動態の形になる1．be，3．have been は不適。2．have が正解。

35　All you have to do is（to）*do* で「あなたがしなければならないのは～することだけだ」の意。1．All が正解。

(C)「あなたに非常に長い間会っていなかったので，あなたのことがわからなかったよ！　お父さんにますます似てきたね！」

36　for long は通例否定文・疑問文で「長い間」を表す副詞句。空欄直後の that に注目し，so＋副詞（形容詞）＋that …「とても～なので…」の用法が使われていることに気付くことが重要になる。4．so long が正解。

37　look like ～「～に似ている」 like の前に比較級の more がついて「より似ている」になる1．more like が正解。

(D)「暴風警報が発令されないかぎりは，どれほど激しく雨が降ってもその試合は延期にはならないだろう」

38　空欄直後にＳ Ｖがあることから，空欄には接続詞を入れる。意味が通るのは3．Unless ～「～でないかぎりは」である。issue ～「～を出す」という動詞の意味を知っていないと文の意味がとれないので，この単語は覚えておきたい。

39　空欄直後に副詞があることから，空欄に2．no matter how を入れると，空欄以下が no matter how＋副詞＋S V「どれだけ～ＳがＶでも」の譲歩の意味を表す副詞節になり，主節と意味的につながる。

(E)「私のクラスメイトの1人が金メダルを取ったという知らせは驚くべきことだ」

40　that 以下の名詞節内の動詞が has なので，名詞節内の主語は単数となる。したがって2．some of は不適。3．someone who と4．the one は空欄直後のＳＶとつながらないため不適。1．one of が正解となる。

41　that 以下の名詞節はその前の The news と同格関係で，the news that S V「S V という知らせ」となっている。したがって The news が文の主語で空欄が動詞となる。news「知らせ」は単数の不可算名詞である。したがって1．are surprised は不適。3．surprise は他動詞で直後に目的語が必要なので不適。4．surprisingly は副詞なので不適。2．is surprising が正解。

(F)「私がオーストラリアに行ったとき，たいていのオーストラリアの人々は寿司が好きだとわかった」

42　When から始まる副詞節は，主節の時制より過去のことを表しているとわかるため，過去形を用いている4．went to が正解。空欄には動詞が入るので，動詞ではない1は不適。2，3は時制も不適だが，そもそも空欄直後の Australia とつなげるためには前置詞 to が必要なため不適。

43　空欄には直後の Australian people を修飾する形容詞が入る。したがって副詞である1，3は不適。4．the most「最大の」は他の国の人々とオーストラリアの人々を比べているわけではないので不適。2．most「たいていの～」が正解。

(G)「私は本当にカラオケに行くのが好きではない。ひょっとするともし私がもっと歌うのがうまければ，友達とそこに行くのを楽しめるかもしれない」

44　空欄には like の目的語となる動名詞3．going が入る。

45　空欄の前に冠詞 a があるので，空欄には名詞が入るとわかる。したがって2．singer が正解。

46　空欄直後の my friends に合う前置詞を選ぶ。1．also と3．together は副詞なので不適。2．among「～の間で」は文意と合わないため不適。4．with「～と一緒に」が正解。

47－2　48－3　49－4　50－4　51－4　52－1

解説

47 「ストライキをしている労働者たちは企業の経営陣からの譲歩を手に入れた」

concession は「譲歩」の意。2の compromise「妥協案」が最も近い意味になり，正解。1．bonus「特別手当」　3．raise「賃上げ」　4．response「反応」

48 「彼の完璧なテストの得点は彼が最もまじめな生徒であることを示している」

earnest は「まじめな」の意。3．serious「まじめな」が正解。1．careless「不注意な」　2．excited「興奮した」　4．troubled「問題の多い」

49 「私は机と壁の間のすき間にそのペンを落とした」

gap は「すき間」の意。4．space「空間」が最も近い意味となり，正解。1．box「箱」　2．case「箱」　3．edge「縁」

50 「あなたの新しいシャツがダサいと言うつもりはなかったんです」

imply は「～だとそれとなく言う」の意。4．suggest「～を暗に示す」が正解。1．deny「～でないと言う」　2．joke「～と冗談を言う」　3．reply「～と答える」

51 「その接着剤の匂いは本当に不快だ」

nasty は「不快な」の意。4．unpleasant「不快な」が正解。1．interesting「興味深い」　2．sweet「香りのよい」　3．unique「格別の」

52 「美術の授業の後には床中に紙の破片があった」

scrap は「破片」の意。1の fragment「破片」が正解。2．pile「山」　3．shape「型」　4．sheet「（紙などの）1枚」

数　学

◀経済・経営・法・現代社会・国際関係・外国語・文化・生命科学部▶

I　解答

(1)ア. $(x+1)(x-4)(x^2-3x+6)$

(2)イ. $\frac{11}{2}$　(3)ウ. $\sqrt{2}$　(4)エ. 52　オ. 40　(5)カ. $25+5\sqrt{6}$

(6)キ. $-2,\ 0,\ 4$　ク. $\frac{148}{3}$

解説

《小問6問》

(1)
$$x(x-1)(x-2)(x-3)-24$$
$$=(x^2-3x)(x^2-3x+2)-24$$
$$=(x^2-3x)^2+2(x^2-3x)-24$$
$$=\{(x^2-3x)-4\}\{(x^2-3x)+6\}$$
$$=(x^2-3x-4)(x^2-3x+6)$$
$$=(x+1)(x-4)(x^2-3x+6)\quad \to ア$$

(2) 真数は正より

$$\begin{cases} 2x-3>0 \\ x-5>0 \end{cases}$$

よって　$x>5$　……①

与式を変形すると

$$\log_2(2x-3)(x-5)=2$$
$$(2x-3)(x-5)=2^2$$

左辺を展開して，整理すると

$$2x^2-13x+11=(2x-11)(x-1)=0$$

よって　$x=\frac{11}{2},\ 1$

①を満たす x の値は

$$x=\frac{11}{2} \quad \to イ$$

(3) $\angle BCD=180^\circ-\angle DAB=180^\circ-135^\circ$

$=45^\circ$

$\triangle BCD$ において，余弦定理より

$$BD^2=(2\sqrt{2})^2+2^2-2\times2\sqrt{2}\times2\times\cos45^\circ$$

$$=8+4-8=4$$

$BD>0$ より　　$BD=2$

円 O の半径を R とすると，正弦定理より

$$R=\frac{BD}{2\sin\angle DAB}=\frac{2}{2\sin135^\circ}=\sqrt{2} \quad \to ウ$$

(4) 偶数になるのは，一の位が 0，2，4 のときである。

(i) 一の位が 0 のとき

残り 5 個の数字から 2 個選んで並べる順列であるから

$${}_5P_2=\frac{5!}{3!}=20 個$$

(ii) 一の位が 2 のとき

百の位の数字は 0 と 2 を除く 4 通り，十の位は 2 と百の位で使った数字を除く 4 通りであるから

$4\times4=16$ 個

(iii) 一の位が 4 のとき

(ii)と同様に考えて　　16 個

(i)〜(iii)より，偶数は全部で

$20+16+16=52$ 個　→エ

3 の倍数となるのは，各位の数字の和が 3 の倍数であればよい。3 つの数の和が 3 の倍数になる数の組は

(0, 1, 2), (0, 1, 5), (0, 2, 4), (0, 4, 5), (1, 2, 3),
(1, 3, 5), (2, 3, 4), (3, 4, 5)

百の位に 0 が並ぶことを除いて，それぞれの順列を求めると

$4\times4+3!\times4=16+24=40$ 個　→オ

(5) $x=1+\sqrt{6}$ より，$x-1=\sqrt{6}$ の両辺を 2 乗して整理すると

$x^2-2x-5=0$

$P(x)=x^4-x^3-3x^2-8x$ とおくと

$$P(x)=(x^2-2x-5)(x^2+x+4)+5x+20$$

$$\begin{array}{r} x^2+x+4 \\ x^2-2x-5 \,\overline{)\, x^4-x^3-3x^2-8x} \\ \underline{x^4-2x^3-5x^2} \\ x^3+2x^2-8x \\ \underline{x^3-2x^2-5x} \\ 4x^2-3x \\ \underline{4x^2-8x-20} \\ 5x+20 \end{array}$$

$x=1+\sqrt{6}$ を代入すると

$x^2-2x-5=0$ より

$$P(1+\sqrt{6})=5(1+\sqrt{6})+20$$

$$=25+5\sqrt{6} \quad \to カ$$

(6)　連立方程式

$$\begin{cases} y=x^3-2x^2-3x \\ y=5x \end{cases}$$

を解いて，C と l の共有点の x 座標を求めると

$$x^3-2x^2-3x=5x$$

$$x^3-2x^2-8x=x(x^2-2x-8)=x(x+2)(x-4)=0$$

よって　　$x=-2,\ 0,\ 4$　→キ

したがって，C と l で囲まれた2つの部分の面積の和は

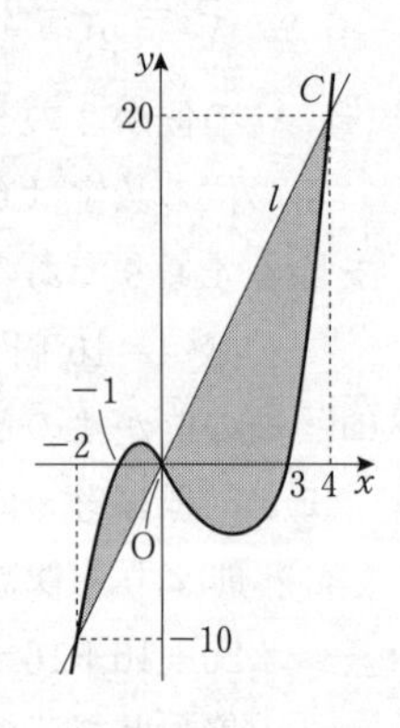

$$\int_{-2}^{0}\{(x^3-2x^2-3x)-5x\}dx+\int_{0}^{4}\{5x-(x^3-2x^2-3x)\}dx$$

$$=\left[\frac{x^4}{4}-\frac{2}{3}x^3-4x^2\right]_{-2}^{0}+\left[-\frac{x^4}{4}+\frac{2}{3}x^3+4x^2\right]_{0}^{4}$$

$$=0-\left(4+\frac{16}{3}-16\right)+\left(-64+\frac{128}{3}+64\right)-0$$

$$=\frac{148}{3} \quad \to ク$$

Ⅱ　解答

(i)**ア．** $-\frac{2}{3}k$　**イ．** $-\frac{2k+13}{2}$

(ii)**ウ．** 11　**エ．** -50　(iii)**オ．** $-\frac{9}{2}$　**カ．** 17　**キ．** $17\sqrt{17}$

解説

《3次関数の極大値・極小値，解と係数の関係，対称式》

(i)　$f'(x)=6x^2+4kx-(6k+39)$ で，$x=\alpha$，β は2次方程式 $f'(x)=0$ の解であるから，解と係数の関係より

$$\alpha+\beta=-\frac{4k}{6}=-\frac{2}{3}k \quad \to ア$$

$$\alpha\beta=-\frac{6k+39}{6}=-\frac{2k+13}{2} \quad \to イ$$

(ii)　$k=-3$ のとき

$$\alpha+\beta=2,\ \alpha\beta=-\frac{7}{2}$$

$\alpha^2+\beta^2$ を $\alpha+\beta$，$\alpha\beta$ で表すと

$$\alpha^2+\beta^2=(\alpha+\beta)^2-2\alpha\beta=2^2-2\times\left(-\frac{7}{2}\right)=11 \quad \to ウ$$

$f(x)=2x^3-6x^2-21x$ より

$$f(\alpha)+f(\beta)=2(\alpha^3+\beta^3)-6(\alpha^2+\beta^2)-21(\alpha+\beta)$$

$\alpha^3+\beta^3=(\alpha+\beta)^3-3\alpha\beta(\alpha+\beta)$ より

$$f(\alpha)+f(\beta)=2\times\left\{2^3-3\times\left(-\frac{7}{2}\right)\times 2\right\}-6\times 11-21\times 2$$

$$=-50 \quad \to エ$$

別解　$f(x)=2x^3-6x^2-21x$，

$f'(x)=3(2x^2-4x-7)$ より

$$f(x)=(2x^2-4x-7)(x-1)-18x-7$$

$$\begin{array}{r} x-1 \\ 2x^2-4x-7\,\big)\overline{\,2x^3-6x^2-21x} \\ \underline{2x^3-4x^2-\ \ 7x} \\ -2x^2-14x \\ \underline{-2x^2+\ 4x+7} \\ -18x-7 \end{array}$$

$x=\alpha$，β は $f'(x)=0$，すなわち $2x^2-4x-7=0$ の解より

$$f(\alpha)+f(\beta)=(-18\alpha-7)+(-18\beta-7)$$

$$=-18(\alpha+\beta)-14=-18\times 2-14$$

$$=-50$$

(iii)　$P=(\alpha-\beta)^2$ とおくと

$$P=(\alpha-\beta)^2=(\alpha+\beta)^2-4\alpha\beta=\left(-\frac{2}{3}k\right)^2-4\times\left(-\frac{2k+13}{2}\right)$$

$$=\frac{4}{9}k^2+4k+26=\frac{4}{9}\left(k+\frac{9}{2}\right)^2+17$$

よって，P は

$k=-\dfrac{9}{2}$ のとき，最小値 17　→オ，カ

このとき，$f(x)=2x^3-9x^2-12x$，$f'(x)=6x^2-18x-12$ であり，$x=\alpha$ で極大値，$x=\beta$ で極小値をとることから

$$\alpha<\beta,\ \alpha+\beta=-\frac{2}{3}\left(-\frac{9}{2}\right)=3,\ \alpha\beta=-\frac{\left(-\frac{9}{2}\right)\cdot 2+13}{2}=-2$$

また，$\alpha-\beta<0$ より

$$\alpha-\beta=-\sqrt{17}$$

$$\begin{aligned}f(\alpha)-f(\beta)&=(2\alpha^3-9\alpha^2-12\alpha)-(2\beta^3-9\beta^2-12\beta)\\&=2(\alpha^3-\beta^3)-9(\alpha+\beta)(\alpha-\beta)-12(\alpha-\beta)\\&=(\alpha-\beta)\{2(\alpha^2+\alpha\beta+\beta^2)-9(\alpha+\beta)-12\}\\&=-\sqrt{17}\{2(3^2+2)-9\times 3-12\}\\&=17\sqrt{17}\end{aligned}$$
→キ

III　解答

(i)**ア.** $\dfrac{\sqrt{5}}{5}$　**イ.** 2

(ii)**ウ.** $s\overrightarrow{\mathrm{AD}}+t\overrightarrow{\mathrm{AC}}$　(iii)**エ.** $\dfrac{15}{17}$　**オ.** $-\dfrac{13}{17}$

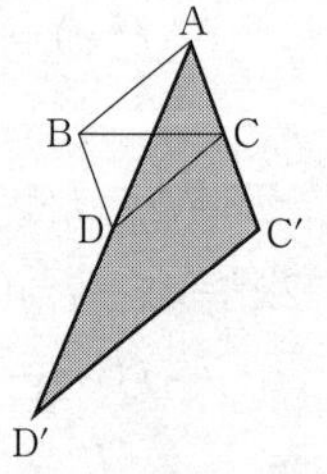

(iv)　$\overrightarrow{\mathrm{AD}}=\overrightarrow{\mathrm{AB}}+\overrightarrow{\mathrm{AC}}$ より，点 D は AB，AC を隣り合う 2 辺とする平行四辺形 ABDC の頂点である。

$0\leqq\dfrac{s}{2}+\dfrac{t}{2}\leqq 1$，$\dfrac{s}{2}\geqq 0$，$\dfrac{t}{2}\geqq 0$ であり，(ii)の結果より

$$\overrightarrow{\mathrm{AP}}=s\overrightarrow{\mathrm{AD}}+t\overrightarrow{\mathrm{AC}}=\frac{s}{2}(2\overrightarrow{\mathrm{AD}})+\frac{t}{2}(2\overrightarrow{\mathrm{AC}})$$

と表されるから，点 P の存在範囲は，$\overrightarrow{\mathrm{AC'}}=2\overrightarrow{\mathrm{AC}}$，$\overrightarrow{\mathrm{AD'}}=2\overrightarrow{\mathrm{AD}}$ とおくと，△AC′D′ の周および内部である。

△ACD＝△ABC＝2 であり，△ACD∽△AC′D′ で相似比は 1：2 より

$$\triangle \mathrm{AC'D'}=2^2\times\triangle \mathrm{ABC}=8$$
……(答)

解説

《三角比および平面ベクトルの図形への応用，条件を満たす点の存在範囲》

(i)　△ABC において，余弦定理より

$$\cos\angle \mathrm{CAB}=\frac{(2\sqrt{5})^2+1^2-(\sqrt{17})^2}{2\times 2\sqrt{5}\times 1}=\frac{1}{\sqrt{5}}=\frac{\sqrt{5}}{5}\quad \rightarrow ア$$

$0<\angle \mathrm{CAB}<\pi$ より，$\sin\angle \mathrm{CAB}>0$ であるから

$$\sin\angle \mathrm{CAB}=\sqrt{1-\cos^2\angle \mathrm{CAB}}=\sqrt{1-\left(\frac{\sqrt{5}}{5}\right)^2}=\frac{2\sqrt{5}}{5}$$

よって

$$\triangle \mathrm{ABC}=\frac{1}{2}\times 2\sqrt{5}\times 1\times\frac{2\sqrt{5}}{5}=2\quad \rightarrow イ$$

(ii)　$\overrightarrow{\mathrm{AP}}=s\overrightarrow{\mathrm{AB}}+(s+t)\overrightarrow{\mathrm{AC}}=s(\overrightarrow{\mathrm{AB}}+\overrightarrow{\mathrm{AC}})+t\overrightarrow{\mathrm{AC}}$

$\overrightarrow{\mathrm{AD}}=\overrightarrow{\mathrm{AB}}+\overrightarrow{\mathrm{AC}}$ より

$$\overrightarrow{\mathrm{AP}}=s\overrightarrow{\mathrm{AD}}+t\overrightarrow{\mathrm{AC}}\quad \rightarrow ウ$$

(iii)　P が線分 BC 上にあるためには

$$\begin{cases} s+(s+t)=1 & \cdots\cdots① \\ s\geqq 0 & \cdots\cdots② \\ s+t\geqq 0 & \cdots\cdots③ \end{cases}$$

また，$\overrightarrow{\mathrm{AB}}\cdot\overrightarrow{\mathrm{AC}}=|\overrightarrow{\mathrm{AB}}||\overrightarrow{\mathrm{AC}}|\cos\angle \mathrm{CAB}=2\sqrt{5}\times 1\times\frac{\sqrt{5}}{5}=2$ より

$$\begin{aligned}|\overrightarrow{\mathrm{AP}}|^2&=s^2|\overrightarrow{\mathrm{AB}}|^2+(s+t)^2|\overrightarrow{\mathrm{AC}}|^2+2s(s+t)\overrightarrow{\mathrm{AB}}\cdot\overrightarrow{\mathrm{AC}}\\&=20s^2+(s+t)^2+4s(s+t)\\&=25s^2+6st+t^2=16\quad\cdots\cdots④\end{aligned}$$

①より，$t=1-2s$ を④に代入して

$$25s^2+6s(1-2s)+(1-2s)^2=16$$

整理すると

$$17s^2+2s-15=(17s-15)(s+1)=0$$

$s\geqq 0$ より

$$s=\frac{15}{17},\quad t=1-2\times\frac{15}{17}=-\frac{13}{17}\quad \rightarrow エ，オ$$

これは③を満たす。

◀理・情報理工学部▶

I　解答　(1) 105　(2) $\dfrac{77}{53}$　(3) $-2xe^{-x^2}$　(4) $2\sqrt{13}$

(5) $\sqrt{3}-1-\dfrac{\pi}{12}$

解説

《小問5問》

(1)　$_7C_4 \times {}_3C_2 \times {}_1C_1 = \dfrac{7!}{4!3!} \times \dfrac{3!}{2!1!} \times 1 = 35 \times 3 \times 1 = 105$

(2)　$\dfrac{x}{2}=\dfrac{y}{3}=\dfrac{z}{5}=k\ (\neq 0)$ とおくと，$x=2k$，$y=3k$，$z=5k$ より

$$\frac{y^3+z^2x}{x^3+y^2z}=\frac{(3k)^3+(5k)^2\times 2k}{(2k)^3+(3k)^2\times 5k}=\frac{77k^3}{53k^3}=\frac{77}{53}$$

(3)　$y'=(e^{-x^2})'=e^{-x^2}(-x^2)'=-2xe^{-x^2}$

(4)　$z\bar{z}=|z|^2=x^2+y^2=4$，$2x+3y=k$（k は実数）とおくと

$$x^2+\left(\frac{k-2x}{3}\right)^2=4$$

展開して，整理すると

$$13x^2-4kx+k^2-36=0$$

x が実数解をもつための必要十分条件は，判別式を D とおくと

$$\frac{D}{4}=4k^2-13(k^2-36)=-9(k+2\sqrt{13})(k-2\sqrt{13})\geqq 0$$

よって　　$-2\sqrt{13}\leqq k\leqq 2\sqrt{13}$

したがって，求める $2x+3y$ の最大値は　　$2\sqrt{13}$

(5)　$$\left|\sin x-\frac{1}{2}\right|=\begin{cases}-\sin x+\dfrac{1}{2} & \left(0\leqq x\leqq \dfrac{\pi}{6}\right)\\ \sin x-\dfrac{1}{2} & \left(\dfrac{\pi}{6}\leqq x\leqq \dfrac{\pi}{2}\right)\end{cases}$$

であるから

$$\int_0^{\frac{\pi}{2}}\left|\sin x-\frac{1}{2}\right|dx=\int_0^{\frac{\pi}{6}}\left(-\sin x+\frac{1}{2}\right)dx+\int_{\frac{\pi}{6}}^{\frac{\pi}{2}}\left(\sin x-\frac{1}{2}\right)dx$$

$$=\left[\cos x+\frac{1}{2}x\right]_0^{\frac{\pi}{6}}+\left[-\cos x-\frac{1}{2}x\right]_{\frac{\pi}{6}}^{\frac{\pi}{2}}$$
$$=\left(\frac{\sqrt{3}}{2}+\frac{\pi}{12}\right)-1+\left(-\frac{\pi}{4}\right)-\left(-\frac{\sqrt{3}}{2}-\frac{\pi}{12}\right)$$
$$=\sqrt{3}-1-\frac{\pi}{12}$$

II　解答

(1)(ア) $(s,\ 2t,\ -3s-3t+3)$　(2)(イ) $\left(\frac{36}{49},\ \frac{18}{49},\ \frac{12}{49}\right)$

(3)(ウ) $\frac{6}{7}$　(エ) $\sqrt{r^2-\frac{36}{49}}$　(4)(オ) $\frac{85}{4}+9\sqrt{5}$　(カ) $\left(-\frac{2\sqrt{5}}{5},\ -\frac{\sqrt{5}}{5},\ 0\right)$

解説

《空間ベクトルと空間図形（平面，球）》

(1)　$\mathrm{P}(x,\ y,\ z)$ とおくと

$$\overrightarrow{\mathrm{OP}}=\overrightarrow{\mathrm{OC}}+\overrightarrow{\mathrm{CP}}=s\overrightarrow{\mathrm{CA}}+t\overrightarrow{\mathrm{CB}}+\overrightarrow{\mathrm{OC}}$$

$\overrightarrow{\mathrm{CA}}=(1,\ 0,\ -3)$，$\overrightarrow{\mathrm{CB}}=(0,\ 2,\ -3)$ より

$$(x,\ y,\ z)=s(1,\ 0,\ -3)+t(0,\ 2,\ -3)+(0,\ 0,\ 3)$$
$$=(s,\ 2t,\ -3s-3t+3)$$

点Pの座標は

$\mathrm{P}(s,\ 2t,\ -3s-3t+3)$　→(ア)

(2)　Mは平面 α 上の点であるから，(1)の結果を用いると
$\mathrm{M}(\mathrm{s},\ 2t,\ -3s-3t+3)$ とおける。

$\mathrm{OM}\perp$平面 $\alpha\iff\overrightarrow{\mathrm{OM}}\perp\overrightarrow{\mathrm{CA}}$ かつ $\overrightarrow{\mathrm{OM}}\perp\overrightarrow{\mathrm{CB}}$ であるから

$$\overrightarrow{\mathrm{OM}}\cdot\overrightarrow{\mathrm{CA}}=s-3(-3s-3t+3)$$
$$=10s+9t-9=0\quad\cdots\cdots①$$
$$\overrightarrow{\mathrm{OM}}\cdot\overrightarrow{\mathrm{CB}}=2\times2t-3(-3s-3t+3)$$
$$=9s+13t-9=0\quad\cdots\cdots②$$

①，②より

$$s=\frac{36}{49},\quad t=\frac{9}{49}$$

したがって，点Mの座標は

$$\mathrm{M}\left(\frac{36}{49},\ \frac{18}{49},\ \frac{12}{49}\right)\quad \to (イ)$$

(3)　球面βが平面αと接するのは，$r=\mathrm{OM}$のときであるから

$$r=\sqrt{\left(\frac{36}{49}\right)^2+\left(\frac{18}{49}\right)^2+\left(\frac{12}{49}\right)^2}=\frac{6}{49}\sqrt{6^2+3^2+2^2}=\frac{6}{49}\times 7=\frac{6}{7}$$

$\to$(ウ)

$r>\frac{6}{7}$のときβとαが交わってできる図形は円であり，この円の円周上の点をDとすると，△OMDは直角三角形であるから，三平方の定理より円の半径MDは

$$\mathrm{MD}=\sqrt{r^2-\left(\frac{6}{7}\right)^2}=\sqrt{r^2-\frac{36}{49}}\quad \to (エ)$$

(4)　点Qは，xy平面上でOを中心とする半径1の円の円周上にあるから

$$\mathrm{Q}(\cos\theta,\ \sin\theta,\ 0)\quad (0\leqq\theta<2\pi)$$

平面α上の点Rは，(1)より$\mathrm{R}(s,\ 2t,\ -3s-3t+3)$とおける。

$\overrightarrow{\mathrm{RQ}}$は$z$軸に平行であるから，0でない実数$k$を用いて

$$(\cos\theta-s,\ \sin\theta-2t,\ 3s+3t-3)=k(0,\ 0,\ 1)$$

よって

$$\begin{cases}\cos\theta-s=0\\ \sin\theta-2t=0\\ 3s+3t-3=k\end{cases}$$

これを解いて

$$s=\cos\theta,\ t=\frac{1}{2}\sin\theta,\ k=3\cos\theta+\frac{3}{2}\sin\theta-3$$

$L=\sqrt{\mathrm{OQ}^2+\mathrm{QR}^2}=\sqrt{1^2+k^2}$ より

$$L=\sqrt{1+\frac{9}{4}(\sin\theta+2\cos\theta-2)^2}$$

三角関数の合成を行うと

$$\sin\theta+2\cos\theta-2=\sqrt{5}\sin(\theta+r)-2$$

ただし　　$\cos r=\frac{1}{\sqrt{5}},\ \sin r=\frac{2}{\sqrt{5}}$

$-\sqrt{5}-2\leqq\sin\theta+2\cos\theta-2\leqq\sqrt{5}-2$ より，Lが最大となるのは，

$\theta+r=\dfrac{3}{2}\pi$ のときで，そのときの L^2 の値は

$$L^2=1+\frac{9}{4}\times(-\sqrt{5}-2)^2=\frac{85}{4}+9\sqrt{5} \quad \to (オ)$$

また，そのときのQの座標は

$$x=\cos\theta=\cos\left(\frac{3}{2}\pi-r\right)=-\sin r$$

$$=-\frac{2}{\sqrt{5}}=-\frac{2\sqrt{5}}{5}$$

$$y=\sin\theta=\left(\frac{3}{2}\pi-r\right)=-\cos r$$

$$=-\frac{1}{\sqrt{5}}=-\frac{\sqrt{5}}{5}$$

ゆえに

$$Q\left(-\frac{2\sqrt{5}}{5},\ -\frac{\sqrt{5}}{5},\ 0\right) \quad \to (カ)$$

III　解答　(1)　C$(s,\ t)$ とおくと，線分ACの中点 $\left(\dfrac{s+1}{2},\ \dfrac{t+3}{2}\right)$ は直線 l 上にあり，直線ACと直線 l は垂直であるから

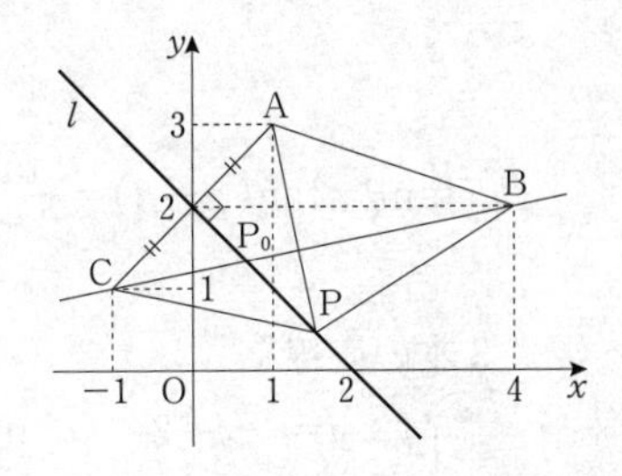

$$\begin{cases} \dfrac{s+1}{2}+\dfrac{t+3}{2}=2 \\ \dfrac{t-3}{s-1}\times(-1)=-1 \end{cases}$$

これを解くと　　$s=-1,\ t=1$

よって，点Cの座標は　　$(-1,\ 1)$　……(答)

(2)　B$(4,\ 2)$，C$(-1,\ 1)$ より，直線BCの方程式は

$$y-2=\frac{1-2}{-1-4}(x-4)$$

整理すると

$$y=\frac{1}{5}x+\frac{6}{5} \quad \cdots\cdots(答)$$

(3) 直線 l と直線 BC の交点を P_0 とおくと

$$AP+PB=CP+PB \geqq CP_0+P_0B=CB$$

よって，AP+PB の最小値は CB で，点 P が点 P_0 と一致するときである。

連立方程式

$$\begin{cases} x+y=2 \\ y=\dfrac{1}{5}x+\dfrac{6}{5} \end{cases}$$

を解くと　$x=\dfrac{2}{3}$，$y=\dfrac{4}{3}$

したがって，求める点 P の座標は

$$\left(\frac{2}{3},\ \frac{4}{3}\right) \quad \cdots\cdots(\text{答})$$

直線 AP，PB と x 軸の正の向きとのなす角を，それぞれ α，β $(\alpha>\beta)$ とすると

$$\tan\alpha=\frac{\frac{4}{3}-3}{\frac{2}{3}-1}=5,\quad \tan\beta=\frac{2-\frac{4}{3}}{4-\frac{2}{3}}=\frac{1}{5}$$

よって

$$\tan\theta=\tan(\alpha-\beta)=\frac{\tan\alpha-\tan\beta}{1+\tan\alpha\tan\beta}=\frac{5-\frac{1}{5}}{1+5\times\frac{1}{5}}=\frac{12}{5} \quad \cdots\cdots(\text{答})$$

(4)　3本の直線を

$$\begin{cases} l: y=-x+2 & \cdots\cdots① \\ \text{BC}: y=\dfrac{1}{5}x+\dfrac{6}{5} & \cdots\cdots② \\ y=-ax & \cdots\cdots③ \end{cases}$$

とおく。

三角形を作らないのは

(i)　①と③が平行

$-a=-1$ より　　$a=1$

(ii)　②と③が平行

$-a=\frac{1}{5}$ より　　$a=-\frac{1}{5}$

(iii)　①，②の交点を③が通る。

①と②の交点は $\left(\frac{2}{3},\ \frac{4}{3}\right)$ より

$\frac{4}{3}=-a\times\frac{2}{3}$　　$a=-2$

(i)〜(iii)より，求める a の値は

$a=1,\ -\frac{1}{5},\ -2$　……(答)

解説

《線対称，直線の方程式，線分の長さの和の最小値，三角形ができない条件》

(1)　線対称な2点を結ぶ線分の中点は対称軸上にあること，および線分と対称軸は垂直であることを利用する。

(2)　2点 $(x_1,\ y_1)$，$(x_2,\ y_2)$ $(x_1\neq x_2)$ を通る直線の方程式は，

$y-y_1=\frac{y_2-y_1}{x_2-x_1}(x-x_1)$ となることを用いて求めればよい。

(3)　AP＋PB＝CP＋PB より，最小となるのは3点B，P，Cが一直線上にあるときである。一般に，直線 $y=mx+n$ が x 軸の正の向きとのなす角を α とおくと，$m=\tan\alpha$ が成り立つ。

(4)　三角形が形成されない条件「2直線が平行」，「3本の直線が1点を通る」から a の値を求めればよい。

の私の家にいる」と考えている。「ぼくの家だ」という発言はヤンが無意識のうちに〈帰る場所＝家〉があると考えていることを意味している。「私」はヤンと何とか理解し合おうとして発言しているので2が正解。

問十一　本文の会話文の中でヤンの発言が圧倒的に多く、「私」はそれを聞いている場面が多い。ヤンの様子が会話の間に挟まれていることから、「私」はヤンの様子を観察していることがわかる。さらに、「私」はヤンの発言について心内で考え、何とか理解しようともしている。以上を踏まえた2が正解。1「自分の気持ちに正直で、それをはっきりと言葉にして表現する」は、傍線部F・G・Hの気持ちが発話されていないことから不適である。

問十二　ヤンはあちこち渡り歩いて家に寄りつこうとせず、家に戻ることについて否定的に捉えている。が、アヴランシュの住まいを「ぼくの家」と表現しており、無意識のうちに自分の家を持ってしまっている。以上から、1が正解。2「両親とは交流しない」は傍線部Iの後「親父さんに説明してるんだろ？」から不適。3「民族の問題を客観的に分析しながら」は傍線部Fの前段落のヤンの発言「ごく個人的に悲しくなってね」から不適。4「家族思い」は本文にない内容。

問十三　1「躍動感あふれる筆致」は不適。落ち着いた筆致の文章である。2「異邦人である自己の孤独を見出して」が不適。自分には帰る家があると考えている。3「旧友の抱えているアイデンティーの問題を図らずして知る」は、家庭内での教育、個人的な悲しみに対応し、「驚きながらも寄り添おうとする」は、戸惑いながらもヤンの個人的な悲しみを理解しようとしたり、友情を確かめようとしたりする部分に対応している。4「決定的な違いが一層あらわになっていく」は、「ぼくの家」を認めるヤンの末尾の発言から不適である。

問五　傍線部Dを含む段落の冒頭から、物音のない静かな状況でヤンの話を聞いていたことを踏まえた上で、「私」は「反応の仕方を考えながら、……蔗糖の塊をふたつ無意識に摘んでふだんは入れない珈琲のなかに落とし」ていた。するとスプーンが陶器にぶつかったという状況である。1「深刻な雰囲気に合わせようと、自分がどのように取り繕えばいいのかを悩んでいた」は不適。表面的に雰囲気に合わせようとしていたわけではない。

問六　傍線部Eの直後「決定的な線引きが行われる。なぜ両親はぼくに大事なことを伝えなかったのかって、それが不思議でね」から、収容所を知っている世代は過去の話をしたがらないのに対して、収容所を知らない世代は過去の話を知りたがっていることがわかる。

問七　傍線部Fを言い換えている選択肢を選ぶ問題である。「美しい幻想」という表現に注目すると、2「こういった感情を多数の人と共有できればすばらしいが、それは不可能に近い」が最適である。1・3・4は「幻想」については言い換えられているものの、「美しい」に当たる表現がない。

問八　「さまようこと、彷徨すること、あるいは漂泊すること」や「命のかかった逃亡」との対比関係において、「私」は「どこかへ出かければ、かならず出かけたところへ戻ってくる。パリからこの村へ移動したあとふたたびパリに戻り、さらには東京へ戻る」ことを踏まえる。

問九　直前の「ヤンの個と私の個は完全にぶつかっていないのかもしれない。『なんとなく』接触する部分があっても、そこから先の衝突が起こっていない以上」を踏まえると、傍線部Hは〈「なんとなく」は理解し合えても、完全には理解し合えない〉という意味になる。さらに、傍線部の後の展開を見ると、「私」はヤンとの共通性を見出しているのだから、2「関係を求める相手をそもそも間違えたのではないかと自問している」、4「友情の炎が消えるのではないかと心配している」は不適。「『なんとなく』接触する」ことを「微かな希望を見出している」と説明している1が正解。

問十　ヤンは「家に戻る」ことを否定的に捉えているのに対して、傍線部Gにもあるように「私はつねに、そのたびごと

問八　4
問九　1
問十　2
問十一　2
問十二　1
問十三　3

解説

問二　傍線部Aを含む一文の冒頭に、「被写体に選ばれているのは」とあるので、2「見えるものすべてに心を寄せることのできる」は不適。傍線部の直前に並列されているのは「自然の風物や戸外に放置された物」なので、4「人物」は不適。設問が傍線部から「読み取れるヤンの人物像」であるので、傍線部に注目すると、「彼らしいといえばまさしくそうと頷くほかないようなものばかり」なので、3の「独自の審美眼」が正解。1「……感情移入することができる、豊かな感受性」は傍線部には表れていない。

問三　薫製小屋の写真を撮影したときには、「面白い絵になりそうだと感じただけ」だったが、プリントが出来上がると、「不快になっ」たという気持ちを説明する問題。傍線部Bの直後で土管と家族の重ね合わせがあり、傍線部の六行後の「収容所を連想させる」ことについて「そうだ」と認めていることから、3が正解。

問四　傍線部Cの前の「捨てるのも嫌だし、持ってるのもいやでね」は、家族を連想させることから捨てることもできないし、かといって、収容所を連想させるものを持っているのも耐えられないという気持ちである。「立場が逆転しちゃったけれど、こちらから頼むよ」は、傍線部(ア)を含む文の「どれか一枚、気に入らないのでいいから譲ってくれ」と「私」が頼んだことを踏まえている。2が正解。「渡りに船」とは「たまたま必要なものや好ましい条件が揃う」という意味である。

を踏まえた2が正解である。1・3「コミュニケーションの鉄則（＝変更したり破ったりすることのできない厳重な法則）」とは言えない。4「送り手が……期待して、……視野に入れながら」では、送り手の行動についてしか触れていないので不適。

問十　第一〜三段落が筆者の主張のための具体例であり、第四〜六段落が筆者の主張と考察である。第八〜十段落ではそれらを実証する実験やそれらの重要性を裏づける取り組みを述べている。第十一段落では、コミュニケーションを成功させる可能性を高めるために必要なことが述べられている。2「考察の過程で行われたさまざまな実験」は不適。考察の過程で行われたとは書かれていない。また複数の実験が示されてもいない。3「まず、筆者の主張が具体例を用いて示され……最後に、これらを踏まえた筆者の主張が述べられている」が不適。文章の最初の部分と最後の部分では述べている内容にずれがある。4「その妥当性を示すいくつかの現象……続いて、……実験や取り組みが紹介され」が不適。筆者の主張の妥当性を示しているのが実験や取り組みである。

二

出典　堀江敏幸『熊の敷石』（講談社文庫）

解答

問一　(ア)―2　(イ)―4　(ウ)―1

問二　3

問三　3

問四　2

問五　4

問六　4

問七　2

相互に理解することである。これをみごとに実証してみせたのが」とある。
(2)実験結果は、傍線部Fの次段落一～五行目にある。
(3)筆者の考察は、傍線部Fの次段落六～八行目にある。2「視覚的に把握し合いながら」、3「視覚的に把握すること」、4「相手のこれまでの経験の有無を鋭く感じ取り」は、この研究実験の目的からずれている。

問八
(1)「インプロ」の目的と説明が求められている問題である。説明については、傍線部Gの直後に「演劇の一形式だが、動作も会話も台本に書かれておらず、俳優がその場で共同して芝居をこしらえる」とあり、目的については、傍線部と同段落の五～六行目「複数の人間が調子を合わせて円滑に共同作業ができるようになる」、十行目に「芝居の観客から出ているかもしれない観客自身の心理状態についての手がかりに、俳優が気づきやすくなるという点」の2つである。1・3「その場でアイデアを出し合い」が本文になし。2「互いの考えや行動が読めるようになること」がずれている。
(2)傍線部Gの次段落四～七行目で〈多くの科学者は、聴衆の視点で世界を見ずにただ自分から聴衆に向かって話しかけているため、うまく聴衆に伝えられていない〉ことにアルダが気づいたこと、七～十一行目で「そこで……同じような練習が、科学者にとっても有効なのではないかと考え」、「実際、……科学者はてきめんに他人の気持ちを読むのがうまくなった。……相手と同じ目線で話すようになったので、その後のコミュニケーションは確実にうまくいった」ということを踏まえる。1・2は目的と異なる。4「聞き手に何が不足しているのかを考えるようになり」は限定しすぎである。

問九
タイトルにも表れているように、この文章は言語論である。言語について筆者の主張を探すと、傍線部Bの段落四～五行目「この構築プロセスこそ、言語の機能の核心にあるものだ」と述べている。では、「この構築プロセス」とは何か。傍線部Bから「意味は……対話の当事者どうしの共同作業によって構築」されるものであり、音声や単語などの「言語的手がかりと自分のそれまでの知識……をもとにして、なんらかの解釈をこしらえる」ものである。以上

問三　傍線部B前半の「瓶詰めされたメッセージのように伝達される」は、傍線部後半との対比関係から、話し手、書き手が込めた意味を受け手がそのまま受け取るという一方的な意味の伝達のことである。傍線部後半の「共同作業によって構築され」る際には、傍線部直後の「言語的手がかりと自分のそれまでの知識……をもとにして、なんらかの解釈をこしらえる必要がある」。以上より1が正解。

問四　直前の「ジェスチャーゲームと同じように、対話の相手との『同調』を図って共通理解に達しなくてはならない。互いに相手の考えを――少なくともある程度までは――読みあって、いっしょに」から、4が正解。「ジェスチャーゲームと同じように」が大きなヒントになる。ジェスチャーゲームは、ジェスチャーだけで何かを伝えようとし、解答者がそれを当てるゲームである。ここで「言語ゲーム」という言葉が使われているのは、対話について、「単語や句や文」だけですべてが伝わるわけではないから、「ジェスチャー」ではなく「言語」を用いて同じようなゲームをしているようなものだ、と喩えているのである。ジェスチャーゲームに即した説明になっているのは4のみである。

問五　傍線部Dを含む一文と次文から、「氷山」の目に見える部分は、「言語学で研究されている」「単語や句や文」であり、さらに次の文から、「言語が本当に機能するには……コミュニケーション氷山の水面下に隠れた部分が必要となる」ことを押さえ、同段落後半から「隠れた部分」が「文化的、社会的、事実的な知識」であることがわかる。よって、4が正解。1・2・3はいずれも「単語や句や文」をコミュニケーションの要件と捉えているので不適。

問六　「有能なコミュニケーター」とは、傍線部Eを含む一文から「コミュニケーション氷山の隠れた部分に注意を払」うこと、同段落の後半から「自らが相手の身になって、相手の視点で（できるだけ）ものを見」ることができる人のことである。2が正解。1「相手に不足していること」「課題解決に必要なこと」が限定しすぎである。3「コミュニケーション氷山の存在を常に意識して」は「コミュニケーション氷山の隠れた部分に注意を払」うとずれている。4「相手との人間関係を構築しながら」は不要である。

問七　(1)実験研究の目的は、傍線部の直前に「会話は一種の共同プロジェクトだ。その最終目標は、話されている内容を

国語

一

出典　モーテン・H・クリスチャンセン、ニック・チェイター著　塩原通緒訳『言語はこうして生まれる』（新潮社）

解答

問一　(1)―3　(2)―2　(3)―2
問二　3
問三　1
問四　4
問五　4
問六　2
問七　(1)―3　(2)―3　(3)―1
問八　(1)―4　(2)―3
問九　2
問十　1

解説

問二　どうやって読者が一つの物語を想起するのかを本文中から探し出す。傍線部Aの次段落で「このような詳しい展開は何一つ、……書かれていない。これらはすべて読者が頭のなかでこしらえたものだ……それまでの知識を動員して」と説明されているので、3が正解。

////////////////////// · memo · //////////////////////

////////////////////// · memo · //////////////////////

//////////////////// · memo · ////////////////////

//////////////////// · memo · ////////////////////

//////////////////// · memo · ////////////////////

/////////////////// · memo · ///////////////////

2023年度

問題と解答

■一般選抜入試［前期日程］スタンダード３科目型：１月 28 日実施分

問題編

▶試験科目・配点

学　部	教　科	科　　　目	配　点
経済・経営・法・現代社会・国際関係・外国語・文化・生命科（産業生命科）	外国語	コミュニケーション英語Ⅰ・Ⅱ・Ⅲ，英語表現Ⅰ・Ⅱ	100 点
	地歴・公民・数学	日本史Ｂ，世界史Ｂ，「政治経済・現代社会」，「数学Ⅰ・Ⅱ・Ａ・Ｂ」から１科目選択	100 点
	国　語	国語総合・現代文Ｂ・古典Ｂ（漢文を除く）	100 点
理	外国語	コミュニケーション英語Ⅰ・Ⅱ・Ⅲ，英語表現Ⅰ・Ⅱ	100 点
	数　学	数学Ⅰ・Ⅱ・Ⅲ・Ａ・Ｂ	100 点
	理　科	「物理基礎・物理」，「化学基礎・化学」から１科目選択 ＊宇宙物理・気象学科は「物理基礎・物理」指定	100 点
情報理工	外国語	コミュニケーション英語Ⅰ・Ⅱ・Ⅲ，英語表現Ⅰ・Ⅱ	100 点
	数　学	数学Ⅰ・Ⅱ・Ⅲ・Ａ・Ｂ	100 点
	理　科	「物理基礎・物理」，「化学基礎・化学」，「生物基礎・生物」から１科目選択	100 点
生命科（先端生命科・産業生命科）	外国語	コミュニケーション英語Ⅰ・Ⅱ・Ⅲ，英語表現Ⅰ・Ⅱ	100 点
	数　学	数学Ⅰ・Ⅱ・Ａ・Ｂ	100 点
	理　科	「物理基礎・物理」，「化学基礎・化学」，「生物基礎・生物」から１科目選択	100 点

▶備　考

高得点科目重視3科目型：スタンダード3科目型で受験した科目のうち，高得点1科目の得点を自動的に2倍にし，400点満点で合否を判定する。

大学入学共通テストプラス：スタンダード3科目型の「英語」と大学入学共通テストの出題教科・科目のうち，各学部・学科が指定する教科・科目〈省略〉の成績（総合点）で合否を判定する。

高得点科目重視3科目型・大学入学共通テストプラスは，同日に実施するスタンダード3科目型に出願した場合に限り，併願可能。

▶出題範囲

- 生命科学部産業生命科学科は，文系／理系のどちらかの科目を出願時に選択する。
- 「政治経済・現代社会」は，「政治・経済」「現代社会」のいずれの履修者でも解答可能な出題範囲とする。
- 「数学B」は「数列，ベクトル」を出題範囲とする。

英語

（80分）

〔Ⅰ〕次の英文を読んで，空欄（　1　）～（　6　）に入れる最も適切なものをそれぞれ一つ選び，その番号をマークせよ。

I was in the back seat of a taxi gripping my mom's hand like a 5-year-old, scared and hoping she would (　1　). We were coming home from the hospital, and I was in a full-body support, having survived back surgery exactly a week earlier, and heading to my tiny apartment in San Francisco. Each time the taxi raced around a corner or over a steep hill, it felt like my backbone was going to (　2　).

In severe pain, I opened my mouth to yell at the driver to slow down, but before I could do that, my mom said brightly, "Thank you!" The driver glanced at us suspiciously in his mirror.

"You're the (　3　) driver I've ever seen," my mom continued. "These hills must be so hard to drive on. And I'm so grateful because, you see, my daughter has just had surgery on her back and is so delicate. And because of you, she's going to get home safe. You're wonderful."

In the mirror, I could see the driver (　4　). I felt angry, but before I had a chance to contradict my mom's praise, a miracle happened. The driver (　5　). He looked left and right before making each turn. And indeed, he drove us home like the greatest driver I'd ever seen. What my wise mom instinctively knew in that moment of crisis was only obvious to me afterwards: Praise is (　6　).

1 空欄(1)

1. be OK
2. leave me alone
3. take care of me
4. drive more safely

2 空欄(2)

1. fully recover
2. line up nicely
3. break into pieces
4. need to be removed

3 空欄(3)

1. best
2. worst
3. fastest
4. roughest

4 空欄(4)

1. nod angrily
2. wave quickly
3. cough noisily
4. smile proudly

5 空欄(5)

1. sped up
2. slowed down
3. stopped the taxi
4. got out of the car

6 空欄（ 6 ）

1. cheap
2. useless
3. common
4. powerful

〔Ⅱ〕 次の英文を読んで，下記の設問に答えよ。

It's 7am on a Monday and my heart is racing. Normally my Mondays are for writing newspaper articles, but this morning I'm in a London café, feeling quite a lot of stress. The reason for my stress? I'm trying to force myself to start up a conversation with a stranger sitting nearby. Given that I'm a journalist who interviews people for a living, you might think I'm being a bit over-dramatic. But talking to strangers can be terrifying. The unpredictability of how they will respond and the possibility of rejection are scary. Perhaps the worst fear of all: Might they find me annoying?

I eventually manage to turn and say: "Is this your local breakfast spot?" You'll be pleased to hear that a lively conversation follows on from this. We end up talking about reading disabilities, and how to make sourdough bread. Afterwards, I experience a sense of happiness. Joe Keohane, a journalist and author of *The Power of Strangers*, tells me my feeling of happiness could come from a sense of relief that an uncertain situation has turned out well. Additionally, a psychology professor linked such happiness to a feel-good chemical called oxytocin that is released in our brains when we bond with others.

For my work, I'm doing a two-week experiment in which I talk with as many strangers as possible. The task made me nervous: London was once judged the world's second-least-friendly city, after Paris. But anyway, I do my best to start conversations in supermarkets, shops, and restaurants. I join a running club. I do a "Free Listening" session in which I stand in a park with a sign and wait for people to approach. I chat with homeless people, elevator companions, and shop workers, although I don't go as far as to stop pedestrians in the street. The point is to see what happens when I start talking to unfamiliar people.

It's hard to get started. As I stand in the supermarket line trying to find the courage to start a conversation with anyone nearby, all I can think is: Why would this person want to talk to me? Surprisingly, it turns out that people are friendlier —or more polite—than you might imagine. Things go well, and no one just rejects my approach. This matches a 2019 study in which hundreds of participants in Chicago and London approached strangers, receiving zero rejections. People are basically social animals.

In fact, conversations with strangers offer much more than a temporary increase in our happiness levels. Keohane believes that many of our most serious social and political problems can only be treated by engaging with people we don't know. We rarely interact with people who are different to us. But in a world of deep political, social, and economic divisions, speaking with strangers opens windows into other minds. Figuring out how to talk to one another directly, Keohane says, is the first step towards bridging these divisions.

〔設問〕 本文の内容に最もよく合うものをそれぞれ一つ選び，その番号をマークせよ。

[7] According to the passage, the writer is feeling stressed by the idea of having to (　　).

1. be interviewed
2. write newspaper articles
3. force people to talk to each other
4. start talking with someone unfamiliar

[8] Once the author successfully has a conversation, he (　　).

1. feels rather good about it
2. teaches a stranger how to read

3. feels hungry and bakes some bread

4. is unhappy that his assignment is over

[9] The author is talking to strangers (　　　).

1. as part of his job

2. so he can make friends

3. who tend to be unfriendly

4. to tell people their problems

[10] What is the discovery made by the author about approaching others?

1. Polite people are rare.

2. Humans are just animals.

3. Everyone responds positively.

4. No one expects to be approached.

[11] The experience of talking to strangers can be useful to society because it (　　　).

1. lets people see which groups they belong to

2. helps different people to understand each other

3. allows us to understand the condition of loneliness

4. provides a new source of serious social and political problems

[12] This passage shows us that conversations with strangers (　　　).

1. help people understand uncertainty

2. provide a way to overcome rejection

3. have no effect on human stress levels

4. are good for us personally and socially

[13] What would be the best title for this passage?

1. The Benefits of Talking with Strangers

2. Talking: Take the First Step to Strangers
3. A Helpful Guide to Conversation Starters
4. Increased Happiness: Talk about the Unknown

〔Ⅲ〕 与えられた英文の内容を伝える文として最も適切なものをそれぞれ一つ選び，その番号をマークせよ。

[14] Please help yourself to whatever you like.

1. You can have anything you want.
2. I'd like to ask for your help with everything.
3. I'm always ready to help you because I like you.
4. Let me know whenever you need my assistance.

[15] There is no better time than now to get started.

1. The best time to begin is immediately.
2. Starting at a later time is better than now.
3. There is always a better start time than now.
4. Starting right away is better than not getting started.

[16] This picture was taken before I lost weight.

1. I used to think I look fat in this picture.
2. This photo shows how slim I used to be.
3. I'm thinner now than I was in this photo.
4. I used to weigh less than I did in this picture.

[17] I hate to repeat myself, but parking is not permitted here.

1. I don't like it that you park your car here repeatedly.
2. I'm sick of telling you that you mustn't park in this area.
3. I may hate you for saying this, but this area is for parking.
4. I don't think I informed you that it's impossible for you to park here.

〔Ⅳ〕 次の会話文を読み，空欄（　a　）〜（　h　）に入れる最も適切なものをそれぞれ一つ選び，その番号をマークせよ。

Ellen and Andy are talking:

Ellen: Hi, Andy. You're Daniel's best friend, right?

Andy: Yes, we've been close friends since elementary school.

Ellen: When's his birthday?

Andy: It's March 5, next Saturday, so（　a　）.

Ellen: Wow, it's amazing that we share a birthday. But even more, I'm surprised you know my birthday.

Andy: Mmm, well, yes. By the way, we're planning a birthday party for him next Saturday.

Ellen: Wow,（　b　）.

Andy: I hope so. Why don't you join us?

Ellen: （　c　）

Andy: Of course, we're all friends.

Ellen: Thanks, I will. What are you going to give him?

Andy: I got him a red T-shirt because he likes red.

Ellen: Well, can you give me any advice on a birthday gift? I want to give him something special and tell him I love him.

Andy: （　d　）! I'm so jealous.

18 空欄(a)

1. you already knew it
2. two days after yours
3. you're older than him
4. exactly the same as you

19 空欄(b)

1. you may be too busy
2. he may miss the party
3. he's going to be so happy
4. you must be very nervous

20 空欄(c)

1. Why not?
2. No problem!
3. Are you sure?
4. What the hell!

21 空欄(d)

1. Not again
2. Lucky him
3. You're curious
4. That's not enough

Tomo and Amy are talking after a teacher-student conference:

Tomo: How did it go?

Amy: It went as I'd expected.

Tomo: (e)

Amy: Ms. Takano told me that I should seriously consider quitting my club.

Tomo:　(　f　)?

Amy:　It's because my grades are going down. She thinks I focus too much on my club instead of on studying.

Tomo:　Is that true?

Amy:　I guess so. I've been too tired to study after practice.

Tomo:　So, what did you tell her? Will you quit your club?

Amy:　(　g　)! Playing volleyball is my passion. No one can take that away from me.

Tomo:　But, what about your grades? Aren't you worried?

Amy:　Of course, I am. I need to figure out what to do, but I need to go to practice now.

Tomo:　(　h　). How about skipping practice today and thinking seriously about what she said to you?

22　空欄(　e　)

1. Why not?
2. I doubt it.
3. And that is?
4. You're so wrong.

23　空欄(　f　)

1. How come
2. Are you crazy
3. Do you feel better
4. When did it happen

24　空欄(　g　)

1. No way
2. That's a lie
3. Immediately

4. Sounds great

25 空欄(h)

1. Go for it
2. Of course
3. Great idea
4. Wait a second

〔V〕 与えられた英文に続くA～Dの最も適切な配列をそれぞれ一つ選び，その番号をマークせよ。

26 I have a really cool job—I walk dogs for a living.

A. I nod and tell them that, when they're in my care, they are my dogs.
B. At most, I'll have 11 dogs with me as I take them for a walk in the park.
C. That's right, busy people pay me $15 per hour to walk their dogs for them.
D. When people see me with that many dogs, they can't help asking, "Are they all yours?"

1. A－D－B－C
2. B－A－C－D
3. C－B－D－A
4. D－C－A－B

27 Our earth revolves around the sun, which provides us with energy that supports all life.

A. This amazing sun, though, is just one star.
B. Thus, the sun is special only for us, and not in terms of the universe.

C. Actually, there are hundreds of billions of stars just in our own star system.

D. Furthermore, in the observable universe, there are at least hundreds of billions of star systems.

1. A－C－D－B
2. B－A－C－D
3. C－D－B－A
4. D－B－A－C

〔Ⅵ〕 次の空欄に入れる最も適切なものをそれぞれ一つ選び，その番号をマークせよ。

28 In 1852, remains of an ancient creature that had a 3m-long neck were found in Brazil. Researchers debated whether it had lived under water or on land. Recently, it was revealed that the creature's teeth were helpful for catching fish. Therefore, they determined that the creature (　　).

1. liked high places
2. lived in the water
3. had a healthy diet
4. survived until today

29 The Maillard reaction is the browning process that occurs when cooking food like a steak. The sugars and amino acids in the meat react to the high temperature and begin to change, making a delicious outside layer. Therefore, when you fry a steak, it's important to (　　).

1. prevent the browning process
2. add enough sugar to the meat

3. increase the room temperature
4. make sure the pan is hot enough

30 It is estimated that up to 30% of death certificates are not sufficiently accurate. For example, many indicate that a person died of cardiac arrest, which means that their heart stopped working. But actually, this is true of every dead person. To be more accurate, death certificates should (　　).

1. show how the other 70% died
2. summarize their arrest record
3. indicate the many effects of cardiac arrest
4. state the reason why a person's heart stopped

31 After 800 years, Cambridge University is considering stopping hand-written exams. Students may now be asked to type their exam answers on a computer instead. This change is being considered because so many examination markers complain about students' poor handwriting. This suggests (　).

1. students don't have the ability to write neatly
2. examinations are getting more and more difficult
3. it's important for students to write correct answers
4. examination markers can take off points for poor writing

〔Ⅶ〕 次の空欄に入れる最も適切なものをそれぞれ一つ選び，その番号をマークせよ。

(A) He was (32) sleeping this morning (33) I called him.

32 1. since　2. still　3. very　4. yet

33 1. during　2. if　3. once　4. when

(B) The company established a (34) model (35) the field of economics.

34 1. brilliance　2. brilliant
3. brilliantly　4. much brilliant

35 1. above　2. as　3. in　4. on

(C) The baseball fans are cheering for (36) favorite players. Among them, he is a (37) new face.

36 1. their　2. them　3. themselves　4. they

37 1. promise　2. promises　3. promising　4. promisingly

(D) I was looking forward to (38) my parents yesterday. Unfortunately, I was (39) busy to see them.

38 1. be seeing　2. have seen　3. see　4. seeing

39 1. enough　2. over　3. so　4. too

(E) I finally finished (40) the novel that you (41) me five years ago.

40 1. having read 2. read 3. reading 4. to read

41 1. lend 2. lending 3. lend to 4. lent

(F) (42) we hurry, we'll miss the bus like we did yesterday and be late (43).

42 1. Because 2. Even 3. If 4. Unless

43 1. again 2. another 3. once 4. one more

(G) May I (44) your attention for a few moments before we take off? Please (45) take your seats, fasten your safety belts, and return your table tray to the locked (46) position.

44 1. had 2. has 3. have 4. having

45 1. kind 2. kindest 3. kindly 4. kinds

46 1. at 2. for 3. of 4. 語句不要

〔Ⅷ〕 下線の語彙と意味が最も近いものをそれぞれ一つ選び，その番号をマークせよ。

47 Their culture has tried to resist alien influences.

1. dangerous 2. foreign 3. parallel 4. similar

48 Everyone was surprised when he emerged from behind the curtain.

1. appeared 2. escaped 3. spoke 4. vanished

49 She made a gesture to indicate her approval.

1. comment 2. question 3. signal 4. survey

50 I was merely trying to help when the boss got angry.

1. carefully 2. partially 3. seriously 4. simply

51 The customer was reluctant to try a different brand of product.

1. happy 2. hoping 3. ready 4. unwilling

52 You can expect a reduction in prices toward the end of this year.

1. change 2. decrease 3. limit 4. rise

■日本史■

（60分）

〔Ⅰ〕 自由民権運動の展開に関する次の文章を読み，設問①～⑮について，最も適当な答えを一つずつ選び，その番号を解答欄にマークせよ。

1874年，板垣退助らが民撰議院設立の建白書①を政府に提出し，自由民権運動が開始された。同年，板垣退助らは高知に[　a　]という政社を設立した。1875年，板垣は，大久保利通，木戸孝允と会議②をおこない，結果，政府は漸次立憲政体樹立の詔を出し，元老院，大審院なども開設した。③また政府は，政府を攻撃する新聞，雑誌を弾圧し，言論統制をおこなった。このころより，いわゆる不平士族の反乱④が続発するようになり，地租改正に反対する農民一揆⑤も勃発して，世情は騒然としてきた。1877年，西南戦争の最中，[　a　]は国会開設を求める意見書を提出したが，政府に却下された。⑥1880年，国会期成同盟が国会開設の請願書を政府に提出したが，政府は受理せず，さらに弾圧を強めた。1881年，高知県出身の[　b　]が一院制議会や抵抗権・革命権を認める「東洋大日本国国憲按」を発表するなど，私擬憲法がつぎつぎと作成された。開拓使官有物払下げ事件を機に，明治十四年の政変が起こり，国会開設の勅諭が出されると，⑦政府は来るべき国会開設のために，憲法制定と議会開設の準備をおこなうことになった。⑧一方，板垣らは国会期成同盟を中心に自由党を結成した。政府では，松方正義が大蔵卿に就任し，松方財政と呼ばれる財政政策が開始され，翌年以降，続発する民権運動激化の背景となった。

1882年，福地源一郎⑨らが自由民権派に対抗するために[　c　]を結成した。同年，道路建設や自由党弾圧をめざす県令の三島通庸と，道路工事に反対する農民や自由党の河野広中らが衝突した。⑩1884年，自由党の党員や困窮農民たちによる激化事件が相次いで起こったが，政府は厳重に対応し，板垣退助に洋行資金を与える⑪などして，民権運動の切り崩しを進めた。同年，自由党は解党した。⑫1885年に，大阪事件が起こると，自由民権運動は混乱をきたした。1886年，旧自由党の星亨らが，自由民権派の再結集をめざして大同団結を提唱した。1887年，井上馨外相による条約改正交渉の失敗を機に，自由民権派が⑬三大事件建白運動を起こし，これに伴って大同団結運動も高揚した。政府は[d]を制定して政治活動家を東京から追放する一方，⑭政治活動の指導者を入閣させるなどして取り込み，その鎮静化を図った。

設 問

① 下線部についての説明として正しいものを答えよ。

1. 愛国社に結集した人々がこの建白書に署名した。
2. 木戸孝允や江藤新平・西郷隆盛らもこの建白書に署名した。
3. この建白書は，『日新真事誌』に掲載された。
4. この建白書は，明治天皇による独裁政治の弊害を指摘していた。

② 下線部について，会議がおこなわれた場所はどこか，答えよ。

1. 東 京　　2. 京 都　　3. 神 戸　　4. 大 阪

③ 下線部について述べた次の文，X・Yは，それぞれ正しいか，誤っているか。その正誤の組み合わせとして正しいものを答えよ。

X：元老院は，右院を廃して設けられた。

Y：大審院は，1947年に最高裁判所へ引き継がれた。

1. X：正　Y：正　　2. X：正　Y：誤
3. X：誤　Y：正　　4. X：誤　Y：誤

④ 下線部に関して，反乱とそれが起きた場所の組み合わせで正しいものを答えよ。

1. 萩の乱：福岡県　　2. 秋月の乱：山口県
3. 敬神党の乱：熊本県　　4. 紀尾井坂の変：大阪府

⑤ 下線部に関して述べた次の文，X・Yは，それぞれ正しいか，誤っている

か。その正誤の組み合わせとして正しいものを答えよ。

Ｘ：真壁騒動は，茨城県下で起こった農民一揆である。

Ｙ：伊勢暴動の処罰者は10万人に達した。

1. Ｘ：正　Ｙ：正　　2. Ｘ：正　Ｙ：誤

3. Ｘ：誤　Ｙ：正　　4. Ｘ：誤　Ｙ：誤

⑥　下線部に関して，建白の代表者(総代)となった人物を答えよ。

1. 馬場辰猪　　2. 片岡健吉　　3. 中江兆民　　4. 中島信行

⑦　下線部について述べた次の文，Ｘ・Ｙと最も関係の深い人物名ａ～ｄの組み合わせとして，正しいものを答えよ。

Ｘ：黒田清隆は，開拓使所属の官有物を関西貿易社に払い下げようとした。

Ｙ：伊藤博文は，1890年の国会開設を公約し，早期国会開設を主張する人物を政府から追放した。

ａ　品川弥二郎　　ｂ　五代友厚　　ｃ　西郷従道　　ｄ　大隈重信

1. Ｘ－ａ　Ｙ－ｃ　　2. Ｘ－ａ　Ｙ－ｄ

3. Ｘ－ｂ　Ｙ－ｃ　　4. Ｘ－ｂ　Ｙ－ｄ

⑧　下線部に関連して，明治十四年の政変から国会開設までの政府の憲法制定と議会開設への準備についての説明として誤っているものを答えよ。

1. 伊藤博文をヨーロッパに派遣し，シュタインやグナイストらから憲法を学ばせた。

2. 華族令を制定し，明治維新以来の功労者を華族に加えて，貴族院の開設に備えた。

3. 宮内大臣，内大臣を廃止して宮中を内閣に統合し，君主権力の強化を図った。

4. ドイツ人法学者ロエスレルを顧問として憲法を起草した。

⑨　下線部に関連して，福地源一郎が社長を務め，政府系の御用新聞といわれた新聞を答えよ。

1. 『横浜毎日新聞』　　2. 『東京日日新聞』
3. 『郵便報知新聞』　　4. 『時事新報』

⑩　下線部について，事件名を答えよ。

1. 高田事件　　2. 群馬事件　　3. 秩父事件　　4. 福島事件

⑪　下線部について，板垣退助の洋行資金をめぐる問題についての説明として正しいものを答えよ。

1. 洋行にかかる資金は，三井から調達されたものであった。
2. 帰国後，板垣は岐阜遊説中に洋行を非難する暴漢によって襲撃され，負傷した。
3. 板垣の洋行については，自由党内一致で推奨された。
4. 立憲改進党は，板垣の洋行には賛意を表した。

⑫　下線部に関して述べた次の文，X・Yは，それぞれ正しいか，誤っているか。その正誤の組み合わせとして正しいものを答えよ。

X：検挙された政治活動家たちの主導者には，大井憲太郎がいた。
Y：検挙された政治活動家たちは，朝鮮に渡り独立党政権を樹立しようとしていた。

1. X：正　Y：正　　2. X：正　Y：誤
3. X：誤　Y：正　　4. X：誤　Y：誤

⑬　下線部について，請願の内容として適当でないものを答えよ。

1. 徴兵制を廃止すること。
2. 外交失策を挽回すること。
3. 言論・集会の自由を認めること。
4. 地租を軽減すること。

⑭　下線部に関して，大同団結運動を主導した後藤象二郎が請われて入閣した内閣を答えよ。

1. 第1次伊藤博文内閣　　2. 黒田清隆内閣
3. 第1次山県有朋内閣　　4. 第1次松方正義内閣

⑮ 文中の[a]・[b]・[c]・[d]にあてはまる適語の組み合わせとして正しいものを答えよ。

1. a：愛国公党　b：副島種臣　c：立憲政友会　d：集会条例
2. a：愛国公党　b：小野梓　c：立憲改進党　d：保安条例
3. a：立志社　b：谷干城　c：立憲自由党　d：集会条例
4. a：立志社　b：植木枝盛　c：立憲帝政党　d：保安条例

〔Ⅱ〕 日本古代の租税に関する次の文章を読み，下線部①～⑮について，それぞれ後の設問を読み，最も適当な答えを一つずつ選び，その番号を解答欄にマークせよ。なお，史料は一部，原文を改めた箇所がある。

古代の日本は，中国の制度を参考に，律令国家として，統一的・体系的な租税の徴収をめざした。その初期の様子を示すものが，『日本書紀』①に記されている，(②)年に出された「改新の詔」である。次の最初の部分には，公地公民③の原則が記されている。

其の一に曰く(のたまわく)，昔在(むかし)の天皇等の立てたまへる子代の民，処々の(③A)，及び，別(こと)には臣・連④・伴造・国造・村首の所有(たもて)る(③B)の民，処々の田荘を罷(や)めよ。仍(よ)りて，(⑤)を大夫より以上に賜(たま)ふこと，各差あらむ。(後略)

律令時代の租税については，律令などの条文⑥，正倉院の古文書⑦⑧，木簡⑨などからわかる。

たとえば，班田収授の法によって給付された口分田からは，租が徴収された⑩。各地の布や糸，海産物などは，調として徴収された⑪。庸は，最初は中央(都)で10日間の労役だったが，後には布を納めることになった。また，地方(国衙)で年間(⑫)日以下の労役に従事する雑徭があった。兵役は，正丁の3人に1人の割⑬

合で勤めることになっていた。

このように，律令時代の租税にはさまざまな種類があり，『万葉集』の貧窮問答歌⑭には，農民の生活の貧しさと里長による過酷な税の取り立ての様子が描かれている。農民のなかには，そのような状況から逃亡を図るものや戸籍を偽るものもいた。たとえば908年の「周防国戸籍」では，男性に比べ女性が多い，高齢者が多いなどの特徴⑮がみられる。これらは，戸籍を偽ったものと考えてよいであろう。しかし，戸籍を偽るには現地の役人の協力も必要だろう。

これらを民衆のしたたかな抵抗運動ととらえるか，政府へのけしからん反抗(不正行為)とみるか。みなさんはどう評価しますか。

設　問

①　下線部に関する説明として誤っているものを答えよ。

1. 720年に完成した。
2. 六国史の最初である。
3. 『古事記』とは違い，神話時代及び神話は一切書かれていない。
4. 持統天皇の時代までを記している。

②　下線部にあてはまる年を答えよ。

1. 645　2. 646　3. 660　4. 672

③　下線部に関して，下線部③A・③Bにあてはまる語句の組み合わせとして，正しいものを答えよ。

1. ③A：屯倉　③B：奴婢
2. ③A：屯倉　③B：部曲
3. ③A：位田　③B：奴婢
4. ③A：位田　③B：部曲

④　下線部に関して，連ではない豪族を答えよ。

1. 大　伴　2. 蘇　我　3. 中　臣　4. 物　部

⑤　下線部にあてはまる語句を答えよ。

1. 食　封　2. 賤　民　3. 出　挙　4. 段　銭

⑥ 下線部に関して，律令国家の法が出されたとされる時期について，古いものから年代順に正しく配列したものを答えよ。

1. 飛鳥浄御原令 → 大宝律令 → 養老律令
2. 飛鳥浄御原令 → 養老律令 → 大宝律令
3. 大宝律令 → 飛鳥浄御原令 → 養老律令
4. 養老律令 → 飛鳥浄御原令 → 大宝律令

⑦ 下線部に関して，正倉院について述べた次の文，X・Yは，それぞれ正しいか，誤っているか。その正誤の組み合わせとして正しいものを答えよ。

X：薬師寺の施設である。

Y：聖武天皇(太上天皇)遺愛の品がある。

1. X：正 Y：正
2. X：正 Y：誤
3. X：誤 Y：正
4. X：誤 Y：誤

⑧ 下線部に関して，正倉院に現物が伝わっている，税を徴収するための基本帳簿である戸籍と計帳は，律令の規定ではそれぞれ何年ごとに作成されることになっていたか。その組み合わせとして正しいものを答えよ。

1. 戸籍1年・計帳1年
2. 戸籍3年・計帳3年
3. 戸籍6年・計帳1年
4. 戸籍6年・計帳3年

⑨ 下線部に関して，木簡の説明として誤っているものを答えよ。

1. 奈良時代より古い時期の木簡は見つかっていない。
2. 平城京の長屋王邸跡から大量に出土した。
3. 貢納物の荷札として使われたものが出土している。
4. 文字の練習で使われたものが出土している。

⑩ 下線部に関する説明として誤っているものを答えよ。

1. 口分田は戸籍にもとづいて給付された。
2. 男には二段，女にはその三分の二の口分田が原則として給付された。
3. 田一段あたり二束二把(のち一束五把)の租を納めさせた。

4. 租はすべて，都へ輸送されるのが原則だった。

⑪　下線部に関連して，正調(正規の調)の説明として，誤っているものを答えよ。

1. 女性には課されなかった。
2. 次丁(老丁)は正丁の二分の一を課された。
3. 中男(少丁)は正丁の四分の一を課された。
4. 京と畿内は，他の地域の四分の一を課された。

⑫　下線部にあてはまる数字を答えよ。

1. 10　　2. 60　　3. 90　　4. 180

⑬　下線部に関して述べた次の文，X・Yは，それぞれ正しいか，誤っているか。その正誤の組み合わせとして正しいものを答えよ。

X：兵士の武器や食料は，国家からの給付を原則とした。
Y：防人は，都の警備に3年間従事した。

1. X：正　Y：正　　2. X：正　Y：誤
3. X：誤　Y：正　　4. X：誤　Y：誤

⑭　下線部の作者を答えよ。

1. 大伴家持　　2. 柿本人麻呂　　3. 額田王　　4. 山上憶良

⑮　下線部に関して，下の表を見て，人口全体における，ａ女性の割合，ｂ61才以上の割合として，正しいものの組み合わせを答えよ。

表：908年の「周防国戸籍」に見える家族構成

	A戸		B戸		C戸		D戸		E戸		F戸		G戸		H戸		I戸		J戸		K戸		L戸		M戸		合計	
年齢	男	女	男	女	男	女	男	女	男	女	男	女	男	女	男	女	男	女	男	女	男	女	男	女	男	女	男	女
91才以上																												
81～90才		1		1								4		5			1	2			1	3					2	16
71～80才		4		2	1	5		4	1	1		4	1	3		8	1	4		3	1	6		2	2	4	7	50
61～70才	3	6	2	4		2		2	2	1	1	2	1	2	1	4	2	2		3		5	1	3	1	1	14	37
51～60才	1		2	3	1	3		1	1	5		1	2	1		5		6		1	1	2	1	3	1	5	10	36
41～50才	1	2		1	2	1	5	3	1	2	1	2	1	5	1	13	1	1	2	3		10		8			15	51
31～40才			1	1	2		1	2	1	7	1		3	1	2	2			2		3	9	2	8	3		21	30
21～30才			1		2		1						2	1	3	3	1	1		3	1	3		3	2		13	14
11～20才															2		1				1	1					4	1
10才以下																												
計	5	13	6	12	8	11	7	12	6	16	3	13	10	18	9	35	7	16	4	13	8	39	4	27	9	10	86	235

出典：坂本賞三『摂関時代』(小学館)

1. a　約30%　b　約20%　　2. a　約50%　b　約40%
3. a　約70%　b　約40%　　4. a　約70%　b　約60%

〔Ⅲ〕　次の文章ｉ～ivを読み，下線部①～⑳について，それぞれ後の設問を読み，最も適当な答えを一つずつ選び，その番号を解答欄にマークせよ。なお，史料は一部原文を改めた箇所がある。

ｉ　江戸時代後期①には，生活の向上と共に庶民の旅も広くおこなわれるようになった。遠方への寺社参詣や聖地・霊場への巡礼②が盛んにおこなわれた。ここでは，特にお伊勢参りについて取り上げてみたい。既に中世末期から近世にかけて，伊勢神宮③はかなり広範囲の信者を獲得するに至り，お伊勢参りも隆盛を極めた。その参詣者と神宮との間にあったのが，御師(おんし)であった。御師は神宮の中下級の神官の出身で，参詣のための宿泊の手配や私祈祷を代行すると共に，定期的に各地の信者を回り，御みあげ物④を配るなどして，地方の信者を拡大していった。

また御師の活躍と並んで特筆されるのが，伊勢(　⑤　)の結成である。これは御師の活動によるところが大きいであろうが，近世には数も増えていった。そうした中で，一生に一度はお伊勢参りをするものという通念が生み出された。

設　問

① 以下のA～Cは，下線部の時代に生じた出来事について述べたものである。古いものから年代順に正しく配列したものを答えよ。

A　伊能忠敬の「大日本沿海輿地全図」が完成した。

B　平賀源内が火浣布を創製した。

C　長崎に海軍伝習所が設置された。

1. A→B→C　　2. B→A→C　　3. C→A→B　　4. C→B→A

② 下線部について述べた次の文，X・Yは，それぞれ正しいか誤っているか。その正誤の組み合わせとして正しいものを答えよ。

X：西国三十三か所とは，富士山信仰を基に，小富士(富士塚)が築かれた霊場の事である。

Y：四国八十八か所とは，弘法大師信仰に基づいた四国にある弘法大師の霊場の事である。

1. X：正　Y：正　　2. X：正　Y：誤
3. X：誤　Y：正　　4. X：誤　Y：誤

③ 下線部について述べた次の文，X・Yと最も関係の深い用語a～dの組み合わせとして，正しいものを答えよ。

X：天皇家の祖先神を祭る。

Y：建築様式は，切妻・平入の素木造りである。

a　日本武尊　　b　天照大神　　c　大社造　　d　神明造

1. X－a　Y－c　　2. X－a　Y－d
3. X－b　Y－c　　4. X－b　Y－d

④ 下線部の中には暦が含まれていた。これに関連して，江戸時代の1684年には貞享暦が完成しているが，この暦の作成に尽力し，初代天文方に任じられ

た人物を答えよ。

1. 関孝和　　2. 渋川春海　　3. 吉田光由　　4. 高橋至時

⑤　あてはまるものを答えよ。

1. 講　　2. 座　　3. 市　　4. 惣

ii　江戸時代の伊勢神宮への参詣者は，平常の年で約30万〜40万人であった。参詣者は村々からの代参者が多く，彼らは村にやってくる御師の家を宿にした。東国，東北⑥からの参詣の場合，江戸を経て，秋葉山，津島に詣でてから神宮に参り，それから吉野，高野山，奈良⑦，さらには讃岐の（　⑧　），大坂⑨，京都⑩にまで足を延ばすのが例であり，伊勢のみで旅が終わることは少なかった。また伊勢では内宮・外宮だけでなく，数多くある摂社，末社などを巡拝するのが例であった。

設　問

⑥　下線部の地域に関連して述べた次の文，X・Yと最も関係の深い人物名a〜dの組み合わせとして，正しいものを答えよ。

X：40年にわたって東北各地，さらには蝦夷地にまで旅し，その見聞を遊覧記として残した。

Y：江戸から東北・北陸地方を経て美濃大垣に至る紀行文を残した。

a　鈴木牧之　　b　菅江真澄　　c　井原西鶴　　d　松尾芭蕉

1. X－a　Y－c　　2. X－a　Y－d

3. X－b　Y－c　　4. X－b　Y－d

⑦　この地域の特産物を答えよ。

1. 晒　　2. 奉書紙　　3. 紬　　4. 春慶焼

⑧　あてはまるものを答えよ。

1. 金毘羅宮　　2. 神田明神　　3. 石清水八幡宮　　4. 成田不動

⑨　下線部に関連して，この町に設立された懐徳堂出身の山片蟠桃は，『夢の代』を著して，合理主義思想の先駆となった。以下からその著作の一文として正しいものを答えよ。

1. 上無ケレバ下ヲ責メ取ル奢欲モ無ク，下無ケレバ上ニ諂ヒ巧ムコトモ無シ。故ニ恨ミ争フコト無シ，故ニ乱軍ノ出ルコトモ無ク・・・。
2. 凡ソ鬼神ノコトハ人心ノ推量ナリ。・・・無鬼トイヘバ真ナリ。有鬼トイヘバ偽ナリ。
3. 今もし領主より金を出して，国内の物産を買ひ取り，民の従来私に売るよりも利多きやうにせば，民必ずこれを便利と思ひて喜ぶべし。
4. 当世の俗習にて，異国船の入津ハ長崎に限りたることにて，別の浦え船を寄ルことハ決して成らざることト思へり。実に太平に鼓腹する人トいうべし。・・・

⑩　以下のA～Cは，下線部で生じた出来事について述べたものである。古いものから年代順に正しく配列したものを答えよ。

A　石田梅岩が『都鄙問答』を著した。

B　狩野探幽が「大徳寺方丈襖絵」を描いた。

C　出雲阿国がかぶき踊りを始めた。

1. A→B→C　　2. B→A→C　　3. C→A→B　　4. C→B→A

iii　ところで江戸時代には，数次にわたり伊勢神宮への民衆の大量群参が生じた。1650年，1705年⑪，1771年，1830年⑫の4回が著名であるが，この他にも1638年，1661年⑬，1718年，1723年⑭，1730年，1740年などにも群参のあったことが知られている。

1650年3月中旬から5月まで箱根関所⑮を通過した伊勢へ向かう民衆は，1日おおよそ2500人から2600人に及んだ。この時は関東が中心で，御蔭参りとは呼ばれず，抜(ぬけ)参りと呼ばれていた。

1705年4月9日から5月29日までの参宮人は，約362万人であった。この時は子どもの参加者が多く，また地域も関東，中部，畿内と広くなり，参宮者への食物その他の施行がみられた。さらに群参の契機としての神符の降下などの神異が，みられるようになった。

1705年では抜参りと呼ばれることが多かったが，施行・神異により神のお蔭で参宮ができるという意識が広まり，以後お蔭参りの語が一般化する。71年になると頭に笠，手に柄杓という御蔭参りの装束が一般化し，地域あるいは職業ごとに集団をなし，笠に印を付けたり，幟を持つようになり，参宮する民衆の範囲も広くなった。この間がほぼ60年であったことから，1830年の御蔭参り⑯はかねてから民衆の間に期待されていた。

設　問

⑪　以下のA～Cは，下線部の間に生じた出来事について述べたものである。古いものから年代順に正しく配列したものを答えよ。

A　宮崎安貞が『農業全書』を刊行した。

B　閑谷学校が創建された。

C　徳川光圀による『大日本史』編さんが開始された。

1. A→B→C　2. B→A→C　3. C→A→B　4. C→B→A

⑫　以下のA～Cは，下線部の間に生じた出来事について述べたものである。古いものから年代順に正しく配列したものを答えよ。

A　寛政異学の禁が発せられた。

B　『解体新書』が刊行された。

C　『蘭学事始』が成立した。

1. A→B→C　2. B→A→C　3. C→A→B　4. C→B→A

⑬　下線部の年，黄檗宗万福寺が創建された。この開山として正しいものを答えよ。

1. 藤原惺窩　2. 鈴木正三　3. 隠元隆琦　4. 桂庵玄樹

⑭　下線部の頃，幕府は歌舞伎・浄瑠璃の心中物の上演を禁止した。当時の人気脚本家であった近松門左衛門について述べた次の文，X・Yは，それぞれ正しいか誤っているか。その正誤の組み合わせとして正しいものを答えよ。

X：『武家義理物語』を執筆した。

Y：市川左団次のための歌舞伎脚本を書いた。

1. X：正　Y：正　　2. X：正　Y：誤
3. X：誤　Y：正　　4. X：誤　Y：誤

⑮　下線部にあたる場所を答えよ。

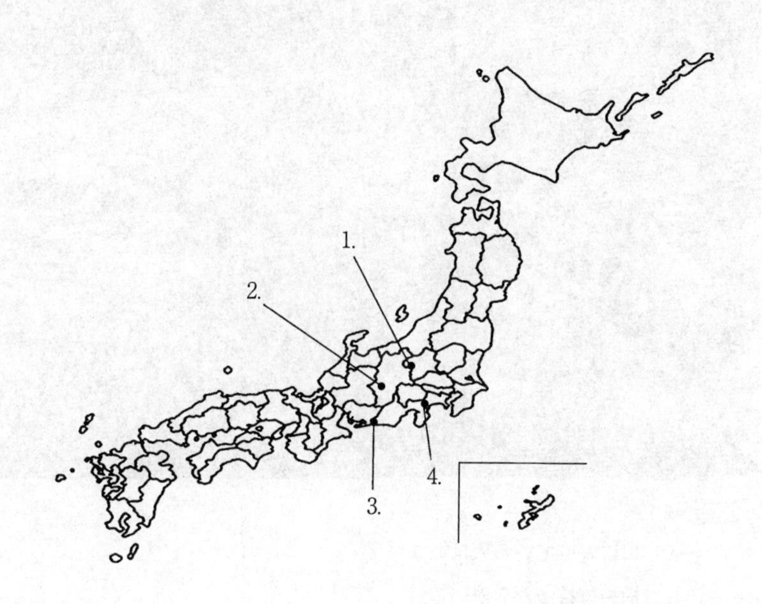

⑯ 下線部に関連して下記の絵は，伊勢神宮に参る人々を描いた浮世絵である。この絵から読み取れることとして，誤っているものの組み合わせを答えよ。

a 川に入っている人はいない。

b 柄杓を持った人がいる。

c 成人男性のみである。

d おそろいの着物を着た人がいる。

1. a・b　　2. c・d　　3. a・c　　4. b・d

iv 1830年3月に阿波⑰からおこった御蔭参りは，各地に急速に伝播した。この年には河内・大和など畿内⑱一円では村ごとに衣装をととのえて踊る「おかげ踊」が流行した。この踊りは，村から村へという掛踊の形式で伝播した。「おかげ踊」は1867年⑲の「ええじゃないか」⑳の折にもみられ，「ええじゃないか」の前提の一つであった。

設　問

⑰　下線部の地域の特産物として，正しいものを答えよ。

1. 紅　花　　2. 藍　　3. 漆　器　　4. 絣

⑱　下線部の地域に関連して述べた次の文，X・Yと最も関係の深い人物名a～dの組み合わせとして，正しいものを答えよ。

X：古義堂を創設した。

Y：適々斎塾を開設した。

a　広瀬淡窓　　b　伊藤仁斎　　c　緒方洪庵　　d　大槻玄沢

1. X－a　Y－c　　2. X－a　Y－d

3. X－b　Y－c　　4. X－b　Y－d

⑲　下線部の年，日本初の和英辞書『和英語林集成』が出版された。後にローマ字を考案した，この編さん者を答えよ。

1. クラーク　　2. シーボルト　　3. シドッチ　　4. ヘボン

⑳　下線部について述べた次の文，X・Yは，それぞれ正しいか誤っているか。その正誤の組み合わせとして正しいものを答えよ。

X：民衆が「ええじゃないか」を連呼し，乱舞した。

Y：その様子は，「豊饒御蔭参之図」に描かれている。

1. X：正　Y：正　　2. X：正　Y：誤

3. X：誤　Y：正　　4. X：誤　Y：誤

世界史

（60分）

〔Ⅰ〕 次の文章を読み，設問Ａ～Ｊに対する答えを選択肢１～４から一つ選び，その番号を解答欄にマークせよ。

隋末の混乱に乗じて挙兵した(　a　)は，618年に隋を倒して唐をたて，長安[b]を都とした。唐は高宗の時代に，東は百済・高句麗を破り，西は西域のオアシス都市を領有して勢力圏を広げた。征服地では現地の族長に統治をゆだね，(　c　)をおいて監督した。

７世紀末，則天武后が皇帝となって国号を(　d　)と改めた。その死後の混乱をおさめて唐を復活させた玄宗[e]は，国制改革に努めた。しかし，晩年には楊貴妃の一族が実権をにぎり，それと対立していた安禄山が史思明とともに反乱を起こした。この反乱はウイグル[f]の援軍を得て鎮圧されたが，その後中央政府の統制力は弱まった。また，ウイグルや吐蕃[g]の侵入もしばしばおこり，唐の領土は縮小した。

唐は財政再建のため，(　h　)を実施したが，９世紀後半，塩の密売人による(　i　)が起こった。経済の中心であった江南が混乱におちいると唐の衰退は決定的となり，10世紀初めに(　j　)に滅ぼされた。

Ａ．(　a　)にあてはまる人物はだれか。

1. 李元昊　　2. 李世民　　3. 李鴻章　　4. 李　淵

Ｂ．下線部ｂに関連して，この「長安」に関する説明として間違っているものはどれか。

1. 長安は，隋の大興城を継いで唐が完成させた。
2. 長安は，宮殿・官庁街・市・一般街区が区画された計画都市であった。

3. 長安は，黄河と大運河との合流地点に位置する。

4. 長安は，現在の西安である。

C．（　c　）にあてはまる語句はどれか。

1. 八　旗　　2. 都護府　　3. 軍　戸　　4. 公　行

D．（　d　）にあてはまる語句はどれか。

1. 梁　　2. 晋　　3. 漢　　4. 周

E．下線部ｅに関連して，「玄宗」の在位中のできごととして間違っているものはどれか。

1. 府兵制を廃止し，募兵制に切り替えた。

2. 辺境に節度使を置いた。

3. タラス河畔の戦いでアッバース朝に勝利した。

4. 租調庸や兵役の負担のために没落し逃亡する農民が増えた。

F．下線部ｆに関連して，「ウイグル」の説明として間違っているものはどれか。

1. ５世紀なかばからバクトリア地方を中心に勢力を広げた。

2. モンゴル高原を支配したトルコ系騎馬遊牧民である。

3. ソグド人などを通じて広まったマニ教を国教とした。

4. キルギスの侵入をうけて840年に滅んだ。

G．下線部ｇに関連して，「吐蕃」の説明として正しいものはどれか。

1. チベット＝ビルマ系ロロ族の王国である。

2. ソンツェン＝ガンポが建国した。

3. 都はサマルカンドである。

4. 景教を国教とした。

H．（　h　）にあてはまる語句はどれか。

1. 羈縻政策　　2. 三長制　　3. 地丁銀制　　4. 両税法

I．（　i　）にあてはまる語句はどれか。

1. 黄巾の乱　　2. 紅巾の乱　　3. 赤眉の乱　　4. 黄巣の乱

J．（　j　）にあてはまる人物はだれか。

1. 趙匡胤　　2. 陳　寿　　3. 朱全忠　　4. 梁啓超

〔II〕 次の文章を読み，設問A～Jに対する答えを選択肢１～４から一つ選び，その番号を解答欄にマークせよ。

19世紀のアメリカ合衆国における西部の開拓[a]は，南部と北部の対立を激化させた。南部諸州は西部に奴隷制[b]を拡大しようとしたが，北部諸州は自由州を拡大しようとした。また南部は，（　c　）が綿繰り機を発明したことで綿花の生産高が増え，労働力を大量に必要としたことなどから，奴隷制の存続と自由貿易を主張した。これに対し，北部はイギリスに対抗するため，保護関税政策と（　d　）を主張した。一方，人道主義の立場から奴隷制を批判する動きも強まり，ストウは『（　e　）』で奴隷制の悲惨さを描いた。

新州における奴隷制の可否を住民の決定に委ねる（　f　）が1854年に成立すると，南北の対立はさらに深まった。1860年，奴隷制に批判的な（　g　）のリンカンが大統領選挙で勝利した。こうした中，南部諸州は連邦からの分離を決定し，南北戦争[h]が勃発することとなる。戦況は当初（　i　）将軍に率いられた南部の優位で進んだが，人口と経済力に勝る北部が（　j　）の戦いで勝利するなどして巻き返し，1865年に南軍を降伏させた。

A．下線部aに関連して，「西部の開拓」に関する説明として間違っているものはどれか。

1. 先住民強制移住法が制定された。
2. カリフォルニアでゴールドラッシュがおきた。
3. テキサスの併合が実現した。
4. フレンチ=インディアン戦争が勃発した。

B．下線部bに関連して，この「奴隷制」に関する説明として正しいものはどれか。

1. プランテーション経営のもとで拡大した。
2. ローラット法によって強化された。
3. 人民憲章において撤廃が主張された。
4. ウィルソンが「新しい自由」を唱えて反対した。

C．（　c　）にあてはまる人物はだれか。

1. アークライト　　2. カートライト
3. ハーグリーヴズ　　4. ホイットニー

D．（　d　）にあてはまる語句はどれか。

1. 革新主義　2. 州権主義　3. 連邦主義　4. 新保守主義

E．（　e　）にあてはまる語句はどれか。

1. 労働と日々　　2. アンクル=トムの小屋
3. レ=ミゼラブル　　4. 沈黙の春

F．（　f　）にあてはまる語句はどれか。

1. ホームステッド法　　2. ミズーリ協定
3. カンザス・ネブラスカ法　　4. ジム=クロウ法

G．（　g　）にあてはまる語句はどれか。

1. 自由党　2. 共和党　3. 民主党　4. 保守党

H．下線部hに関連して，「南北戦争」に関する説明として正しいものはどれか。

1. 南部諸州は米州機構を結成した。
2. ヨーロッパ諸国は，エカチェリーナ2世の主導のもと武装中立同盟を結び，不干渉の姿勢をとった。
3. クー=クラックス=クランが北部側で活動した。
4. 1863年に奴隷解放宣言が出された。

I．（　i　）にあてはまる人物はだれか。

1. リー　　2. フランクリン　　3. フーヴァー　　4. レーガン

J．（　j　）にあてはまる語句はどれか。

1. コンコード　　2. マルヌ

3. ゲティスバーグ　　4. レキシントン

〔Ⅲ〕 次の文章を読み，設問A～Jに対する答えを選択肢1～4から一つ選び，その番号を解答欄にマークせよ。

トゥグリル=ベクが建国した（　a　）は，マムルークを採用し，強力な軍隊組織をととのえた。トゥグリル=ベクは，1055年に（　b　）に入城し，アッバース朝のカリフからスルタンの称号を授けられた。

A．（　a　）にあてはまる語句はどれか。

1. セルジューク朝　　2. ファーティマ朝

3. ホラズム朝　　4. サファヴィー朝

B．（　b　）にあてはまる語句はどれか。

1. メディナ　　2. ダマスクス　　3. バグダード　　4. イェルサレム

オスマン帝国は，（　c　）年コンスタンティノープルをおとしいれ，ビザンツ帝国を滅ぼした。その後，（　d　）は，1517年にマムルーク朝を滅ぼしてエジプトを支配下においた。さらにオスマン帝国は，1538年に（　e　）の海戦でスペイン・ヴェネツィアなどの艦隊を破った。

C．（　c　）にあてはまる数字はどれか。

1. 1414　　2. 1423　　3. 1453　　4. 1492

D．（　d　）にあてはまる人物はだれか。

1. セリム1世　　2. スレイマン1世
3. セリム2世　　4. メフメト2世

E．（　e　）にあてはまる語句はどれか。

1. トラファルガー　　2. レパント
3. アクティウム　　4. プレヴェザ

19世紀初め以降，一連の改革をすすめていたオスマン帝国では，（　f　）が司法・行政・財政・軍事にわたる大規模な西欧化改革を開始した。一方，クリミア戦争後，国内に立憲制への要求が高まると，1876年に$\underline{\text{憲法}}_{\text{g}}$が発布された。

F．（　f　）にあてはまる人物はだれか。

1. アフガーニー　　2. アブデュルハミト2世
3. アブー＝バクル　　4. アブデュルメジト1世

G．下線部gに関連して，この「憲法」を起草した宰相はだれか。

1. ムスタファ＝レシト＝パシャ　　2. ミドハト＝パシャ
3. サイイド＝アリー＝ムハンマド　　4. イブン＝アブドゥル＝ワッハーブ

オスマン帝国は，第一次世界大戦で同盟国側に立って参戦して敗れ，（　h　）条約によってアラブ地域を喪失した。1919年にギリシア軍がエーゲ海沿岸地域を占領すると，（　i　）がトルコ人の主権と国土をまもるための抵抗運動を指導し，トルコ大国民議会を組織した。彼は1923年に$\underline{\text{アンカラ}}_{\text{j}}$を首都としてトルコ共和国を樹立した。

H．（　h　）にあてはまる語句はどれか。

1. セーヴル　　2. ヌイイ
3. サン＝ジェルマン　　4. ワシントン

I．（　i　）にあてはまる人物はだれか。

1. レセップス　　2. ムスタファ＝カーミル

3. ムスタファ＝ケマル　　4. レザー＝ハーン

J．下線部ｊに関連して，「アンカラ」の位置は地図上のどれか。

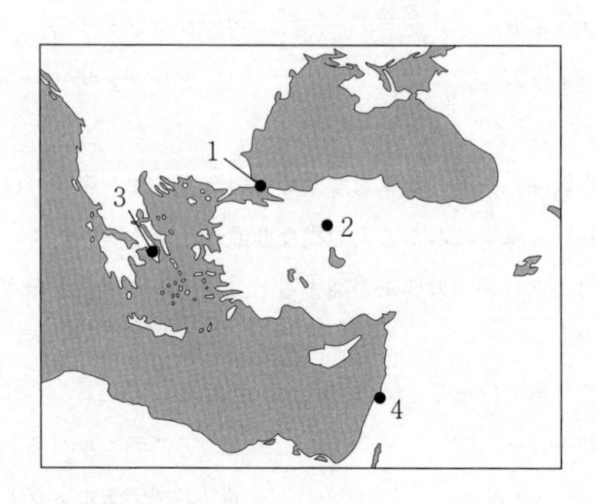

〔Ⅳ〕 次の文章を読み，設問Ａ～Ｊに対する答えを選択肢１～４から一つ選び，その番号を解答欄にマークせよ。

狩猟採集の生活をおこなっていた人類は，農耕生活を営むようになった。早くから農耕文明が発達したメソポタミア（a）では，（　b　）農業が発達したが，塩害に苦しめられた。メソポタミアで話されていたアッカド語などは，（　c　）語系の言語であった。

A．下線部ａに関連して，「メソポタミア」は，現在のどの国に位置するか。

1. エジプト　　2. ヨルダン　　3. イスラエル　　4. イラク

B．（　b　）にあてはまる語句はどれか。

1. 焼　畑　　2. 灌　漑　　3. 二圃制　　4. 三圃制

C．（　c　）にあてはまる語句はどれか。

1. セ　ム　　　2. ウラル
3. インド=ヨーロッパ　　　4. ドラヴィダ

前5千年紀，黄河中流域に成立した新石器文化の（　d　）文化は，彩文土器を特徴とした。前3千年紀に黄河下流域に成立した（　e　）文化では，都市が出現した。黄河文明で主として栽培された作物として，（　f　）がある。

D．（　d　）にあてはまる語句はどれか。

1. 仰　韶　　　2. 竜　山　　　3. 長　江　　　4. 淮　河

E．（　e　）にあてはまる語句はどれか。

1. 仰　韶　　　2. 竜　山　　　3. 長　江　　　4. 淮　河

F．（　f　）にあてはまる語句はどれか。

1. ア　ワ　　　2. コ　メ　　　3. 大　麦　　　4. さつまいも

インダス川の中・下流域を中心に成立したのは，インダス文明$_g$である。インダス文明では，動物の図柄とインダス文字が刻まれた（　h　）が使用された。インドと西アジアを結ぶ（　i　）は交通の要所であり，アーリヤ人やアレクサンドロス大王$_j$がここを通った。

G．下線部gに関連して，「インダス文明」と関係のある遺跡はどれか。

1. テノチティトラン　　　2. ナーランダー
3. ハラッパー　　　4. ティリンス

H．（　h　）にあてはまる語句はどれか。

1. ミニアチュール　　　2. 羊皮紙
3. パピルス　　　4. 印　章

I．（　i　）にあてはまる語句はどれか。

1. モエンジョ＝ダーロ　　2. カイバル峠
3. パータリプトラ　　4. ガンジス川

J．下線部ｊに関連して，「アレクサンドロス大王」と関係のないものはどれか。

1. マケドニアの王であった。
2. デロス同盟を結んだ。
3. アケメネス朝を倒した。
4. バビロンで急死した。

〔V〕 次のA～Jの文章を読み，下線部に間違っているものがあればその番号を，間違っているものがなければ４を，解答欄にマークせよ。

A．メキシコ湾岸に成立したインカ文明(1)は，独特な巨石人頭像を残した。ユカタン半島を中心に栄えたマヤ文明(2)は，二十進法による記数法をもちいた。メキシコ高原に成立したテオティワカン文明(3)は，太陽のピラミッドを造営した。

B．サモス島出身のピタゴラス(1)は，万物の根源を数とした。エフェソス出身のヘラクレイトス(2)は，万物の根源を変化自体とし，その象徴を火とした。イオニア学派のタレス(3)は，万物の根源を原子とした。

C．東晋の謝霊運(1)は，「帰去来辞」を書いた田園詩人として有名である。南朝で盛んになった四六騈儷体(2)は，４字・６字の対句を多用した装飾的な文体である。昭明太子が編んだ『文選』(3)は，南朝梁までの名文・詩歌を分類配列した詩文集である。

D．セルジューク朝のウマル＝ハイヤームは，『四行詩集』(1)を著した。ニザーミーヤ学院の教授にもなったガザーリー(2)は，スーフィズムを取り入れた宗教思想を探究した。ブハラ近郊に生まれたイブン＝ルシュド(3)は，『医学典範』を著した。

E．イギリス出身のアルクイン[1]は，カール大帝の宮廷に招かれ，古典文化の復興運動の中心的役割を果たした。この時の復興運動を12世紀ルネサンス[2]と呼ぶ。この復興運動でラテン語[3]や自由7科の研究が進んだ。

F．16世紀初頭，ナーナクは，ヒンドゥー教とイスラーム教とを融合したシク教[1]を創始した。ラージプート絵画[2]は，多くのヒンドゥー教の神々を題材とした細密画である。シャー=ジャハーン[3]が建てたタージ=マハルは，インド=イスラーム建築の代表例とされる。

G．中世のスコラ学は，古代哲学を利用して，キリスト教の神学の体系化をこころみた。特にアリストテレス[1]哲学を導入して，理性と信仰の調和を探究した。実在論の代表的論者はアラファト[2]であり，唯名論の代表的論者はアベラール[3]である。

H．中国の宋では木版印刷[1]によって科挙受験のための経典や参考書が大量に刊行された。宋代に実用化された力織機[2]はムスリム商人によってヨーロッパに伝えられた。また宋代には火薬[3]を用いた様々な兵器が開発され，実戦に使用された。

I．ルネサンス中期の画家に，「ヴィーナスの誕生」を描いたドラクロワ[1]がいる。イタリア=ルネサンスを代表するミケランジェロは，「最後の審判」[2]を描いた。ラファエロ[3]は，「アテネの学堂」を描いた。

J．ドイツのカント[1]は，合理論と経験論を批判的に統合してドイツ観念論哲学を創始した。これを大成したヘーゲルは，弁証法哲学[2]を提唱した。ヘーゲルの影響をうけたベンサム[3]は，エンゲルスとともに史的唯物論を確立した。

政治経済・現代社会

（60分）

〔Ⅰ〕 以下の文章を読み，各設問に答えよ。

岸田文雄首相がバイデン米大統領①と会談し，安全保障や経済を中心にあらゆる面で日米同盟を強化すると申し合わせた。

大統領に就任して初めて来日したバイデン氏②がアジア関与の継続を明確にし，日米の首脳が国際秩序の維持・発展に向けてさらなる責任を果たす決意を示したことを評価したい。

（中略）

中国やロシアが法の支配に基づく国際秩序③に挑戦し，世界の安定は第2次大戦や東西冷戦④以来の揺らぎをみせる。世界の安定を一国で担ってきた米国も余力に乏しい。民主主義や自由，人権といった価値観を共有する同盟国として，日本が米国を支える必要性はかつてなく大きくなっている。

会談で一致した柱のひとつは，中国抑止の取り組みだ。バイデン氏は台湾有事の際は米国が軍事的に関与すると発言し，台湾海峡の平和と安定の重要性を確認した。東・南シナ海への海洋進出も非難した。

ロシアのウクライナ⑤侵攻は力による一方的な現状変更の試みがアジアでも起きうる可能性を白日の下にさらした。バイデン氏は記者会見で「中国が力で台湾を統一することを許さない」と危機感をあらわにした。

（中略）

バイデン氏は核⑥を含む軍事力による日本への拡大抑止は揺るぎないと表明し，両首脳は閣僚レベルを含めて緊密な意思疎通を図ることで一致した。拡大抑止は同盟国への核攻撃を自国への攻撃とみなして核で反撃する考え方だ。

（中略）

バイデン氏は米主導でアジアとの連携を深める「インド太平洋経済枠組み

(IPEF)」の始動を表明した。首相は日本も参加し協力すると伝えた。日米のほかインド，オーストラリア，韓国，インドネシアなど計13カ国がまず協議に加わる。

貿易，サプライチェーン，インフラ・脱炭素，税と反汚職の４本柱で，ルール作りや経済協力を協議する。

トランプ前政権⑦が環太平洋経済連携協定(TPP)からの離脱を決めて以来，経済面での米国のアジア関与は低下していた。急速に影響力を高める中国に対抗し，経済でも米国がアジア秩序に重点的に関わる土台を築くのは前進だ。日本も積極的に後押しすべきだ。

一方で，IPEF には多くの疑問がつきまとう。まずは実効性だ。米国は自由貿易⑧が雇用を脅かすと警戒する世論に配慮し，関税の引き下げなどは IPEF の協議から除外した。輸出拡大を期待する東南アジア諸国などが議論に及び腰となるおそれがある。支持率低迷に苦しむバイデン政権との合意が効力を保てるかも不透明だ。

(出典：2022年５月24日　日本経済新聞　朝刊　社説

「国際秩序を支える日米首脳の責務」，一部改変)

問１　下線部①に関連して，大統領Ａ，Ｂと，それに関する説明ア～エの組合せとして最も適切なものを下の１～４の中から一つ選び，その番号をマークせよ。

Ａ　ケネディ　　Ｂ　ニクソン

ア　キューバ危機において米ソ核戦争の瀬戸際に立たされたが，戦争を回避した。

イ　ドル防衛のために，金とドルの交換を停止し，輸入課徴金を設置した。

ウ　ウォーターゲート事件で弾劾される前に大統領を辞任した。

エ　テキサス州ダラスで暗殺された。

1. Ａ－アとウ　Ｂ－イとエ　　　2. Ａ－アとエ　Ｂ－イとウ
3. Ａ－イとウ　Ｂ－アとエ　　　4. Ａ－イとエ　Ｂ－アとウ

問2　下線部②の政策に関する記述ア，イの正誤の組合せとして最も適切なものを下の1～4の中から一つ選び，その番号をマークせよ。なお，文中の年号に誤りはない。

ア　2021年にアフガニスタンからのアメリカ軍の撤退を完了した。

イ　2022年のロシアによるウクライナ侵攻後，アメリカはロシアへの経済制裁とウクライナへの武器供与を実施した。

1. ア－正　イ－正　　2. ア－正　イ－誤
3. ア－誤　イ－正　　4. ア－誤　イ－誤

問3　下線部③に関連して，集団殺害罪，人道に対する罪，戦争犯罪などの重大犯罪を行った個人を裁くために2002年にオランダのハーグに設置された常設の国際裁判所として，最も適切なものを次の1～4の中から一つ選び，その番号をマークせよ。

1. 常設仲裁裁判所　　2. 国際司法裁判所
3. 国際刑事裁判所　　4. 国際戦犯法廷

問4　下線部④に関する以下の問に答えよ。

(1)　冷戦の経済面に関する記述ア，イの正誤の組合せとして最も適切なものを下の1～4の中から一つ選び，その番号をマークせよ。なお，文中の年号に誤りはない。

ア　マーシャル・プランは，第二次世界大戦後のアジアの経済復興をアメリカの援助で実現しようとしたものである。

イ　欧州石炭鉄鋼共同体は，1949年にソ連と東欧諸国の間でつくられた経済協力組織である。

1. ア－正　イ－正　　2. ア－正　イ－誤

3. アー誤　イー正　　4. アー誤　イー誤

(2) 次のア～ウのうち，1989年のマルタ会談後に複数に分かれた国のみをすべて含む組合せとして最も適切なものを下の１～７の中から一つ選び，その番号をマークせよ。

ア　ベトナム　　イ　ユーゴスラビア　　ウ　ドイツ

1. ア　　2. イ　　3. ウ　　4. アとイ
5. アとウ　　6. イとウ　　7. アとイとウ

(3) ソ連の指導者Ａ～Ｃと，それに関する説明ア～ウの組合せとして最も適切なものを下の１～６の中から一つ選び，その番号をマークせよ。

Ａ　スターリン　　Ｂ　フルシチョフ　　Ｃ　ゴルバチョフ

ア　反対派を大量粛清する一方で，第二次世界大戦ではソ連を勝利に導いた。
イ　中ソ論争を引き起こして中国との対立を深めた。
ウ　ペレストロイカを推進し，経済面では市場経済の導入を図った。

1. Ａ－ア　Ｂ－イ　Ｃ－ウ　　2. Ａ－ア　Ｂ－ウ　Ｃ－イ
3. Ａ－イ　Ｂ－ア　Ｃ－ウ　　4. Ａ－イ　Ｂ－ウ　Ｃ－ア
5. Ａ－ウ　Ｂ－ア　Ｃ－イ　　6. Ａ－ウ　Ｂ－イ　Ｃ－ア

問５　下線部⑤に関する記述として最も不適切なものを次の１～４の中から一つ選び，その番号をマークせよ。なお，選択肢中の年号に誤りはない。

1. 1986年にウクライナでスリーマイル島原発事故が発生した。
2. 1991年のソ連の崩壊によって独立を達成した。
3. 2014年にロシアが一方的にクリミアを併合した。

4. 2022年のロシアによるウクライナ侵攻時の大統領はゼレンスキーである。

問6　下線部⑥に関する以下の問に答えよ。

(1)　核に関する記述として最も不適切なものを次の1～4の中から一つ選び，その番号をマークせよ。なお，選択肢中の年号に誤りはない。

1. 国連の現在の安保理常任理事国は，いずれも核兵器を保有している。
2. インド，パキスタンおよび北朝鮮は，核実験を行ったことがある。
3. 日本は，核兵器不拡散条約と核兵器禁止条約の締約国である。
4. 2016年にオバマは現職の米大統領として初めて広島を訪問し，被爆者と面会した。

(2)　イランやイラクについて核開発疑惑が取り沙汰されてきた。これらの国に関連する出来事を左から古い年代順に並べた場合に，空欄 A ～ C に当てはまる語句ア～ウの組合せとして最も適切なものを下の1～6の中から一つ選び，その番号をマークせよ。

イラン・イラク戦争 → A → B → C → 2018年のアメリカによるイラン核合意からの離脱

ア　イラン核合意
イ　イラク戦争
ウ　湾岸戦争

1. A－ア　B－イ　C－ウ　　2. A－ア　B－ウ　C－イ
3. A－イ　B－ア　C－ウ　　4. A－イ　B－ウ　C－ア
5. A－ウ　B－ア　C－イ　　6. A－ウ　B－イ　C－ア

問7　下線部⑦の時期の出来事に関する記述ア，イの正誤の組合せとして最も適切なものを下の1～4の中から一つ選び，その番号をマークせよ。なお，文中の年号に誤りはない。

ア　2018年に史上初となる米朝首脳会談が実現した。

イ　2021年にアメリカの連邦議会に大統領選挙の結果に不満を持つトランプ大統領の支持者らが乱入した。

1. ア－正　イ－正　　2. ア－正　イ－誤
3. ア－誤　イ－正　　4. ア－誤　イ－誤

問8　下線部⑧に関連して，世界貿易機関(WTO)に関する記述ア，イの正誤の組合せとして最も適切なものを下の1～4の中から一つ選び，その番号をマークせよ。

ア　サービス貿易や知的財産権問題は扱わない。

イ　加盟国間で貿易紛争が発生した場合，WTOに提訴することができる。

1. ア－正　イ－正　　2. ア－正　イ－誤
3. ア－誤　イ－正　　4. ア－誤　イ－誤

〔Ⅱ〕 以下の文章を読み，各設問に答えよ。

①7年8ヵ月にわたった安倍晋三政権は，②日本の憲政史上，最長の政権であり，そして③安定政権でもあった。しかも，安倍晋三首相は，2006年～2007年に(第1次)政権を担当し，④政権運営に失敗した経験を持っている。この(第2次)政権は，安倍が再挑戦し，カムバックを果たした政権だった。そのような政権は⑤1955年の自民党発足後では初めてのことだった。そうした点で，安倍政権は日本では特異な存在である。

安倍政権は，⑥日本が直面する重要な国家的課題のほぼすべてに取り組んだ。デフレ脱却と経済成長，日米同盟強化と対中抑止力構築，貿易の自由化とルールづくり，コーポレート・ガバナンス改革，女性活躍と働き方改革，政府の危機管理能力の強化・・・・・どれもが待ったなしのテーマだった。その成否についてはさまざまな評価があり得るが，今後，どのような政権が生まれようとも当分の間，この政権が格闘した政策対応と統治のありようをクリティカルに検証し，そこからの教訓を真摯(しんし)に学ぶことが求められるだろう。

その点，安倍政権はこれからの統治のある種の規範的存在となるだろう。

しかし，安倍政権の評価はなかなか難しい。

国民の安倍政権に対する評価は二分された。⑦日本を取り巻く国際環境が急激に険しくなる中，安倍首相の⑧外交手腕と安定した政治を評価する声は多かった。その一方で，安倍首相と安倍政治を危険視し，「官邸一強」と「安倍一強」に権力のおごりを感じる向きも多かった。

首相個人と政権に対する好悪が明瞭に分かれ，「親安倍」と「反安倍」の渦が衝突する場面も多かった。それが，この政権に対する冷静な評価を難しくしてきたし，いまなお難しくしている。

(出典：アジア・パシフィック・イニシアティブ
『検証 安倍政権 保守とリアリズムの政治』 文春新書，2022年，一部改変)

問1 下線部①に関する以下の問に答えよ。

(1) 第2次安倍政権の1つ前の政権は， A が中心となっていた。空欄 A に当てはまる語句として最も適切なものを次の1～4の中から一つ選び，その番号をマークせよ。

1. 民主党　2. 民進党　3. 自民党　4. 新進党

(2) 安倍政権に関する記述として最も適切なものを次の1～4の中から一つ選び，その番号をマークせよ。なお，選択肢中の西暦に誤りはない。

1. 第2次安倍政権は，令和時代が始まった時の政権であった。
2. 第2次安倍政権は，リーマン・ショックが起きた時の政権であった。
3. 第2次安倍政権は，2021年の東京オリンピック開催時の政権であった。
4. 第2次安倍政権は，2011年の東日本大震災発生時の政権であった。

問2　下線部②に関連して，平成時代の長期政権として小泉政権が挙げられる。小泉政権は第1次安倍政権の1つ前の政権である。小泉政権に関する記述として最も適切なものを次の1～4の中から一つ選び，その番号をマークせよ。

1. 小泉政権は，ソ連との関係改善に熱心に取り組んだ。
2. 小泉政権は，アメリカのレーガン政権との協力に熱心に取り組んだ。
3. 小泉政権は，国鉄民営化問題に熱心に取り組んだ。
4. 小泉政権は，郵政民営化問題に熱心に取り組んだ。

問3　下線部③に関する以下の問に答えよ。

(1) 第1次安倍政権も第2次安倍政権も，連立相手としたのは B であった。空欄 B に当てはまる語句として最も適切なものを次の1～4の中から一つ選び，その番号をマークせよ。

1. 日本維新の会　2. 社民党
3. 自由党　4. 公明党

(2) 第2次安倍政権では，衆議院の解散が行われた。解散に関する記述として最も<u>不適切</u>なものを次の1～4の中から一つ選び，その番号をマークせよ。

1. 天皇は，参議院の助言と承認により，衆議院を解散することを行う。

2. 衆議院が解散されたときは，参議院は，同時に閉会となる。

3. 内閣は，国に緊急の必要があるときは，参議院の緊急集会を求めることができる。

4. 衆議院が解散されたときは，解散の日から40日以内に，衆議院議員の総選挙を行わなければならない。

問４　下線部④に関する記述として最も適切なものを次の１～４の中から一つ選び，その番号をマークせよ。

1. 現在の日本では，首相が辞任しようとしても，天皇が辞任を許可しない場合がある。

2. 現在の日本では，首相が辞任しても，次の首相指名までに必ず衆議院議員の総選挙が行われるわけではない。

3. 現在の日本では，首相が辞任すると，次の首相任命まで最高裁判所長官が首相臨時代理に就任する。

4. 現在の日本では，首相が辞任すると，首相在任中に成立した法律がすべて無効となる。

問５　下線部⑤に関する以下の問に答えよ。

⑴　いわゆる55年体制下で野党第一党として長く自民党に対抗した政党は，［　C　］であった。空欄［　C　］に当てはまる語句として最も適切なものを次の１～４の中から一つ選び，その番号をマークせよ。

1. 民社党　　2. 日本新党

3. 日本社会党　　4. 日本共産党

⑵　自民党に関する記述ア，イの正誤の組合せとして最も適切なものを下の１～４の中から一つ選び，その番号をマークせよ。

ア　自民党出身の首相は，現在まで全員男性であった。

イ　自民党は，1955年以後現在に至るまで存続している。

1. ア－正　イ－正　　2. ア－正　イ－誤
3. ア－誤　イ－正　　4. ア－誤　イ－誤

問6　下線部⑥に関する記述として最も不適切なものを次の1～4の中から一つ選び，その番号をマークせよ。

1. 日本の国家的課題として，地球環境問題が挙げられる。
2. 日本の国家的課題として，日本の欧州連合(EU)加盟申請が挙げられる。
3. 日本の国家的課題として，エネルギー問題が挙げられる。
4. 日本の国家的課題として，財政再建問題が挙げられる。

問7　下線部⑦に関連して，国際環境の中で近年，最も険しくなっていないものを次の1～4の中から一つ選び，その番号をマークせよ。

1. アメリカと日本の関係　　2. アメリカとロシアの関係
3. 北朝鮮と日本の関係　　4. アメリカと中国の関係

問8　下線部⑧に関連して，現在の日本で条約の締結や承認に最も直接に関与しないものを次の1～4の中から一つ選び，その番号をマークせよ。

1. 内　閣　　2. 衆議院　　3. 参議院　　4. 最高裁判所

〔Ⅲ〕 以下の文章を読み，各設問に答えよ。

日本①，中国②，韓国③や東南アジア諸国連合(ASEAN)などが参加する東アジアの地域的な包括的経済連携④([A])協定が2022年1月1日に発効し，国内総生産(GDP)で世界の約3割を占める巨大経済圏が誕生する。⑤日本にとっては中韓と初めて結ぶ自由貿易協定(FTA)⑥で，日本の域内向け輸出を2019年比で5％超押し上げるとの試算もある。

11月2日までに批准など国内手続きを終えてASEAN事務局に寄託した日本，中国，オーストラリア，ニュージーランド，シンガポール，タイ，ベトナム，ブルネイ，カンボジア，ラオスの10カ国で先行して発効する。韓国は2022年2月1日に発効する。残るインドネシア，マレーシア，フィリピン，ミャンマーも国内手続きを急ぐ。

[A] は2012年11月に交渉を開始した。インド⑦が途中で離脱するなど協議は難航したが，2020年11月に署名が完了した。品目ベースでみた関税撤廃率は91％で，環太平洋経済連携協定(TPP)の99％には及ばないが，政府はGDPの押し上げ効果を約15兆円とTPPの2倍に上ると試算する。

[A] の方が経済効果が大きくなるのは，平均関税率が高い国が多く参加しているためだ。世界貿易機関(WTO)によると農産品と工業品を合わせた平均関税率は韓国(13.6％)，中国(7.5％)，ベトナム(9.5％)，インドネシア(8.1％)などいずれも高水準だ。

日本にとって最大の貿易相手国の中国，3番目に大きい韓国と初めて結ぶFTAになることも背景にある。みずほリサーチ&テクノロジーズによると，現行無税の品目を含めた即時撤廃率は中国で25％，韓国で41.1％。発効時点で無関税になる品目は多くはないが，10年ほどかけて中韓ともに約7割の品目で関税が撤廃される。

国連貿易開発会議(UNCTAD)⑧の試算によると，[A] で域内の貿易額は2％，約420億ドル(約4兆8000億円)拡大する。このうち関税引き下げで競争上有利となる域内国が域外国から輸出需要を奪う効果を250億ドル，関税低下による貿易拡大効果を170億ドルと見込む。

国別では日本の恩恵が最も大きく，域内向け輸出は2019年比で5.5％，金額で約200億ドル増える。中国や韓国も2％程度の輸出増を見込む。一方，インドネシアやベトナムなどは他の域内国に輸出需要を奪われてマイナスとなる。米国⑨や欧州連合(EU)⑩，インドなど域外国の［A］向け輸出はいずれも減少する見通しだ。

(出典：2021年12月30日　日本経済新聞　朝刊「巨大経済圏，輸出5％増へ，［A］1日発効，中韓と初のFTA，車・農産品に追い風。」，一部改変)

問1　下線部①に関連して，日本の貿易に関する記述ア，イの正誤の組合せとして最も適切なものを下の1～4の中から一つ選び，その番号をマークせよ。なお，文中の年号や年代に誤りはない。

ア　1980年代以降に日本の貿易収支は黒字が定着し，それから現在に至るまで貿易収支が赤字になったことはない。

イ　日本は，1963年にGATT 11条国に移行し，国際収支の悪化を理由とした輸入の数量制限が可能となった。

1. ア－正　イ－正　　2. ア－正　イ－誤
3. ア－誤　イ－正　　4. ア－誤　イ－誤

問2　下線部②に関する記述として最も不適切なものを次の1～4の中から一つ選び，その番号をマークせよ。なお，選択肢中の年号に誤りはない。

1. 1978年の日中平和友好条約によって，日本との国交が正常化された。
2. 2005年には，通貨である人民元がドルとの固定相場制から管理フロート制へ移行し，人民元の為替相場は徐々に切り上げられた。
3. 1978年から改革開放政策がとられ，経済特区を拠点とした外国資本の導入などがはかられた。
4. 現在，中国共産党による事実上の一党独裁体制である。

問3　下線部③に関する記述ア，イの正誤の組合せとして最も適切なものを下の1～4の中から一つ選び，その番号をマークせよ。なお，文中の年号に誤りはない。

ア　日本と同様に議院内閣制が採用されており，大統領は存在しない。

イ　1965年の日韓基本条約で，日本との国交が正常化された。

1. ア－正　イ－正　　2. ア－正　イ－誤

3. ア－誤　イ－正　　4. ア－誤　イ－誤

問4　下線部④に関連して，文章中の空欄［　A　］に当てはまる語句として最も適切なものを次の1～4の中から一つ選び，その番号をマークせよ。

1. AFTA　2. RCEP　3. APEC　4. AEC

問5　下線部⑤に関連して，このときの東アジアの地域的な包括的経済連携（［　A　］）協定の域内経済圏のGDP合計が25.8兆ドルであるとすると，世界全体のGDP合計はおよそいくらになるか。値として最も近いものを次の1～4の中から一つ選び，その番号をマークせよ。

1. 約8兆ドル　　2. 約65兆ドル

3. 約86兆ドル　　4. 約129兆ドル

問6　下線部⑥に関連する以下の問に答えよ。

(1)　EPA（経済連携協定）とFTA（自由貿易協定）に関する記述として最も<u>不適切</u>なものを次の1～4の中から一つ選び，その番号をマークせよ。

1. FTAは，域内の国々の間で互いに関税を引き上げることにより，各国の財政収支を改善するという目的をもつ。

2. EPAは貿易の自由化のほか，人や資本，情報の交流など幅広い分野での自由化を対象とする。

3. EPAやFTAでは，域外の国は貿易や投資などの面で不利な立場に置かれる可能性がある。

4. EPAやFTAは，域内の貿易を拡大させる効果がある。

⑵　従来の自由貿易協定に代えて，2020年に新たに発効した米国・メキシコ・カナダの間の協定の名称として最も適切なものを次の１～４の中から一つ選び，その番号をマークせよ。

1. MERCOSUR　　2. NAFTA
3. EFTA　　4. USMCA

問７　下線部⑦に関する記述ア，イの正誤の組合せとして最も適切なものを下の１～４の中から一つ選び，その番号をマークせよ。

ア　BRICS と呼ばれる新興国に含まれる。
イ　包括的核実験禁止条約の締約国である。

1. ア－正　イ－正　　2. ア－正　イ－誤
3. ア－誤　イ－正　　4. ア－誤　イ－誤

問８　下線部⑧に関する説明として最も適切なものを次の１～４の中から一つ選び，その番号をマークせよ。なお，選択肢中の年号に誤りはない。

1. 発展途上国や新興国に利子をつけて貸出を行う国際連合の専門機関であり，1944年のブレトン・ウッズ会議にもとづいて設立された。
2. 国際通貨問題に関する協議および協力のための国際機関であり，1944年のブレトン・ウッズ協定にもとづいて設立された。
3. 南北問題を検討し，貿易，援助，経済開発に関して南北交渉を行う国際連合の機関であり，1964年に国連総会で設立された。
4. ウルグアイ・ラウンドでの合意にもとづき，1995年に GATT を引き継ぐ形で貿易に関する国際機関として設立された。

問９　下線部⑨に関連して，次の１～４の現在の値について世界の各国間での比較を行い，値が大きい(高い)国から順番に並べた場合，米国の順位が世界第１位とならないものを一つ選び，その番号をマークせよ。

1. GDP の大きさ　　2. ODA の実績額

3. 二酸化炭素の排出量　　　　4. 国連分担金の比率

問10 下線部⑩に関する記述ア，イの正誤の組合せとして最も適切なものを下の1～4の中から一つ選び，その番号をマークせよ。なお，文中の年号と年代に誤りはない。

ア 1993年にマーストリヒト条約が発効し，EU(欧州連合)が発足した。
イ 2010年代にはギリシャの財政危機の深刻化によってギリシャの国債価格が下落した。

1. アー正 イー正　　　　2. アー正 イー誤
3. アー誤 イー正　　　　4. アー誤 イー誤

〔Ⅳ〕 以下の文章を読み，各設問に答えよ。

私たちの身の回りには，数え切れないほどの財・サービス①と，その対価である「価格」があります。他方，新聞などでは「物価」という言葉を目にします。価格はある特定の財・サービスに対する値段，物価はある国・地域の一般的な商品の値段②だとの印象を持たれる方は多いでしょう。

ところが，物価は一国の経済変動③に関わり，中央銀行の金融政策④や，政府の財政政策を理解する上でも非常に重要な指標です。この連載では，物価とその変化率であるインフレ率⑤が一国の経済とどう関係しているのかを中心に，経済変動の観点から論じます。

新聞などで目にする物価の多くは「物価指数」を示します。「消費者物価指数」が代表的な存在で，英語表記であるConsumer Price Indexの頭文字から「CPI」と呼ばれます。

CPIでは，家計支出に占める典型的な支出金額の大きさに合わせて仮想の買い物かごを考え，その中の財・サービスの購入に必要な金額を計算します。この金額が1年前からどのくらい変化したかを見れば，物価の変動がわかります。

買い物かごから野菜・魚介類といった生鮮食品を取り除いたのが「コアCPI」です。天候などで価格が変動しやすい財を取り除き，物価の趨勢（すうせい）を明らかにする狙いがあります。このほか，作成方法が異なる「GDP⑥デフレーター」と呼ばれる物価指数もありますが，全体的な趨勢はいずれの物価指数も似た動きを示します。2015年のコアCPIを100とすると，2021年６月の数値は101.7です。物価は，この間，２％弱上昇したわけです。

CPIが典型的な家計⑦の買い物かごを想定し，その財・サービス購入費用で計算する点には注意が必要です。家計の年齢や所得水準で買い物かごの中身が変われば，物価の動きも変わってくるからです。高齢者世帯⑧の「物価」，児童のいる世帯の「物価」を政府は公表していませんが，そのような物価指数を構築することも可能です。

(出典：2021年10月27日　日本経済新聞　朝刊　「物価変動と経済変動（１）「物価」は経済理解の重要指標大阪大学教授　敦賀貴之(やさしい経済学)」，一部改変)

問１　下線部①に関連して，公共財に関する記述ア，イの正誤の組合せとして最も適切なものを下の１～４の中から一つ選び，その番号をマークせよ。

ア　公共財は，たくさんの人が同時に利用できるという非排除性と，特定の人の利用を制限できない非競合性という性質を持っている。

イ　民間の会員制スポーツクラブは公共財にあたる。

1. ア－正　イ－正　　2. ア－正　イ－誤
3. ア－誤　イ－正　　4. ア－誤　イ－誤

問２　下線部②に関する以下の問に答えよ。

(1)　日本で販売されているハンバーガーの価格が500円，アメリカで同じ品質のハンバーガーの価格が６ドルであるとする。今，為替レートが１ドル120円であるとする。このとき，ハンバーガーの価格評価に関する記述ア，イの正誤の組合せとして最も適切なものを下の１～４の中から一つ選び，その番号をマークせよ。

ア　アメリカのハンバーガーは，円で評価すると日本のハンバーガーより200円以上高い。

イ　日本のハンバーガーは，ドルで評価するとアメリカのハンバーガーより４ドル以上安い。

1. ア－正　イ－正　　2. ア－正　イ－誤
3. ア－誤　イ－正　　4. ア－誤　イ－誤

⑵　発展途上国の人々の生活を向上させるために，適正な価格で商品取引を行う仕組みの名称として最も適切なものを次の１～４の中から一つ選び，その番号をマークせよ。

1. フェアトレード　　2. ポストハーベスト
3. トレードオフ　　4. トレーサビリティ

問３　下線部③に関連して，景気循環に関する次の文章中の空欄［　A　］～［　D　］に当てはまる語句の組合せとして最も適切なものを下の１～４の中から一つ選び，その番号をマークせよ。

キチンの波の周期は約［　A　］と言われており，［　B　］が主な原因である。また，クズネッツの波の周期は約［　C　］と言われており，［　D　］が主な原因である。

1. A－40か月　B－在庫循環　C－20年　D－建築循環
2. A－40か月　B－建築循環　C－20年　D－在庫循環
3. A－20年　B－在庫循環　C－40か月　D－建築循環
4. A－20年　B－建築循環　C－40か月　D－在庫循環

問４　下線部④に関連して，日本銀行が行う業務として最も適切なものを次の１～４の中から一つ選び，その番号をマークせよ。

1. 日本銀行券と金の交換　　2. 日本円の硬貨の発行
3. 公開市場操作　　4. 所得税率の決定

問５　下線部⑤に関する以下の問に答えよ。

(1)　2021年から2022年前半の間に日本で起った様々な財の価格上昇の事例として最も当てはまらないものを次の１～４の中から一つ選び，その番号をマークせよ。

1. ウクライナ情勢が不安定となり，小麦の価格が上昇した。
2. ガソリン税の引上げによって，ガソリン価格が上昇した。
3. 半導体不足によって新車の生産が滞り，中古車の価格が上昇した。
4. 資源価格の上昇を背景に，卸電力価格が高騰した。

(2)　インフレに関する記述ア，イの正誤の組合せとして最も適切なものを下の１～４の中から一つ選び，その番号をマークせよ。

ア　インフレは，モノの価値が上がるだけではなく，貨幣の価値が下落することも意味する。
イ　ディマンド・プル・インフレーションは，需要曲線と供給曲線の交点より価格が高い時に発生する。

1. ア－正　イ－正　　2. ア－正　イ－誤
3. ア－誤　イ－正　　4. ア－誤　イ－誤

問６　下線部⑥に関連して，小麦農家と製パン業者と小売業者のみで構成されている国を考える。これに関する以下の問に答えよ。ただし，小麦農家の中間生産物はないものとする。

(1)　ある年にこの国の農家の小麦の生産額が10億円であるとする。製パン業者がこの小麦だけを利用してパンを生産し，15億円で小売業者に販売したとする。小売業者が仕入れたパンを全て販売し，その売上げが20億円であったとする。このときのGDPとして最も適切なものを次の1～4の中から一つ選び，その番号をマークせよ。

1. 10億円　　2. 15億円　　3. 20億円　　4. 45億円

(2)　この国では翌年，小麦の生産額が12億円，製パン業者の生産額が14億円，小売業者の売上額が22億円であったとする。このときの対前年比のGDP成長率として最も適切なものを次の1～4の中から一つ選び，その番号をマークせよ。

1. 2％　　2. －2％　　3. 10％　　4. －10％

問7　下線部⑦に関する記述ア，イの正誤の組合せとして最も適切なものを下の1～4の中から一つ選び，その番号をマークせよ。

ア　家計は生産要素を企業や政府に提供する。
イ　家計は利潤をできるだけ大きくするように消費量を変化させる。

1. ア－正　イ－正　　2. ア－正　イ－誤
3. ア－誤　イ－正　　4. ア－誤　イ－誤

問8　下線部⑧に関連して，高齢化に関する記述ア，イの正誤の組合せとして最も適切なものを下の1～4の中から一つ選び，その番号をマークせよ。

ア　高齢化社会とは，60歳以上の人口の割合が7％を超えた社会である。
イ　日本の高齢化率は，アメリカやイギリスと比べて高い水準にある。

1. ア－正　イ－正　　2. ア－正　イ－誤
3. ア－誤　イ－正　　4. ア－誤　イ－誤

数学

◀経済・経営・法・現代社会・国際関係・外国語・文化・生命科学部▶

（60分）

〔Ｉ〕 以下の ☐ にあてはまる式または数値を，解答用紙の同じ記号のついた欄に記入せよ。

(1) $(x+y-3)(x+y+5)-9$ を因数分解すると ［ア］ である。

(2) $\mathrm{AB}=1$，$\mathrm{BC}=\sqrt{2}$，$\mathrm{CA}=\sqrt{5}$ である三角形ABCについて，$\cos\angle\mathrm{BAC}=$ ［イ］ であり，外接円の半径は ［ウ］ である。

(3) x の整式 x^3-x^2+ax+b を整式 $P(x)$ で割ると，余りが $5x+10$ であるという。$P(x)=0$ が $x=-1, 4$ を解としてもつとき，$a=$ ［エ］，$b=$ ［オ］ である。

(4) $-\dfrac{\pi}{2}<\theta<\dfrac{\pi}{2}$ かつ $\sin\theta=\dfrac{1}{3}$ であるとする。このとき，$\sin 2\theta$ の値は ［カ］ であり，$\cos 4\theta$ の値は ［キ］ である。

(5) k は実数とし，$f(x)=x^3-2x^2+x-k$ とする。$f(x)$ は $x=$ ［ク］ のときに極大値をとり，$x=$ ［ケ］ のときに極小値をとる。方程式 $f(x)=0$ が異なる3つの実数解をもつ k の値の範囲は ［コ］ である。

〔Ⅱ〕　以下の［　　］にあてはまる数値を，解答用紙の同じ記号のついた欄に記入せよ。

白玉が3個，黒玉が2個の合計5個の玉が入っている袋の中から2つの玉を無作為に取り出す。取り出した玉のうち白玉をすべて袋に戻し，黒玉は戻さず手元に残す。この操作を2回続けて行い，2回の操作の後，手元に残った黒玉の数を x とする。

(i) 1回目に黒玉を2つ取り出す確率は［ア］であり，1つ取り出す確率は［イ］である。

(ii) 1回目に黒玉を1つ取り出したとき，2回目にも黒玉を1つ取り出す条件付き確率は［ウ］である。

(iii) $x=0$ となる確率は［エ］であり，$x=1$ となる確率は［オ］である。

(iv) $x=1$ のとき，1回目に白玉を2つ取り出している条件付き確率は［カ］である。

〔Ⅲ〕　以下の □ にあてはまる式または数値を，解答用紙の同じ記号のついた欄に記入せよ。また，(iv)の問いについて，記述欄に過程も含めて解答せよ。

kを0でない実数とする。平面上に異なる4つの点O，A，B，Pがあり，

$$k\overrightarrow{\mathrm{OP}}+3\overrightarrow{\mathrm{OA}}+4\overrightarrow{\mathrm{OB}}=\vec{0}$$

を満たしているとする。ただし，O，A，Bは同一直線上にないとする。
$\overrightarrow{\mathrm{OA}}=\vec{a}$，$\overrightarrow{\mathrm{OB}}=\vec{b}$，$\overrightarrow{\mathrm{OP}}=\vec{p}$ とする。

(i) $\overrightarrow{\mathrm{AP}}$ と $\overrightarrow{\mathrm{BP}}$ を $\vec{a}$，$\vec{b}$，$\vec{p}$ を用いて表すと，$\overrightarrow{\mathrm{AP}}=$ ア ，$\overrightarrow{\mathrm{BP}}=$ イ である。また，直線OPと直線ABの交点をQとすると，AQ : QB = ウ である。

(ii) 三角形OAPの面積が三角形OABの面積の $\frac{1}{3}$ となる k の値をすべて求めると $k=$ エ である。

(iii) 線分OB上の点DがOD : DB = 2 : 1を満たし，線分AD上に点Pがあるとき，$k=$ オ である。

(iv) $|\vec{a}|=\sqrt{2}$，$|\vec{b}|=\sqrt{3}$，内積 $\vec{a}\cdot\vec{b}=1$ とする。三角形OAPがOP=APの二等辺三角形となるとき，kの値と三角形OAPの面積を求めよ。

◀理・情報理工学部▶

(80分)

〔 I 〕 以下の $\boxed{}$ にあてはまる式または数値を，解答用紙の所定の欄に記入せよ。

(1)　$x=\dfrac{1}{\sqrt{3}+1}$, $y=\dfrac{1}{\sqrt{3}-1}$ のとき，x^3y+xy^3 の値は $\boxed{}$ である。

(2)　5個の数字 0, 1, 2, 3, 4 を重複なく使って5桁の整数を作るとき，偶数になるものの個数は $\boxed{}$ である。

(3)　θ は鋭角とする。$\cos\theta=\dfrac{1}{4}$ のとき，$\tan(90^\circ-\theta)$ の値は $\boxed{}$ である。

(4)　平面上の4点 O, A, B, C が，$|\overrightarrow{\mathrm{OA}}|=|\overrightarrow{\mathrm{OB}}|=|\overrightarrow{\mathrm{OC}}|=1$ および $\overrightarrow{\mathrm{OA}}+2\overrightarrow{\mathrm{OB}}-2\overrightarrow{\mathrm{OC}}=\vec{0}$ を満たすとする。このとき，内積 $\overrightarrow{\mathrm{OA}}\cdot\overrightarrow{\mathrm{OB}}$ の値は $\boxed{}$ である。

(5)　公比が正の実数であるような等比数列がある。この数列の初項と第2項の和が $\dfrac{81}{7}$ であり，初項から第4項までの和が $\dfrac{90}{7}$ であるとき，公比の値は $\boxed{}$ である。

〔 II 〕 以下の □ にあてはまる式または数値を，解答用紙の所定の欄に記入せよ。

複素数 $0,\ 1+i,\ -1+i$ を表す複素数平面上の点をそれぞれ O, A, B とする。ただし, i を虚数単位とする。複素数 z で表される複素数平面上の点を P とし, $w=z^2$ で表される点を Q とする。P が A であるとき, Q を表す複素数は （ア） であり, P が B であるとき, Q を表す複素数は （イ） である。

P が線分 AB 上にあり, 線分 AB を $t:(1-t)\ \ (0<t<1)$ に内分するとき, P を表す複素数 z を t を用いて表すと $z=$ （ウ） である。

Q を表す複素数 w を, 実数 $x,\ y$ を用いて $w=x+yi$ とする。P が線分 AB 上を A から B まで動くとき, Q が複素数平面上で描く曲線を x, y の方程式で表すと （エ） であり, y の値の範囲は （オ） である。

P が △OAB の周上を動くとき, Q が複素数平面上に描く曲線を C とする。C によって囲まれた部分の面積は （カ） である。

〔III〕　関数 $f(x)=x\sqrt{6-x^2}$ $(-\sqrt{6}\leqq x\leqq\sqrt{6})$ に対し，xy 平面上の曲線 $y=f(x)$ を C とする。また，$f(x)$ が最大値をとるときの x の値を a とする。このとき，以下の問いに答えよ。

(1)　導関数 $f'(x)$ を求めよ。

(2)　$f(x)$ の増減を調べ（凹凸は調べなくてもよい），C の概形をかけ。また，a の値と $f(a)$ の値をそれぞれ求めよ。

(3)　定積分 $\displaystyle\int_0^a f(x)\,dx$ の値を求めよ。

(4)　点 $(a,\,f(a))$ における C の接線を ℓ とする。ℓ と曲線 $y=|f(x)|$ で囲まれた部分の面積 S を求めよ。

物理

（80 分）

〔Ｉ〕 次の文章を読み，[　　　]に適する数式または数値を入れよ。ただし，数式はそれぞれの[　　　]内に記載した記号のうち，必要なものを用いて表せ。また，{　　　}の中から最も適切なものを選び，記号で答えよ。解答は解答用紙の所定の欄に記入せよ。

惑星は図に示すような太陽を焦点のひとつとする楕円軌道上を運動しており（ケプラーの第１法則），惑星の公転周期 T の２乗と，楕円軌道の半長軸の長さ a の３乗の比の値は，すべての惑星について同じ値であり，次のような式が成り立つことが知られている（ケプラーの第３法則）。

$$T^2 = ka^3 \qquad (k \text{ は比例定数})$$

以下では，ケプラーの法則にしたがう天体の運動について考える。

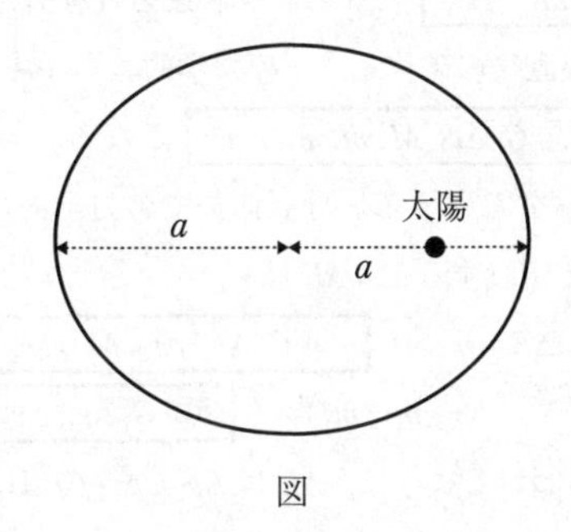

図

円軌道を運動する質量 m_A の天体１を考える。その運動は太陽が天体１に及ぼす万有引力を向心力とする等速円運動である。その円運動の半径を a，万有引力定数を G，太陽の質量を M とすると，向心力の大きさは [① a, G, M, m_A] ，円運動の速さ V は [② a, G, M] ，天体１が円軌道を１周するのにかかる時間，

すなわち周期Tは [③ a, G, M] となる。VとTより，ケプラーの第3法則に出てくる定数kは [④ a, G, M] となる。地球と太陽の平均距離で定義される長さの単位であるau(天文単位)を導入し，半径1 auの円軌道を運動する天体の周期を1年とする。長さの単位にau，時間の単位に年を採用し，定数kの単位を年^2 au^{-3}とすると，その数値は [⑤] となる。天体1の万有引力による位置エネルギーをUとする。無限遠をUが0となる基準点とすると，Uは [⑥ a, G, M, m_A] となる。天体1の運動エネルギーをKとすると，KとUの絶対値の比$K/|U|$は，⑦ {（ア）aにのみ依存する，（イ）Mにのみ依存する，（ウ）aとMに依存する，（エ）定数となる }ことがわかる。

次に，楕円軌道を運動する質量mの天体2を考える。ここでは天体1の影響は考えないこととする。あるとき天体2の内部の圧力が上昇し，瞬間的に破片1と破片2の2個に分裂した。分裂直前の天体2の太陽からの距離をr，速さをvとし，分裂後の破片1，2の質量をそれぞれm_1，$m-m_1$とする。分裂の際，破片1は分裂前の天体2の運動の向きと同じ向きに，破片2は分裂直前の天体2の運動の向きとは逆向きに，大きさがfで一定の力を時間Δtだけ受けた。その結果，破片1と破片2は逆向きの速度変化を得た。分裂の際に破片1，2が得た速さの変化量をそれぞれΔv_1，Δv_2 ($\Delta v_1 > 0$，$\Delta v_2 < 0$，$|\Delta v_2| < v$)とすると，Δv_1は，[⑧ $G, f, \Delta t, M, m, m_1, r, v$] となる。無限遠を万有引力による位置エネルギーの基準として，分裂直後の破片1，2の力学的エネルギーをそれぞれE_1，E_2とすると，E_1は，[⑨ $G, \Delta v_1, M, m, m_1, r, v$] となる。同様に分裂直前の天体2の力学的エネルギーをEとする。分裂前後での力学的エネルギーの変化ΔEを，$\Delta E = (E_1 + E_2) - E$と定義すると，$\Delta E$は，

$$\Delta E = m_1 \times (\boxed{⑩\ G, \Delta v_1, \Delta v_2, M, r, v}) + (m - m_1) \times (\boxed{⑪\ G, \Delta v_1, \Delta v_2, M, r, v})$$

となる。この式からわかるように，ΔEはΔv_1，Δv_2の値によって変化する。

〔Ⅱ〕 次の文章を読み，[　　] に適する数式または数値を入れよ。ただし，[　　] 内に記号が記載されている場合は，それらの中から必要なものを用いて表せ。[　　]（点線）は，すでに [　　] で与えられたものと同じものを表す。また，｛　　｝の中から最も適切なものを選び，記号で答えよ。解答は解答用紙の所定の欄に記入せよ。

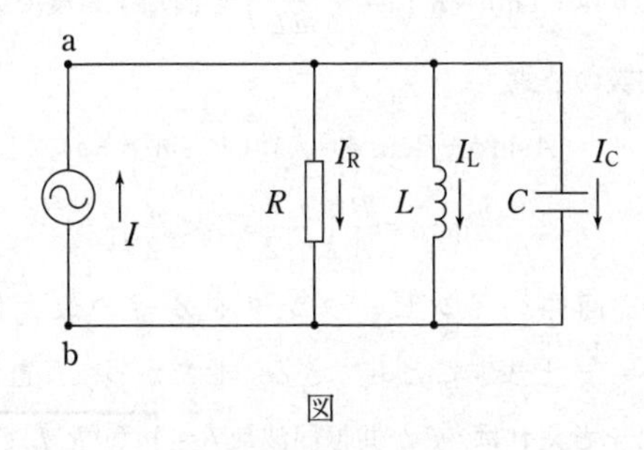

図

図のように，交流電源，抵抗値 R の抵抗，電気容量 C のコンデンサー，自己インダクタンス L のコイルが並列に接続された回路を考える。R，C，L はいずれも0でないとする。交流電源の角周波数を ω，電圧（点bに対する点aの電位）の最大値を $V_0(V_0 > 0)$ として，時刻 t における交流電源の電圧は $V = V_0 \sin \omega t$ で表される。交流電源，抵抗，コンデンサー，コイルを流れる電流は，図の矢印の向きを正とする。抵抗に流れる電流を I_R とすれば，オームの法則より $I_R =$ [① V_0, R, ω, t] となる。コイルに流れる電流の位相は，コイルの両端にかかる電圧の位相に比べて ②｛（ア）$\frac{\pi}{2}$ 進んでいる，（イ）$\frac{\pi}{4}$ 進んでいる，（ウ）$\frac{\pi}{2}$ 遅れている，（エ）$\frac{\pi}{4}$ 遅れている，（オ）進んでもいないし遅れてもいない｝ので，コイルに流れる電流を I_L とすれば，$I_L =$ [③ V_0, L, ω, t] となる。一方，コンデンサーに流れる電流の位相は，コンデンサーの両端にかかる電圧の位相に比べて ④｛（ア）$\frac{\pi}{2}$ 進んでいる，（イ）$\frac{\pi}{4}$ 進んでいる，（ウ）$\frac{\pi}{2}$ 遅れている，（エ）$\frac{\pi}{4}$ 遅れている，（オ）進んでもいないし遅れてもいない｝ので，コンデンサーに流れる電流を I_C とすれば，$I_C =$ [⑤ V_0, C, ω, t] となる。

このような回路において，コイルおよびコンデンサーの消費電力を時間的に平均すると，それらの消費電力の時間平均値は0となり，電気エネルギーを消費しないことがわかる。一方，時刻 t における抵抗の消費電力 P は，$P =$ [⑥ V_0, R, ω, t]

であるから，その時間平均 $\overline{P}$ は $\overline{P}=$ [⑦ V_0, R] となる。

電源を矢印の向きに流れる電流 I は，キルヒホッフの法則より

$$I = \boxed{⑧\ V_0, R, L, C, \omega} \times \sin(\omega t+\theta) \qquad \left(ただし，-\frac{\pi}{2}<\theta<\frac{\pi}{2}\right)$$

である。ここで θ は，$\tan\theta=R\left(\omega C-\dfrac{1}{\omega L}\right)$ を満たす角度である。なお，必要であれば，三角関数の公式，

$$A\sin\phi+B\cos\phi=\sqrt{A^2+B^2}\sin(\phi+\alpha),$$

$$\tan\alpha=\frac{B}{A}\left(-\frac{\pi}{2}<\alpha<\frac{\pi}{2}\right)$$

を用いて良い。回路のインピーダンスを Z，I の最大値を I_0 とすれば，$I_0=$ [⑧] $=\dfrac{V_0}{Z}$ と表すこともできる。したがって，電源の周波数 f が $\dfrac{\omega}{2\pi}$ で表されることを考えれば，f が共振周波数 $f_0=$ [⑨ R, L, C] に一致するとき，インピーダンス Z は最大となり，このとき I は，⑩ {（ア）常に I_R と等しくなる，（イ）常に I_L と等しくなる，（ウ）常に I_C と等しくなる，（エ）常に0となる }。

〔Ⅲ〕 次の文章は，物理を学ぶ生徒のAさんと教師のB先生が会話をしている様子である。二人の会話が成立し，Aさんが正しい解答をしているとして，[　　] に最も適した数式，数値，または語句を入れ，{　　}の中から最も適切なものを選び記号で答えよ（文中の指示により，適切な記号が複数存在する可能性もあることに注意）。ただし，[　　] 内に記号が記載されている場合はその中から適切なものを用いて数式を解答せよ。⑧は文中の指示に従って解答せよ。[　　]（点線枠）は，すでに [　　] で与えられたものと同じものを表す。解答は解答用紙の所定の欄に記入せよ。

Aさん：「さっき，空に虹が見えてきれいだったんですが，あれは一種の分光ですね。」

B先生：「そうですね。なぜそうなるかわかっていなかったころは不思議に感じたかもしれません。」

Aさん：「回折格子を使った簡易分光器でも虹みたいな模様が見えました。」

B先生：「原理はおぼえていますか？」

Aさん：「ええ，光の ① ｛（ア）屈折，（イ）散乱，（ウ）干渉，（エ）透過，（オ）反射｝によって光が分光されるんですよね。」

B先生：「では，図1のような回折格子に白色光が入射した場合，1つのすき間を通りぬけた光はどのように進むか，説明できますか？」

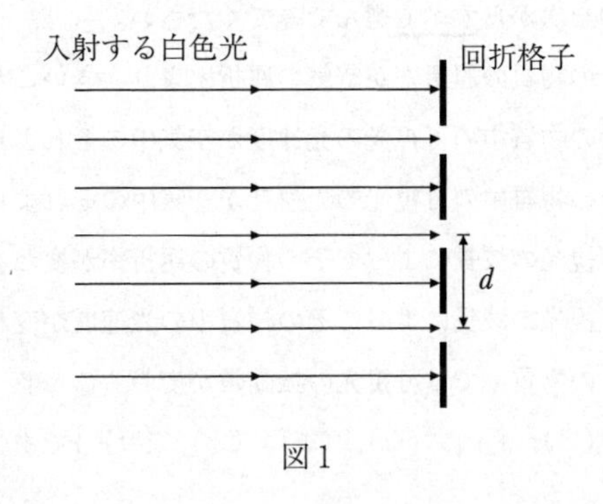

図1

Aさん：「② ｛（ア）波長に応じて許される角度にのみ，光は屈折して進みます，
（イ）波長に関係なく，光は特定の角度に曲げられて進みます，
（ウ）どの波長の光も入射した方向にそのまままっすぐ進みます，
（エ）通りぬけた光は，どの波長の光も広がって進みます，
（オ）限られた波長をもつ光だけが通りぬけ，広がって進みます｝。」

B先生：「ここでは回折格子の面に対して垂直に光が入射したとして，入射方向から角度$\theta(>0)$だけ曲がった方向で明るく観測された回折光については，nを1以上の整数，波長をλ，回折格子の間隔をdとして$\sin\theta=$ ［③ n, λ, d］ という関係が満たされることになります。」

Aさん：「実験で使った回折格子はプラスチックということでしたが，ガラスを使うとどうなるんですか？」

B先生：「回折格子によく使われる材料ではガラスの方がプラスチックより屈折率が小さいのですが，回折格子の間隔が等しく，入射する光が同じ波長の単色光である場合に回折された光が明るく観察される角度は ④ ｛（ア）ガラスの方が小さくなります，（イ）プラスチックの方が小さくなります，(ウ)ガラスでもプラスチックでも変わりません }。」

Aさん：「そうなんですね。でも空に虹が見えるのは回折格子で見えるのとは原因が違いますよね。プリズムによる分光の方が近そうですが。」

B先生：「その通りです。虹のようにさまざまな色に分かれて見えるのは水滴による光の ⑤ という現象によるものですね。光の ⑤ という現象がある物質について起きる場合，その直接の原因として適切であるものを次からすべて選んでみてください。

(ア)その物質の屈折率が空気の屈折率より大きいこと，

(イ)その物質中の可視光の光速度が空気中のそれより大きいこと，

(ウ)その物質中の可視光の光速度が空気中のそれより小さいこと，

(エ)可視光の波長によってその物質の屈折率が変わること，

(オ)可視光の波長によってその物質中の光速度が変わること，

(カ)その物質中では可視光の振動数が変わること」

Aさん：「⑥ {（ア），（イ），（ウ），（エ），（オ），（カ）}です。」

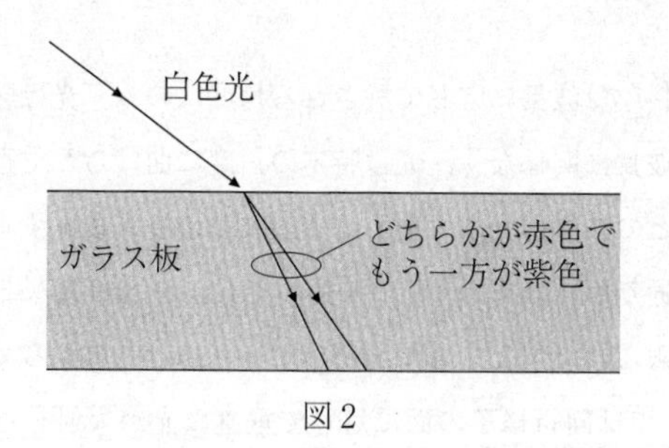

図2

B先生：「よくできました。では図2のように白色光がガラス板に入射するとして，そのうち赤色と紫色の光がそれぞれどう進むかを考えましょう。図2には，ガラス中での赤色と紫色の光の進み方が模式的に描かれています。赤色と紫色については，赤外線と紫外線との比較で考えるとわかりやすいです。次の中から，適切な記述であるものをすべて選んでみてください。

(ア)赤外線は赤色の光より波長が短く，人間の目には見えない，

(イ)赤外線は赤色の光より波長が長く，人間の目には見えない，

(ウ)紫外線は紫色の光より波長が短く，人間の目には見えない，

(エ)紫外線は紫色の光より波長が長く，人間の目には見えない，

(オ)赤外線の光子は紫外線のそれよりエネルギーが高く，物体の加熱に使われる，

(カ)紫外線の光子は赤外線のそれよりエネルギーが高く，殺菌などに使われる」

Aさん：「正しいのは，⑦ ｛（ア），（イ），（ウ），（エ），（オ），（カ）｝だと思います。」

B先生：「では，図２でガラス中の光線のどちらが赤色でどちらが紫色か，またガラスから出た光はそれぞれどのように進むかを記入してください。ただし，このガラスの屈折率は可視光の波長が短くなるほど大きくなるとします。」

Aさん：（解答欄⑧に記入）

B先生：「よくできました。レンズによる屈折ではこのような現象が起きるのに対して，鏡による反射では起きませんから，屈折望遠鏡に比べて反射望遠鏡の方に優位性があったりします。もっとも，レンズの組み合わせでこうした欠点を補う工夫が実際の製品ではなされています。」

〔解答欄⑧〕

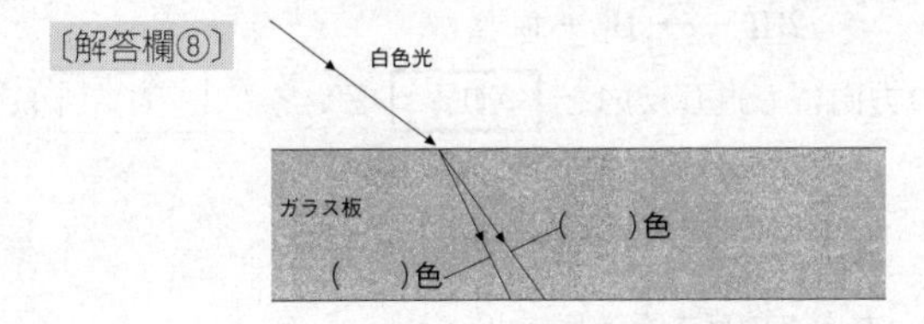

化学

（80分）

〔Ⅰ〕

A．次の文を読み，問いに答えよ。

密閉容器に，水素 H_2 とヨウ素 I_2 の混合気体を入れ，高温で一定温度にすると，一部が反応してヨウ化水素 HI を生じる。

$$H_2 + I_2 \longrightarrow 2HI$$

また，この容器に HI だけを入れて，高温で一定温度にすると，一部が分解して H_2 と I_2 を生じる。

$$2HI \longrightarrow H_2 + I_2$$

このように，どちらの方向にも進む反応を［(1)］という。［(1)］は $\rightleftarrows$ で表す。

$$H_2 + I_2 \rightleftarrows 2HI \quad \cdots ①$$

右向きの反応を正反応，左向きの反応を逆反応という。

<u>同量の水素 H_2 とヨウ素 I_2 を容器に入れ，高温で一定温度にすると，正反応の反応速度は，最初は大きいが，段々小さくなっていき，やがて一定となる。</u>このとき正反応と逆反応の反応速度は等しく，反応は見かけ上は止まった状態となる。このような状態を平衡状態という。平衡状態になっているとき，反応物と生成物のモル濃度の値には次式の関係が成り立ち，K は一定の値になる。

$$\frac{[HI]^2}{[H_2][I_2]} = K$$

K は(濃度)平衡定数とよばれる。

「一般に，［(1)］が平衡状態にあるとき，濃度，圧力，温度などの条件を変化させると，その変化の影響を和らげる向きに反応が進み，新たな平衡状態となる。」これを［(2)］の原理という。

問１　空欄(1)，(2)に入る最も適切な語句を記せ。

問２　図１は下線部の様子を示している。時間20秒から時間30秒のあいだのHIの平均生成速度はいくらか，有効数字１桁，単位mol/(L･s)で答えよ。

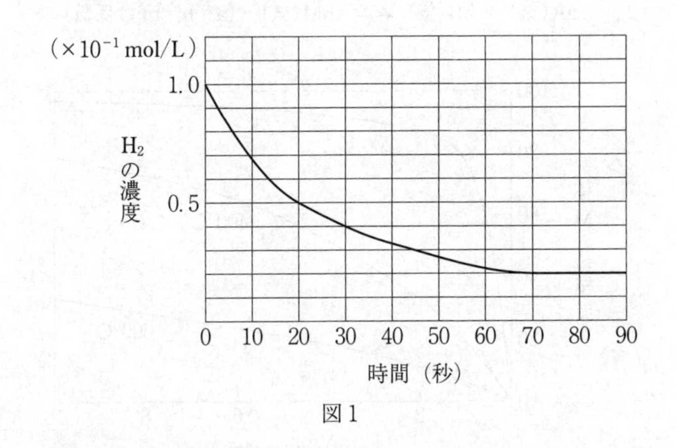

図１

問３　密閉容器中で，①式の反応を行った。次の問いに有効数字２桁で答えよ。

(1)　温度700 Kで，反応を進行させて平衡状態で濃度を測定したところ，$[H_2]$ = 2.0 mol/L，$[I_2]$ = 3.0 mol/L，[HI] = 18 mol/Lであった。平衡定数はいくらか，記せ。

(2)　ある温度で，容積1.0 Lの密閉容器中，水素H_2，ヨウ素I_2を，最初にそれぞれ1.0 molずつ入れて反応を進行させ平衡状態となった。この温度で平衡定数は64であった。平衡状態のHIの濃度〔mol/L〕はいくらか，記せ。

問４　容積1.0 Lの密閉容器中，温度1000 Kで，次の反応が平衡状態となっている。

$$CO_2(気) + C(固) \rightleftarrows 2CO(気)$$

全圧は1.0×10^5 Pa，COの体積百分率は80 %であった。このとき下の(1)，(2)の値を有効数字２桁で求めよ。C(固)の体積は無視できるものとし，気体定数を8.3×10^3 Pa･L/(mol･K)とする。

(1)　圧平衡定数〔Pa〕

⑵　濃度平衡定数〔mol/L〕

問5　次の反応が平衡状態にあるとき，各温度，圧力で気体Mの体積百分率を測定したところ図2のようになった。下の問いに答えよ。

$$aA(気) + bB(気) \rightleftarrows mM(気)$$　(a，b，mは係数)

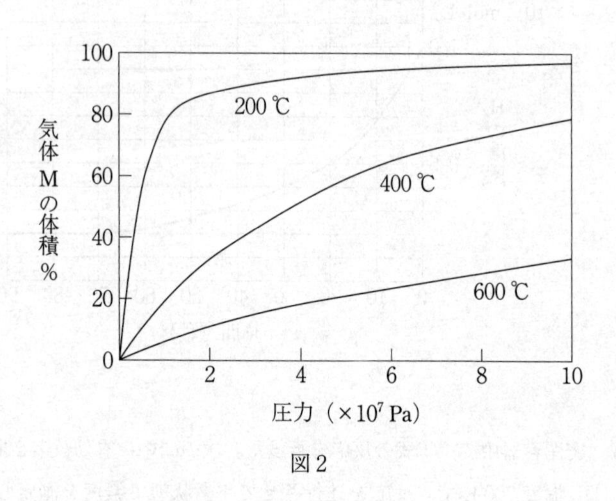

図2

⑴　この正反応は発熱反応か，吸熱反応か，どちらか記せ。

⑵　反応式の係数について，(ア)～(ウ)のうち正しいのはどれか記せ。

(ア)　$a + b < m$　　(イ)　$a + b = m$　　(ウ)　$a + b > m$

問6　次の文で正しいものには○を，誤っているものには×を記せ。

⑴　温度を低くすると平衡定数はつねに小さくなる。

⑵　反応の活性化エネルギーが大きくなると，平衡定数の値は大きくなる。

⑶　反応物の量を2倍にしても，生成物の量は2倍になるとはかぎらない。

⑷　触媒を加えると反応熱を小さくすることができる。

B．次の問いに答えよ。

図3は，水素と酸素から水を生じる反応に関するエネルギー図であり，また，

各結合の結合エネルギーの値は次の通りである。これらを用いて下の値を有効数字２桁で求めよ。

H－H　440 kJ/mol　　O＝O　500 kJ/mol　　O－H　460 kJ/mol

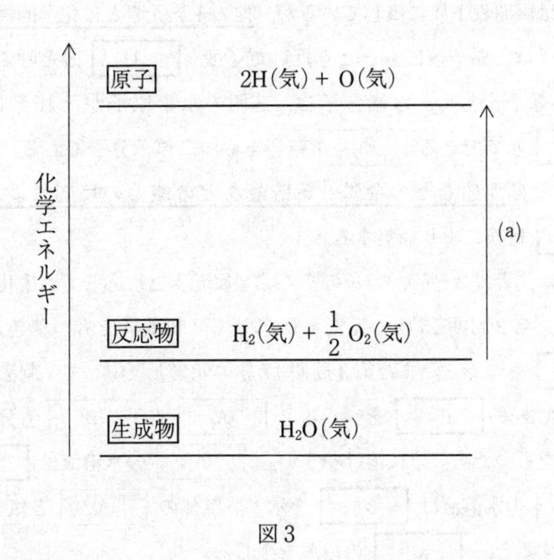

図３

問１　図中(a)の値〔kJ〕はいくらか，記せ。

問２　H_2O(気)の生成熱〔kJ〕はいくらか，記せ。

〔Ⅱ〕

A．次の文を読み，問いに答えよ。

水素は周期表1族に属しているが，<u>他の1族元素とは化学的性質が異なる</u>①。水素原子は，原子核にもっとも近い電子殻（ (1) 殻と呼ぶ）に (2) 個の価電子をもつ。水素分子は，2個の水素原子がそれぞれの価電子を (3) してできる (3) 結合をもつ二原子分子である。水素の単体は，実験室では<u>亜鉛などの金属と希硫酸などの酸との反応により発生させ</u>②， (4) 置換により捕集する。

水素は，貴ガス(希ガス)をのぞく非金属元素と反応して水素化合物をつくる。例えば，第2周期15族の元素と反応して，刺激臭をもつ無色の気体である (A) をつくる。また第3周期17族の元素と反応して，刺激臭をもつ無色の気体である (B) をつくる。 (A) も (B) も分子全体で電荷の偏りをもつため，水に溶けやすい。 (A) の水溶液は (あ) を示し， (B) の水溶液は (い) を示す。気体の (A) と気体の (B) が反応すると， (C) の白煙を生じる。

水素は金属元素とも反応して水素化合物をつくる。例えばナトリウムNaと反応して，水素化ナトリウムNaHをつくる。この化合物の結晶は (う) 結晶である。ポーリングの電気陰性度の値をみてみると，水素Hで2.2，ナトリウムNaで0.9であることから，この化合物中では (え) が負の電荷を帯びていることがわかる。

問1　空欄(1)～(4)に入る最も適切な語句，または数値をそれぞれ記せ。

問2　空欄(A)～(C)に入る化合物を化学式でそれぞれ記せ。

問3　空欄(あ)～(え)に入る最も適切な語句を，下記の語群から選び，それぞれ記せ。

(あ)　[酸性，塩基性，中性]

(い)　[酸性，塩基性，中性]

(う)［イオン，分子，金属］

(え)［ナトリウム，水素］

問4　空欄(A)，(B)の化合物の分子の形として，最も適切なものを下記の語群から選び，それぞれ記せ。

［三角錐，正三角形，折れ線，直線］

問5　下線部①に関して，1族元素のうち水素だけがもつ性質を，以下のa～dの中からすべて選び，記号で記せ。

a．単体は常温・常圧で無色・無臭の気体である。

b．非金属元素である。

c．価電子を放出して陽イオンになりやすい。

d．単体や化合物は特有な炎色反応を示す。

問6　下線部②に関して，亜鉛 Zn に希硫酸を加えて水素を発生させる反応の化学反応式を記せ。

B．次の文を読み，問いに答えよ。

周期表18族の元素を貴ガス(希ガス)という。貴ガスは無色無臭の［(1)］原子分子で，融点や沸点が非常に低い。また，貴ガスは他の元素との反応性に乏しく，化合物をつくりにくい性質をもつ。貴ガスの最外殻電子数は，第1周期の元素［(A)］では［(2)］個であり，他の貴ガスでは［(3)］個となる。

最大数の電子が収容された電子殻を［(4)］という。第1周期，第2周期の貴ガスの最外殻は［(4)］となっており，その電子配置は安定である。第3周期以降の貴ガスは，最外殻に電子が［(3)］個入っていて，［(4)］と同じような安定な状態である。貴ガスでは，最外殻電子は原子間の結合に関わらないので，価電子の数は［(5)］個とする。

貴ガスの中でもっとも原子量の小さい［(A)］は，風船や飛行船の浮揚ガスとして利用される。［(A)］の液体は，超伝導磁石の冷却剤として用いられる。第2周期の貴ガスである［(B)］は，低圧で放電させると可視光を放出するため，広告用放電管に利用される。第3周期の貴ガスであるアルゴンは，貴ガス中で空気中にもっとも多く含まれる成分であり，蛍光灯の封入ガスとして用いられる。

問1　空欄(1)〜(5)に入る最も適切な語句，または数値を記せ。

問2　空欄(A)，(B)に入る適切な元素を，元素記号でそれぞれ記せ。

問3　空気に対して，以下の一連の操作を，1→2→3の順で行い，気体Xを得た。

1：NaOH水溶液に通じる

2：赤熱したCuが入った容器に通じる

3：濃硫酸に通じる

次の(i)〜(iv)の問いに答えよ。ただし，この実験で用いた空気は，窒素，酸素，二酸化炭素，水(水蒸気)，アルゴンのみからなる混合気体とし，気体Xは窒素とアルゴンのみからなる混合気体とする。また，すべての気体は理想気体として扱うことができるものとする。原子量はN = 14.0，Ar = 40.0とする。

(i)　操作1〜3は，空気中の酸素，二酸化炭素，水(水蒸気)のうち，いずれかの物質を除去する目的で行われた操作である。それぞれの操作について，除去される物質名を記せ。

(ii)　気体X中のアルゴンの体積百分率をp％として，気体Xの平均分子量をpを用いて表せ。ただし，操作1〜3では，空気中の窒素とアルゴンは全く除去されなかったものとする。

(iii)　気体Xは，同じ温度と圧力の純粋な窒素と比較して，密度が0.480％大きかった。気体X中のアルゴンの体積百分率p％を，有効数字3桁で求めよ。

(iv)　この実験で用いた空気中のアルゴンの体積百分率を，有効数字２桁で求めよ。ただし，実験に用いた空気中の窒素の体積百分率を 80.0 ％とする。

〔Ⅲ〕

A．次の文を読み，問いに答えよ。

分子式 $C_5H_{10}O_2$ で表されるエステル A，B，C がある。エステル A に酸を加えて加熱したところ，加水分解され，カルボン酸 D とアルコール E が得られた。アルコール E を，硫酸酸性の二クロム酸カリウム水溶液によっておだやかに酸化すると，アセトアルデヒドが得られた。

エステル B を同様に加水分解したところ，カルボン酸 F とアルコール G が得られた。カルボン酸 F をアンモニア性硝酸銀水溶液に加えて温めると，銀が析出した。アルコール G には，一組の鏡像異性体(光学異性体)が存在し，また，その分子内脱水反応からは，アルケン H，I，J がそれぞれ得られた。これらのうち，アルケン I と J は互いにシス-トランス異性体の関係にあり，I がシス形，J がトランス形であった。

エステル C を同様に加水分解したところ，カルボン酸 K とアルコール L が得られた。アルコール L を硫酸酸性の二クロム酸カリウム水溶液によっておだやかに酸化すると，アセトンが得られた。

問１　下線部について，以下の問いに答えよ。

(i)　アセトアルデヒドの示性式を記せ。

(ii)　アルコール E の物質名および示性式をそれぞれ記せ。

問２　カルボン酸 F の物質名および構造式をそれぞれ記せ。ただし，構造式は図１にならって簡略化して記せ。

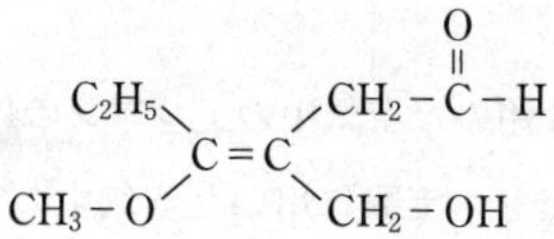

$$\begin{array}{c} \mathrm{C_2H_5} \diagdown \quad\quad \diagup \mathrm{CH_2-\overset{\displaystyle O}{\overset{\|}{C}}-H} \\ \mathrm{C=C} \\ \mathrm{CH_3-O} \diagup \quad\quad \diagdown \mathrm{CH_2-OH} \end{array}$$

図1

問3　アルコールGの構造式を，図1にならって簡略化して記せ。また，不斉炭素原子を◯で囲め。

問4　アルケンIおよびJの構造式を，シス-トランス異性体の区別がつくように，図1にならって簡略化してそれぞれ記せ。

問5　以下の文a～dのうち，カルボン酸Kについて書かれた記述として適切なものをすべて選び，記号で記せ。

a．ヨードホルム反応を示す。

b．フェーリング液に加えて加熱すると赤色沈殿を生じる。

c．炭酸水素ナトリウム水溶液を加えると二酸化炭素が発生する。

d．食酢に含まれている。

問6　エステルCの構造式を，図1にならって簡略化して記せ。

B．次の文を読み，問いに答えよ。ただし，原子量は H = 1.0，C = 12.0，O = 16.0 とする。

図2で示したような実験装置は，有機化合物の元素分析に用いられる。この装置を用いて有機化合物を完全燃焼し，発生した水 H_2O を塩化カルシウムに，また，二酸化炭素 CO_2 をソーダ石灰にそれぞれ吸収させる。そこから，燃焼により生じた水や二酸化炭素の質量を調べ，それらの値にもとづいて，有機化合物に含まれる特定の成分元素の含有量を推定する。この装置を用い，適切な手順にしたがってC，H，Oのみからなる有機化合物X 60 mg を完全燃焼したところ，88 mg の二酸化炭素と 36 mg の水が生じた。

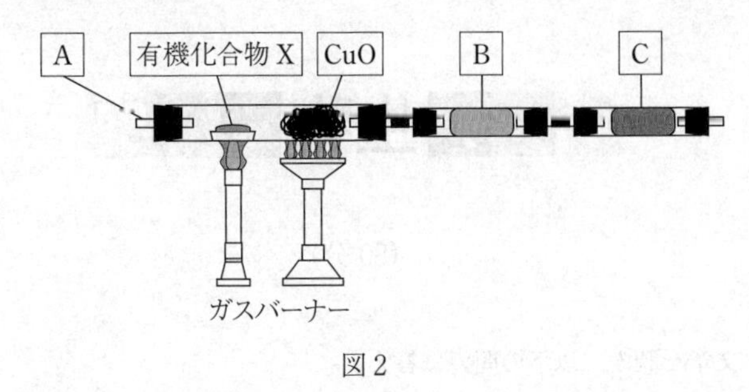

図2

問1　図2の装置を用いた元素分析について書かれた以下の文a～dのうち，内容が正しいものには○を，誤りであるものには×をそれぞれ記せ。

a．大気中に存在する水や二酸化炭素が外部から燃焼管に混入すると正確な測定値が得られない。そのため，試料を燃焼する時には，図中のガラス管Aの口を閉じる必要がある。

b．図中の酸化銅(Ⅱ)CuOは，試料の完全燃焼を促進するはたらきがある。

c．図中のBにはソーダ石灰を，また，Cには塩化カルシウムをそれぞれ入れる。

d．この実験では，発生した水や二酸化炭素に含まれる水素H，炭素C，酸素Oが，いずれも試料のみに由来するものとして計算を行うことで，試料中の各成分元素の含有量を求めることが出来る。

問2　有機化合物Xの組成式(実験式)を記せ。

問3　有機化合物Xの分子量を別の方法で測定したところ，180であった。有機化合物Xの分子式を記せ。

■生物■

(80分)

〔I〕 次の文章を読み，以下の問いに答えよ。

(A) DNAの複製は，複製起点と呼ばれる特定の塩基配列で，塩基間の結合が切断されて，部分的に1本ずつのヌクレオチド鎖が生じる(ア)ことで開始される。次に，もとのDNAの2本のヌクレオチド鎖のそれぞれが鋳型となり，相補的な塩基をもつヌクレオチドがこれに結合し，新生鎖を伸長していく(イ)。このとき，DNAの2本のヌクレオチド鎖は，お互いに逆向きに配列している。DNAの複製では，この両方の鎖が鋳型となる。したがって，新たに合成されるヌクレオチド鎖の一方は，開裂が進む方向と同じ向きに連続的に合成される。このとき連続的に合成されるヌクレオチド鎖を［ ① ］鎖，不連続に合成されるヌクレオチド鎖を［ ② ］鎖という。［ ② ］鎖では，複数の短いヌクレオチド鎖(ウ)が5′→3′方向へ断続的に複製され，これが［ ③ ］と呼ばれる酵素によって次々と連結される。DNAの複製では，もとのDNAの一方のヌクレオチド鎖が，複製されたDNAにそのまま受け継がれる。このような複製は［ ④ ］複製と呼ばれる。

DNAの複製はこのように行われるが，真核生物の線状のDNAでは，DNAの末端部に存在する特定の塩基配列のくり返し(エ)は完全に複製されない。そのためDNA複製をくり返すたびにDNAの末端部が短くなる(オ)。

(1) 文中の［ ］に，もっとも適切な語句を入れよ。

(2) 下線部アについて，

(i) DNAの二本鎖を，ほどくことに関わる酵素の名称を答えよ。

(ii) 切断される塩基間の結合として，もっとも適切なものをa～dから1つ選び，記号で答えよ。

a．イオン結合　b．共有結合　c．水素結合　d．配位結合

(3) 下線部イについて，

(i) ヌクレオチドどうしを連結して新生鎖を伸長する酵素の名称を答えよ。

(ii) (i)の酵素は，複製開始時に鋳型鎖に結合する相補的な短いヌクレオチド鎖を必要とする。このヌクレオチド鎖の名称を答えよ。

(iii) 微量なDNAを短時間で大量に増幅させるPCR法では，(i)の酵素に耐熱性があることが好ましい。その理由を簡潔に説明せよ。

(4) 下線部ウについて，この短いヌクレオチド鎖は何と呼ばれるか。名称を答えよ。

(5) 下線部エについて，このDNAの末端部は何と呼ばれるか。名称を答えよ。

(6) 下線部オについて，

(i) DNA複製をくり返すたびに末端部が短くなる理由を説明せよ。

(ii) DNAの長さが一定以下になった細胞は，どのようになるか，簡潔に説明せよ。

(B) 多くの植物では，気孔から取り込まれた二酸化炭素(CO_2)は，［①］という酵素のはたらきで，5個の炭素をもつC_5化合物の［②］と結合する。次に，それが2つに分解されて，3個の炭素をもつC_3化合物の［③］がつくられる。さらに，多くの酵素反応からなる回路X(ア)で有機物が合成される。このように外界からのCO_2を固定する植物をC_3植物という。C_3植物は，日中に気孔を開くが，気温が高く，乾燥した条件では気孔を閉じる。その結果，［④］細胞内のCO_2濃度が下がり，さらに酸素(O_2)がCO_2の固定を阻害するため，光合成の効率が低下する。

一方，年間を通じて光が強く，気温の高い熱帯地方が原産である植物は，回路Xのほかに，CO_2を効率的に固定する反応系をもつ。これらの植物の

［④］細胞内で，CO_2 は C_3 化合物のホスホエノールピルビン酸(PEP)と結合して，C_4 化合物である［⑤］に固定される。この反応はPEPカルボキシラーゼと呼ばれる酵素が触媒する。この酵素は，［①］に比べ，低い CO_2 濃度でも高い活性を示す。したがって，高温で乾燥して，気孔が閉じている環境下でも，CO_2 を効率よく固定できる。［⑤］は［⑥］などに変えられたのち，原形質連絡を通じて［⑦］細胞へ輸送される。［⑦］細胞では，C_4 化合物の［⑥］がピルビン酸になる反応により CO_2 を取り出し，CO_2 濃度が高く保たれる。このように，イ<u>CO_2 を4個の炭素をもつ C_4 化合物として固定する植物は，C_4 植物と呼ばれている</u>。なお，図1に C_4 植物における炭素固定のしくみを記した(文中の［　］の番号と，図1中の番号は一致する)。

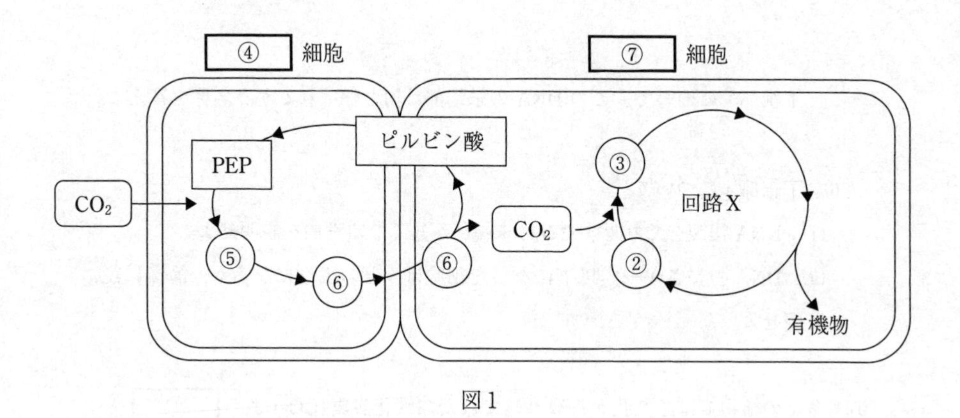

図1

(1) 文中の［　］に，もっとも適切な語句をa～lからそれぞれ1つ選び，記号で答えよ。

a．マレイン酸　　b．クエン酸　　c．オキサロ酢酸
d．リンゴ酸　　e．維管束鞘　　f．孔　辺
g．葉　肉　　h．オルニチン　　i．ルビスコ
j．ホスホグリセリン酸　　k．リブロース二リン酸　　l．カタラーゼ

(2) 下線部アについて，回路Xの名称を答えよ。

(3)　下線部イについて，このような光合成のしくみをもつ植物として，もっとも適切なものを，以下のa～eから1つ選び，記号で答えよ。

a．ダイズ　　b．イ　ネ　　c．ダイコン

d．トウモロコシ　　e．コムギ

(4)　図2Aは C_3 植物と C_4 植物における光の強さと光合成速度の関係，図2Bは C_3 植物と C_4 植物における気温と光合成速度の関係を示す。それぞれのグラフにおいて，C_4 植物は㋐と㋑，㋒と㋓のいずれか。1つずつ選び，記号で答えよ。

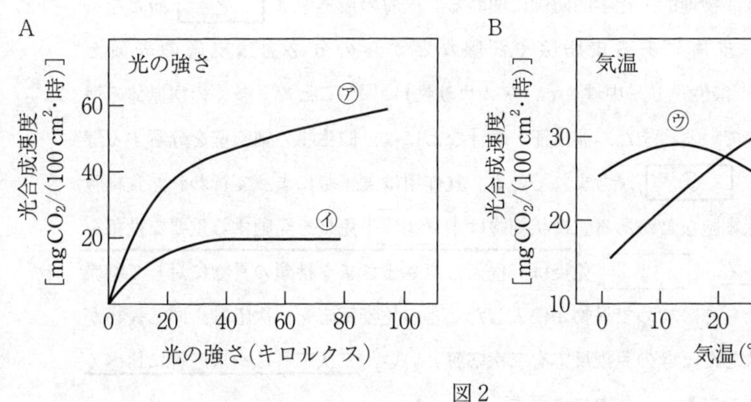

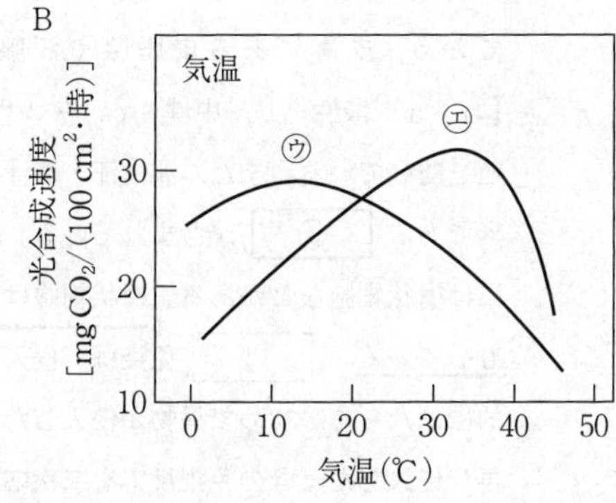

図2

(5)　砂漠などの乾燥した地域に生育するベンケイソウやサボテンなどの植物は，乾燥した砂漠地域での生育に適応した光合成のしくみをもつ。

(i)　このような光合成のしくみをもつ植物の総称を答えよ。

(ii)　これらの植物の光合成のしくみについて，80字以内で説明せよ。

〔Ⅱ〕 次の文章を読み，以下の問いに答えよ。

(A) 私たちヒトのからだは，次のような3つの防衛ラインによって守られている。

1つ目の防衛ラインは，体内への異物の侵入を未然に防いでいる物理的・化学的防御である。2つ目の防衛ラインは，食細胞(ア)が体内に侵入した異物を食作用によって排除する反応である。この物理的・化学的防御と食作用による排除をまとめて，[①]免疫という。[①]免疫で排除しきれなかった異物に対しては，3つ目の防衛ラインとして，異物の種類に応じて特異的に作用する[②]免疫がはたらく。

皮膚は，物理的・化学的防御に関わる。皮膚の最外層は[③]層となっており，皮膚にある皮脂腺や汗腺などからの分泌物は皮膚の表面を【あ：a．酸性　b．中性　c．アルカリ性】に保つことで，多くの病原体の増殖を防いでいる。また，涙・汗・鼻汁などには，微生物の細胞壁を分解する酵素である[④]が含まれている。食作用は食細胞によって行われ，食細胞には樹状細胞などがある。樹状細胞は[②]免疫を発動する重要な役割をもっている(イ)。[②]免疫は，侵入したさまざまな種類の異物に対して特異的にはたらく。初めて異物が侵入したときの免疫反応を一次応答，同じ異物が再び侵入したときの免疫反応を二次応答といい，二次応答は一次応答に比べて短い時間で発動し(ウ)，強力に作用する。

免疫のしくみを利用した治療法が開発されてきており，血清療法(エ)はその1つである。

(1) 文中の[　　]に，もっとも適切な語句を入れよ。

(2) 文中の【あ】について，もっとも適切な語句を【　　】の中から1つ選び，a～cの記号で答えよ。

(3) 下線部アについて，

(i) 樹状細胞以外の食細胞の名称を1つ答えよ。

(ii) 食細胞は，病原体がもつ糖や核酸などの物質を認識する受容体をもっている。この受容体の名称を1つ答えよ。

(4) 下線部イについて，樹状細胞が ② 免疫を発動するしくみを，以下の語句をすべて用いて100字以内で説明せよ。

〔語句〕 MHC分子　抗原提示　TCR　リンパ節

(5) 下線部ウについて，二次応答が一次応答に比べて短い時間で発動するしくみを50字程度で説明せよ。

(6) 下線部エについて，

(i) 血清療法とは何か，50字程度で説明せよ。

(ii) 血清に含まれているものを，以下のa～eからすべて選び，記号で答えよ。

a．アルブミン　　b．赤血球　　c．白血球

d．フィブリン　　e．免疫グロブリン

(B) ヒトの体内環境は，自律神経系(ア)や内分泌系(イ)のはたらきによって調節され，一定の範囲に保たれている。自律神経系や内分泌系は，それぞれ単独ではたらくこともあるが，両者は協調してはたらくことが多い。その例として，血糖濃度の調節がある。

ヒトの空腹時の血糖濃度は0.1％前後でほぼ安定している。食後，血糖濃度が急激に上昇すると，すい臓のランゲルハンス島の ① 細胞が，これを直接感知して，インスリンを分泌する。また，間脳の視床下部も食後の高い血糖濃度を感知し，【あ：a．交感神経　b．副交感神経】を通して，すい臓からのインスリンの分泌を促す。インスリンは，グルコースの細胞内への取り込みや消費を促進するとともに，肝臓でのグルコースから ② への合成を促進する。その結果，血糖濃度は低下し，通常の濃度に戻る。

逆に，血糖濃度が低下すると，すい臓のランゲルハンス島の ③ 細胞が直接感知して，グルカゴンを分泌する。グルカゴンは肝臓で貯蔵されている ② の分解を促し，グルコースの生成を促進する。また，間脳の視床下

部も血糖濃度の低下を感知し，【い：a．交感神経　b．副交感神経】を通して，副腎【う：a．皮質　b．髄質】からアドレナリンを分泌させる。このアドレナリンは肝臓にはたらきかけてグルカゴンと同様のはたらきをする。その結果，血糖濃度は上昇し，通常の濃度に戻る。一方，脳下垂体前葉からは［ ④ ］が分泌され，その作用によって，副腎【え：a．皮質　b．髄質】から糖質コルチコイドが分泌される。糖質コルチコイドは，組織中のタンパク質からグルコースの生成を促進する。

このように，血糖濃度は自律神経系や内分泌系のはたらきによって，一定の範囲に保たれるが，それらのはたらきが低下すると，糖尿病(ウ)を発症することがある。

(1) 文中の［　　］に，もっとも適切な語句を入れよ。ただし，［ ① ］と［ ③ ］には，アルファベット(大文字)をそれぞれ１文字ずつ入れよ。

(2) 文中の【あ】～【え】について，それぞれの【　　】の中で適切な語句を選び，aあるいはbで答えよ。

(3) 下線部アについて，

(i) ヒトの交感神経と副交感神経の末端から効果器に放出される主要な神経伝達物質の名称を，それぞれ１つずつ答えよ。

(ii) 交感神経は中枢神経系のどこから出るか，以下のa～fから１つ選び，記号で答えよ。

a．大脳皮質　　b．間　脳　　c．中　脳
d．小　脳　　e．延　髄　　f．脊　髄

(iii) 副交感神経は中枢神経系のどこから出るか，以下のa～fから３つ選び，記号で答えよ。

a．大脳皮質　　b．間　脳　　c．中　脳
d．小　脳　　e．延　髄　　f．脊　髄

(4) 下線部イについて，

(i)　内分泌腺と外分泌腺の構造の違いについて，以下の語句を用いて簡潔に説明せよ。

〔語句〕　導管(排出管)

(ii)　血液中には多くのホルモンが放出され，血流により全身に運ばれる。それぞれのホルモンが特定の組織や器官で選択的に作用するしくみついて，60字以内で説明せよ。

(iii)　からだには，ホルモンの分泌量が適切な範囲で維持されるように調節するしくみが備わっている。内分泌系において，最終の産物やその効果(はたらき)が，はじめ(前)の段階に戻って作用をすることを何と呼ぶか。

(5)　下線部ウについて，

図は，健常者１名と糖尿病患者２名における食事前後の血糖濃度変化と血液中のインスリン濃度変化(相対値)を示している。

(i)　図の中で，健常者における食事前後の血糖濃度変化と血液中のインスリン濃度変化を示すグラフはどれか。図の中のグラフａ～ｃから１つ選び，記号で答えよ。

(ii)　Ⅰ型糖尿病は，インスリンを分泌する細胞が破壊される場合に生じる。図の中で，Ⅰ型糖尿病患者における食事前後の血糖濃度変化と血液中のインスリン濃度変化を示すグラフはどれか。図の中のグラフａ～ｃから１つ選び，記号で答えよ。

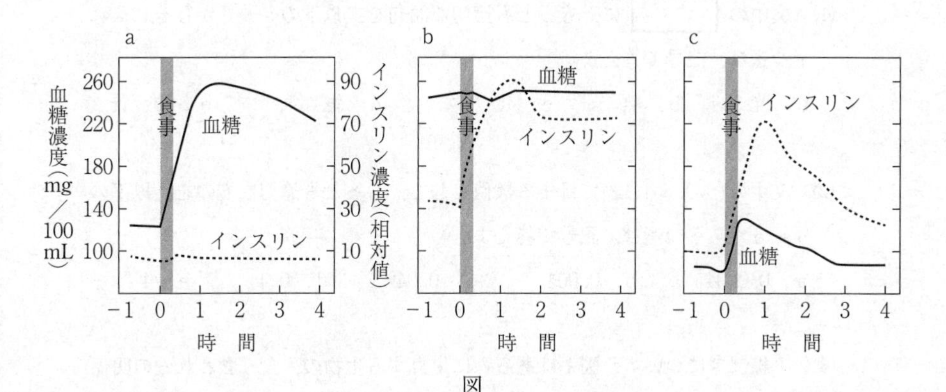

図

〔Ⅲ〕 次の文章を読み，以下の問いに答えよ。

(A) 物質は，生物的環境とそれを取り巻く非生物的環境との間を，光合成や呼吸，食物連鎖などの，さまざまな過程を通じて循環する。これを物質循環と呼ぶ。生物体に含まれる炭素は，大気中や水中の二酸化炭素に由来する。地球の大気中の二酸化炭素は，体積で約〔　X　〕%を占めているに過ぎないが，近年のさまざまな人間の活動により増加しつつある。

炭素は有機物として，いろいろな栄養段階の生物の間を，食う食われるの関係(ア)を通じて移動し，生態系の中を循環している。また，炭素の移動に伴って生態系内ではエネルギーの移動も生じている。生産者は光合成によって，［　①　］エネルギーを［　②　］エネルギーに変換して有機物中に蓄える。消費者が生産者を捕食することで，このエネルギーの一部は，有機物とともに移動する。消費者は，この有機物を無機物に分解する過程で［　②　］エネルギーを得ている。さまざまな過程で利用されたエネルギーは，最終的には［　③　］エネルギーとして，大気中に放出される。

窒素もまた，生物のさまざまな生体物質に含まれる，生物に不可欠な元素であり，生態系の中を循環している(イ)。大気中には，体積で約80％の窒素が含まれており，利用可能な形へ人工的に変換される窒素(ウ)の量は生物によって変換される量を上回っている。

(1) 文中の［　　］に，もっとも適切な語句を，以下のa～eからそれぞれ1つ選び，記号で答えよ。

a．光　　b．熱　　c．化学　　d．電気　　e．物質

(2) 文中の〔　X　〕に当てはまる数値として，もっとも適切なものを，以下のa～eから1つ選び，記号で答えよ。

a．0.0004　　b．0.004　　c．0.04　　d．0.4　　e．4

(3) 下線部アについて，図1はある森に生息する生物の，食う食われるの関係を矢印で模式的に表したものである。

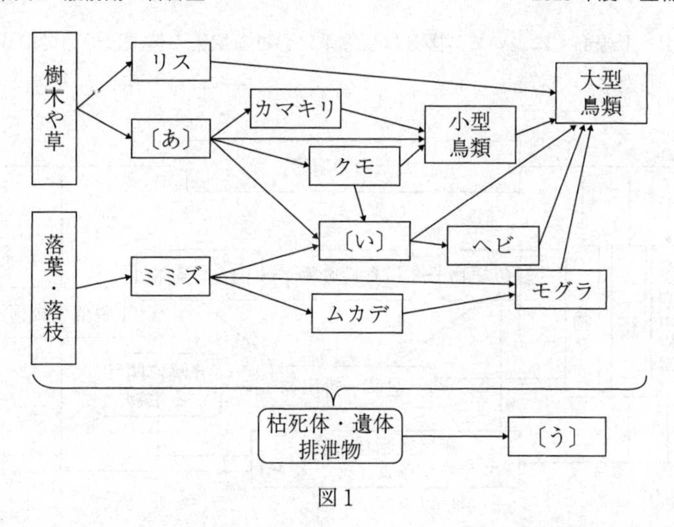

図1

(i)　食物連鎖が複雑にからみあった関係の全体を何と呼ぶか。

(ii)　図中の〔あ〕～〔う〕に当てはまる，もっとも適切な生物を，以下のa～gからそれぞれ1つ選び，記号で答えよ。

a．コ　ケ　　b．キノコ　　c．ク　マ　　d．バッタ
e．カエル　　f．ウサギ　　g．シ　カ

(iii)　個体数や生物量などを栄養段階ごとに調べ，横向きの棒グラフのように表し，栄養段階が下位のものから上位のものへと順に積み重ねて表した図を，まとめて何と呼ぶか。

(iv)　(iii)のうち，栄養段階ごとに一定期間内に獲得されるエネルギー量を棒グラフにして積み重ねた場合，必ず図2のように上の方が小さくなる。そのおもな理由を2つ，以下の語句をすべて用いて50字程度で説明せよ。

〔語句〕　消化　　生命活動

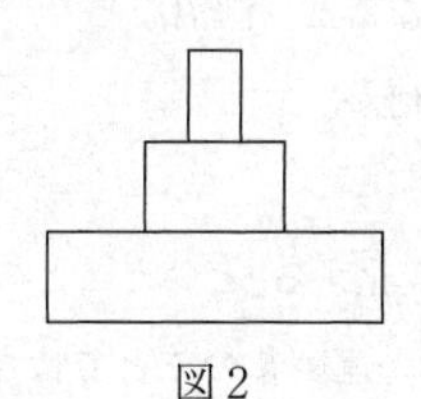

図2

(4)　下線部イについて，図3は生態系における窒素の循環について模式的に表したものである。

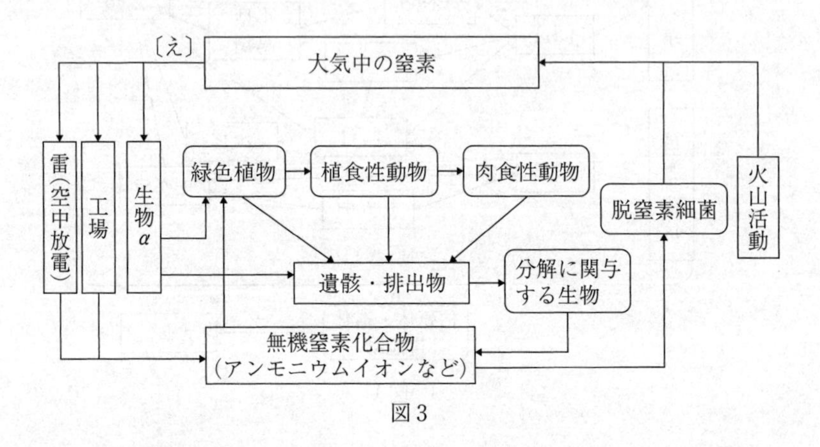

図3

(i)　炭素と窒素では，生物と大気とのやり取りにおいて，利用・排出の面で大きな違いがある。その違いについて，50字程度で説明せよ。

(ii)　図3の〔え〕のはたらきを何と呼ぶか。

(iii)　生物αとして，もっとも適切なものを，以下のa～eから1つ選び，記号で答えよ。

a．ネンジュモ　　b．緑色イオウ細菌　　c．乳酸菌
d．シャジクモ　　e．硝酸菌

(5)　下線部ウについて，

(i)　人工的に変換された大気中の窒素の大部分は，私たちの生活に欠かせない食生活を支えるために，あるものの原料として使用されている。あるものとは何か。

(ii)　(i)の利用が過剰になると，湖沼などで，ある環境問題を生じさせるおそれがあるが，それは何か。

(B)　「生物は時間とともに変化する」ということのしくみを人々が考えたのは19世紀になってからであり，遠い昔のことではない。19世紀の初頭，フランスのラマルクは，「<u>よく使用する器官が発達し，使用しない器官が退化すること</u>(ア)

によって，生物の進化が起こる。それによって獲得した形質は，遺伝によって子孫に伝えられる。」と考えた。また，19世紀のなかば，イギリスの ① は，「もともと生物には多様な変異が存在し，その中でもっとも環境に適したものが生き残ることで進化が起こる。」とする説を唱えた。(イ)

自然界では，同種の生物の集団が山脈や海などの障壁に阻まれて，自由な交配が行えなくなることがある。自由な交配が妨げられ，遺伝的な交流が起こらなくなると，その集団の遺伝子プール(ウ)は分断されることになる。このような現象を ② 隔離という。 ② 隔離によって交配できなくなった集団は，それぞれの環境に適応して形態的にも生理的にも異なるようになり，長い年月を経た後に，２つの集団の個体が再び出会っても，交配できない，もしくは交配してもその雑種に子どもができない状態になることがある。このような状態を ③ 隔離といい，新しい種が形成された状態と考えることができる。このように，１つの種から新しい種ができたり，１つの種が複数の種に分かれたりすることを ④ という。

(1) 文中の □ に，もっとも適切な語句を入れよ。

(2) 下線部アについて，

(i) この前半の文の説を何と呼ぶか。

(ii) 後半の文の考え方は，現在の遺伝の考え方とは相容れない点がある。それはどのような点か，20字以内で説明せよ。

(3) 下線部イについて，この説を何と呼ぶか。

(4) 下線部ウについて，遺伝子プールとは何か。簡潔に説明せよ。

(5) 進化は，遺伝子プールにおける対立遺伝子の頻度の変化ととらえることもできる。生物の集団における遺伝子頻度と遺伝子型頻度の関係には規則性があることが知られている。今，ある生物の集団における対立遺伝子Ａとａについて考える。なお，この集団におけるこの対立遺伝子には，Ａとａの２

種類しかないとし，Aの遺伝子頻度をp，aの遺伝子頻度をqとする。また突然変異や移住は考慮しないものとする。

(i) この集団で自由に交配が行われたとすると，次世代の遺伝子型頻度はどうなるか，遺伝子型AA，遺伝子型Aa，遺伝子型aaのそれぞれについて，pとqで表せ。

(ii) (i)の世代における，Aの遺伝子頻度を答えよ。

(iii) 上記と別のある集団には，遺伝子型AAの個体が25個体，遺伝子型Aaの個体が50個体，遺伝子型aaの個体が25個体含まれていた。今，この集団から人為的に遺伝子型aaの個体を繁殖前にすべて取り除き，残りの個体は自由に交配させたとすると，次世代のAの遺伝子頻度はどうなるか。割り切れないときは，小数第3位を四捨五入して小数第2位までの数値で答えよ。

(6) 有性生殖で繁殖する過程で，偶然によって集団の遺伝子頻度が変動することがある。

(i) 偶然による遺伝子頻度の変化を何と呼ぶか。

(ii) この変化は，集団の大きさとどのように関係するか，簡潔に説明せよ。

2　走りて坂をくだる輪のごとくに衰へゆく
3　歩みて坂をのぼるをのこのごとくに盛りゆく
4　走りて坂をのぼるをのこのごとくに盛りゆく

問五　本文から読み取れる筆者の考えに合致するものを二つ選び、解答欄の各段に一つずつマークせよ。ただし、その順序は問わない。

1　才能のある人は何事にも興味をもてば良いが、凡人は一つの事だけに専念すべきである。
2　説経師は説経のほかに乗馬・早歌なども習得する必要があって、非常に忙しいのである。
3　重要だと考えることから取り組まないと、すぐに老いてしまって後悔することになる。
4　何事も基本が重要であり、その基本をおろそかにするようでは結局大成しないのである。
5　どれもやろうと欲張っていては、結局大切なことをやり遂げないままになるものである。
6　物事には順序・手順があるため、それらを無視しているようでは成功しないのである。

問六　本文と同じく随筆として知られるものを一つ選び、マークせよ。

1　『方丈記』　2　『大鏡』　3　『とはずがたり』　4　『太平記』

問一 傍線部X、Yの現代語訳として最も適切なものをそれぞれ一つずつ選び、マークせよ。

X 檀那すさまじく思ふべし

1 法事の際に夫はがっかりするであろう
2 法事の際に夫は恐ろしく思うに違いない
3 法事をとり行う主人は興ざめに思うであろう
4 法事をとり行う主人はぞっとするに違いない

Y 少しも益のまさらん事をいとなみて

1 わずかでも役立つことに精を出して
2 利益の追求などは少しもしないで
3 為になることには少しも取り組まないで
4 少しでももうけが出るように働いて

問二 傍線部①「言ひ」、②「覚え」、③「年より」の主語として最も適切なものをそれぞれ一つずつ選び、マークせよ。

1 ある者 2 子(法師) 3 檀那 4 世間の人 5 本文の作者

問三 傍線部(A)「なん」(「なむ」)と文法的に同じものを一つ選び、マークせよ。

1 いつしか梅咲かなむ
2 とく往なむと思ふに
3 母なむ藤原なりける
4 髪もいみじく長くなりなむ

問四 空欄 甲 に入るものとして最も適切なものを一つ選び、マークせよ。

1 歩みて坂をくだる輪のごとくに衰へゆく

〔三〕　次の文章を読んで、後の問いに答えよ。

ある者、子を法師になして、「学問して因果の理（ことわり）をも知り、説経などして世渡るたづきともせよ」と①言ひければ、教へのままに、説経師にならんために、まづ馬に乗り習ひけり。輿（こし）・車はもたぬ身の、導師（注1）に請（しやう）ぜられん時、馬など迎へにおこせたらんに、桃尻（もものじり）（注2）にて落ちなん(A)は心憂（う）かるべしと思ひけり。次に、仏事の後、酒など勧むることあらんに、法師のむげに能なきは、X檀那（だんな）すさまじく思ふべしとて、早歌（注3）といふ事を習ひけり。二つのわざ、やうやう境（さかひ）に入りければ、いよいよよくしたく②覚えてたしなみけるほどに、説経習ふべき隙（ひま）なくて、③年よりにけり。

この法師のみにもあらず、世間の人、なべてこの事あり。若き程は、諸事につけて、身を立て、大きなる道をも成（じやう）じ、能をもつき、学問をもせんと、行く末久しくあらます事ども心にはかけながら、世を長閑（のどか）に思ひてうち怠りつつ、まづさしあたりたる目の前の事にのみまぎれて月日を送れば、ことごとなす事なくして、身は老いぬ。つひに物の上手にもならず、思ひしやうに身をも持たず。悔ゆれども取り返さるる齢（よはひ）ならねば、［甲］。

されば、一生のうち、むねとあらまほしからん事の中に、いづれかまさるとよく思ひくらべて、第一の事を案じ定めて、その外は思ひすてて、一事をはげむべし。一日のうち、一時のうちにも、あまたの事の来（きた）らんなかに、Y少しも益のまさらん事をいとなみて、その外をばうちすてて、大事を急ぐべきなり。いづ方をもすてじと心にとり持ちては、一事も成るべからず。

（『徒然草』による）

（注）　1　導師——仏事の時、中心となる僧。　2　桃尻——馬の乗り方が下手で、鞍（くら）に尻が据わらないこと。
　　　3　早歌——鎌倉時代に貴族・武士・僧侶の間に流行した歌謡。

でしかないと認めることで母を許そうとしている。

2　「私」は、娘を自分の分身として支配しようとする母には反感を抱きつつも共感しており、杉崎家にがんじがらめになっている母をいずれ救い出したいと思っている。

3　「私」は、杉崎家にアイデンティティを求めることによって生きていくしかない母が、自分を分身と見なしていることを受け入れることで、母との絆(きずな)を保とうとしている。

4　「私」は、母が自分を分身として支配しようとすることを仕方ないと認めつつも、杉崎家にアイデンティティを求めるしかない母の生き方に自分は無関係だと思っている。

問九　この文章を評したものとして最も適切なものを一つ選び、マークせよ。

1　幼い少女特有の無邪気な感性で日常生活の何気ない場面を描きつつ、当時の時代精神を間接的に浮き彫りにしている。

2　幼い少女の視点を借りて日常生活の何気ない場面を緻密に描きつつ、人間の複雑な関係や感情を浮き彫りにしている。

3　幼い少女が体験した日常生活の何気ない場面を叙情的に描きつつ、旧家が抱える苦悩を浮き彫りにしている。

4　幼い少女には本来ありえない感性で日常生活の場面を描きつつ、大人の世界が抱える不条理を浮き彫りにしている。

者いじめをしており、「私」には無責任で自己中心的な人物のように思えていたから。

問六　傍線部E「私は最後まで隠し通した」とあるが、なぜか。最も適切なものを一つ選び、マークせよ。

1　母は杉崎家の人間は特別扱いされるべきだと思っている。そんな母の価値観が通じない学校という世界で、自分が理不尽な扱いを受けていたとしても、母の前では杉崎家の一員として優等生でいなければならないとわかっていたから。

2　母は杉崎家の一員であるという誇りだけを支えに生きている。そんな母に自分が幼稚園で受けている理不尽な扱いを話したら、母は即座に学校に乗り込んでいって抗議をし、自分の学校生活をもっと悲惨にするとわかっていたから。

3　母にとって、世界とは杉崎家という狭い領域だけである。実の娘さえその一部であるとしかみなしていないのに、自分が受けた理不尽を知ったとしたら、母は自分への仕打ちと解釈し、もっと心が不安定になるとわかっていたから。

4　母は、杉崎家の人間が理不尽な扱いを受けるはずがないと考えている。もし娘が学校でそのような仕打ちを受けていると知れば、母の誇りは傷つき、杉崎家の恥さらしとして自分にもっと冷たい態度を取ることがわかっていたから。

問七　傍線部X「真綿の中」、傍線部Y「真綿の海」とあるが、これらについて説明したものとして最も適切なものを一つ選び、マークせよ。

1　Xは優しさのあふれる安全な環境であるが、Yは優しさがありながらも自立を促す環境である。

2　Xは思いやりに包まれてのびのびとした環境であるが、Yは思いやりに包まれながらも制約のある環境である。

3　Xは優しく大切に守られた環境であるが、Yは優しく守られながらも息苦しい環境である。

4　Xは自由で心地よい環境であるが、Yは自由でありながらも居心地の悪い環境である。

問八　「私」の、母に対する心情を述べたものとして最も適切なものを一つ選び、マークせよ。

1　「私」は、杉崎家から逃れたいという願望を抱きつつそれを実行できない母を内心では突き放す一方で、自分も母の分身

1 女の子たちの行いに対し、杉崎家の一員というプライドを心の支えにする以外に対抗する手がなかったこと。
2 本当は自分の方が悪いのに、見苦しいとわかってはいても、杉崎家の名でなんとかその場をしのごうとしたこと。
3 自分をひいきにしてくれない先生の気をなんとか引こうとして、杉崎家のやり方を利用しようとしたこと。
4 女の子たちをひいきする先生に対抗するには、杉崎家の名を出して自分のプライドを誇示するしかないこと。

問四 傍線部C「子供たちが集められた社会の中は村内とはまた別の秩序と権力が支配している」とはどういうことか。最も適切なものを一つ選び、マークせよ。
1 村の中とは異なる、先生の気分や容姿の良し悪しに裏づけされた別の序列が存在していること。
2 本家や分家という秩序とは異なり、幼稚園では先生に可愛がられる子供たちが別の秩序を作るということ。
3 村の中では周りを気にせず自由に振る舞えるのとは異なり、幼稚園では先生に必ず服従しなければならないこと。
4 村の中とは異なり、幼稚園では大人よりも狡猾な子供の方が実際にはより強い権力を持っているということ。

問五 傍線部D「私は二度と許す気にならなかった」のはなぜか。最も適切なものを一つ選び、マークせよ。
1 練習を続けたい子供たちが教室に帰り、続けたくない「私」たちが園庭に残されたのは先生のミスであるのに、先生はその間違いを認めようともせずに、園庭に残された「私」たちにやる気がないと説教をしたから。
2 練習を続けることを選択した子供たちを先に教室に帰し、続けたくないことを選択した「私」たちを園庭に残すのは、仕組まれた罰であり、それを指導として行っているのは卑怯(ひきょう)なやり方だと思ったから。
3 暑さのあまり練習を続けることが出来なくなった「私」たちを園庭に残し、一部の子供たちだけを教室に帰したのは先生の過ちであり、「私」にとっては一方的で指導とは認められなかったから。
4 暑さのあまり練習を続けることが出来なくなった「私」たちを園庭に残し、自分だけ教室に戻ってしまった先生は、弱い

にいる小公女セーラだの孤児のアンやパレアナの物語を聞きながら、そう思わずにいられなかった。久美子の不幸について幼児ながら私は大きな責任を背負っていた。虫歯臭い息吹を吹き込まれた四つの私は、母がそう主張したように彼女の分身であり、小さくとも完璧な「久美子」でなければならなかった。

（三国美千子『いかれころ』新潮社）

問一　傍線部(ア)〜(ウ)の本文中の意味として最も適切なものをそれぞれ一つずつ選び、マークせよ。

(ア)　欺瞞の態度
1　人を冷笑する態度　2　人をだます態度
3　人を見下す態度　4　人をもてあそぶ態度

(イ)　辟易して
1　うんざりして　2　腹を立てて
3　あきれはてて　4　根負けして

(ウ)　冗長な
1　長くて難解な　2　長くてみっともない
3　長くて無駄が多い　4　長くてゆっくりした

問二　傍線部A「悪事は正しさを振りかざして行われる」とはどういうことか。最も適切なものを一つ選び、マークせよ。
1　いじめは、自分たちが道徳的に見て正しいと思ったことを前面に押し出して行われる。
2　正しいことをやっているのであれば、たとえいじめという行為をしても許される。
3　正しいことを前面に押し出しさえしておけば、いじめという行為を正当化できる。
4　いじめは、表面的な正しさを前面に押し出して行われる。

問三　傍線部B「不本意ながら杉崎の家のものとしての正しさで対抗しなければならなかった」とはどういうことか。最も適切なものを一つ選び、マークせよ。

分からなかった。それは子供たちに防ぎようのない暴力で、指導という正しさの名のもとに行われる分性質(たち)が悪かった。末松流に言うとやくざなやり口に他ならなかった。

後から戻ってきてやる気のない子供にお説教をしてから教室に入ってよしと言った先生を、D私は二度と許す気にならなかった。何にせよ幼稚園だの学校だの自分がそこにいない場所のことを久美子は決して問題にしなかった。どうだったとたずねることもなかったし、先生風情が杉崎の家の子にけちをつけられるはずがないと本気で思い込んでいた。私は問題のない優等生のいい子でなければいけなかった。それだけが母の不安定な心の最後のよりどころなのだ。あの誰のか分からない痩せたエビのしっぽについて私は黙っていた。大好きだった由美先生の底意地悪い指導も。それから小学校に上がってより際立つ数々の不適合や不都合な出来事についてもE私は最後まで隠し通した。

ふとした瞬間に久美子は低い声で「奈々子ちゃん。私たちは恵まれているんよ。これだけ広いお家に住めるのは幸せなんよ」と、秘密を打ち明けるように幼い子の耳に囁(ささや)いた。たいてい庭の草むらにしゃがんでしぶとい雑草を引いたり、近くの畑に末松が植えた苺(いちご)を収穫している手を休めながら言うのだった。

誰か他の家の人に聞かれたら困るように小さな声で「ほんまはママにはパパとちがう別の人がおったんよ。でも名前変わって養子になられへん人やったんよ。ほんまはその人と結婚する予定やったんよ」とつぶやき、赤く染まった指で黒々した熱い苺を食べる。二人目を身ごもってもまだ久美子は自分の結婚に折り合いをつけられなかった。旅行、同窓会、百貨店での買い物、趣味のお稽古、それらで気を紛らわそうとしても効き目はなかった。

久美子はわけのわからない矛盾の嵐だった。もっと後の時代になれば気分障害だとか病名がつくくらいの危機的な状態にいた。嵐のすべてが私の体に流れ込んできて、身動きできないY真綿の海であっぷあっぷした。母を幸せにしたい。寝間で不幸の渦中

一員としてだとか、杉崎の名前をつけていながらとか、久美子やシズヲが言う言葉は呪いのように私にしみついていた。人には段々があって、それはただ違いがあるというだけでなく、高く重ねた積み木みたいに上下の違いがあるのだという考えだ。女だとかセイシンだとかいう言葉についたのと同じあのうっすらした黒い影と私は無縁でいられなかった。

C子供たちが集められた社会の中は村内とはまた別の秩序と権力が支配しているのに私は気づき始めた。それまではお歌に工作、体操、お遊戯とたいていは先生と楽しい時間を過ごしていればよかったのに。空にヘリコプターの音が響く汗ばむ季節だった。運動会に向けてのダンスのお稽古の時間だった。(ウ)冗長な動きの連続と慣れない炎天下での長時間の練習に、子供たちは飽き始めていた。

いつもにこやかな由美先生が強く手を叩(たた)いた。

「さあ、ダンスの練習をがんばりたい人は立って下さい。練習をしたくない人は座っていなさい」

天から降ってきたみたいに、熱せられた頭のてっぺんへ言葉は流れてきた。

私は帽子の頭がかゆくて暑くてたまらなくって、正直に三角座りをしたまま動かなかった。男の子も女の子もみんな疲れていた。もう早くお教室に戻って砂だらけの体操着を着がえたかった。

半分くらいの気概ある子は立ち上がった。

「今立った人は教室の中に入ってよし。座っていた人はここで反省してなさい」

いつも笑顔の先生は口を真っ直ぐ結んで、三角座りの子供たちを見下ろした。そして自分も教室の中へ入ってしまった。

私はまたぽかんと唇を開け、膝小僧を抱えて息苦しくなりながら園庭に座っていた。

だまし討ちだった。女の子たちには面と向かって「いや」と言うことができても、先生という存在には意見を言う術(すべ)がなかった。

練習をするのが嫌だと思って座っていた子供たちはみんなぼんやりと顔を見合わせた。どうしてこんな仕打ちに遭うのか誰にも

うもの。私はそうした嫌がらせと(ア)欺瞞(ぎまん)の態度をよく知っていた。
りかこちゃんは整った可愛(かわい)い顔に傲慢な醜いものを宿していた。みきちゃんも生来のずる賢さをぱっちりした目にたぎらせていた。ゆうかちゃんは一見大人しそうなだけに一番狡猾(こうかつ)だった。美少女たちはそうしたいじめをしても許されるという雰囲気がもも組のクラスの中に存在していた。
私は小さな声で一言「いや」と言った。
三人の意地悪な可愛い女の子たちは目交ぜをして、許しがたいという顔になりくすくす笑いながら迫った。
「食べなあかんよ」
「言いつけるよ」
「そうよ。もったいないなあ」
A悪事は正しさを振りかざして行われるものらしかった。
外の世界では大人しい子供だったけれど、私は杉崎の家の一員でシズヲのひ孫で末松の孫で何より久美子の娘だった。時代錯誤のおかしな矜持(きょうじ)がその時の私を強く支えていた。先生のお気に入りの少女たちに、杉崎の家のものがみじめに屈するわけにいかない。
「そのエビのしっぽは私のしっぽとちゃうで」
そう啖呵(たんか)をきろうとしたのに私の意気地なしは「いやや」と、一つ細い骨のような言葉を突き出すのが精いっぱいだった。
先生のお気に入りたちはむっと黙りこみひそひそ話す。しまいに私の強情さに(イ)辟易(へきえき)して、しっぽを持って別のターゲットのところへ行った。
女の子たちの正しさに対して、私はB不本意ながら杉崎の家のものとしての正しさで対抗しなければならなかった。杉崎の家の

〔二〕　次の文章を読んで、後の問いに答えよ。

〔昭和五十八（一九八三）年、当時四歳だった「私」（奈々子）は幼稚園に入園した。母久美子は河内（大阪府）の旧家の農家である杉崎家の当主・末松の長女であり、婿養子である隆志と三人で、本家に近い桜ヶ丘の分家で暮らしている。〕

分家の表玄関の桜の樹はすっかり葉桜になり、毛虫がのこのこ木肌を歩いていた。世界は桜ヶ丘と村中の本家から広がり始めていた。幼稚園の中でも幼児は幼児なりに集団ができて、特有の力関係の相関図を示しはじめていた。

近所の同い年の男の子と田んぼの畔（あぜ）をばったみたいに駆け回っていた私は、他の女の子よりもぼんやりした子だった。大人たちの世界、本家の祖父母や叔父や叔母、たくさんのおっちゃんとおばちゃんたちの中で手加減されながら真綿の中で育った私には、幼児だけの空間は目まぐるしく、破壊的な暴力が横行する世界だった。戸惑いの中、園庭の隅っこで他の子たちに見つからないよう、じっとやり過ごすしかなかった。

「すぎさきさん。お弁当のおかず残してる。せんせにゆうでえ」

いじめはそんな風に始まった。アルミのお弁当箱につまった海苔（のり）巻おにぎりと格闘していた私は、はっと顔を上げた。

りかこちゃんにみきちゃんにゆうかちゃん。その後、公立小学校から中学校の間ずっと同じ学校に通うことになる少女たちだった。愛らしくて、活発で、おしゃまな、先生のお気に入りだった。

「ほら、エビのしっぽ残したらあかんねんで」

「食べやな」

彼女たちはピンクの玉の髪飾りに三つ編みの髪の毛、天然パーマにませた黒のリボンをつけて四歳ですでに女の完成形だった。

お弁当箱の横に、誰かの食べかすのエビフライのしっぽが二つ置かれた。

徒党を組んでの嫌がらせ、言葉の暴力、まがいものの正義。村の中で行われるそうしたもの、桜ヶ丘の分家の中で久美子が行

で、自国文学の読者の閉鎖的な読みを打破するように心がけるべきである。

3　外国文学の読者は、本国の読者とは異なり作品の芸術的な躍動を感じ取ることが難しい。だから作品との距離をできる限り埋めて、作品が本来有していたエネルギーを感じるように努力すべきである。

4　外国文学の読者は、芸術的な躍動を感じるのに必要な距離を作品に対してとることができる。これは本国の読者には難しいことなので、新しい解釈を生み出すためにこの利点を生かすべきである。

問九　この文章の趣旨として最も適切なものを一つ選び、マークせよ。

1　古典作品は多様な読みをふるい落とす過程で成立するので、誤っていると承知していたとしても一度は読んでみることがやがては適切な解釈を生み出すことにつながると主張している。

2　読者の視線が常に原稿という源泉に向けられている現状を批判し、読者によって作品が変化していく過程のなかで古典が誕生するという事実にきちんと目を向けることを提唱している。

3　外国文学を研究する人が増加すればするほど外国文学をおもしろいと思う人が増えるという現象に注目し、外国文学の読者を増やすためには、優れた研究者を育成する必要があると訴えている。

4　対象との距離を縮めることによって、色あせることのない優れた作品を生み出すことができるという事実を例に挙げて、創作においてはできる限り対象との距離を縮めることを目指すべきだと説いている。

なってしまうということ。

4　国文学は苦労なく読み進めることができるが、外国文学はそうはいかない。ひとつひとつ辞書を引いて単語を確認しながら読み進めていく必要がある。いざ本格的に外国文学の研究を進めようとすると、より一層わからない事実が突然出てくるので、うんざりしてしまうということ。

問七　傍線部F「読者のすぐ近くにいる作者の作品は近すぎるために見当違いな評価を受けがちである」のはなぜか。最も適切なものを一つ選び、マークせよ。

1　作品の誕生した国で同じ時代を生きている読者は、外国文学の読者のように作品を敬うことがなく、作品の価値を低めに見積もってしまいがちだから。

2　読者は源泉主義にとらわれるあまりに、作品の誕生した国や時代を共有しているという利点をないがしろにして、作品が本来どのようにあるべきかにこだわってしまうから。

3　対象と近すぎるものにはわからないという逆説が示すように、作品が誕生した国や時代を共有する読者ほど対象と距離がとれず、作品を適切に評価できないから。

4　古典が成立するには様々な国や時代の人からの評価が必要なので、読者は自分のすぐ近くにいる作家の作品を評価することに本気で取り組もうとはしないから。

問八　傍線部G「その距離を生かすことを考えるべきである」とはどういうことか。最も適切なものを一つ選び、マークせよ。

1　外国文学の読者は、源泉にさかのぼる読み方においては本国の読者にかなわない以上、新たな読みに賭けることで、作品を単なる古典に終わらせず、多様な解釈を生み出す可能性を開拓すべきである。

2　外国文学の読者は、誤読ともいえる大胆な読みを目指すことができ、作品の解釈を決定的に変化させることができるの

2　古典になりうるかどうかは作者にもわからず、長期にわたる大勢の読者たちの判断にゆだねられているということ。

3　のちに古典とみなされる作品でも、発表されたときは他の作品と大して変わらない作品である場合があるということ。

4　エネルギーを秘めた作品であっても、世に送り出されて以降、運が悪ければ古典にはなりえないということ。

問五　傍線部D「文学作品は物体ではない。現象である」とはどういうことか。最も適切なものを一つ選び、マークせよ。

1　時に作者の意図しない読み方が提示されるため、作品の価値がいつまでも定まることがないのが文学作品である。

2　原稿や印刷物そのものではなく、作者の手を離れて、読者の新たな読みによって絶えず姿を変えるのが文学作品である。

3　後世の読者の関与によって不適切な読み方が排除され、古典としての地位を更新していくのが文学作品である。

4　原稿それ自体ではなく、原稿をもとに定期的に作られる印刷物によって絶えず新しい読者を獲得できるのが文学作品である。

問六　傍線部E「たちまち、彼我の距離が行手に立ちはだかる」とはどういうことか。最も適切なものを一つ選び、マークせよ。

1　外国文学では自分の経験したことのない風習が物語られる。それが刺激となり想像力が掻(か)き立てられるのだが、読者がいざ自由に解釈しようとして経験を重ねていくと、風習を身近に感じすぎて新しい解釈がうまくできなくなり、途方に暮れるということ。

2　外国文学では、わからないことが描かれているため、想像力を働かせて補足しなければならない。それが外国文学のおもしろさであるが、いざ専門的に研究しようと思うと、なかなか対象との距離が縮まらず、そのことが辛(つら)くなり、困難をきわめるということ。

3　国文学では未知の事柄はテクストで取りあげられないが、外国文学では見たことも聞いたこともない話題が取り上げられる。いざ本格的に取り組もうとすると、現地での調査が必要になるため、心理的な距離よりも、物理的な距離が問題と

を修正しなければならないと考えること。

3　印刷においては何度校正を行おうとも、誤植が必ず出てくるが、その誤植にもそれなりの意味があるので、誤植はそのままにしておくべきであると考えること。

4　古美術においては欠点を美しいものとして評価するのに、文学作品においては理想的な美という評価基準を当てはめ、原稿の誤りもそれに従って訂正をすべきだと考えること。

問三　傍線部B「読者の解釈は斥けられて、〝事実〟が尊重されるのである」とはどういうことか。最も適切なものを一つ選び、マークせよ。

1　原稿至上主義の観点から、原稿通りに直すことが理想とされているので、たとえ作者が否定しても原稿という〝事実〟が尊重され、読者も自由に解釈することは許されないということ。

2　表現の解釈が難しい箇所に関しても、読者が感じるままに読み解くことは許されず、当時の歴史を紐(ひも)解きながら、歴史的な〝事実〟に合わせた解釈が求められるということ。

3　原稿通りに印刷することが理想とされているため、読者が原稿の表現の間違いに気づいても、それは〝事実〟とは認められず、直すことは許されないということ。

4　表現の意味が特定しにくい箇所についても、読者が自由に解釈することは許されず、作者が書いた〝事実〟を最優先にすべきだとし、それを尊ぶということ。

問四　傍線部C「作者の手もとで古典になって世に送られる作品はひとつも存在しない」とはどういうことか。適切でないものを一つ選び、マークせよ。

1　古典であるという評価は時代によってその都度変わるので、作品の価値は評価に少しも関係していないということ。

ろで隣り合わせになっているものだ。

しかるに、原稿至上主義は、読者と作品の距離をゼロにすることを理想にしている。そういう考え方から芸術の躍動が感じられにくいのは当然である。外国文学は、距離を怖(おそ)れてはならない。むしろ、その距離を生かすことを考えるべきである。

（外山滋比古『異本論』）

（注）糟粕をなめる――先人の真似だけで、工夫や進歩などがないこと。

問一　傍線部(1)〜(3)の片仮名の部分と同じ漢字を使うものをそれぞれ一つずつ選び、マークせよ。

(1)　ソンショウ
1　ショウゲキ的なニュース　2　誹謗(ひぼう)チュウショウを受ける
3　乗り越えるべきショウヘキ　4　犯罪のオンショウとなる

(2)　フウチョウ
1　見事なチョウボウが広がる　2　古銭をチンチョウする
3　会費をチョウシュウする　4　時代のチョウリュウに乗る

(3)　テッテイ
1　うそがロテイする　2　家をテイトウに入れる
3　各国にツウテイする文化　4　テイクウで飛行する

問二　傍線部A「原稿絶対視の思想」とはどういうことか。最も適切なものを一つ選び、マークせよ。

1　古美術においては欠けているところがあってもそれが美として評価されるが、文学作品の場合は、原稿に間違いがあったとしても原稿に忠実でなければならないと考えること。

2　作者の意図はあくまでも原稿に優先されるという前提に立ち、誤字があった場合は、作者の意図に基づいて原稿の誤り

外国文学の読者は、国文学の読者に比べて、さきの河流の比喩によって考えれば、ずっと下流にいる。もし、源泉主義をとって、原形を明らかにすることのみを目標とするならば、河下にいるだけ、自国文学の読者よりも不利であるのは免れない。

川上にいる本国読者から情報を流してもらってその糟粕(そうはく)(注)をなめることから研究が始まる。それは已(や)むを得ないが、最後までそこから足を洗うことができないで終るのでは情けない。外国文学研究に独立独歩はないのか。源泉主義に拠(よ)る限り、この悲観論を克服するのは困難のように思われる。

しかし、視点を下流に向ければ、外国文学読者は本国の読者にない利点に恵まれていることが了解される。そして、さきにものべた通り下流に向けられた視点において古典が成立するのである。

また、近いものはよくわからぬという逆説もある。同時代文学の評価が定まらず、「時のふるいにかけられる」のを待たなくてはならないのも、あまりに近いからである。F読者のすぐ近くにいる作者の作品は近すぎるために見当違いな評価を受けがちである。文学史上の傑作で最初の批評が完膚なきまでの酷評であったという例は古来あまりにも多い。読者はただ作品に近きをもって尊しとしない。外国文学が大きな距離にはばまれているのは、むしろ幸福とすべきであろう。それを自ら好んで捨て、源泉主義につき、距離感をあいまいにしてしまうのは愚である。

創作が洗練された情緒、ほとぼりのさめた感情を素材にすべきであることは、ワーズワースの「詩は静寂において回想された情緒である」をもち出すまでもない。デタッチメントといい客観というも、つまりは、対象との距離をたっぷりとれ、ということである。戦争文学は戦争直後よりも、十年、十五年と時が経ってからすぐれた作品が生れるというのも偶然ではない。

作者の側にも素材との間に距離が必要なわけだが、読者にとっても事情はあまり変らない。適当な距離が必要である。そして、遠くなったものを理解しようとすると、読者のコンテクストの作用が強くなる。知らず知らずのうちに、新しい要素をもちこんでわかろうとする。これがときに誤解となることもないではないが、新解釈、おもしろい理解は、しばしば誤解と紙一重のとこ

古典を成立させるときに参加する読者の視点は、作品が生きて行く未来に向けられている。原稿至上主義の読者の視点が源流に向いているのに対して、こちらは、河口の方を向いている。

外国文学のおもしろさ、難しさは、どこかしら国文学とは違うように思われる。外国文学にひかれるのは、実は、対象のあまりはっきりしたことがわからないからであるかもしれない。

はっきりしないところがあれば、読者は想像力をはたらかせて解釈をする必要がある。それで、何気なく読み飛ばしているわかりやすい作品とは違った興味を覚えるようになる。外国文学のおもしろさは心理的距離がつくり出しているおもしろさだと言ってよかろう。構えずその距離に遊ぶことができれば、外国文学ほど楽しいものはない。

しかし、ここでも、もう一歩ふみ出して、本格的なことをしよう、専門に勉強しようとなると、E<u>たちまち、彼我の距離が行手(ゆくて)に立ちはだかる</u>。はじめはプラスに働いた距離感がマイナスとして作用するように感じられてくる。ここで戸惑わない研究者はすくないであろう。悩まないで、そこを通り抜ける人がいればよほど幸福な楽天家である。

対象との距離感が抵抗と感じられたら、それに最後までつき合ってみるのが外国文学研究者の道であるはずだが、そういう不毛と思われることをいつまでも続けるほど気の長い人はすくない。

壁にぶつかると、すぐ弱音をはいて、援軍を求める。もっとも頼もしそうに見えるのが原稿至上の源泉主義、つまり、国文学的方法である。外国文学の座をさっさと降りて、そちらへ鞍替(くらが)えをしてしまう。そして、そもそも、国文学だ、外国文学だと区別するのがおかしい、文学は一つである。たとえ外国の読者であっても、外国人としての研究などあるわけがない。国文学として研究している人と同じことができるべきである——そういった〝方法論〟がまかり通る。それに対して、多くはどこかおかしいと感じながらも、はっきりした反論も出せないまま、外国文学の〝研究〟が量的にはどんどんふえる。それに反比例して外国文学がおもしろくなくなってゆく事実は何人も否めない。やはり〝方法論〟が誤っているのだと考えるのが自然であろう。

原稿至上主義は、すでに大河、つまり、古典であることがはっきりしている作品について、その大河となった所以(ゆえん)を問うよりも、その出生の源泉を究めることに関心を集中する。したがって、大河であることは問題にはならない。どういう支流が流れ込んでいようとおかまいなしである。とにかく、流域でおこることはすべて、泉の清純を濁らすものとして嫌われる。途中の景色には目もくれず、ひたすら上流へとさかのぼって行き、ついに流れの源に達することができれば、それで研究は完成するのである。

これが不自然であることは一見して明らかである。時間の流れに逆行することによって、人間の営為の実体が見失われる。作品を固定したものとして、これを振返って見ることにおいてのみ表現の存在を認めようとするのは、作品が感じさせる生々発展の力を抹殺してしまうことになる。

作品が時間の流れに沿ってどのような運命にめぐり会い、どのように展開して行くか。それをたどって行く見方も必要なのではあるまいか。

作品は読者に読まれることで変化する。

そして、あとからあとから新しい読者があらわれる。D文学作品は物体ではない。現象である。読者が新しい読み方をすれば、作品そのものも新しく生れ変る。後世、大多数の読者が、作者の夢想もしなかったような意味を読みとるようになれば、その新しい意味が肯定されてしまうのである。諷刺(ふうし)文学が子供の読みものとなることもある。歴史的記録が文学として読まれることもすくなくない。宗教の経典が芸術作品として読まれるかと思うと、文学のつもりで書かれたものが、たんなる歴史的雑資料とされるという例もある。

古典と言われるものには、多かれ少なかれ、こうした読者の改変が加わっているものだ。作者の考えた通りの作品がそのままで古典になるということはまずあり得ない。

テクストだけではない。表現の意味に関しても作者の意図が最優先する。かりに作者の意図が明らかでないときも、それにすこしでも近づくことが求められる。B読者の解釈は斥けられて、〝事実〟が尊重されるのである。

作品を河にたとえると、原稿至上主義は、水源地へ到達することを求めているようなものである。読者の立っているところは、他からの流入があって純粋でない。支流を避け流れに逆らって河上へ河上へと遡行する。そしてついにはスプリングヘッドに至る。それではじめてこの河の正体は究められたとするのである。源泉主義である。流域には目をつむる。テクストの自然の変化を認めようとはしないで、読者の視点は作品発生の時点に向けられている。後向き、見返りの関心である。

しかし、河は流れる。小さな渓流と思ったものが、いつしか、川となり、さらに下流になると満々と水をたたえる大河になっていることもある。その大河の姿を源泉にあって想像するのは難しい。どこからともなく、水量が増す。支流、分流の水を集めて河は流れて行く。作品にも同じように、すこしずつだがふくらんでゆく生命を認めてやってよいのではあるまいか。いまは鬱然たる大古典である作品も、その昔、作者の手を離れるときは、ほかの作品とあまり変るところのない片々たるものであったかもしれない。C作者の手もとで古典になって世に送られる作品はひとつも存在しない。このことはつねに銘記すべきであろう。

ある作品が、時の流れに沿って幅を広げてゆくのに、それと同じように見える、あるいは、それ以上に有望に見える作品が、はじめはすこしさかんなところを見せても、やがてすこしずつ涸れて、ついには消えてしまうということはいくらでもある。

その差を生ずるのは、作品の内部にこめられているエネルギーであるが、それだけではない。作品には運、不運ということもあるからだ。内蔵するエネルギーに火をつけてくれる外部からの契機がないと、ひらくべき花がつぼみのままで終るかもしれない。

有力な支流がいくつも流入してこないと大河にはならない。支流をまるで目のかたきのようにするのは古典成立の実際を無視するものである。

国語

（八〇分）

〔一〕　次の文章を読んで、後の問いに答えよ。

古美術品が時の加えたソンショウ(1)をもっていても、それは美しいものとして肯定される。ところが、古典作品のテクストが受けている同じように必然的な変容については、乱れとして否定されなくてはならない。ひとつには、彫刻の欠けた腕はどう努力してみても復原が不可能であるのに、言語表現では、相当程度まで原形へ復することができる。それで原稿があるならそれに従うのがもっとも正しいという考えが確立する。

原稿絶対視の思想(A)は印刷と無関係ではないであろう。印刷には誤植がつきものである。何回校正をかさねても、なお誤植をまったく無くするのは容易ではない。その校正に当って心掛けられるのが原稿通りということである。これが原稿至上の考えになる。ひいては作者、筆者の意図を絶対視するフウチョウ(2)をつくり上げるのであろう。

これがテッテイ(3)すると、原稿にある明らかな誤記までも、あえて訂正しないで、原文のままであることを表示する小字の〝ママ〟を付して再現することが行われるようになる。第三者の改変はすべて悪なりとするのは印刷文化によって育った思想であるとしてよい。

それが、印刷術普及以前の表現、作品にも拡大適用されて、ことごとに原稿通りを理想とすることになってしまった。すくなくとも、文学の研究においては、いまのところそれが鉄則である。

解答編

英語

Ⅰ

解答　[1]－3　[2]－3　[3]－1　[4]－4　[5]－2　[6]－4

◆全　訳◆

≪母がタクシー運転手にかけた言葉≫

私は，５歳児のように母の手を握りながらタクシーの後部座席に座り，おびえながら彼女が私のためになんとかしてくれることを願っていた。私たちは病院から帰宅する途中だったが，私はちょうど１週間前に背中の手術から生還して全身補助用コルセットのついた状態で，サンフランシスコにある私の小さなアパートに向かっていたのだ。タクシーが曲がり角や急な坂を急いで運転するたびに，私の背骨が粉々になってしまうように感じられた。

ひどい痛みの中，私はタクシー運転手にスピードを落としてくれと叫ぶために口を開けたのだが，そうする前に私の母が明るい声で「ありがとう！」と言った。運転手はミラー越しに，けげんそうな顔で私たちを見つめた。

「今まで会った中で，あなたが一番いい運転手だわ」と母は続けた。「この辺りの丘は運転がとても難しいに違いないもの。とっても感謝してるわ，だってほら，私の娘は背中の手術をしたばかりで，とても注意が必要なんだもの。あなたのおかげで，安全にうちに帰れるわ。あなたはすばらしい運転手ね」

ミラー越しに，私は運転手が誇らしげにほほ笑むのを見た。私は怒りがわいてきたが，母のほめ言葉に反論する機会を得る前に，奇跡が起こった。運転手がスピードを落としたのだ。彼は，毎回曲がる前に左右を確認した。そして実際，彼は私が今まで会った中で最も優れた運転手であるように，私たちを家に送り届けたのだ。賢明な母がこの難局のときに直感的にわかっていたことは，後になってようやく私にも明らかにわかるようになった。ほめ言葉は人を動かす力があるということだ。

◀解　説▶

[1]　空欄直前の she は，１行目に my mom's hand とあることから母親であることがわかる。したがって，母親の行動として適切な選択肢を選べばよい。第１段第２～最終文（We were coming home… break into pieces.）および第２段冒頭の In severe pain からは，筆者が１週間前に背中の手術を受けて全身補助コルセットをつけた状態で，タクシーが曲がり角や急な坂を走るたびにひどい痛みを感じていたことがわかるので，３の take care of me を入れるのが最も適当である。take care of ～ は通常，「～の世話をする」という意味だが，ここでは「（私）のためになんとか（対処）してくれる（ことを…）」程度の広い意味合いでとらえるとよい。

[2]　空欄を含む第１段最終文（Each time…）の前半に，the taxi raced という表現があることに注目する。race は「競争する」以外に「急いで行く」の意があり，タクシーがスピードを出して曲がり角や坂道を走っていることが読み取れる。その場合，全身に補助コルセットをつけた「私の背骨」がどのように感じるかを考えれば，３．break into pieces「粉々に砕ける」が最も適切である。空欄直後の第２段冒頭の In severe pain もヒントになる。

[3]　後に続く母親の発言から考えるとよい。第３段第３文の I'm so grateful「とても感謝している」，第３段最終文の最後の You're wonderful「あなたはすばらしい（運転手だ）」などの表現から，母親はタクシー運転手を称賛していることがわかる。したがって，１．best を選ぶのが正解である。第２段までの内容だけで判断して，３．fastest を選ばないよう注意したい。

[4]　第３段で母親がタクシー運転手をほめた流れから，答えを考える。ほめられたタクシー運転手の反応として最も妥当なのは，４．smile proudly「誇らしげにほほ笑む」である。

[5]　空欄を含む文の直前文（I felt angry, …）にある，a miracle「奇跡」が指す内容を考える。空欄直後の最終段第４文（He looked…）に「毎回曲がる前に左右を確認した」とあり，続く最終段第５文（And indeed, …）には「私が今まで会った中で最も優れた運転手であるように，私たち

を家に送り届けた」とある。これらの内容から，それまでスピードを出していた運転手がどうしたかを考え，２．slowed down を選ぶのが適切である。

6　ここまでの内容から，空欄を含む文の最初にある What my wise mom instinctively knew「賢明な母が直感的にわかっていたこと」とは何かを考える。第３段（“You're the …）および最終段第１～５文（In the mirror, … I'd ever seen.）から，タクシー運転手の運転が乱暴なことをわかったうえで，母親はあえて運転手をほめることによって彼の行動を変えたことがわかる。ここから「ほめ言葉はどのようなものか」を考えると，合致する選択肢は，４．powerful「影響力がある，人を動かす力がある」である。

II 解答

7－4　8－1　9－1　10－3　11－2　12－4　13－1

◆全　訳◆

≪知らない人と話をする効用とは？≫

月曜日の午前７時，私の心臓はドキドキしている。普段，私の月曜日は新聞記事を書くためのものだが，今朝はロンドンのカフェで，きわめて多くのストレスを感じている。ストレスの原因？　私は近くに座っている見知らぬ人との会話を始めるよう，自分自身に強制しようとしているのだ。私が生活のために人々にインタビューをするジャーナリストであることを考えれば，私がちょっと大げさすぎるのではと思われるかもしれない。しかし，知らない人と話をするのは非常に恐ろしいこともあるのだ。彼らがどんな反応をするのか予測できなかったり，拒絶されたりする可能性があるというのは恐ろしいことなのだから。彼らは私のことをうっとうしいと思っているのではないだろうか？　こう感じることは，あらゆる恐怖の中でおそらく最悪の恐怖なのである。

最終的に，私は何とか振り返ってこう言う。「ここはあなたの行きつけの朝食場所ですか？」　ここからにぎやかな会話が続いていくのだと聞いて，あなたは喜ぶだろう。私たちは最終的に，読書障害やサワードウで作ったパンの作り方について話すことになる。その後，私は幸福感を味わう。ジャーナリストであり，『知らない人の力』の著者でもあるジョー＝コーヘイン氏は，私の感じている幸福感は，不確定な状況がよいものになったという安心感に由来する可能性があることを，私に教えてくれている。さらに，ある心理学の教授は，他人と親密になったときに脳内で放出される，オキシトシンと呼ばれる人の気分をよくする化学物質と，そのような幸福感を結びつけたのだ。

仕事のために，私はできるだけ多くの知らない人と話をするという実験を2週間おこなっている。その仕事は私を不安にさせるものだった。ロンドンはかつて，パリに次いで世界で2番目に他人に冷たい都市であると評価されていたからだ。しかしともかくも，私はスーパーやお店，レストランで会話を始めるよう，最善を尽くすことにする。私はランニング部に参加したり，看板をもって公園に立ち，人々が近づいてくるのを待つ「フリー・リスニング」の活動をしたりする。通りの歩行者を呼び止めるとまではいかないが，ホームレスの人やエレベーターの乗務員，店の店員とおしゃべりをする。重要なのは，私が親しくない人と話し始めたときにどんなことが起こっているのかを確かめることだ。

始めるのは難しい。スーパーの列に立って，近くの誰とでもいいから会話を始める勇気を出そうとしているとき，私が考えているのは，なぜこの人は私と話がしたいと思うのだろう？（と思われるのではないか）ということだけだ。驚くべきことに，人々はあなたがイメージするよりも優しく，あるいは丁寧であるということがわかる。ことはうまく運ぶもので，私の接触を拒む人は誰もいない。これは，シカゴとロンドンで数百人の参加者が知らない人に接触したが，誰も拒絶されなかったという2019年の研究に合致する。人間は，基本的には社会的動物なのである。

実際，知らない人との会話は私たちの幸福レベルを一時的に上げること以上のものを与えてくれる。私たちの最も深刻な社会的，政治的問題の多くは，知らない人と関わることによってしか解決しないと，コーヘイン氏は強く思っている。私たちは，自分とは違う人と関わることはめったにない。しかし，政治的，社会的，経済的格差の大きい世界においては，知らない人と話すことによって他人に心の窓が開かれるのである。互いに直接話をする方法がわかれば，これらの格差を克服する第一歩となるのだと，コーヘイン氏は言っているのである。

◀解　説▶

7 「本文によると，筆者は…しなければならないと考えることでストレスを感じている」
第1段第2文（Normally my Mondays …）の最後に feeling quite a lot of stress とあり，続く第1段第3文に The reason for my stress? とあるので，その続きに理由が書かれていると考えればよい。第1段第4文（I'm trying to …）に，「私は近くに座っている見知らぬ人との会話を始めるよう，自分自身に強制しようとしている」と書かれている。したがって，4の「知らない人と話し始める」が正解。
3を選ばないよう注意すること。3は「人々に互いに話しかけるよう強制する」の意となるが，本文に書かれているのは筆者が自分自身にそれを強制するという内容なので，合わない。
8 「いったん筆者が会話に成功すると，彼は…」
筆者と相手との会話の内容については，第2段第1文（I eventually manage …）の後の第2段第2・3文（You'll be pleased …）に書かれている。第4文（Afterwards, I experience …）に「幸福感を経験する」とあることから，1の「それについてむしろよいものだと感じる」が正解。
9 「筆者は…知らない人に話しかけている」
第3段第1文（For my work, …）に「自分の仕事のために，私はできるだけ多くの知らない人と話をするという実験を2週間おこなっている」と書かれている。したがって，1の「仕事の一部として」が正解。2は〈目的〉を表す so that S V「SがVするように」の that が省略された形なので，注意しよう。
10 「他人に近づくことについて，筆者が得た発見とは何か？」
第4段第3文（Surprisingly, it turns out …）に「驚くべきことに，人々はあなたがイメージするよりも優しく，あるいは丁寧であるということがわかる」と書かれている。続く第4段第4文（Things go well, …）にも「私の申し出を断る人は誰もいない」とある。これらの内容から，3の「だれもが前向きに反応する」が正解。
11 「知らない人に話しかけるという経験が社会に役立つ可能性があるのは，それが…からである」
最終段（In fact, conversations …）に書かれている内容から判断する。

まず，最終段第2文（Keohane believes that …）に「私たちの最も深刻な社会的，政治的問題の多くは，知らない人と関わることによってしか解決しない」と書かれている。その理由として，最後から2つ目の文（But in a world …）に「政治的，社会的，経済的格差の大きい世界においては，知らない人と話すことによって他人に心の窓が開かれる」と書かれている。さらに，最終段最終文（Figuring out how …）には「互いに直接話をする方法がわかれば，これらの格差を克服する第一歩となる」とある。これらの内容から，2の「異なる人々が互いを理解するのに役立つ」が最も適当である。

12 「知らない人との会話が…であることを，この本文は私たちに示している」

本文全体からしっかり内容をつかみたい。第2段第4～最終文（Afterwards, I experience … bond with others.）で，筆者は知らない人との会話を通じて幸福感を得られることについて述べている。また，最終段第2～最終文（Keohane believes that … bridging these divisions.）では，知らない人との関わりによって政治的，社会的，経済的格差が解決される可能性について述べている。つまり，知らない人との会話は公私の両面でよい効果をもたらすということが，この本文の趣旨である。したがって，4の「私たちにとって個人的にも社会的にもよい」が正解となる。

13 「この本文に最もふさわしいタイトルはどれか？」

知らない人との会話がもたらすプラスの効用について書かれた文章であることから，1の「知らない人と話すことの利点」が正解。

III　**解答**　14－1　15－1　16－3　17－2

◀解　説▶

14 「好きなものを何でもご自由にお召し上がりください」

Please help yourself は「ご自由にお召し上がりください」の意。1の「ほしいものを何でも食べていいですよ」が正解となる。複合関係代名詞 whatever S V「SがVするものは何でも」の用法もしっかり押さえておこう。

15 「始めるには今が一番よいときだ」

There is no better time than now to *do* は「～するには今が一番よいときだ」の意。直訳すると「～するのに今よりもよい時期はない」となる。2・3はいずれも今より後に始めることをすすめる内容であり，与えられた英文の内容とは一致しない。4は「今始めること」を推奨する内容ではあるものの，比較対象として「始めない場合」(not getting started) に言及しており，その点が与えられた英文の内容と一致しない。よって，残る1の「始めるのに一番よいときは，今すぐだ」が最も近いと考えられるだろう。なお，英作文で同様の構文を用いる際は，The best time to begin is now. などとするとよい。

⑯ 「この写真は私がやせる前に撮られた」

3の「私は今，この写真の自分よりもやせている」が正解。thin は「細い，やせている」の意で，lose weight「体重が減る，やせる」という表現と合致する。gain weight「体重が増える，太る」という表現も合わせて覚えておこう。

⑰ 「何度も言うのは嫌なんですが，ここに駐車するのは認められていません」

repeat *oneself* は「何度も言う，繰り返す」の意。「何度も言うことを嫌う」とあるので，話者は「ここに駐車することは認められていない」ということを相手に何度も言っていることが読み取れる。したがって，2の「この区域に駐車してはいけないと，あなたに言うことにうんざりしている」が最も適切である。be sick of *doing*「～することにうんざりしている，もう～したくない」

Ⅳ **解答** ⑱－4 ⑲－3 ⑳－3 ㉑－2 ㉒－3 ㉓－1 ㉔－1 ㉕－4

◆全 訳◆

≪ダニエルの誕生日≫

エレンとアンディが話をしている。

エレン　：こんにちは，アンディ。あなたってダニエルの親友よね？

アンディ：そうだよ，小学校の頃から親友なんだ。

エレン　：彼の誕生日はいつ？

アンディ：来週土曜日の3月5日だから，君とぴったり同じだよ。

エレン　：まあ，誕生日が一緒だなんてびっくりね。それよりも，あなたが私の誕生日を知ってるのにびっくりしたわ。

アンディ：うん，まあそうだね。ところで，来週の土曜日に彼の誕生日パーティーを計画しているんだ。

エレン　：まあ，彼はとっても喜ぶでしょうね。

アンディ：そうだといいな。君も一緒に来るかい？

エレン　：本当に？

アンディ：もちろんさ，僕たちはみんな友達だもの。

エレン　：ありがとう，行くわ。彼には何をあげるつもりなの？

アンディ：彼は赤が好きだから，赤いTシャツを買ったよ。

エレン　：ねえ，誕生日プレゼントについて私にアドバイスをくれない？　彼に何か特別なものをあげて，大好きだって伝えたいのよ。

アンディ：いいなあ！　うらやましいよ。

≪成績が下がったらクラブをどうすべき？≫

トモとエイミーが生徒面談の後に話をしている。

トモ　　：どうだった？

エイミー：思ってた通りだったわ。

トモ　　：それはつまり？

エイミー：クラブをやめることを真剣に考えた方がいいって，タカノ先生が私に言ったの。

トモ　　：どうして？

エイミー：成績が下がってきているからね。勉強じゃなくてクラブの方に力を入れすぎてるって，先生は思ってるのよ。

トモ　　：それ本当なの？

エイミー：そうかもね。練習の後は疲れすぎて勉強できていないもの。

トモ　　：それで，先生にはなんて言ったの？　クラブやめるつもり？

エイミー：冗談じゃないわ！　私はバレーボールに夢中なのよ。それを私から取り上げるなんて，誰にもできないわ。

トモ　　：でも，成績はどうするの？　心配じゃないの？

エイミー：もちろん心配よ。何をすべきか理解する必要はあるけど，今から練習に行かなきゃいけないの。

トモ　　：ちょっと待って。今日は練習を休んで，先生があなたに言ったことを真剣に考えてみたら？

◀解 説▶

18 空欄a直後のエレンの発言第1文（Wow, it's …）に「私たちが誕生日を共有していることに驚いている」とあることから，ダニエルとエレンの誕生日が同じであることがわかる。この流れに合うアンディの発言は，4の「あなたとぴったり同じ」である。

19 空欄b直前のアンディの発言第2文（By the …）に「ダニエルの誕生日パーティーを計画している」とあり，空欄bのエレンの発言を受けてアンディはI hope so「そうだといいな」と答えている。ダニエルがどうすることをアンディが望んでいるかを考えると，3の「彼はとても喜ぶだろう」が最も適切である。

20 アンディに誕生日パーティーに誘われたエレンの発言である。空欄c直後のアンディの発言にOf course「もちろん」とあるので，空欄cにはパーティーに参加していいかを確認するような表現が入る。それに当てはまる3の「本当ですか？」が正解。4のWhat the hell!は「いったいどうなっているんだ！」の意である。

21 直前のエレンの発言第2文（I want …）に「彼に何か特別なものをあげて，大好きだって伝えたい」とあり，それを受けてのアンディの発言である。空欄d直後にI'm so jealous.「とてもうらやましい」とあることから，相手の幸運な状況をうらやましがる表現である2のLucky himが最も適切である。

22 空欄eの前後の流れを考える。直前のエイミーの発言（It went …）に「思っていた通りだった」とあり，空欄e直後のエイミーの発言（Ms. Takano …）にはその具体的な内容として，「クラブをやめることを真剣に考えた方がいいと，タカノ先生が私に言った」とある。したがって，トモはエイミーに具体的な内容を促すような発言をしたと考えられるので，3の「それはつまり？，それで？」が最も合う。

23 空欄f直後のエイミーの発言第1文にIt's becauseとあることから，エイミーが理由を話す流れになる選択肢を選べばよい。1のHow come(?)は「なぜ，どうして」と理由を聞く表現になるので，これが正解である。

24 トモにクラブをやめるのかを聞かれた後のエイミーの発言。空欄g直後に「バレーボールをすることは私の情熱だ」「だれもそれを私からとりあげることはできない」とあることから，エイミーはクラブをやめるつもりはないことが読み取れる。その流れに合う選択肢を考えると，１の No way「とんでもない，冗談じゃない」が正解となる。

㉕ 今から練習に行かなければいけないというエイミーの発言に対するトモの発言。空欄 h 直後を見ると，「今日は練習を休んで，先生があなたに言ったことを真剣に考えてみたらどう？」とある。エイミーが練習に行くことを止めようとしているのが読み取れるので，４の「ちょっと待って」を選ぶのが妥当である。１．Go for it「がんばれ」

V　解答　㉖－3　㉗－1

◀解　説▶

㉖ 「私は本当にすてきな仕事をしている。私は犬の散歩で生計を立てているのだ。その通り。忙しい人たちは自分の代わりに犬を散歩させるのに，1 時間 15 ドル私に支払うのだ。公園を散歩しに連れていくとき，私は多いときで 11 匹の犬を連れて歩いている。人々は私がそんな多くの犬を連れているのを見て，『その犬は全部あなたのですか？』と聞かずにはいられない。私はうなずいて，私が世話をしているときは，私の犬ですと彼らに伝えるようにしている」

与えられた英文より，「私」が犬の散歩で生計を立てていることが話題であるとわかる。その具体的な内容としてまずＣ，次にＢがくると考えられる。さらに，Ｄの that many dogs はＢの 11 dogs を指すと考えられるので，Ｂの次にＤがくる。最後にＡの I nod が，Ｄで質問された内容に対するうなずきと考えれば，適切な流れができる。よって，正解はＣ→Ｂ→Ｄ→Ａの順番である。

㉗ 「私たちの地球は太陽の周りを回転しているが，それによって私たちはすべての生命を支えるエネルギーを与えられている。しかし，この壮大な太陽は単なる一つの恒星に過ぎない。実際，私たちの銀河系だけでも何千億という恒星が存在する。さらに，観測可能な宇宙の中で，少なくとも何千億という銀河系が存在しているのだ。したがって，太陽は私たちにとってのみ特別なものであり，宇宙という観点からは特別なものではないの

である」

与えられた英文から，太陽が話題になっていることがわかる。したがって，まずAのThis amazing sunが最初にくると考えられる。残りの3つは文頭の副詞をヒントに考えればよい。CのActuallyは「実際に」の意で，Aで述べられた「太陽が単なる一つの恒星に過ぎない」という内容の根拠として，何千億という銀河系があることを述べている。DのFurthermoreは「さらに」の意で情報を追加する場合に用いる副詞なので，A→Dの流れができる。BのThusは「したがって」の意で結論を導くので，最後にもってくるのが自然である。よって，A→C→D→Bが最も自然な流れとなる。ちなみに，star systemは重力で結びつきお互いの周りを公転する星系を意味する。太陽系など惑星系を指す場合と，より広義的に銀河系などを指す場合があり，この英文では後者を指していると思われるので，「銀河系」とした。

VI　解答　28－2　29－4　30－4　31－1

◀解　説▶

28 「1852年，首の長さが3メートルある古代生物の骨がブラジルで発見された。その生物が水中で暮らしていたのか陸上で暮らしていたのかを，研究者たちは討論した。近年，その生物の歯が魚を捕まえるのに役立っていたことが明らかになった。したがって，彼らはその生物が水中で暮らしていたと結論づけたのである」

第2文（Researchers debated …）より，発見された生物が水中と陸上のどちらで暮らしていたのかが話題であることがわかる。続く第3文（Recently, it was …）で「その生物の歯が魚を捕まえるのに役立っていた」とあることから，2の「水中で暮らしていた」を選べば内容的に一致する。

29 「『メイラード反応』とは，ステーキのような料理を作るときに起こる褐色化の過程である。肉に含まれる糖類とアミノ酸が高温に反応して変化し始め，おいしい外層を作るのだ。したがって，ステーキを焼くときには，フライパンを十分に熱くしておくことが大切である」

冒頭にThe Maillard reactionという聞きなれない用語が出てくるが，

専門用語は必ず後ろに具体的な説明があるので落ち着いて読むこと。第２文（The sugars and …）に「肉に含まれる糖類とアミノ酸が高温に反応して変化し始め，おいしい外層を作る」とある。ここから高温であることが重要だとわかるので，４の「フライパンを十分に熱くしておく」が正解である。なお，第２文の The sugars は肉に含まれている「糖類」を指すため，２の「肉に十分な砂糖を加える」を選ばないよう注意したい。

30「死亡診断書の最大 30％は，十分正確なものとは言えないと推定されている。たとえば，多くの診断書にはある人が心停止が原因で死亡したことが示されているのだが，それは心臓が機能を停止したということを意味する。しかし実際は，これはどの死亡者にもあてはまることである。より正確にするためには，死亡診断書は人の心臓が停止した理由について述べるべきなのだ」

第１文（It is estimated …）に「死亡診断書の最大 30％は，十分正確なものとは言えない」とあり，最終文（To be more accurate, …）に「より正確にするためには」とあるため，「死亡診断書はどういうものであるべきか」を文章全体から読み取る。第２・３文（For example, … every dead person.）を読むと，心臓機能の停止が原因なのはどの死亡者にもあてはまるという内容が書かれていることから，４の「人の心臓が停止した理由について述べる」を入れれば，より正確な表現として文意が通る。

31「800 年の（歴史の）後，ケンブリッジ大学は筆記試験をやめることを考えている。代わりに，学生たちはこれからコンピュータに試験の答えを入力するよう求められるようになるかもしれない。この変化が検討されているのは，非常に多くの試験採点者が学生の下手な文字を嘆いているからだ。このことは，学生がきちんとした文字を書く能力をもっていないということを示唆している」

書かれているのは，試験の形式が筆記からコンピュータ入力に変わるかもしれないという内容である。その理由として，空欄手前の第３文（This change is …）に「非常に多くの試験採点者が学生の下手な文字を嘆いている」とある。ここからわかることとして，１の「学生がきちんとした文字を書く能力をもっていない」を選べば文意が通る。

VII 解答

32－2 33－4 34－2 35－3 36－1 37－3
38－4 39－4 40－3 41－4 42－4 43－1
44－3 45－3 46－4

◀解 説▶

(A)「今朝私が電話したとき，彼はまだ寝ていた」

32 sleepingを正しく修飾する副詞を選ぶ。2のstill「まだ」が正解。4のyetは否定文で「まだ～ない」の意をとることはあるが，ここでは不適である。

33 空欄直後にSV関係があることから，空欄には接続詞を入れる。意味が通るのは，4のwhenである。1のduringは前置詞なので注意すること。

(B)「その企業は経済学の分野ですばらしいモデルを築いた」

34 aとmodelの間に空欄があることから，形容詞を入れるのが適切である。2のbrilliantが正解。4は，通常muchはmuch＋形容詞の比較級・最上級とともに「はるかに〔断然〕～だ」といった意味で用いられるが，ここのbrilliantは原級のため不可。a much more brilliant modelであれば，文法的に可能。ちなみに，一部，superiorのように〈比較〉のニュアンスを潜在的にもつ形容詞などに関しては，a much superior *A*「はるかに優れた*A*」のようにすることができる。

35 in the field of～「～の分野で」

(C)「野球ファンたちは自分たちのお気に入りの選手を応援している。彼らの中で，彼は有望な新人である」

36 favorite playersという名詞の前なので，所有格である1のtheirを入れるのが正解。

37 promising「前途有望な，期待できる」

(D)「私は昨日，両親と会うのを楽しみにしていた。残念ながら，忙しくて彼らには会えなかった」

38 look forward to *doing*で「～するのを楽しみに待つ」の意。したがって，4のseeingが正解。toの後を動詞の原形にしないよう注意すること。

39 too～to *do*で「あまりに～すぎて…できない」の意。4のtooが正解。

(E)「私はやっと，５年前にあなたが貸してくれた小説を読み終えた」

40　finish *doing* で「～し終える」の意。３の reading が正解。

41　five years ago「５年前」とあることから，動詞は過去形にする必要がある。４の lent が正解。

(F)「急がないと，私たちは昨日みたいにバスに乗り遅れてまた遅刻するだろう」

42　主節の内容を踏まえて考えること。we'll miss the bus「バスに乗り遅れる」とあることから，空欄を含む部分が「私たちは急がなければ」という意味になるよう，４の Unless「～しない限り」を選ぶ。

43　like we did yesterday「私たちが昨日したように」とあることから，話者は昨日もバスに乗り遅れたことがわかる。したがって，１の again を入れれば「再び遅れる」の意となり，文意が通る。

(G)「離陸前に少しだけお願いいたします。席にお座りいただき，安全ベルトを締め，テーブルをロックされた位置にお戻しください」

44　空欄直前に May I があることから，空欄には動詞の原形である３の have を入れる。

45　空欄が動詞である take の直前にあることから，副詞である３の kindly を選ぶ。この kindly は〈丁寧な依頼表現〉として用いられている。

46　空欄直前の locked は，position を修飾する過去分詞であると考えられる。分詞１つで名詞を修飾するときはその名詞の前に置くため，the locked position で「ロックされた位置」の意となり，語句は不要となる。したがって，４が正解。

Ⅷ　解答　47－2　48－1　49－3　50－4　51－4　52－2

◀解　説▶

47「彼らの文化は外国の影響を食い止めようとしてきた」
alien は「外国の，異国の」の意。２の foreign「外国の」が正解。１．dangerous「危険な」　３．parallel「並行の」　４．similar「類似の，似ている」

48「彼がカーテンの後ろから現れたとき，誰もが驚いた」
emerge は「現れる」の意。１の appeared が正解。２．escape「逃げる」

３．speak「話す」　４．vanish「消える，無くなる」

49 「彼女は賛成を表すジェスチャーをした」

gesture は「しぐさ，ジェスチャー」の意。３．signal「合図」が最も近い。１．comment「コメント，意見」　２．question「質問」　４．survey「調査」

50 「私はただ上司が怒ったときに助けようとしただけだ」

merely は「単に～するだけ」の意。４．simply「単に」が正解。１．carefully「注意深く」　２．partially「部分的に」　３．seriously「真剣に」

51 「その客は別のブランドの製品を試したがらなかった」

be reluctant to *do* で「～したくない，～するのに気が進まない」の意。４の unwilling「～する気がしない」が正解。１．happy「幸せな」　２．hope「～を望む」　３．ready「準備ができている」

52 「今年の終わりに向けて値下げが期待できる」

reduction は「減少，値引き」の意。２．decrease「減少，低下」が正解。１．change「変化」　３．limit「限界，限度」　４．rise「上昇」

日本史

Ⅰ 解答

①－３　②－４　③－３　④－３　⑤－２　⑥－２
⑦－４　⑧－３　⑨－２　⑩－４　⑪－１　⑫－１
⑬－１　⑭－２　⑮－４

◀解　説▶

≪自由民権運動≫

①３が正文。１．愛国社ではなく，愛国公党。２．木戸孝允と西郷隆盛は含まれない。４．明治天皇ではなく，藩閥官僚の有司専制に対する弊害を指摘していた。

③X．誤文。元老院は，右院ではなく左院を廃して設けられた。Y．正文。

④３が正解。１の萩の乱は山口県萩で前原一誠らが起こした士族反乱，２の秋月の乱は，福岡県旧秋月藩士族の反乱である。４の紀尾井坂の変は，1878 年，東京の紀尾井坂で大久保利通が暗殺された事件である。

⑤X．正文。Y．誤文。伊勢暴動の処罰者は５万人に及んだ。

⑦４が正解。X．黒田清隆は，同じ薩摩出身の五代友厚らの関西貿易社に開拓使の官有物を安価，無利子で払い下げようとした。Y．国会開設，憲法制定について急進的な意見だった大隈重信を開拓使官有物払下げにも関係ありとして政府から追放した。

⑧３．誤文。1885 年の内閣制度創設時，宮内省は閣外に置き，伊藤博文が内閣総理大臣と宮内大臣を兼任した。また，宮中・府中の別を制度化するために内大臣府を設置した。内大臣は政治（府中）には関与しないが，天皇の側近としての役割を果たした。

⑪１が正文。板垣退助らの洋行は，岐阜遊説中に暴漢に襲われた事件よりも後のことであるので，２は誤文。

⑬１が正解。片岡健吉ら民権派が起こした三大事件建白運動の「三大」とは，言論の自由，地租軽減，外交失策（条約改正）の挽回の３項目を指す。

Ⅱ 解答

①－３　②－２　③－２　④－２　⑤－１　⑥－１
⑦－３　⑧－３　⑨－１　⑩－４　⑪－４　⑫－２

⑬－4　⑭－4　⑮－3

◀解　説▶

≪日本古代の租税≫

①3．誤文。神話時代から持統天皇までのことが書かれている。

④2が正解。蘇我氏の姓は「臣」。臣の多くは大和の地名を氏の名として，ヤマト政権の中枢を担った。

⑥1が正解。飛鳥浄御原令（689年施行，持統天皇）→大宝律令（701～02年施行，文武天皇）→養老律令（757年施行，藤原仲麻呂）の順。

⑦X．誤文。正倉院は薬師寺ではなく東大寺の施設である。Y．正文。

⑨1．誤文。奈良時代以前の藤原宮からも出土している。

⑩4．誤文。租はすべて，都へ輸送されるのではなく，大部分は諸国の郡家などの正倉に貯蔵された。

⑪4．誤文。京と畿内の調は，他の地域の半分を課された。

⑬X．誤文。兵士の武器や食料は自分で調達しなければならなかった。Y．誤文。防人は，都ではなく九州の警備に3年間従事した。1年間，都を警備するのは衛士である。

⑮3が正解。a．235人÷(男性86人＋女性235人)＝0.732…となるので，約70%。b．61～70才の男女が51人，71～80才の男女が57人，81～90才の男女が18人である。これらの合計人数を人口全体で割ると，126人÷321人＝0.392…となり，約40%である。

III　解答

①－2　②－3　③－4　④－2　⑤－1　⑥－4
⑦－1　⑧－1　⑨－2　⑩－4　⑪－4　⑫－2
⑬－3　⑭－4　⑮－4　⑯－3　⑰－2　⑱－3　⑲－4　⑳－1

◀解　説▶

≪お伊勢参りからみる江戸時代の文化≫

ｉ．①2が正解。B．平賀源内（1728～79年）が火浣布を創製（1764年）→A．伊能忠敬（1745～1818年）の『大日本沿海輿地全図』が完成（1821年）→C．長崎に海軍伝習所を設置（1855年）の順。

②X．誤文。西国三十三か所とは，近畿地方を中心に，観音菩薩を祀った札所の事である。Y．正文。

③4が正解。X．天皇家の祖先神である天照大神を祀る内宮と穀物神の豊

受大神を祀る外宮からなる。Ｙ．内宮・外宮の正殿は唯一の神明造といわれ，切妻・平入の素木造である。屋根には千木，堅魚木を置く。ｃの大社造は，出雲大社の建築様式。

ⅱ．⑥４が正解。Ｘ．菅江真澄の紀行日記『菅江真澄遊覧記』。Ｙ．松尾芭蕉の俳諧紀行文『奥の細道』。

⑨２が正解。１は安藤昌益の『自然真営道』，３は太宰春台の『経済録拾遺』，４は林子平の『海国兵談』である。

⑩４が正解。Ｃ．出雲阿国がかぶき踊りを始めた（桃山文化）→Ｂ．狩野探幽が「大徳寺方丈襖絵」を描いた（寛永期）→石田梅岩が『都鄙問答』を著した（江戸中期の 1739 年刊行）の順。

ⅲ．⑪４が正解。やや難。Ｃ．徳川光圀による『大日本史』編さんの開始（1657 年）→Ｂ．閑谷学校創建（1670 年）→Ａ．宮崎安貞が『農業全書』を刊行（1697 年）の順。

⑫２が正解。Ｂ．『解体新書』の刊行（1774 年）→Ａ．寛政異学の禁の発布（1790 年）→Ｃ．『蘭学事始』が成立した（1815 年）の順。杉田玄白は『蘭学事始』の中で，『解体新書』翻訳の苦労を述べている。

⑭Ｘ．誤文。『武家義理物語』は井原西鶴の武家物の浮世草子である。Ｙ．誤文。市川左団次のためではなく，坂田藤十郎のために歌舞伎脚本を書いた。

⑯３が正解。歌川広重の浮世絵「伊勢参宮 宮川の渡しの図」である。ａ．誤文。川の中には，参宮者の代わりに川に入り，禊をする人の姿がある。ｃ．誤文。女性の旅人もいる。

ⅳ．⑱３が正解。Ｘ．古義堂はｂの伊藤仁斎が京都堀川に開いた古学の塾である。Ｙ．適々斎塾はｃの緒方洪庵が大坂に開いた蘭学塾である。ａの広瀬淡窓は豊後日田に咸宜園を創設した。ｄの大槻玄沢は江戸で芝蘭堂という蘭学塾を開いた。

世界史

I　解答

A－4　B－3　C－2　D－4　E－3　F－1
G－2　H－4　I－4　J－3

◀解　説▶

≪大唐帝国と周辺諸地域≫

B．3．誤文。黄河と大運河の合流地点に位置したのは，北宋の都開封。

E．3．誤文。玄宗の時代，唐はタラス河畔の戦いでアッバース朝に敗北した。

F．1．誤文。5世紀半ばからバクトリア地方を中心に勢力を広げたのは，エフタル。

G．1．誤文。チベット＝ビルマ系ロロ族の王国は，雲南地域に成立した南詔。

3．誤文。吐蕃（チベット）の都は，ラサ。

4．誤文。吐蕃（チベット）では，チベット仏教が生み出され国教とされた。

H．1の羈縻政策は，服属した周辺諸民族に対する間接統治政策。2の三長制は，北魏の孝文帝の時代に実施された隣保制度。3の地丁銀制は，明代後期以来の一条鞭法に代わって，清代（18世紀前半）に実施された税制度。

II　解答

A－4　B－1　C－4　D－3　E－2　F－3
G－2　H－4　I－1　J－3

◀解　説▶

≪19世紀のアメリカ史≫

A．4．誤文。フレンチ＝インディアン戦争は，ヨーロッパにおける七年戦争と同時期にイギリスとフランスの間に起こった北米の植民地獲得戦争である。

B．2．誤文。ローラット法は，1919年にイギリスによって制定されたインドにおける独立運動を抑制するための法である。

3．誤文。人民憲章は，19 世紀前半にイギリスでおこったチャーティスト運動において掲げられた６カ条から成る政治綱領で議会に提出された。

4．誤文。「新しい自由」は，アメリカ大統領ウィルソン（在任 1913～21 年）が，1912 年の大統領選挙の際に唱えた政治理念である。

F．1のホームステッド法（1862 年）は，西部の開拓農民に公有地を無償で与えることを定めた法律である。2のミズーリ協定（1820 年）は，北緯 36 度 30 分以北には奴隷州をつくらないとする法律である。1865 年の憲法修正第 13 条によって奴隷制は廃止されたが，その後に合衆国南部で施行された４のジム＝クロウ法により，黒人に対する法的・社会的差別が続いた。

H．1．誤文。米州機構（OAS）は，1948 年のボゴタ憲章に基づき発足した南北アメリカ諸国による地域的国際機構である。

2．誤文。ヨーロッパ諸国が，エカチェリーナ２世の主導のもと武装中立同盟を結び，不干渉の姿勢をとったのは，アメリカ独立戦争のときである。

3．誤文。クー＝クラックス＝クランは，南北戦争後の 1860 年代半ばに，南部側で結成された白人至上主義団体である。

III 解答

A－1　B－3　C－3　D－1　E－4　F－4
G－2　H－1　I－3　J－2

◀解　説▶

≪セルジューク朝とオスマン帝国の歴史≫

D．いずれの人物もオスマン帝国のスルタン。2のスレイマン１世は，セリム１世の次の第 10 代スルタン。彼の治世に第１次ウィーン包囲やプレヴェザの海戦が起きた。3のセリム２世は，第 11 代スルタン。彼の治世にレパントの海戦が起きた。4のメフメト２世は，第７代スルタン。彼の治世にコンスタンティノープルを占領し，ビザンツ帝国を滅ぼした。

E．1のトラファルガーの海戦（1805 年）は，ナポレオン率いるフランスがイギリスに敗北した戦い。2のレパントの海戦（1571 年）は，オスマン帝国がスペイン・ヴェネツィア・ローマ教皇の連合艦隊に敗北した戦い。3のアクティウムの海戦（前 31 年）は，オクタウィアヌスが，アントニウスとクレオパトラ連合軍に勝利した戦い。

F．1のアフガーニーは，パン＝イスラーム主義を唱えた思想家・改革家。

2のアブデュルハミト2世は，オスマン帝国第34代スルタンであり，露土戦争（1877～78年）を口実にミドハト憲法を停止し，スルタンによる専制政治を復活させた。3のアブー＝バクルは，正統カリフの1人。

H．第一次世界大戦で勝利した連合国が敗戦国と締結した講和条約のうち，2のヌイイ条約は対ブルガリアの，3のサン＝ジェルマン条約は対オーストリアのものである。4のワシントン会議では中国に関する九カ国条約，太平洋に関する四カ国条約などが結ばれた。

Ⅳ　解答

A－4　B－2　C－1　D－1　E－2　F－1
G－3　H－4　I－2　J－2

◀解　説▶

≪各地域の古代文明≫

C．2のウラル語系には，ハンガリー語などが属する。4のドラヴィダ語系には，タミル語などが属する。

G．1のテノチティトランは，アステカ王国の都。2のナーランダーには，グプタ朝の時代から12世紀まで栄えたナーランダー僧院があり，仏教教学の中心であった。4のティリンスは，ミケーネ文明の中心地のひとつ。

J．2．誤文。デロス同盟は，アケメネス朝の再来に備え，アテネを盟主として，ギリシア諸ポリスが結成した同盟である。

Ⅴ　解答

A－1　B－3　C－1　D－3　E－2　F－4
G－2　H－2　I－1　J－3

◀解　説▶

≪文化史の小問集合≫

A．1．誤り。メキシコ湾岸に成立したのはオルメカ文明。インカ文明は，アンデス地帯で成立。

B．3．誤り。タレスは，万物の根源を水とした。万物の根源を原子としたのは，デモクリトス。

C．1．誤り。「帰去来辞」を書いたのは陶潜（陶淵明）。謝霊運は，南朝宋の時代に活躍した詩人。

D．3．誤り。『医学典範』を著したのはイブン＝シーナー。イブン＝ルシュドは，アリストテレスの注釈書を記した人物。

E．2．誤り。カール大帝の時代の復興運動は，カロリング＝ルネサンスと呼ばれる。

G．2．誤り。実在論の代表的論者はアンセルムスである。アラファトはパレスティナ解放機構（PLO）の議長。

H．2．誤り。宋代に実用化され，ムスリム商人によってヨーロッパに伝えられたのは羅針盤。力織機は，1785年にカートライトが発明。

I．1．誤り。「ヴィーナスの誕生」を描いたのはボッティチェリ。ドラクロワは，19世紀フランスで活躍した画家であり，代表作として「民衆を導く自由の女神」「キオス島の虐殺」が挙げられる。

J．3．誤り。ヘーゲルの影響を受け，エンゲルスとともに史的唯物論を確立したのはマルクス。ベンサムは，イギリスの哲学者・経済学者で功利主義の創始者。

政治経済・現代社会

Ⅰ 解答

問1．2　問2．1　問3．3
問4．(1)―4　(2)―2　(3)―1　問5．1
問6．(1)―3　(2)―6　問7．1　問8．3

◀解　説▶

≪近年の国際社会≫

問1．2が正解。米国大統領は，ケネディ，ジョンソン，ニクソン，フォードと続き，東西冷戦史では出来事とともに覚えたい。ケネディの暗殺とニクソンによる基軸通貨としてのドル防衛でおおよそわかるが，1962年に危うく核戦争寸前になったときの大統領がケネディである。ウォーターゲート事件は，ニクソン政権時の民主党幹部への電話盗聴事件。大統領弾劾の裁判直前にニクソンは自ら辞任した。

問2．ア・イ．正文。2001年の9.11テロ事件の真相究明・解決のため軍を派遣していた米国だが，2021年のバイデン政権でおおよそ20年に及ぶ「米国史上最長期間の戦争」を終わらせた，とされる。

問4．(2)2が正解。ベトナムは，ベトナム戦争終結の1970年代に北ベトナムと，米国が支援し多額の軍事費を費やした南ベトナムが統一され，社会主義国家となっている。ユーゴスラビアは1991年にスロベニア，クロアチアが独立し，さらにその後分裂している。ドイツはベルリンの壁が壊され，東西ドイツが統一されている。1990年のことである。

(3)1が正解。スターリンは独裁者として一国社会主義の建設を進め，フルシチョフはスターリンの批判者として有名だが，1960年代の中ソ論争時の指導者でもある。ゴルバチョフは情報公開や改革をスローガンに掲げ，ソ連邦を崩壊させたが，自らも大統領を経験している。

問6．(1)3．誤文。核兵器禁止条約については時事的話題だが，米国の核の傘に守られている日本は参加していない。2022年にウィーンで第一回締約国会議が開かれた。

(2)6が正解。やや難。国際政治年表としてみると，それぞれ，1991年，1993年，2015年の内容。2015年にイランの核開発能力について合意したが，米国はトランプ政権において離脱した。

問７．時事問題と言える。ア．正文。イ．正文。2020年12月の大統領選において，トランプ支持者などが2021年の年明けに不正選挙を理由に連邦議会に乱入した。

Ⅱ　解答

問１．⑴－１　⑵－１　問２．４
問３．⑴－４　⑵－１　問４．２
問５．⑴－３　⑵－１　問６．２　問７．１　問８．４

◀解　説▶

≪日本の内閣と議院内閣制≫

問１．⑴１が正解。当時の民主党である。鳩山由起夫，菅直人，野田佳彦の３首相の時代である。菅首相のときに東日本大震災が起こった。

⑵１．正文。３．誤文。菅義偉政権のときである。安倍晋三内閣の官房長官であった菅義偉が後に首相となった。

問２．４．正文。２．誤文。レーガンではなくブッシュである。３．誤文。国鉄民営化問題は中曽根康弘が首相のときである。

問４．２．正文。例は少ないが，与党が政権をとっている以上，首相の欠けたときなどは，必ずしも衆議院の総選挙は必要でない。英国の首相の選出も議院内閣制ならではのもので参考になる。

問７．１が正解。２～４．いずれも険しくなっている。ウクライナへ侵攻するロシアに対する各国の対応はニュースなどで感じられるだろう。

Ⅲ　解答

問１．４　問２．１　問３．３　問４．２　問５．３
問６．⑴－１　⑵－４　問７．２　問８．３
問９．３　問10．１

◀解　説▶

≪世界の経済圏≫

問１．ア．誤文。日米繊維紛争の時期から日本の貿易黒字が問題ではあったが，貿易統計によると，第１次石油危機の頃や東日本大震災の頃には貿易赤字もみられる。イ．誤文。日本は1963年にGATTの12条国から11条国になった。国際収支の内容の悪化を理由とした輸入数量の制限ができなくなった。

問2．1．誤文。日本と中国（中華人民共和国）の国交正常化は1972年の日中共同声明により実現された。2．正文。2005年に人民元が世界に解放され，一定の管理された変動相場（フロート）制となった。

問3．ア．誤文。韓国の大統領は権限が強く，国家元首でもある。大統領を国民の選挙で選ぶ時点で議院内閣制ではない。イ．正文。

問4．2のRCEPが正解。1のAFTAはASEAN自由貿易地域であり，3のAPECはアジア太平洋経済協力会議である。特に日本はAPEC参加国である。

問5．3が正解。世界のGDP規模の3割が25.8兆ドルだとすると25.8÷0.3=86となる。

問6．(1)1．誤文。関税を引き上げると貿易障壁となり，リカード以来の自由貿易の考えに反する。

問7．ア．正文。BRICSにはブラジル，ロシア，インド，中国，南アフリカが含まれる。イ．誤文。包括的核実験禁止条約は1996年に国連総会で採択されたが，インドのほか，イスラエル，パキスタンなどの核保有疑惑のある国々が調印さえしていないのが現状である。

問8．3．正文。1・2．誤文。ブレトン・ウッズ会議（協定）に基づいて設置されたのはIMFとIBRDであり，ともに1940年代の出来事。4．誤文。世界貿易機関（WTO）についての説明である。

問10．ア．正文。マーストリヒト条約は1992年に調印されたが，翌1993年に発効した。イ．正文。ギリシャの政権交代により，前政権が隠していた莫大な財政赤字が顕在化し，その発行する国債の信認が著しく失墜した。ギリシャ危機の一側面である。

Ⅳ 解答

問1．4　問2．(1)－2　(2)－1　問3．1
問4．3　問5．(1)－2　(2)－2
問6．(1)－3　(2)－3　問7．2　問8．3

◀解　説▶

≪物価と景気循環≫

問1．ア．誤文。たくさんの人が同時に利用できることを非競合性といい，対価を支払わない人でも利用を禁止できないことを非排除性という。イ．誤文。民間のスポーツクラブは私的財であり，公園のような公共財と違い，対価に見合ったサービスを享受できる。

問２．⑴ア．正文。アメリカではハンバーガーの価値が６ドルなので，日本円で評価すると 120 円×6＝720 円となり，日本の 500 円より 200 円以上高い。イ．誤文。日本のハンバーガーは 500 円なので，１ドル＝120 円で評価すると４ドルを少し超え，アメリカの６ドルより４ドル以上安いとはいえない。

問４．３が正解。１の兌換は現在の管理通貨制度では行われない。２は政府が発行し，４は政府の財政政策である。

問５．⑵ア．正文。イ．誤文。ディマンド・プル・インフレーションは需要の増大に供給が追いついていないことによる物価上昇のことである。

問６．⑴３が正解。10 億＋(15 億－10 億)＋(20 億－15 億) と中間生産物を差し引き，付加価値を足すと 20 億円となる。

⑵３が正解。同様に 12 億＋(14 億－12 億)＋(22 億－14 億) を計算すると 22 億円となり，成長率は，(22 億－20 億)÷20×100＝10％となる。

問７．ア．正文。イ．誤文。家計は利潤ではなく効用を追求する経済主体なので誤り。

問８．ア．誤文。高齢化社会とは人口の７％以上が 65 歳以上という社会で，日本では 1970 年に突入した。イ．正文。14％が 65 歳という高齢社会は 1994 年に突入し，アメリカやイギリスよりも高齢者の割合が多い。

数学

◀経済・経営・法・現代社会・国際関係・外国語・文化・生命科学部▶

I　解答

(1)ア．$(x+y+6)(x+y-4)$

(2)イ．$\dfrac{2\sqrt{5}}{5}$　ウ．$\dfrac{\sqrt{10}}{2}$　(3)エ．-5　オ．2

(4)カ．$\dfrac{4\sqrt{2}}{9}$　キ．$\dfrac{17}{81}$

(5)ク．$\dfrac{1}{3}$　ケ．1　コ．$0<k<\dfrac{4}{27}$

◀解　説▶

≪小問5問≫

(1)　$x+y=t$ とおくと，与式は

$$(t-3)(t+5)-9=t^2+2t-24$$
$$=(t+6)(t-4)$$

よって，与式を因数分解すると

$$(x+y-3)(x+y+5)-9=(x+y+6)(x+y-4)\quad \to ア$$

(2)　$\triangle$ABC において，余弦定理より

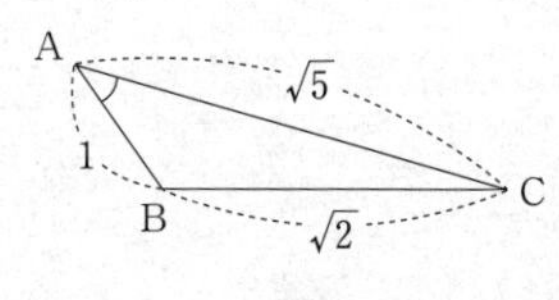

$$\cos\angle BAC=\frac{AB^2+AC^2-BC^2}{2AB\times AC}$$
$$=\frac{1^2+(\sqrt{5})^2-(\sqrt{2})^2}{2\times1\times\sqrt{5}}$$
$$=\frac{2}{\sqrt{5}}=\frac{2\sqrt{5}}{5}\quad \to イ$$

$0<\angle BAC<\pi$ より，$\sin\angle BAC>0$ であるから

$$\sin\angle BAC=\sqrt{1-\cos^2\angle BAC}=\sqrt{1-\left(\frac{2\sqrt{5}}{5}\right)^2}$$

$$=\frac{1}{\sqrt{5}}=\frac{\sqrt{5}}{5}$$

$\triangle$ABCにおいて，外接円の半径をRとおくと，正弦定理より

$$R=\frac{\mathrm{BC}}{2\sin\angle\mathrm{BAC}}=\frac{\sqrt{2}}{2\times\frac{\sqrt{5}}{5}}=\frac{\sqrt{10}}{2}\quad\rightarrow ウ$$

(3)　整式x^3-x^2+ax+bを整式$P(x)$で割ったときの商を$Q(x)$とすると

$$x^3-x^2+ax+b=P(x)Q(x)+5x+10\quad\cdots\cdots ①$$

①に$x=-1$，4を代入すると，$P(-1)=P(4)=0$より

$$\begin{cases}a-b=-7\\4a+b=-18\end{cases}$$

これを解いて

$$a=-5,\ b=2\quad\rightarrow エ，オ$$

(4)　$-\frac{\pi}{2}<\theta<\frac{\pi}{2}$より，$\cos\theta>0$であるから

$$\cos\theta=\sqrt{1-\sin^2\theta}=\sqrt{1-\left(\frac{1}{3}\right)^2}=\frac{2\sqrt{2}}{3}$$

2倍角の公式より

$$\sin2\theta=2\sin\theta\cos\theta=2\times\frac{1}{3}\times\frac{2\sqrt{2}}{3}$$

$$=\frac{4\sqrt{2}}{9}\quad\rightarrow カ$$

$$\cos4\theta=\cos(2\times2\theta)=1-2\sin^2(2\theta)$$

$$=1-2\times\left(\frac{4\sqrt{2}}{9}\right)^2=\frac{17}{81}\quad\rightarrow キ$$

(5)　$f'(x)=3x^2-4x+1=(3x-1)(x-1)$より，関数$f(x)$の増減および極値は右の表のようになる。

x		$\frac{1}{3}$		1	
$f'(x)$	$+$	0	$-$	0	$+$
$f(x)$	↗	$\frac{4}{27}-k$	↘	$-k$	↗

よって

$x=\frac{1}{3}$のとき　　極大値$\frac{4}{27}-k$　→ク

$x=1$のとき　　極小値$-k$　→ケ

をとる。方程式 $f(x)=0$ が異なる3つの実数解をもつのは

$$(\text{極大値})\times(\text{極小値})<0$$

のときであるから

$$\left(\frac{4}{27}-k\right)(-k)<0,\ k\left(k-\frac{4}{27}\right)<0$$

したがって，求める k の値の範囲は

$$0<k<\frac{4}{27}\quad\to\text{コ}$$

II

解答　(i)ア．$\frac{1}{10}$　イ．$\frac{3}{5}$　(ii)ウ．$\frac{1}{2}$

(iii)エ．$\frac{9}{100}$　オ．$\frac{12}{25}$　(iv)カ．$\frac{3}{8}$

◀解　説▶

≪袋から玉を取り出すときの確率および条件付き確率≫

(i)　1回目に黒玉を2つ取り出す確率は

$$\frac{{}_2C_2}{{}_5C_2}=\frac{1}{10}\quad\to\text{ア}$$

1回目に黒玉を1つ取り出す確率は

$$\frac{{}_3C_1\times{}_2C_1}{{}_5C_2}=\frac{3\times2}{10}=\frac{3}{5}\quad\to\text{イ}$$

(ii)　1回目，2回目ともに黒玉を1つ取り出す確率は

$$\frac{{}_3C_1\times{}_2C_1}{{}_5C_2}\times\frac{{}_3C_1\times{}_1C_1}{{}_4C_2}=\frac{3\times2}{10}\times\frac{3\times1}{6}=\frac{3}{10}$$

したがって，求める条件付き確率は

$$\frac{\frac{3}{10}}{\frac{3}{5}}=\frac{1}{2}\quad\to\text{ウ}$$

(iii)　$x=0$，すなわち2回の操作後，手元に残った黒玉が0個となるのは，1回目，2回目ともに白玉を2つ取り出すときであるから

$$\frac{{}_3C_2}{{}_5C_2}\times\frac{{}_3C_2}{{}_5C_2}=\frac{3}{10}\times\frac{3}{10}=\frac{9}{100}\quad\to\text{エ}$$

$x=1$，すなわち2回の操作後，手元に残った黒玉が1つとなるのは

1回目に白玉1つ，黒玉1つ，2回目に白玉2つを取り出す，

1回目に白玉2つ，2回目に白玉1つ，黒玉1つを取り出す

ときであるから

$$\frac{{}_3C_1\times{}_2C_1}{{}_5C_2}\times\frac{{}_3C_2}{{}_4C_2}+\frac{{}_3C_2}{{}_5C_2}\times\frac{{}_3C_1\times{}_2C_1}{{}_5C_2}$$

$$=\frac{6}{10}\times\frac{3}{6}+\frac{3}{10}\times\frac{6}{10}=\frac{12}{25}\quad\to オ$$

(iv)　$x=1$ のとき，1回目に白玉を2つ取り出している条件付き確率は

$$\frac{\frac{3}{10}\times\frac{6}{10}}{\frac{12}{25}}=\frac{3}{8}\quad\to カ$$

III　解答

(i)ア．$\vec{p}-\vec{a}$　イ．$\vec{p}-\vec{b}$　ウ．4：3

(ii)エ．±12　(iii)オ．-9

(iv)　△OAP は OP＝AP の二等辺三角形であるから，辺 OA の中点を M とすると，OA⊥MP である。

$$\overrightarrow{OP}=-\frac{3}{k}\overrightarrow{OA}-\frac{4}{k}\overrightarrow{OB}=-\frac{3}{k}\vec{a}-\frac{4}{k}\vec{b},$$

$$\overrightarrow{OM}=\frac{\vec{a}}{2}$$

より　$\overrightarrow{MP}=\left(-\frac{3}{k}-\frac{1}{2}\right)\vec{a}-\frac{4}{k}\vec{b}$

$\overrightarrow{OA}\perp\overrightarrow{MP}$ より

$$\vec{a}\cdot\left\{\left(-\frac{3}{k}-\frac{1}{2}\right)\vec{a}-\frac{4}{k}\vec{b}\right\}=\left(-\frac{3}{k}-\frac{1}{2}\right)|\vec{a}|^2-\frac{4}{k}\vec{a}\cdot\vec{b}$$

$$=\left(-\frac{3}{k}-\frac{1}{2}\right)\times2-\frac{4}{k}\times1$$

$$=-\frac{10}{k}-1=0$$

よって　$k=-10$　……(答)

このとき

$$MP^2=|\overrightarrow{MP}|^2=\left|-\frac{\vec{a}}{5}+\frac{2}{5}\vec{b}\right|^2$$

$$=\frac{1}{25}\{|\vec{a}|^2-4\vec{a}\cdot\vec{b}+4|\vec{b}|^2\}$$

$$=\frac{1}{25}(2-4+12)=\frac{2}{5}$$

MP>0 より　　$\mathrm{MP}=\frac{\sqrt{10}}{5}$

したがって，△OAP の面積を S とすると

$$S=\frac{1}{2}\times\mathrm{OA}\times\mathrm{MP}=\frac{1}{2}\times\sqrt{2}\times\frac{\sqrt{10}}{5}$$

$$=\frac{\sqrt{5}}{5}\quad\cdots\cdots(\text{答})$$

◀解　説▶

≪平面ベクトルの図形への応用，直線のベクトル方程式≫

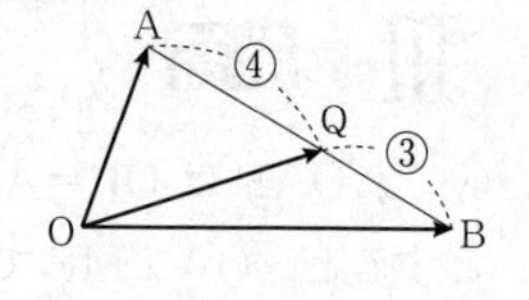

(i)　$\overrightarrow{\mathrm{AP}}=\overrightarrow{\mathrm{OP}}-\overrightarrow{\mathrm{OA}}$

$=\vec{p}-\vec{a}$　→ア

$\overrightarrow{\mathrm{BP}}=\overrightarrow{\mathrm{OP}}-\overrightarrow{\mathrm{OB}}$

$=\vec{p}-\vec{b}$　→イ

与式を変形すると

$$-k\overrightarrow{\mathrm{OP}}=3\overrightarrow{\mathrm{OA}}+4\overrightarrow{\mathrm{OB}}$$

両辺を 7 で割って

$$\frac{k}{7}\overrightarrow{\mathrm{PO}}=\frac{3\overrightarrow{\mathrm{OA}}+4\overrightarrow{\mathrm{OB}}}{7}$$

直線 OP と直線 AB との交点を Q とすると

$$\overrightarrow{\mathrm{OQ}}=\frac{3\overrightarrow{\mathrm{OA}}+4\overrightarrow{\mathrm{OB}}}{7}$$

よって，点 Q は線分 AB を 4：3 に内分する点であるから

AQ：QB＝4：3　→ウ

(ii)　(i)より，$\frac{k}{7}\overrightarrow{\mathrm{PO}}=\overrightarrow{\mathrm{OQ}}$ であるから，$|k\overrightarrow{\mathrm{OP}}|=7|\overrightarrow{\mathrm{OQ}}|$ から

PO：OQ＝7：$|k|$

以下 △OAB は △OAB の面積を表すとする。

△OAB＝S ($S>0$) とおくと

$$\triangle OAQ=\frac{4}{7}\triangle OAB=\frac{4}{7}S$$

点Oは線分PQを $7:|k|$ に内分または外分する点であるから

$$\triangle OAP=\frac{7}{|k|}\times\triangle OAQ$$
$$=\frac{4}{|k|}S=\frac{1}{3}S$$

よって

$|k|=12$, $k=\pm12$　→エ

$k=12$ のとき　$\frac{12}{7}\overrightarrow{PO}=\overrightarrow{OQ}$

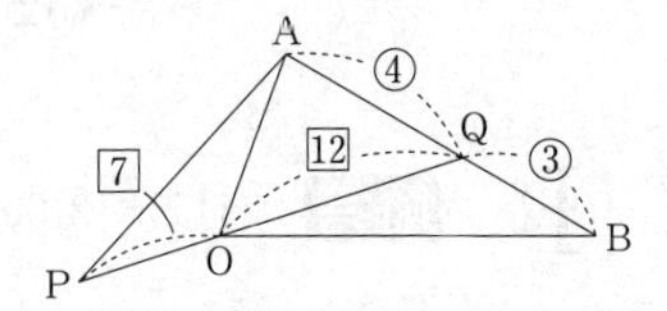

$k=-12$ のとき

$\frac{-12}{7}\overrightarrow{PO}=\frac{12}{7}\overrightarrow{OP}=\overrightarrow{OQ}$

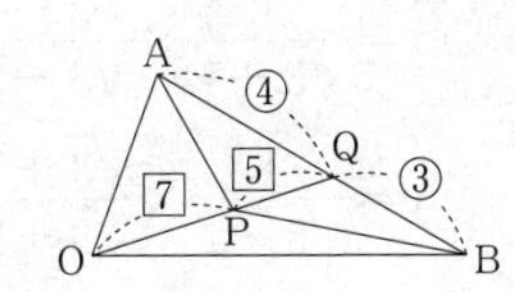

(iii)　$\overrightarrow{OA}=\vec{a}$, $\overrightarrow{OD}=\frac{2}{3}\vec{b}$ であり，点Pは

$$\overrightarrow{OP}=-\frac{3}{k}\overrightarrow{OA}-\frac{4}{k}\overrightarrow{OB}$$
$$=-\frac{3}{k}\vec{a}-\frac{4}{k}\vec{b}$$

で表される。

点Pが2点 $A(\vec{a})$, $D\left(\frac{2}{3}\vec{b}\right)$ を結ぶ直線上にあるから

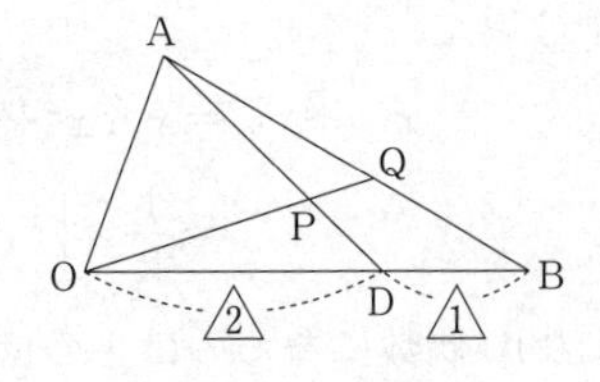

$$\overrightarrow{OP}=\left(-\frac{3}{k}\right)\vec{a}+\left(-\frac{4}{k}\times\frac{3}{2}\right)\left(\frac{2}{3}\vec{b}\right)$$
$$=\left(-\frac{3}{k}\right)\overrightarrow{OA}+\left(-\frac{6}{k}\right)\overrightarrow{OD}$$

よって　$\left(-\frac{3}{k}\right)+\left(-\frac{6}{k}\right)=1$

ゆえに　$k=-9$　→オ

◀理・情報理工学部▶

I

解答　(1) 1　(2) 60　(3) $\frac{\sqrt{15}}{15}$　(4) $-\frac{1}{4}$　(5) $\frac{1}{3}$

◀解　説▶

≪小問5問≫

(1)　$x=\frac{1}{\sqrt{3}+1}\times\frac{\sqrt{3}-1}{\sqrt{3}-1}=\frac{\sqrt{3}-1}{2}$,

$y=\frac{1}{\sqrt{3}-1}\times\frac{\sqrt{3}+1}{\sqrt{3}+1}=\frac{\sqrt{3}+1}{2}$

より

$$x+y=\frac{\sqrt{3}-1}{2}+\frac{\sqrt{3}+1}{2}=\sqrt{3},$$

$$xy=\frac{\sqrt{3}-1}{2}\times\frac{\sqrt{3}+1}{2}=\frac{1}{2}$$

よって

$$x^3y+xy^3=xy(x^2+y^2)=xy\{(x+y)^2-2xy\}$$
$$=\frac{1}{2}\times\left\{(\sqrt{3})^2-2\times\frac{1}{2}\right\}=1$$

(2)　偶数になるのは1の位が0, 2, 4のときであるから

1の位が0のとき　　${}_4P_4=4!=24$ 個

1の位が2または4のとき，万の位が0以外の3通りあるから

$2\times(3\times{}_3P_3)=36$ 個

したがって，求める個数は

$24+36=60$ 個

(3)　$\cos\theta=\frac{1}{4}$, $1+\tan^2\theta=\frac{1}{\cos^2\theta}$ より

$$\tan^2\theta=\frac{1}{\cos^2\theta}-1=\frac{1}{\left(\frac{1}{4}\right)^2}-1=15$$

θ は鋭角より，$\tan\theta>0$ であるから

$$\tan\theta=\sqrt{15}$$

したがって

$$\tan(90°-\theta)=\frac{1}{\tan\theta}=\frac{1}{\sqrt{15}}=\frac{\sqrt{15}}{15}$$

(4)　与式より　$2\overrightarrow{OC}=\overrightarrow{OA}+2\overrightarrow{OB}$

よって

$$4|\overrightarrow{OC}|^2=|\overrightarrow{OA}+2\overrightarrow{OB}|^2$$
$$=|\overrightarrow{OA}|^2+4\overrightarrow{OA}\cdot\overrightarrow{OB}+4|\overrightarrow{OB}|^2$$

したがって，$|\overrightarrow{OA}|=|\overrightarrow{OB}|=|\overrightarrow{OC}|=1$ より

$$\overrightarrow{OA}\cdot\overrightarrow{OB}=\frac{1}{4}(4|\overrightarrow{OC}|^2-|\overrightarrow{OA}|^2-4|\overrightarrow{OB}|^2)$$
$$=\frac{1}{4}(4-1-4)=-\frac{1}{4}$$

(5)　数列の初項を a，公比を r $(r>0)$ とおく。条件より

$$\begin{cases} a+ar=\dfrac{81}{7} \\ a+ar+ar^2+ar^3=\dfrac{90}{7} \end{cases}$$

整理すると

$$\begin{cases} a(1+r)=\dfrac{81}{7} & \cdots\cdots① \\ a(1+r)(1+r^2)=\dfrac{90}{7} & \cdots\cdots② \end{cases}$$

①を②に代入して

$$\frac{81}{7}\times(1+r^2)=\frac{90}{7}\qquad r^2=\frac{1}{9}$$

$r>0$ より　$r=\dfrac{1}{3}$

II　解答

(ア) $2i$　(イ) $-2i$　(ウ) $(1-2t)+i$
(エ) $y^2=4(x+1)$　(オ) $-2\leqq y\leqq 2$
(カ) $\dfrac{8}{3}$

◀解　説▶

≪複素数平面の図形，積分法の応用（面積）≫

O(0)，A$(1+i)$，B$(-1+i)$，P(z)，Q(w)，$w=z^2$ である。

P が A であるとき，すなわち $z=1+i$ のとき

$$w=(1+i)^2=1+2i+i^2=2i$$

よって，Q を表す複素数は　$2i$　→(ア)

また，P が B であるとき，すなわち $z=-1+i$ のとき

$$w=(-1+i)^2=(-1)^2-2i+(i)^2=-2i$$

よって，Q を表す複素数は　$-2i$　→(イ)

P が線分 AB 上にあり，線分 AB を $t:(1-t)$ $(0<t<1)$ に内分するとき，P を表す複素数 z は

$$z=(1-t)(1+i)+t(-1+i)$$
$$=(1-2t)+i \quad →(ウ)$$

$t=0$ のとき点 P は点 A，$t=1$ のとき点 P は点 B を表すから，点 P が線分 AB 上を A から B まで動くとき，$w=z^2$ より

$$x+yi=\{(1-2t)+i\}^2$$
$$=(4t^2-4t)+(2-4t)i \quad (0\leqq t\leqq 1)$$

x，y，$4t^2-4t$，$2-4t$ は実数であるから

$$\begin{cases} x=4t^2-4t & \cdots\cdots① \\ y=2-4t & \cdots\cdots② \end{cases}$$

②より　$t=\dfrac{2-y}{4}$

これを①に代入して，整理すると

$$y^2=4(x+1) \quad →(エ)$$

$0\leqq t\leqq 1$ より，$-2\leqq 2-4t\leqq 2$ であるから，y の値の範囲は

$$-2\leqq y\leqq 2 \quad →(オ)$$

(i)　点 z が辺 OA 上を動くとき

$z=u(1+i)$　$(0\leqq u\leqq 1)$ とおくと

$$w=z^2=2u^2i \quad (0\leqq u^2\leqq 1)$$

よって，点 P は虚軸上を 0 から 2 まで動く。

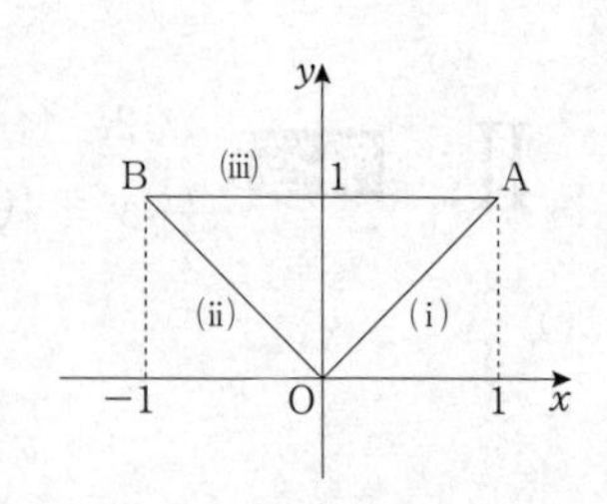

(ii)　点 z が辺 OB 上を動くとき

$z=v(-1+i)$　$(0\leqq v\leqq 1)$ とおくと

$$w=z^2=-2v^2i \quad (0\leqq v^2\leqq 1)$$

よって，点Pは虚軸上を0から -2 まで動く。

(iii)　点 z が辺AB上を動くとき

上で求めたように，曲線 $y^2=4(x+1)$　$(-2\leqq y\leqq 2)$ 上を動く。

(i)〜(iii)より，曲線 C は右図のようになる。

したがって，C によって囲まれた部分の面積は

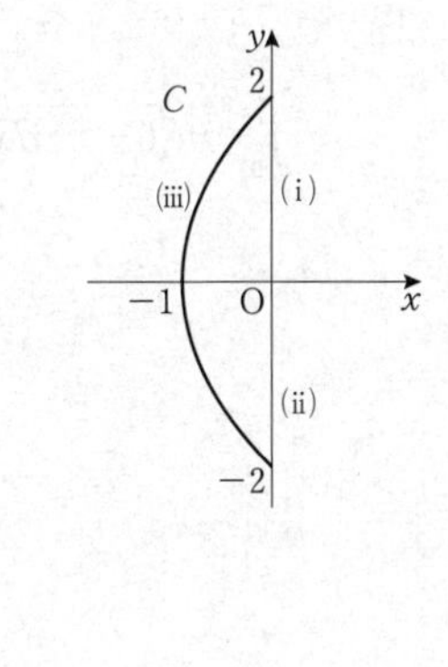

$$\int_{-2}^{2}(-x)dy=\int_{-2}^{2}\left(1-\frac{y^2}{4}\right)dy$$

$$=2\int_{0}^{2}\left(1-\frac{y^2}{4}\right)dy$$

$$=\int_{0}^{2}\left(2-\frac{y^2}{2}\right)dy$$

$$=\left[2y-\frac{y^3}{6}\right]_0^2=\frac{8}{3}\quad \to(カ)$$

注意　$\int_{-2}^{2}(-x)dy=-\frac{1}{4}\int_{-2}^{2}(y+2)(y-2)dy=-\frac{1}{4}\times\frac{-\{2-(-2)\}^3}{6}=\frac{8}{3}$

としてもよい。

III　解答

(1)　積の微分公式を用いて

$$f'(x)=\sqrt{6-x^2}+x\times\frac{(-2x)}{2\sqrt{6-x^2}}$$

$$=\frac{6-2x^2}{\sqrt{6-x^2}}\quad \cdots\cdots(答)$$

(2)　$f'(x)=0$ とおくと　　$x=\pm\sqrt{3}$

よって，$-\sqrt{6}\leqq x\leqq\sqrt{6}$ における関数 $f(x)$ の増減表は次のようになる。

x	$-\sqrt{6}$		$-\sqrt{3}$		$\sqrt{3}$		$\sqrt{6}$
$f'(x)$		$-$	0	$+$	0	$-$	
$f(x)$	0	↘	-3	↗	3	↘	0

曲線 C は下のようになる。

また，最大値を与える a の値および $f(a)$ の値は

$a=\sqrt{3}$，$f(a)=f(\sqrt{3})=3$

……(答)

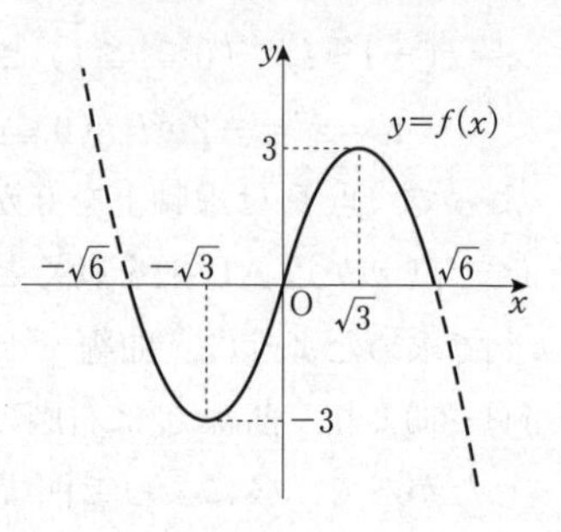

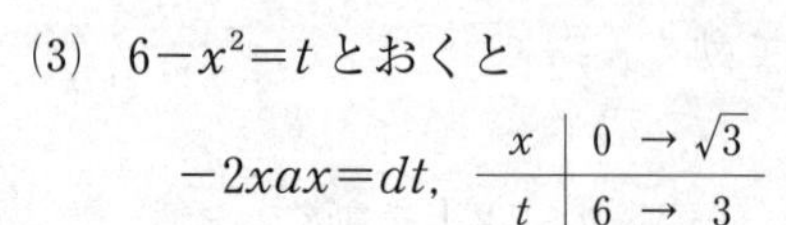

(3)　$6-x^2=t$ とおくと

$-2xax=dt$,

x	$0\ \to\ \sqrt{3}$
t	$6\ \to\ 3$

よって

$$\int_0^{\sqrt{3}} x\sqrt{6-x^2}\,dx=\int_6^3 -\frac{1}{2}\sqrt{t}\,dt$$

$$=\frac{1}{2}\int_3^6 \sqrt{t}\,dt$$

$$=\frac{1}{2}\left[\frac{2}{3}t^{\frac{3}{2}}\right]_3^6$$

$$=\frac{1}{3}(6\sqrt{6}-3\sqrt{3})$$

$$=2\sqrt{6}-\sqrt{3}\quad\cdots\cdots(答)$$

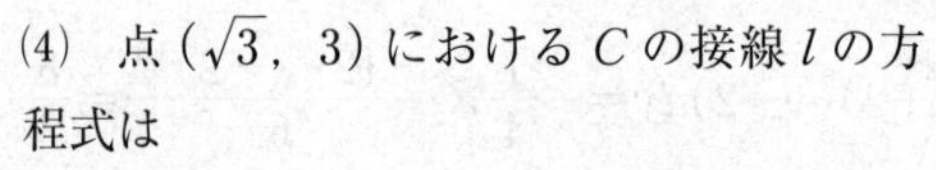

(4)　点 $(\sqrt{3},\ 3)$ における C の接線 l の方程式は

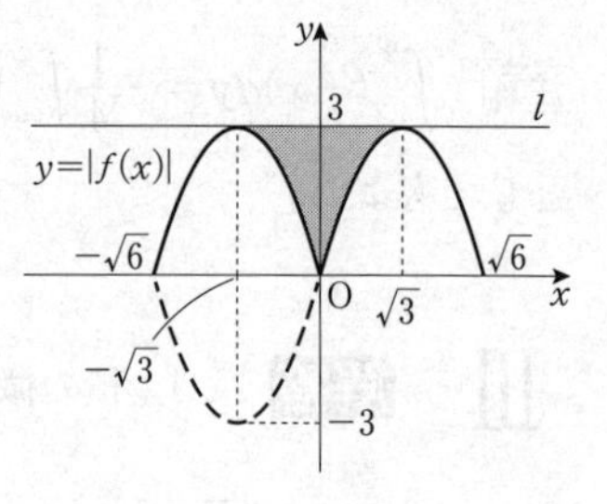

$f'(\sqrt{3})=0$ より　　$y-3=0\times(x-\sqrt{3})$

$y=3$

$f(-x)=-f(x)$ より，曲線 C は原点に関して点対称であるから

$$S=2\int_0^{\sqrt{3}}\{3-f(x)\}dx$$

$$=2\left\{\int_0^{\sqrt{3}}3dx-\int_0^{\sqrt{3}}f(x)dx\right\}$$

$$=2\left\{\left[3x\right]_0^{\sqrt{3}}-(2\sqrt{6}-\sqrt{3})\right\}$$

$$=2(3\sqrt{3}-2\sqrt{6}+\sqrt{3})$$

$$=8\sqrt{3}-4\sqrt{6}\quad\cdots\cdots(答)$$

◀解　説▶

≪無理関数の微分，増減表，極値，置換積分，積分法の応用（面積）≫

(1)　積の微分公式「$(f(x)g(x))'=f'(x)g(x)+f(x)g'(x)$」を利用する。

(2)　増減表を作って求める。

(3)　置換積分法を利用する。

(4)　曲線 C は原点に関して対称で，曲線 $y=|f(x)|$ は曲線 C の $y\leqq 0$ の部分を x 軸について折り返せばよい。

物理

I

解答 ① $G\dfrac{m_{\mathrm{A}}M}{a^2}$ ② $\sqrt{\dfrac{GM}{a}}$ ③ $2\pi a\sqrt{\dfrac{a}{GM}}$

④ $\dfrac{4\pi^2}{GM}$ ⑤ 1 ⑥ $-G\dfrac{m_{\mathrm{A}}M}{a}$ ⑦ー(エ) ⑧ $\dfrac{f}{m_1}\Delta t$

⑨ $\dfrac{1}{2}m_1(v+\Delta v_1)^2-G\dfrac{m_1M}{r}$ ⑩ $v\Delta v_1+\dfrac{1}{2}(\Delta v_1)^2$ ⑪ $v\Delta v_2+\dfrac{1}{2}(\Delta v_2)^2$

◀解　説▶

≪万有引力を受ける物体の運動，物体の分裂≫

① 天体1は万有引力を向心力として半径 a の等速円運動を行っているので，向心力の大きさは

$$G\frac{m_{\mathrm{A}}M}{a^2}$$

② 半径 a の等速円運動をする天体1の速さを V とすると，加速度は $\dfrac{V^2}{a}$ と表され，円運動の運動方程式を立てると

$$m_{\mathrm{A}}\frac{V^2}{a}=G\frac{m_{\mathrm{A}}M}{a^2} \qquad \therefore \quad V=\sqrt{\frac{GM}{a}}$$

③ 周期 T は円運動の速さ V を用いて，$\dfrac{2\pi a}{V}$ と表される。よって

$$T=\frac{2\pi a}{V}=2\pi a\sqrt{\frac{a}{GM}}$$

④ 円軌道も楕円軌道の一部であるから，与えられたケプラーの第三法則の式に，③の結果を代入して

$$\frac{4\pi^2a^3}{GM}=ka^3 \qquad \therefore \quad k=\frac{4\pi^2}{GM}$$

⑤ 円軌道も楕円軌道の一部であるから，与えられたケプラーの第三法則の式に，半径（＝半長軸）1 au，周期1年を代入して

$$1=k\cdot 1 \qquad \therefore \quad k=1\text{ 年}^2\text{au}^{-3}$$

⑦ 天体1の運動エネルギー K は②の結果を用いると

$$K=\frac{1}{2}m_AV^2=\frac{Gm_AM}{2a}$$

また，天体１の万有引力による位置エネルギー U は

$$U=-G\frac{m_AM}{a}$$

したがって

$$\frac{K}{|U|}=\frac{\frac{Gm_AM}{2a}}{G\frac{m_AM}{a}}=\frac{1}{2}$$

となり，K と U の絶対値の比は定数となる。

⑧　瞬間的な分裂とするので，太陽が破片１と２にそれぞれ及ぼす万有引力の大きさは f に比べると十分に小さく，無視できるものと考えられる。したがって，破片１について運動量と力積の関係より

$$f\Delta t=m_1(v+\Delta v_1)-m_1v \quad \cdots\cdots(1)$$

$$\therefore \quad \Delta v_1=\frac{f\Delta t}{m_1}$$

⑨　分裂直後の破片１の速さは $v+\Delta v_1$ であるので，分裂直後の破片１の力学的エネルギー E_1 は

$$E_1=\frac{1}{2}m_1(v+\Delta v_1)^2-G\frac{m_1M}{r}$$

⑩・⑪　⑨と同様にして，分裂直後の破片２の速さは $v+\Delta v_2$ であるので，分裂直後の破片２の力学的エネルギー E_2 は

$$E_2=\frac{1}{2}(m-m_1)(v+\Delta v_2)^2-G\frac{(m-m_1)M}{r}$$

また，分裂直前の天体２の力学的エネルギー E は

$$E=\frac{1}{2}mv^2-G\frac{mM}{r}$$

したがって，分裂前後での力学的エネルギーの変化 ΔE は

$$\begin{aligned}\Delta E&=(E_1+E_2)-E\\&=\frac{1}{2}m_1(v+\Delta v_1)^2+\frac{1}{2}(m-m_1)(v+\Delta v_2)^2-\frac{1}{2}mv^2\\&=m_1\left\{v\Delta v_1+\frac{1}{2}(\Delta v_1)^2\right\}+(m-m_1)\left\{v\Delta v_2+\frac{1}{2}(\Delta v_2)^2\right\} \quad \cdots\cdots(*)\end{aligned}$$

参考 ここで，分裂直前と直後で破片２についても運動量と力積の関係を立てると

$$-f\Delta t=(m-m_1)(v+\Delta v_2)-(m-m_1)v \quad \cdots\cdots(2)$$

式(1)と式(2)より

$$mv=m_1(v+\Delta v_1)+(m-m_1)(v+\Delta v_2) \quad \cdots\cdots(3)$$

が得られ，これを整理して

$$0=m_1\Delta v_1+(m-m_1)\Delta v_2 \quad \cdots\cdots(4)$$

を得る（破片１と破片２をまとめた系を考えると，万有引力による力積が無視できることから，運動量保存則を適用しても式(3)が得られる）。したがって，式(＊)に代入して

$$\Delta E=m_1\cdot\frac{1}{2}(\Delta v_1)^2+(m-m_1)\cdot\frac{1}{2}(\Delta v_2)^2$$

〔解答〕には，設問の流れから最も自然に得られる形を示したが，⑩と⑪にはどちらにも使用可能文字として Δv_1，Δv_2 があるため，式(4)を用いると，たとえば

$$\begin{aligned}\Delta E&=m_1\cdot\frac{1}{2}(\Delta v_1)^2+(m-m_1)\cdot\frac{1}{2}(\Delta v_2)^2\\&=\left\{-m_1\cdot\frac{1}{2}(\Delta v_1)^2+m_1(\Delta v_1)^2\right\}+(m-m_1)\cdot\frac{1}{2}(\Delta v_2)^2\\&=\left\{-m_1\cdot\frac{1}{2}(\Delta v_1)^2-(m-m_1)\Delta v_1\Delta v_2\right\}+(m-m_1)\cdot\frac{1}{2}(\Delta v_2)^2\\&=m_1\cdot\left\{-\frac{1}{2}(\Delta v_1)^2\right\}+(m-m_1)\cdot\left\{\frac{1}{2}(\Delta v_2)^2-\Delta v_1\Delta v_2\right\}\end{aligned}$$

とも表すことができる。このように，〔解答〕に示した形以外にもさまざまな形で解答することが可能である。

Ⅱ **解答**

① $\dfrac{V_0}{R}\sin\omega t$　②－(ウ)　③ $-\dfrac{V_0}{\omega L}\cos\omega t$

④－(ア)　⑤ $\omega CV_0\cos\omega t$　⑥ $\dfrac{V_0{}^2}{R}\sin^2\omega t$　⑦ $\dfrac{V_0{}^2}{2R}$

⑧ $V_0\sqrt{\left(\dfrac{1}{R}\right)^2+\left(\omega C-\dfrac{1}{\omega L}\right)^2}$　⑨ $\dfrac{1}{2\pi\sqrt{LC}}$　⑩－(ア)

◀解　説▶

≪RLC 並列交流回路，共振≫

①　抵抗にかかる電圧は交流電源の電圧と同じく，$V_0\sin\omega t$ であるから，抵抗に流れる電流 I_R はオームの法則より

$$I_R=\frac{V_0}{R}\sin\omega t$$

②・③　コイルのリアクタンスは ωL であり，コイルに流れる電流の位相は，コイルの両端にかかる交流電圧の位相に比べて $\frac{\pi}{2}$ 遅れているので，コイルに流れる電流 I_L は

$$I_L=\frac{V_0}{\omega L}\sin\left(\omega t-\frac{\pi}{2}\right)=-\frac{V_0}{\omega L}\cos\omega t$$

④・⑤　コンデンサーのリアクタンスは $\frac{1}{\omega C}$ であり，コンデンサーに流れる電流の位相は，コンデンサーの両端にかかる交流電圧の位相に比べて $\frac{\pi}{2}$ 進んでいるので，コンデンサーに流れる電流 I_C は

$$I_C=\frac{V_0}{\frac{1}{\omega C}}\sin\left(\omega t+\frac{\pi}{2}\right)=\omega CV_0\cos\omega t$$

⑥　時刻 t における抵抗の消費電力 P は，（時刻 t における抵抗を流れる電流）×（時刻 t における抵抗にかかる電圧）で表されるので

$$P=I_RV_0\sin\omega t=\frac{{V_0}^2}{R}\sin^2\omega t$$

⑦　⑥の結果より

$$\overline{P}=\frac{{V_0}^2}{R}\overline{\sin^2\omega t}=\frac{{V_0}^2}{2R}(1-\overline{\cos2\omega t})$$

ここで，$\cos2\omega t$ の時間平均，つまり $\overline{\cos2\omega t}$ は 0 であるので

$$\overline{P}=\frac{{V_0}^2}{2R}$$

⑧　キルヒホッフの第一法則より

$$I=I_R+I_L+I_C$$

$$=\frac{V_0}{R}\sin\omega t+\left(\omega C-\frac{1}{\omega L}\right)V_0\cos\omega t\quad\cdots\cdots(5)$$

ここで，問題文で与えられた三角関数の合成の式を用いると

$$I=V_0\sqrt{\left(\frac{1}{R}\right)^2+\left(\omega C-\frac{1}{\omega L}\right)^2}\sin(\omega t+\theta),$$

$$\tan\theta=R\left(\omega C-\frac{1}{\omega L}\right)\quad\left(\text{ただし，}-\frac{\pi}{2}<\theta<\frac{\pi}{2}\right)$$

⑨・⑩　回路のインピーダンス Z は⑧の結果より

$$Z=\frac{1}{\sqrt{\left(\frac{1}{R}\right)^2+\left(\omega C-\frac{1}{\omega L}\right)^2}}$$

インピーダンス Z が最大となるときの角周波数 ω を ω_0 とすると，インピーダンス Z が最大となるのは

$$\omega_0 C-\frac{1}{\omega_0 L}=0\qquad\therefore\quad \omega_0=\frac{1}{\sqrt{LC}}$$

したがって，共振周波数 f_0 は

$$f_0=\frac{\omega_0}{2\pi}=\frac{1}{2\pi\sqrt{LC}}$$

また，このとき式(5)にこの角周波数を代入すると

$$I=\frac{V_0}{R}\sin\omega_0 t=I_R$$

したがって，このときの I は常に I_R と等しくなる。

参考　このことは，角周波数 ω のときのコイルとコンデンサーの並列部分の合成インピーダンスを Z_{LC} とすると

$$Z_{LC}=\frac{1}{\left|\omega C-\frac{1}{\omega L}\right|}$$

であり，角周波数を ω_0 に近づけると

$$\lim_{\omega\to\omega_0}Z_{LC}=\infty$$

となり，インピーダンスが無限大，つまりコイルとコンデンサーの並列部分に電流が流れなくなることからも確認できる。

Ⅲ　解答

①―(ウ)　②―(エ)　③ $\frac{n\lambda}{d}$　④―(ウ)

⑤分散　⑥―(エ)・(オ)　⑦―(イ)・(ウ)・(カ)

⑧

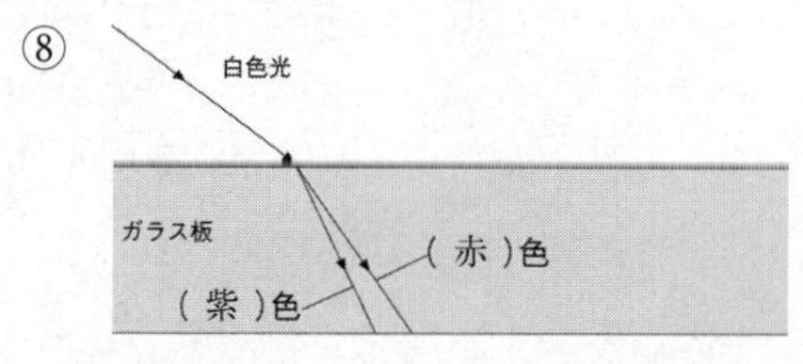

◀解　説▶

≪回折格子，光の分散と屈折≫

②　すき間を通り抜けた光は回折し，広がる。

③　格子定数（隣り合うスリットの間隔）d の回折格子の面に対して垂直に光が入射したとすると，回折格子から十分遠方のスクリーン上の点Ｐに向かう光は，ほぼ平行とみなせる。入射方向とのなす角が θ の方向では，隣り合うスリットから点Ｐまでの距離の差（経路差）は $d\sin\theta$ となるから，明るく観測される条件は，経路差が波長の整数倍である。つまり

$$d\sin\theta = n\lambda \qquad \therefore \quad \sin\theta = \frac{n\lambda}{d}$$

④　回折格子に使用される材料がプラスチックでもガラスでも，その中で光路差は生じない。ゆえに，明るく観測される条件は屈折率によらず，明るく観測される角度も屈折率によらない。

⑥　物質中の光速は，同じ物質中でも波長によってわずかに異なる。つまり，光の色によって屈折率が異なるため，さまざまな色に分かれて見える。これを光の分散という。つまり，答えとして適切なものは(エ)と(オ)である。

⑦　真空中の光の波長を λ，プランク定数を h，真空中の光速を c とすると，光子１個のエネルギーは $\dfrac{hc}{\lambda}$ で表される。紫外線の方が赤外線より波長が短いので，紫外線の光子の方が赤外線の光子よりもエネルギーが高く，紫外線は殺菌などに使われている。

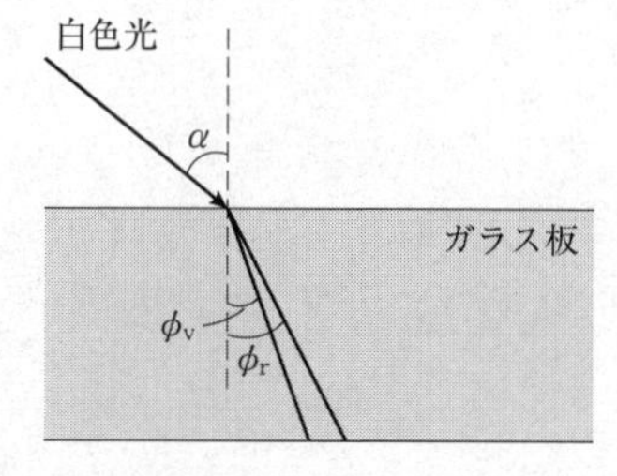

⑧　ガラスの赤色の光に対する屈折率を n_r，紫色の光に対する屈折率を n_v とすると，このガラスの屈折率は可視光の波長が短くなるほど大きくなるので，$n_r < n_v$ ……(i) である。また，右図のように白色光のガラス板の上面への入射角を α，その位置における赤色の光の屈折角を ϕ_r，紫色の光の屈折角を ϕ_v とすると，

屈折の法則より

$$\sin\alpha = n_r \sin\phi_r$$

$$\therefore \quad \sin\phi_r = \frac{\sin\alpha}{n_r}$$

$$\sin\alpha = n_v \sin\phi_v$$

$$\therefore \quad \sin\phi_v = \frac{\sin\alpha}{n_v}$$

(i)式より，$\sin\phi_v < \sin\phi_r$ であり，$0 < \phi_v < \frac{\pi}{2}$，$0 < \phi_r < \frac{\pi}{2}$ であるから $\phi_v < \phi_r$ が得られる。

化学

I

解答　A．問1．(1)可逆反応　(2)ルシャトリエ

問2．2×10^{-3} mol/(L·s)

問3．(1)54　(2)1.6 mol/L

問4．(1)3.2×10^{5} Pa　(2)3.9×10^{-2} mol/L

問5．(1)発熱反応　(2)―(ウ)

問6．(1)―×　(2)―×　(3)―○　(4)―×

B．問1．6.90×10^{2} kJ　問2．2.30×10^{2} kJ

◀解　説▶

≪反応速度，化学平衡と平衡移動，平衡定数，熱化学，結合エネルギー≫

A．問2．時間20秒，時間30秒でのHIの濃度は，それぞれ1.0×10^{-1} mol/L，1.2×10^{-1} mol/Lとなるので

$$\frac{1.2\times10^{-1}-1.0\times10^{-1}}{30-20}$$

$$=2.0\times10^{-3}\fallingdotseq2\times10^{-3}\ \text{mol/(L·s)}$$

問3．(1)（濃度）平衡定数の式に平衡状態での各濃度を代入して

$$K=\frac{[\mathrm{HI}]^2}{[\mathrm{H_2}][\mathrm{I_2}]}=\frac{18^2}{2.0\times3.0}=54$$

(2)　平衡状態のHIの濃度を$2x$〔mol/L〕とおくと

	H_2 +	I_2	⟶ 2HI〔mol〕
反応前	1.0	1.0	0
変化量	$-x$	$-x$	$2x$
平衡時	$1.0-x$	$1.0-x$	$2x$

よって，平衡時の濃度は　　$[\mathrm{H_2}]=[\mathrm{I_2}]=1.0-x$〔mol/L〕

$[\mathrm{HI}]=2x$〔mol/L〕

質量作用の法則より

$$64=\frac{(2x)^2}{(1.0-x)^2}$$

$0<x<1.0$ より　　$x=0.80$

したがって　$[HI]=2x=1.6\,mol/L$

問4．(1)　CO，CO_2 の分圧をそれぞれ p_{CO}〔Pa〕，p_{CO_2}〔Pa〕とおき，圧平衡定数を K_p〔Pa〕とおく。

$$p_{CO}=1.0\times10^5\times\frac{80}{100}=8.0\times10^4\,[Pa]$$

$$p_{CO_2}=1.0\times10^5\times\frac{20}{100}=2.0\times10^4\,[Pa]$$

$$\therefore\quad K_p=\frac{(p_{CO})^2}{p_{CO_2}}=\frac{(8.0\times10^4)^2}{2.0\times10^4}=3.2\times10^5\,[Pa]$$

(2)　$p_{CO_2}=[CO_2]RT$，$p_{CO}=[CO]RT$ より

$$K_p=\frac{([CO]RT)^2}{[CO_2]RT}=\frac{[CO]^2}{[CO_2]}\times RT=K\times RT$$

$$\therefore\quad K=\frac{K_p}{RT}=\frac{3.2\times10^5}{8.3\times10^3\times1000}=0.0385\fallingdotseq3.9\times10^{-2}\,[mol/L]$$

問5．(1)　図2より高温になるほど気体Mの体積%が減少しているので，平衡は吸熱反応である左向きに移動するとわかる。よって右向き，すなわち正反応は発熱反応となる。

(2)　図2より温度一定では高圧になるほど気体Mの体積%が増加しているので，右向きが圧力緩和の方向，すなわち気体分子数の少なくなる方向である。

B．問1．熱化学方程式は以下の通り。

H_2(気)$=2H$(気)$-440\,kJ$　……①

O_2(気)$=2O$(気)$-500\,kJ$　……②

①＋②×$\frac{1}{2}$ より

H_2(気)$+\frac{1}{2}O_2$(気)$=2H$(気)$+O$(気)$-690\,kJ$

∴　$6.90\times10^2\,kJ$

問2．H_2O（気）の生成熱を Q〔kJ/mol〕とおく。

H_2(気)$+\frac{1}{2}O_2$(気)$=H_2O$(気)$+Q$〔kJ〕

(反応熱)＝(生成物の結合エネルギーの総和)－(反応物の結合エネルギーの総和) なので

$$Q=460\times2-\left(440\times1+500\times\frac{1}{2}\right)$$

$$=230=2.30\times10^{2}\,[\mathrm{kJ}]$$

別解　図より，生成物 ⟶ 原子 の反応熱は 460×2＝920〔kJ〕の吸熱。よって，反応物 ⟶ 生成物 の反応熱は

$$(-690)-(-920)=230\fallingdotseq2.30\times10^{2}\,[\mathrm{kJ}]$$

Ⅱ　解答

A．問１．⑴K　⑵１　⑶共有　⑷水上

問２．(A)NH_3　(B)HCl　(C)NH_4Cl

問３．(あ)塩基性　(い)酸性　(う)イオン　(え)水素

問４．(A)三角錐　(B)直線

問５．ａ・ｂ

問６．$Zn+H_2SO_4 \longrightarrow ZnSO_4+H_2$

B．問１．⑴単　⑵２　⑶８　⑷閉殻　⑸０

問２．(A)He　(B)Ne

問３．(i)１：二酸化炭素　２：酸素　３：水（水蒸気）

(ii)28.0＋0.120p　(iii)1.12％　(iv)0.91％

◀解　説▶

≪水素原子の構造と水素化合物，希ガス元素，空気の成分≫

A．問５．水素以外の１族元素はすべてアルカリ金属元素であり，特有な炎色反応を示す。

B．問３．(ii)　気体Ｘ中の窒素の体積百分率は（100－p）％である。

$Ar=40.0$，$N_2=28.0$ より

$$40.0\times\frac{p}{100}+28.0\times\frac{100-p}{100}=28.0+0.120p$$

(iii)　気体の圧力，体積，質量，分子量，絶対温度，気体定数をそれぞれ p〔Pa〕，V〔L〕，w〔g〕，M，T〔K〕，R〔Pa·L/(K·mol)〕とおくと，気体の状態方程式より

$$pV=\frac{w}{M}RT \qquad \therefore \quad \frac{w}{V}=\frac{pM}{RT}$$

よって，同温・同圧の場合，密度 $\frac{w}{V}$ は分子量 M に比例する。したがって

$$\frac{28.0+0.120p}{28.0}=\frac{100+0.480}{100}$$

∴　$p=1.12\%$

(iv)　アルゴンの体積百分率を x〔%〕とすると

$$\frac{1.12}{100-1.12}=\frac{x}{80.0}$$

∴　$x=0.906 \fallingdotseq 0.91\%$

III　解答

A．問1．(i) CH_3CHO

(ii)物質名：エタノール　示性式：C_2H_5OH

問2．物質名：ギ酸　構造式：$H-\underset{\underset{O}{\|}}{C}-OH$

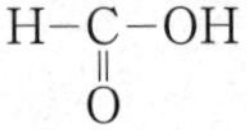

問3．$C_2H_5-\underset{\underset{OH}{|}}{\overset{\overset{H}{|}}{\text{Ⓒ}}}-CH_3$

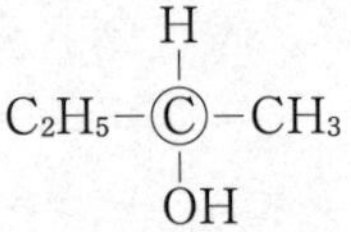

問4．**I**．$\ce{H}\diagdown\ C=C\ \diagup H$ / $CH_3\diagup\quad\diagdown CH_3$（シス形：H, CH_3 が同じ側）　**J**．$H\diagdown\ C=C\ \diagup CH_3$ / $CH_3\diagup\quad\diagdown H$（トランス形）

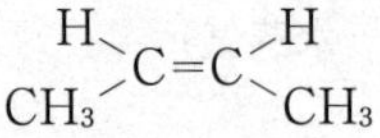

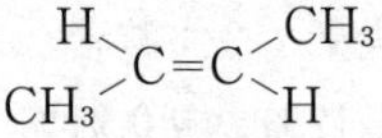

問5．c・d

問6．$CH_3-\underset{\underset{O}{\|}}{C}-O-\underset{\underset{CH_3}{|}}{\overset{\overset{H}{|}}{C}}-CH_3$

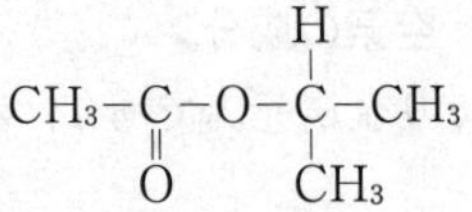

B．問1．a－×　b－○　c－×　d－×

問2．CH_2O

問3．$C_6H_{12}O_6$

◀解　説▶

≪$C_5H_{10}O_2$ エステルの構造決定，元素分析≫

A．反応経路は以下の通り。

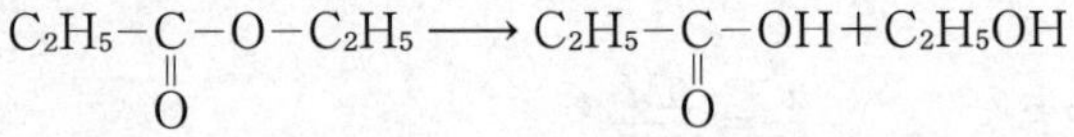

$$C_2H_5-\underset{\underset{O}{\|}}{C}-O-C_2H_5 \longrightarrow C_2H_5-\underset{\underset{O}{\|}}{C}-OH+C_2H_5OH$$

A．$C_5H_{10}O_2$　　**D**．$C_3H_6O_2$（プロピオン酸）　＋**E**．C_2H_6O（エタノール）

↓

CH_3CHO（アセトアルデヒド）

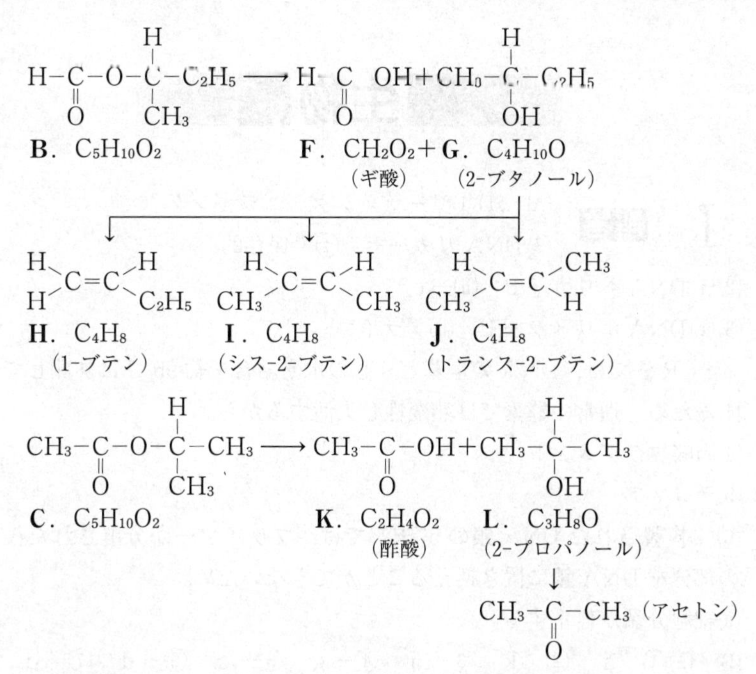

問５．酢酸はヨードホルム反応，フェーリング液の還元反応に対し陰性であるが，炭酸水素ナトリウム水溶液とは反応し二酸化炭素を発生する。

$$NaHCO_3 + CH_3COOH \longrightarrow CH_3COONa + H_2O + CO_2$$

これは炭酸よりカルボン酸が強酸であるため。

B．問１．ａ．誤文。Ａからは酸素または乾燥空気を送り込む。

ｃ．誤文。ソーダ石灰（NaOH と CaO の混合物）は吸湿性の強い塩基性混合物なので，Ｂに入れると，水（水蒸気），二酸化炭素ともに吸収してしまうため。

ｄ．誤文。酸素Ｏは試料からだけではなく，Ａから送り込む酸素や空気由来のものも混入してしまうため。

■生物■

I 解答

(A)　(1)①リーディング　②ラギング
③DNAリガーゼ　④半保存的

(2)(i)DNAヘリカーゼ　(ii)―c

(3)(i)DNAポリメラーゼ　(ii)プライマー

(iii)PCR法では，DNAの塩基どうしの水素結合を約95℃に加熱して切断するため，通常の酵素では熱変性し失活するから。

(4)岡崎フラグメント

(5)テロメア

(6)(i)複製されたDNA鎖の5′末端では，プライマーが分解された後にその部分をDNA鎖に置き換えることができないため。

(ii)細胞分裂が停止する。

(B)　(1)①―i　②―k　③―j　④―g　⑤―c　⑥―d　⑦―e

(2)カルビン・ベンソン回路

(3)―d

(4)A：㋐　B：㋓

(5)(i)CAM植物（ベンケイソウ型有機酸代謝植物）

(ii)夜間に気孔から取り込んだCO_2を，オキサロ酢酸を経てリンゴ酸として液胞に貯え，昼間は気孔を閉じて，リンゴ酸を分解して取り出したCO_2を用いて炭酸同化をおこなう。(80字以内)

◀解　説▶

≪DNA複製のしくみ，植物のさまざまな光合成のしくみ≫

(A)(3)(iii)　現在のPCR法で用いられるDNAポリメラーゼは，温泉のような高温環境に生息する好熱菌から取り出されたものであり，最適温度が高く，高温下でも失活しにくい特徴をもつ。

(5)・(6)　真核生物のDNAの末端にはテロメアと呼ばれる特殊な塩基配列があり，一般に，体細胞ではDNAが複製されるたびにプライマーの分だけテロメアが短くなる。テロメアが一定の長さまで短くなると，細胞分裂は停止する。

(B)(3)　C_4 植物には，トウモロコシのほかにサトウキビやススキなどがある。

(4)　C_4 植物は CO_2 濃度が低下した環境下でも CO_2 を効率よく固定することができるため，CO_2 濃度が限定要因となりにくい。また，光飽和点や光合成の最適温度が C_3 植物よりも高いという特徴もある。

Ⅱ　解答

(A)　(1)①自然　②適応（獲得）　③角質　④リゾチーム

(2)― a

(3)(ⅰ)マクロファージ，好中球から１つ　(ⅱ)トル様受容体（TLR）

(4)異物を取り込んだ樹状細胞がリンパ節に移動し，異物断片を用いて MHC 分子上で抗原提示を行う。MHC 分子と異物断片に特異的に結合する TCR をもつ T 細胞が活性化して増殖し，さらに特定の B 細胞を活性化する。(100 字以内)

(5)一次応答時に免疫記憶により保存された記憶細胞がすみやかに活性化して増殖することで，短時間での発動が可能となる。(50 字程度)

(6)(ⅰ)あらかじめ動物につくらせた抗体を含む血清を，同じ抗原に感染した病人に注入し，抗原抗体反応により抗原を排除する。(50 字程度)

(ⅱ)a・e

(B)　(1)①B　②グリコーゲン　③A　④副腎皮質刺激ホルモン

(2)あ― b　い― a　う― b　え― a

(3)(ⅰ)交感神経：ノルアドレナリン　副交感神経：アセチルコリン

(ⅱ)― f　(ⅲ)― c・e・f

(4)(ⅰ)内分泌腺には導管（排出管）は存在せず，腺細胞でつくられた分泌物が直接血液中に分泌されるようになっているのに対し，外分泌腺は腺細胞でつくられた分泌物が導管（排出管）を通して体外へ排出されるようになっている。

(ⅱ)ホルモンが作用する標的器官の標的細胞には，特異的な受容体があり，特定のホルモンが結合することで反応が起こる。(60 字以内)

(ⅲ)フィードバック

(5)(ⅰ)― c　(ⅱ)― a

◀解　説▶

≪ヒトの生体防御のしくみ，ヒトの自律神経系と内分泌系≫

(A)(4)　異物を取り込んだ樹状細胞の一部は，リンパ節に移動した後，MHC分子を通じてヘルパーT細胞やキラーT細胞に抗原提示をおこない，これらを活性化する。活性化されたヘルパーT細胞は，さらにB細胞を活性化し，形質細胞（抗体産生細胞）への分化を促す。

(5)　適応免疫の一次応答が起こると，このときに反応したT細胞やB細胞の一部が記憶細胞として保存され，免疫記憶が成立する。同一抗原の体内への再侵入時には，記憶細胞がすみやかに活性化されてはたらくため，一次応答時よりも短時間で強い免疫反応が起こる。

(B)(5)(i)　健常者の血糖濃度は空腹時で約100mg/100mLである。食後には，血糖濃度は最大で140mg/100mL程度まで上昇することがあるが，インスリンが分泌されると，その作用により正常範囲まで低下する。このような条件にあてはまるのはグラフcである。

(ii)　I型糖尿病患者では，食後であってもインスリンが十分に分泌されないため，血糖濃度が低下しにくい。このような条件にあてはまるのはグラフaである。グラフbは，食後にインスリンが分泌されても血糖濃度が下がらず，常に血糖濃度が高いことから，インスリンの受容体異常が起きているII型糖尿病患者のものであると考えられる。

III　解答

(A)　(1)①－a　②－c　③－b

(2)－c

(3)(i)食物網　(ii)あ－d　い－e　う－b　(iii)生態ピラミッド

(iv)食べたものの一部は消化されずに排出され，消化されたものの一部は生命活動の過程で呼吸に利用され，失われるから。(50字程度)

(4)(i)炭素は光合成・呼吸による各生物と大気との直接のやり取りがあるが，窒素は窒素固定や脱窒によるやり取りのみである。(50字程度)

(ii)窒素固定　(iii)－a

(5)(i)肥料（化学肥料）　(ii)富栄養化

(B)　(1)①ダーウィン　②地理的　③生殖的　④種分化

(2)(i)用不用説

(ii)環境変異により獲得した形質は遺伝しない。(20字以内)

⑶自然選択説

⑷ある地域に生息する同種の生物集団がもつ遺伝子全体をいう。

⑸(i) AA：p^2　Aa：$2pq$　aa：q^2　(ii) p　(iii) 0.67

⑹(i)遺伝的浮動

(ii)個体数の少ない集団ほど，遺伝的浮動の影響を大きく受ける。

◀解　説▶

≪生態系における物質とエネルギーの移動，進化説と種分化のしくみ≫

(A)⑶(iv)　エネルギーの流れに注目した生態ピラミッドは，栄養段階の上位に向かうほど小さくなっていく。これは，上位の生物が下位の生物の一部だけを食べ，食べたものの一部が消化されずに排出されたり，また，消化されたものであってもすべてが同化されるわけではなく，その一部が呼吸などの生命活動によって失われるからである。

⑷(i)　炭素は，緑色植物などの生産者がおこなう光合成によってCO_2として生物界に取り込まれ，化学エネルギーとなって有機物に蓄えられる。これが食物連鎖を通じて生物間を移動し，その間におこなわれる呼吸によってCO_2として大気中に排出される。一方，窒素は，特定の細菌がおこなう窒素固定や，人間がおこなう工業的な窒素固定などを通じてN_2として生物界に取り込まれ，脱窒素細菌のおこなう脱窒によってN_2として大気中に排出される。

(iii)窒素固定生物には，ネンジュモのほかに根粒菌やアゾトバクター，クロストリジウムなどがある。

(B)⑸(i)　この生物集団におけるAの遺伝子頻度をp，aの遺伝子頻度をq（ただし，$p+q=1$）とすると，自由交配下での次世代の遺伝子型頻度は，次の表より，AA：p^2，Aa：$2pq$，aa：q^2となる。

♀＼♂	pA	qa
pA	p^2AA	pqAa
qa	pqAa	q^2aa

(ii)　(i)の表より，次世代におけるAの遺伝子頻度は

$$\frac{2p^2+2pq}{2(p^2+2pq+q^2)}=\frac{2p(p+q)}{2(p+q)^2}=p$$

となる（$p+q=1$より）。

(iii)　aaの個体が取り除かれたことにより，25個体のAAと50個体のAaから成る生物集団になったので，この集団におけるAおよびaの遺伝子頻度は，次のようになる。

$$\text{A の遺伝子頻度}：\frac{2p^2+2pq}{2(p^2+2pq)}$$

$$=\frac{25\times2+50}{2\times(25+50)}=\frac{2}{3}$$

$$\text{a の遺伝子頻度}：\frac{2pq}{2(p^2+2pq)}$$

$$=\frac{50}{2\times(25+50)}=\frac{1}{3}$$

この集団内の自由交配による次世代の遺伝子型頻度は，次の表のようになる。

♀＼♂	$\frac{2}{3}$A	$\frac{1}{3}$a
$\frac{2}{3}$A	$\frac{4}{9}$AA	$\frac{2}{9}$Aa
$\frac{1}{3}$a	$\frac{2}{9}$Aa	$\frac{1}{9}$aa

よって，次世代におけるAの遺伝子頻度は

$$\frac{\frac{4}{9}\times2+\frac{2}{9}+\frac{2}{9}}{2\left(\frac{4}{9}+\frac{2}{9}\times2+\frac{1}{9}\right)}=\frac{2}{3}\fallingdotseq0.666\fallingdotseq0.67$$

線部②の行為をした人物が、〝説教を習うことができるような時間が作れずにそのまま年を取ってしまった〟ということである。よって、傍線部③は②と同じ「法師（子）」が主語となる。

問三　傍線部Ⓐは上が連用形なので、強意の助動詞「ぬ」＋推量（婉曲）の助動詞「む」で説明できる。選択肢のうち、同様に上が連用形で下が同じ助動詞の組み合わせとなるのは、4である。1は未然形に接続する終助詞で〝早く梅が咲いてほしい〟の意。2はナ変動詞「往ぬ」の未然形活用語尾＋意志の助動詞「む」。3は係助詞。

問四　空欄甲の直前の訳は〝後悔するが取り返すことができる年齢ではないので〟となる。よって、そこから「盛りゆく」の結論につながる3・4は不可。残るは1と2だが、終わりから二行目の「外は思ひすてて、一事をはげむべし」の結論を見出すためには〈時の流れは速い〉という結論を導く方が自然。よって、「走りて坂をくだる」の2を選ぶ。

問五　3は第二・三段落に対応。5は第一段落の法師の例と第二段落の記述に対応。よって、これらが正解。1は「凡人」のみに絞った教訓ではないので、不可。2は「乗馬」や「早歌」は習得する必要があったものではなく、法師が修得した結果説教を習うことができなくなった要因であるので、不可。4は「基本」ではなく、最も重要な「第一の事」である。6は問題は「順序」ではなく、他のことを「うちすて」ることである。よって、不可。

三

出典　吉田兼好『徒然草』〈ある者、子を法師になして〉

解答

問一　X－3　Y－1
問二　①－1　②－2　③－2
問三　4
問四　2
問五　3・5
問六　1

◀解　説▶

問一　X、「すさまじ」は〝興ざめだ〟の意味。主語は檀那であるので旦那と誤訳している1・2は不可。よって、3が正解。

Y、「少しも益のまさらん」の「ん」（む）の下に体言があるから、ここでの文法的意味は婉曲。直訳は〝少しでも益のまさるようなこと〟となる。よって、2・3は不可。「益」は法師になった子が取り組んだ「馬」や「早歌」の先にあるものと同様のものなので、4のように「もうけ」と限定するのは不適。よって、1が正解。

問二　①主語判定では会話文を省略すると考えやすい。直訳すると、〝ある者が、子を僧侶にして、「……」と言ったので〟という文構造になるので、「ある者」が主語。

②第一段落は、一行目の「言ひければ、教へのままに、」の表記から、ある者に「学問して……せよ」と諭された「法師（子）」が話題の中心となる。よって、第一段落の心情描写は「法師（子）」と考えるのが自然であり、主語は法師。

③傍線部②からの流れを確認する。「覚えてたしなみけるほどに、説教習ふべき隙なくて、年よりにけり」とは、傍

不可。2の「仕組まれた罰」は「防ぎようのない暴力」「やくざなやり口」と対応するので、これが正解。

問六 傍線部D直後の「何にせよ……よりどころなのだ」が根拠となる。「先生風情が……思い込んでいた」の部分から、〈杉崎家の人間が特別に扱われる〉と考えていることがわかり、「最後のよりどころ」という表現から母親の精神を平静に保つための配慮であることがわかる。以上を踏まえると、2は母ではなく、自身の生活が目的の中心になっているので、不可。4も同様に不可。3については「実の娘さえその一部」が最終段落の「彼女の分身」と矛盾するので、不可。よって、1が正解。

問七 まずは傍線部Xから考える。Xで育った私にとって「幼児だけの空間は目まぐるしく、破壊的な暴力が横行する世界」という表現を踏まえると、Xは〈幼児だけの空間と異なり、暴力が横行しない世界〉となる。つまり、必要な性質は暴力と真逆の用語である。「安全」「大切に守られた」からこれを踏まえた選択肢として、1・3を残す。次に傍線部Yについて考えると傍線部Yを含む一文から、〈身動きできず私をあっぷあっぷさせるもの〉となる。よって、1は不可。以上により、正解は3。

問八 傍線部E直後の記述を丁寧に読むことが必要。久美子の言葉から〈家や環境を恵まれていると感じているが、今の夫や家族を心から愛しているとはいいがたい〉という状況が読み取れる。傍線部Eの六行後「二人目を……つけられなかった」も根拠になる。これに対する私の気持ちは傍線部Y直後の記述より、〈母を幸せにしたい。そのために完璧な彼女の分身でなければならない〉となる。これらすべてを踏まえた選択肢は3のみである。

問九 幼稚園での出来事や、母との苺の収穫など、日常生活の何気ない場面から人間関係や感情を描いていることから、2が正解。1の「時代精神」は書かれていないので、不可。3は「叙情的」が不適切。4は「大人の世界」に限定している点で不適切。

問七　3
問八　3
問九　2

▲解　説▼

問二　傍線部Aの前後の内容をまとめると、「悪事」とは〈自分のエビのしっぽを「私」に押し付け食べさせること〉、「正しさ」とは〈エビのしっぽを食べずに残すのはもったいない〉ということである。これを踏まえるとここでの「正しさ」は単なる口実である。よって、1の「道徳的に見て正しいと思ったこと」、2の「正しいことをやっている」は不可。3か4かでやや迷うが、ここでの「正しさ」は「正しいこと」ではなく「表面的な正しさ」なので、4が正解。

問三　傍線部Bの「対抗」は何に対抗することなのかを押さえると考えやすい。傍線部Bの直前の記述から「女の子たちの正しさ」に対して対抗しているのである。各選択肢では対抗しているものとして1は「女の子たちの行い」、2は〈自分が悪いという事実〉、3は「自分をひいきにしてくれない先生」、4は「女の子たちをひいきする先生」となる。よって、1のみが本文を踏まえているのでこれが正解。

問四　傍線部Cでいう「秩序」と「権力」を本文中から読み取る。傍線部Cの直前のりかこちゃん達については、傍線部(ア)の六行前の「愛らしくて、……お気に入りだった」から、〈愛らしいことと先生に気に入られていること〉がいじめっ子になれる条件ということがわかる。傍線部C後の由美先生の例からは、先生の理不尽なまでの権力が読み取れる。以上二点を踏まえた選択肢が正解となる。よって、これらを踏まえた1が正解。

問五　傍線部Dの直前の段落の「それは……他ならなかった」が根拠となる。〈指導という正しさの名のもとに行われる防ぎようのない暴力であり、やくざなやり口〉であるから許せないのである。よって、先生の「ミス」という観点でまとめている1・3は不適。4の「弱い者いじめ」は座っていたものを「弱いもの」とするだけの根拠はないので、

品」とは「国文学」ととらえられる。また、傍線部Fを含む段落の「近いものはよくわからぬ」「文学史上の……あまりにも多い」より、〈対象との距離が近すぎて外国文学のように距離を置いて見られないから〉と説明できる。これを踏まえた選択肢は3のみである。

問八　傍線部Gを含む段落より、「その距離」とは「読者と作品の距離」である。そしてこれがゼロになるのが「原稿至上主義」であり、さらに直前の段落を踏まえると「距離を生かす」とは〈原稿至上主義にとらわれずにおもしろい解釈を生み出す〉ということになる。筆者は原稿至上主義には否定的なので、1は不可。2は生み出される解釈を「誤読ともいえる」と言い切っているので、不可。3は「作品との距離をできる限り埋めて」が傍線部Gと真逆。よって、4が正解。

問九　傍線部A・B中心でまとめた原稿至上主義を否定し、傍線部C・Dのように作品が時代とともに変化していく姿に価値を見出しているのである。よって、2が正解。1は「多様な読みをふるい落とす」が不可。3は外国文学の読者を増やしたいという話ではないので、不可。4は傍線部Gと矛盾するので、不可。

二

出典　三国美千子『いかれころ』（新潮社）

解答

問一　(ア)―2　(イ)―1　(ウ)―3

問二　4

問三　1

問四　1

問五　2

問六　1

解。

問三　傍線部B中の〝事実〟に注目。特殊な記号がある場合は筆者が特殊な意味を加えていると考えるとよい。今回の場合は傍線部B直前の「それに……求められる」から〝事実〟とは「原稿通り」であり「作者の意図」であることがわかる。よって、これを踏まえていない2は不可。傍線部Bの次の段落、および傍線部Bより、原稿至上主義において斥けられるのは読者の「解釈」である。よって、原稿修正の話になっている1・3は不可。以上により、正解は4。

問四　「適切でないもの」という聞き方に注意したい。傍線部Cの要旨は、傍線部Cを含む段落の「いまは鬱然たる……ものであったかもしれない」と直後の段落から、〈古典は生まれたときから古典だったわけではない〉となる。また、四段落後の「原稿至上主義は、……集中する」の表記から、傍線部C周辺の「大河」は「古典」の比喩とわかる。つまり、「支流」たる読者の受容のあり方が加わることで古典となるのである。2・3・4はこの趣旨を踏まえているので正しい。よって、1が本文に記載なく、誤りとなる。

問五　「どういうことか」という設問は言い換えなので、表記の意味から考えるとよい。「物体」と「現象」の違いは、前者が不動、後者が流動的であることである。これを踏まえて本文を読むと、「物体」としてとらえる見方は「原稿至上主義」であり、「現象」としてとらえる考えは傍線部Dの二段落前から表記されている〈時の流れの中で変化していく作品像〉となる。よって、4は論外。「不適切な読み方」の「排除」の3も不可。1は価値の話になっているので、不可。以上により、正解は2。

問六　「彼我の距離」とは何を指すかがポイント。直前直後の段落から〈外国文学を勉強しようとしたときに感じる対象との心理的距離感〉とまとめられる。加えて直後の三段落より「国文学」ではこの距離が問題となっていないことに注目すると、この距離は〈対象が外国の文化であるがゆえに生じる距離〉と置き換えられる。これを踏まえて選択肢を見ると、1は「風習を身近に感じすぎて」が不可。3・4も心理的距離にならないので、不可。よって、2が正解。

問七　傍線部Eからの流れを「外国文学」と「国文学」の二項対立としてとらえると、「読者のすぐ近くにいる作者の作

国語

一

出典　外山滋比古『異本論』

解答

問一　(1)―2　(2)―4　(3)―3
問二　1
問三　4
問四　1
問五　2
問六　2
問七　3
問八　4
問九　2

▲解　説▼

問二　傍線部Aの二行前の「原稿があるなら……正しいという考え」、二行後の「作者、……つくり上げるのであろう」から、「原稿絶対視の思想」とは〈原稿やそれを記した筆者の意図を絶対視すること〉となる。これを踏まえて選択肢を消去すると、3の誤植は作者によるものではないので不可。4も原稿の訂正を行う点で不可。2が紛らわしいが、選択肢中の「作者の意図に基づい」た原稿の誤りの修正については本文中で触れていないので不可。よって、1が正

■一般選抜入試［前期日程］スタンダード２科目型

問題編

▶試験科目・配点

学　部	教 科	科　　　目	配 点
経済・経営・法・現代社会・国際関係・外国語・文化	外国語	コミュニケーション英語Ⅰ・Ⅱ・Ⅲ，英語表現Ⅰ・Ⅱ	100 点
	数学・国語	「数学Ⅰ・Ⅱ・A・B」，「国語総合・現代文B（古文・漢文を除く）」から１科目選択	100 点
理・情報理工	外国語	コミュニケーション英語Ⅰ・Ⅱ・Ⅲ，英語表現Ⅰ・Ⅱ	100 点
	数　学	数学Ⅰ・Ⅱ・Ⅲ・A・B	100 点
生　命　科	外国語	コミュニケーション英語Ⅰ・Ⅱ・Ⅲ，英語表現Ⅰ・Ⅱ	100 点
	数　学	数学Ⅰ・Ⅱ・A・B	100 点

▶備　考

「数学B」は「数列，ベクトル」を出題範囲とする。

高得点科目重視２科目型：スタンダード２科目型で受験した科目のうち，高得点１科目の得点を自動的に２倍にし，300 点満点で合否を判定する。

大学入学共通テストプラス：スタンダード２科目型の「英語」と大学入学共通テストの出題教科・科目のうち，各学部・学科が指定する教科・科目〈省略〉の成績（総合点）で合否を判定する。

高得点科目重視２科目型・大学入学共通テストプラスは，同日に実施するスタンダード２科目型に出願した場合に限り，併願可能。

英語

(80分)

〔Ⅰ〕 次の英文を読んで，空欄（ 1 ）～（ 6 ）に入れる最も適切なものをそれぞれ一つ選び，その番号をマークせよ。

For people in relationships, there's Valentine's Day, a holiday in which romance is represented by fresh red roses. But why roses? And why red? How did roses come to be（ 1 ）Valentine's Day?

It comes from a blend of myth and practicality. According to *Reader's Digest*, red roses first became connected with love in Greek history. Some stories say that the first red rose was created when the Greek god Aphrodite was scratched by a white rose, and her blood caused that rose to（ 2 ）. Others say that the first red rose grew on the ground where Adonis, Aphrodite's lover, died and her tears fell.

The tradition of red roses as a romantic gift spread in 19th century England, when giving meaning to different varieties of flowers（ 3 ）. For those wishing to communicate their romantic interest in someone, that meant sending roses. Red roses in particular became a symbol of love because they provided a powerful visual appeal, and this made them（ 4 ）.

Practically speaking, unlike other flowers, red roses can handle transportation pretty well. They're a good blend of（ 5 ）, two good characteristics for flowers. However, roses are expensive, and if you're more interested in showing your love than spending lots of money, you can find other ways that（ 6 ）.

1 空欄（ 1 ）

1. colored for
2. grown after
3. forgotten on
4. associated with

2 空欄（ 2 ）

1. feel sad
2. turn red
3. live again
4. remain white

3 空欄（ 3 ）

1. changed again
2. became popular
3. started declining
4. was remembered

4 空欄（ 4 ）

1. look bright
2. smell better
3. seem special
4. become cheaper

5 空欄（ 5 ）

1. cost and color
2. smell and taste
3. beauty and strength
4. romance and history

6 空欄（ 6 ）

1. give money
2. share new ideas
3. hide your feelings
4. express your affection

〔II〕 次の英文を読んで，下記の設問に答えよ。

Two hundred years since the discovery of Antarctica, the frozen continent is known as a destination for scientific exploration and a place of adventure and icy danger. But who really discovered the new continent? That depends on how you define "discovered." The first important sighting could be credited to a Russian expedition on January 27, 1820—or a British one just three days later.

By the early 19th century, explorers had been on the hunt for a massive southern continent they called Terra Australis Incognita, which means "unknown southern land." It was thought that some vast landmass must exist to balance out the land in the northern half of the earth. But early attempts to find the continent had failed. Captain James Cook had spent three years looking for it during a voyage from 1772 to 1775. The expedition took Cook and his men into the Antarctic Circle, but the explorer eventually gave up after failing to find the continent.

Cook was convinced there was more to the story, though. "I firmly believe that there is an area of land near the South Pole, which is the source of most of the ice in this vast Southern Ocean," he wrote at the expedition's end. However, he added, "Exploring a coast in these unknown and icy seas is so risky that I'm sure that no man will ever venture farther than I have gone, and that the lands which may lie to the south will never be explored." As it turned out, Cook had been just 129km from the continent's coast at one point in his journey.

Cook's travels encouraged other explorers, but none succeeded, and finding the "unknown southern land" was considered impossible. Then, the search for Antarctica heated up again. Global competition for territory and economic power brought explorers from Russia, England, and the United States toward Antarctica.

In 1819, Russia gave the task of going further south than Cook to naval officer Fabian von Bellingshausen. On January 27, 1820, he looked toward solid ice that was likely an ice shelf attached to Antarctic land now known as Queen Maud Land. He didn't know that he had company: Three days later, British naval officer Edward Bransfield saw the tip of the Antarctic Peninsula.

Though von Bellingshausen was technically the first to see the unknown continent, his accomplishment was not recognized for decades because of an incorrect translation of his journal that led historians to assume he hadn't actually seen land. Americans weren't far behind: John Davis, a hunter and explorer, was the first person to step foot on Antarctic land in 1821.

After people set foot on Antarctica, a new contest to reach the South Pole began. Norwegian explorer Roald Amundsen was the first, arriving on December 14, 1911. Just over a month later, English naval officer Robert Falcon Scott found it, too. He turned back with terrible results. Scott's entire group died, and the expedition is still regarded as a failure. Yet when Amundsen spoke to the Royal Geographic Society in London at a ceremony honoring his achievement, British attendees cheered for the explorer's dogs, but not for him. Antarctica may be chilly, but the passions it raises in the hearts of explorers and their champions are hot indeed.

〔設問〕 本文の内容に最もよく合うものをそれぞれ一つ選び，その番号をマークせよ。

7 According to the passage, explorers in the early 19th century believed Antarctica existed because (　　　).

1. Captain James Cook saw it on one of his expeditions
2. they had already found other new massive continents
3. Australian hunters had discovered a large area of new land

4. more land was thought to be in the southern half of the planet

8 After his voyage, Captain Cook thought that ( ).

1. Antarctica would heat up and be easier to reach
2. someone else should take the risk for future voyages
3. more global competition was needed among explorers
4. the land thought to be in the south would never be found

9 Russian and British expeditions ( ).

1. were the first to actually see Antarctica
2. failed within 129km of the Antarctic coast
3. made it to Antarctica by helping each other
4. translated their journals incorrectly for historians

10 The first person on Antarctic land was ( ).

1. John Davis
2. Roald Amundsen
3. Edward Bransfield
4. Fabian von Bellingshausen

11 After the discovery of Antarctica, ( ).

1. all future Antarctic expeditions resulted in failure
2. the continent was unrecognized for many decades
3. explorers tried to be the first to find the South Pole
4. ceremonies were held for all of its previous explorers

12 This passage shows us that Antarctica ( ).

1. became a powerful economic territory
2. was eventually renamed Queen Maud Land
3. was finally discovered on December 14, 1911

4. inspired many explorers to take risky voyages

13 What would be the best title for this passage?

1. Great Explorers of the Poles
2. Antarctica: Unexplored Icy Passions
3. The Men Who Discovered Antarctica
4. Captain James Cook: Antarctic Explorer

〔Ⅲ〕与えられた英文の内容を伝える文として最も適切なものをそれぞれ一つ選び，その番号をマークせよ。

14 This time next week, I'll be sitting on the beach.

1. I'm planning to go to the beach next week.
2. I'll take a weekly vacation sitting on the beach.
3. I'd rather sit on the beach next week than now.
4. When I go to the beach next, I want to sit there for a week.

15 I always know what you're going to do or say.

1. You're so predictable to me.
2. You're aware of everything that I do.
3. Before you say it, I'll know what to do.
4. You know me too well to be surprised.

16 Would you mind moving to that table over there?

1. Could you use that table over there instead?
2. Do you mind if I go to your table over here?

3. Would you like to use that table for moving?
4. Will you remind me to move that table later?

17 I thought Jane was a lawyer, when in fact she's a doctor.

1. I now know that Jane is a doctor, not a lawyer.
2. Until she became my doctor, Jane was my lawyer.
3. It's true that Jane's a doctor, but I think of her as a lawyer.
4. Jane thinks she's a doctor, but the reality is that she's a lawyer.

〔Ⅳ〕 次の会話文を読み，空欄（ a ）～（ h ）に入れる最も適切なものをそれぞれ一つ選び，その番号をマークせよ。

Kanako is talking to her father:

Kanako: Dad, I know you said no before, but I really want to work part-time.
Dad: (a) I told you before—I don't want you to work while you're in high school.
Kanako: I know, but I really would like to make some money.
Dad: How about spending more time with your friends or joining a club?
Kanako: Well, I've already got lots of friends, and I'm not interested in any clubs.
Dad: I'm worried that once you start working, you'll get too focused on it.
Kanako: (b). I promise, I'll study hard.
Dad: By the way, why do you need money? We give you money every month.
Kanako: Yes, I appreciate it, but it's not enough.
Dad: (c) It's not enough to do what?
Kanako: I can't believe I'm telling you this, but I want to take you and Mom on

a trip as a thank-you gift after my graduation ceremony.

Dad: What?

Kanako: It was supposed to be a surprise, but (d).

18 空欄(a)

1. Again?
2. Why not?
3. That's exciting!
4. Wonderful news!

19 空欄(b)

1. Of course I will
2. You're exactly right
3. It's none of my business
4. That's not going to happen

20 空欄(c)

1. Don't worry.
2. You're welcome.
3. Don't you trust me?
4. What do you mean?

21 空欄(d)

1. it actually is
2. now you know
3. I don't doubt it
4. it means a lot to them

At a supermarket cash register:

Customer: I'd like to use this discount coupon.

Clerk: Yes, sir. Please (e) the barcode reader.

Customer: Sure. Like this?

Clerk: Yes, thank you. Oh, it doesn't work. Discounted products can't be included.

Customer: Well, this coupon applies to all food, right? Tomatoes, milk, meat, and a melon. (f)

Clerk: Hmm. Please wait a minute. I'll ask the manager.

A few minutes later....

Clerk: You can't use this coupon for special sale items.

Customer: I know. (g).

Clerk: Yes, you're right. So, that's strange. Can I check the coupon again?

Customer: Sure. Here you go.

Clerk: Oh, now I see. I'm afraid it's not valid anymore.

Customer: But this coupon says it's good until March 31.

Clerk: Yes, but that was (h). Sorry.

22 空欄(e)

1. look after
2. hold it up to
3. conceal it under
4. raise a hand against

23 空欄(f)

1. It's about time.
2. That's what I've got.

3. How wrong are you?

4. When did you know?

24 空欄(g)

1. Anything is OK

2. I want items on sale

3. Everything is in stock

4. I don't have any of those

25 空欄(h)

1. last year

2. no problem

3. your coupon

4. not this time

〔V〕 与えられた英文に続くA～Dの最も適切な配列をそれぞれ一つ選び，その番号をマークせよ。

26 The International Space Station is more than 20 years old and is getting close to the end of its usefulness.

A. It has been used for years and is known as the spacecraft graveyard.

B. NASA plans to crash the space station into the Pacific Ocean in the year 2031.

C. But until then, it will be used for more research and to promote international cooperation.

D. More specifically, the target location for the crash is Point Nemo, about 3,000 miles east of New Zealand.

1. A－B－C－D
2. B－D－A－C
3. C－A－D－B
4. D－C－B－A

27 Internet streaming has become the main way people listen to music.

A. As a result, sales of music CDs have declined dramatically.
B. Why are they interested in this older and less convenient form of media?
C. It seems the attraction is due to the large artistic covers and the fun of building a collection.
D. Curiously, in contrast to CDs, sales of records have been increasing among young people.

1. A－D－B－C
2. B－A－C－D
3. C－B－D－A
4. D－C－A－B

〔Ⅵ〕 次の空欄に入れる最も適切なものをそれぞれ一つ選び，その番号をマークせよ。

28 To maximize their own profit, the British gambling industry adjusts how much customers can gamble. For example, if a customer wins consistently, then the amount that customer is allowed to gamble will be reduced. On the other hand, if a customer loses consistently, then (　　　).

1. their gambling limit will be increased
2. they won't be permitted to gamble anymore
3. they will be spending more money than they can afford
4. the industry will provide them with better recommendations

29 There are different reasons why dogs have a tail. First, tails give dogs a sense of balance. Second, tails provide them with warmth. Finally, tails function like our eyebrows: They can display emotions. That is, tails can also help them (　　　).

1. treat other animals better
2. look cuter and more lovable
3. inform other dogs of their existence
4. communicate their feelings to others

30 A recent study has found that people who don't regularly engage in conversations with others are more likely to suffer from a decline in brain functioning. The parts of their brains responsible for learning and thinking become smaller. These results suggest that (　　　).

1. spending time alone can improve your thinking
2. talking to yourself often makes the best conversation
3. frequent communication is important to mental ability

4. people should participate in a study when they feel lonely

31 "Bikeshedding" describes our tendency to spend too much of our time on minor matters while leaving important matters unattended. You know you're bikeshedding when you need to study for an important exam but you ( ).

1. don't know what to study
2. spend hours cleaning your room
3. think you know the answers already
4. decide to study with a friend tomorrow

〔Ⅶ〕次の空欄に入れる最も適切なものをそれぞれ一つ選び，その番号をマークせよ。

(A) My brothers want to visit Paris again at the end of this year. If they go, they (32) there three times (33).

32 1. have been 2. were 3. will be 4. will have been

33 1. as much 2. at once 3. before 4. in total

(B) The bus service (34) this community is very (35) on weekends.

34 1. at 2. in 3. on 4. 語句不要

35 1. inconvenience 2. inconvenienced
3. inconveniences 4. inconvenient

(C) If you feel the room is (36) cold, please feel free to turn on (37) heater.

36 1. a　　2. more　　3. much　　4. too

37 1. it's　　2. only　　3. the　　4. those

(D) I'm intending (38) my folding chairs to the picnic, so we won't need (39).

38 1. take　　2. taken　　3. taking　　4. to take

39 1. your　　2. you're　　3. yours　　4. yourself

(E) They (40) finished the new tunnel on the highway that (41) through the big mountain.

40 1. did　　2. finally　　3. may　　4. must

41 1. go　　2. goes　　3. going　　4. gone

(F) I didn't know (42) knife and fork to use at that expensive French restaurant, so I just copied what the person sitting (43) of me did.

42 1. how　　2. that　　3. whether　　4. which

43 1. before　　2. in front　　3. next　　4. the back

(G) You said that you (44) going to the party (45) by the Okamotos tomorrow. I don't think I (46).

44 1. aren't 2. can't 3. won't 4. wouldn't

45 1. plan 2. planned 3. plans 4. to plan

46 1. will go, either 2. will go, too
3. won't go, either 4. won't go, too

〔Ⅷ〕 下線の語彙と意味が最も近いものをそれぞれ一つ選び，その番号をマークせよ。

47 All types of weapons are banned in this country.

1. owned 2. prohibited 3. sold 4. used

48 She's been the most competent leader we've ever had in this city.

1. capable 2. experienced 3. likable 4. outgoing

49 I'll give you a hint about how to solve that problem.

1. chance 2. clue 3. pass 4. report

50 We're going to meet up casually with the new employees this Friday.

1. cheerfully 2. informally 3. purposely 4. quietly

51 Allow me to illustrate the new plan with this diagram on the screen.

1. expand 2. explain 3. judge 4. replace

52 We have a <u>mutual</u> interest in the success of the program.

1. deep　　2. different　　3. related　　4. shared

数学

◀経済・経営・法・現代社会・国際関係・外国語・文化・生命科学部▶

(80分)

〔Ⅰ〕 以下の □ にあてはまる式または数値を，解答用紙の同じ記号のついた欄に記入せよ。

(1) $3x^4-26x^2y^2-9y^4$ を因数分解すると ア である。

(2) $0 \leqq x \leqq 2\pi$ とする。$-\sqrt{3}\sin x+\cos x \leqq -1$ を満たす x の値の範囲は イ である。

(3) $\mathrm{AB}=2$，$\mathrm{AC}=3$，$\cos\angle\mathrm{BAC}=\dfrac{1}{4}$ である三角形ABCにおいて，$\mathrm{BC}=$ ウ であり，三角形ABCの面積は エ である。

(4) ある試験は4科目からなり，各科目の点数は0点から5点まで1点刻みで与えられる。4科目の点数の合計が15点以上で，かつ，各科目で3点以上をとれば合格とするとき，この試験に合格するような各科目の点数の組み合わせは全部で オ 通りある。

(5) a，bは実数とし，iを虚数単位とする。$x=1-2i$が方程式$x^2+ax+b=0$の解であるとき，$a=$ カ ，$b=$ キ である。

(6) tは正の実数とする。$t=$ ク のとき，$\displaystyle\int_0^t (x^3-3x^2+2x)dx=0$ となる。

〔II〕 以下の □ にあてはまる式または数値を，解答用紙の同じ記号のついた欄に記入せよ。

四面体OABCについて，$|\overrightarrow{OA}| = |\overrightarrow{OB}| = |\overrightarrow{OC}| = 1$ であるとする。また，各ベクトルの内積は $\overrightarrow{OA} \cdot \overrightarrow{OB} = \overrightarrow{OB} \cdot \overrightarrow{OC} = \overrightarrow{OC} \cdot \overrightarrow{OA} = 0$ を満たすとする。

(i) 線分ACを二等分する点をDとするとき，$\overrightarrow{OD}$ を $\overrightarrow{OA}$，$\overrightarrow{OC}$ を用いて表すと $\overrightarrow{OD} =$ [ア] となる。Oから三角形ABCへ下ろした垂線と三角形ABCとの交点をHとするとき，$\overrightarrow{OH}$ を $\overrightarrow{OA}$，$\overrightarrow{OB}$，$\overrightarrow{OC}$ を用いて表すと $\overrightarrow{OH} =$ [イ] となる。

(ii) 三角形ABCの内部の点E，F，Gが次のように定められているとする。

$$\overrightarrow{OE} = \frac{5}{8}\overrightarrow{OA} + \frac{1}{4}\overrightarrow{OB} + \frac{1}{8}\overrightarrow{OC}, \quad \overrightarrow{OF} = \frac{1}{4}\overrightarrow{OA} + \frac{1}{2}\overrightarrow{OB} + \frac{1}{4}\overrightarrow{OC},$$

$$\overrightarrow{OG} = \frac{1}{8}\overrightarrow{OA} + \frac{1}{4}\overrightarrow{OB} + \frac{5}{8}\overrightarrow{OC}$$

このとき $|\overrightarrow{FE}| =$ [ウ] であり，内積 $\overrightarrow{FE} \cdot \overrightarrow{FG}$ の値は [エ] である。三角形EFGの面積は [オ] である。

(iii) k を正の実数とし，$\overrightarrow{OI} = k\overrightarrow{OH}$ とおく。三角錐IEFGの体積が $\frac{1}{72}$ となる k の値をすべて求めると $k =$ [カ] である。

〔Ⅲ〕　以下の $\boxed{}$ にあてはまる式または数値を，解答用紙の同じ記号のついた欄に記入せよ。また，(iii)の問いについて，記述欄に過程も含めて解答せよ。

xy 平面において，直線 $\ell : y = -x + a$，曲線 $C : y = -\dfrac{1}{5}x^2 + 2x$ を考える。ただし，a は定数とする。

(i) C の頂点の座標は $\boxed{\text{ア}}$ である。ℓ と C がただ1つの共有点をもつとき，$a = \boxed{\text{イ}}$ である。ℓ と C が2つの共有点をもち，かつ，それらのうち一方の y 座標が正，もう一方の y 座標が負となるような a の値の範囲は $\boxed{\text{ウ}}$ である。

(ii) a は $\boxed{\text{ウ}}$ を満たすとし，ℓ と C の2つの共有点のうち y 座標が正である点をEとする。Eの x 座標を a を用いて表すと $\boxed{\text{エ}}$ である。Eにおける C の接線が ℓ と直交するとき，$a = \boxed{\text{オ}}$ である。

(iii) $a = \boxed{\text{オ}}$ のとき，以下の連立不等式で表される領域の面積を求めよ。

$$\begin{cases} y \leqq -\dfrac{1}{5}x^2 + 2x \\ y \leqq -x + a \\ y \geqq 0 \end{cases}$$

◀理・情報理工学部▶

（80分）

〔 I 〕 以下の $\boxed{}$ にあてはまる式または数値を，解答用紙の所定の欄に記入せよ。

(1)　方程式 $x^4 - x^3 + x - 1 = 0$ の実数解をすべて求めると $\boxed{}$ である。

(2)　大中小3個のさいころを同時に投げるとき，出る3つの目の積が4の倍数にならない確率は $\boxed{}$ である。

(3)　座標空間において，$\vec{a} = (1, -1, 1)$，$\vec{b} = (-1, 2, 1)$ のとき，$|\vec{a} + t\vec{b}|$ を最小にする実数 t の値は $\boxed{}$ である。

(4)　$0 \leqq \theta \leqq \dfrac{\pi}{2}$ のとき，$\sin\theta\cos 2\theta + \sin\theta$ の最大値は $\boxed{}$ である。

(5)　a, b を実数の定数，i を虚数単位とする。3次方程式 $x^3 + ax^2 + x + b = 0$ の1つの解が $2 + i$ であるとき，a, b の値の組は $(a, b) = \boxed{}$ である。

〔 II 〕 以下の $\boxed{}$ にあてはまる式または数値を，解答用紙の所定の欄に記入せよ。

O を原点とする xy 平面上の円 $C: x^2 + y^2 = r^2$ （r は正の実数）と放物線 $D: y = \frac{1}{2}x^2 - \frac{5}{2}$ が相異なる2点 A，B で接するとする。ただし，円 C と放物線 D がある点で接するとは，C と D がその点で共通の接線をもつことをいう。また，A の x 座標は B の x 座標より大きいとする。

D 上の点 $\mathrm{P}\left(t, \frac{1}{2}t^2 - \frac{5}{2}\right)$ における D の接線の方程式は $\boxed{\text{（ア）}}$ である。$t \neq 0$ のとき，直線 OP の傾きを t で表すと $\boxed{\text{（イ）}}$ である。

A の座標は $\boxed{\text{（ウ）}}$ であり，C の半径 r の値は $\boxed{\text{（エ）}}$ である。また，C の弧 AB の短い方と D で囲まれた図形の面積は $\boxed{\text{（オ）}}$ である。

A における C と D の共通の接線を ℓ_1 とし，B における C と D の共通の接線を ℓ_2 とする。ℓ_1，ℓ_2 と接し，D の頂点を通る円を E とする。ただし，E の中心の y 座標は，D の頂点の y 座標より小さいとする。このとき，E の方程式は $\boxed{\text{（カ）}}$ である。

〔III〕　関数 $f(x) = 2^x - x + \dfrac{1}{2}$ に対し，xy 平面上の曲線 $y = f(x)$ を C とする。また，整数 n に対し，$n \leqq x \leqq n+1$ の範囲にある C 上の点のうち，y 座標が整数であるものの個数を $A(n)$ とする。このとき，以下の問いに答えよ。ただし，log は自然対数，e は自然対数の底とする。

(1)　導関数 $f'(x)$ を求めよ。ただし，$2^x = e^{(\log 2)x}$ であることを用いてよい。

(2)　$x \geqq 1$ において，$f'(x) > 0$ であることを証明せよ。ただし，$2 < e < 3$ であることを用いてよい。

(3)　$A(1)$ と $A(2)$ を求めよ。

(4)　1 以上の整数 n に対し，$A(n)$ を n で表せ。

(5)　x 座標と y 座標がともに整数であるような C 上の点の座標を求めよ。また，そのような点がただ 1 つだけ存在することを証明せよ。

しを受けて心の傷を癒やしていく様子を、主人公の心理を辿りながら丁寧に描いている。

2　オーストラリアに移住したアフリカ人家族の生活を、主人公である女性の視点から、家族に起こった日々の事件を淡々と報告しながら、移民が西洋世界の生活に抱く違和感をまざまざと描き出している。

3　英語で苦労しているアフリカの女性が、オーストラリアで出自の異なるさまざまな人々と交流しながら一人の人間としてアイデンティティを確立していく様子を、女性の視点から生き生きと描いている。

4　職場の上司や英語教室の教師をはじめとした人間模様を克明に辿りながら、エリートの日本人女性と英語で苦労しているアフリカ人女性との間にある心の葛藤を、緊張感をもって印象的に描き出している。

3　サリマにとって監督の「違う」は特別な響きをもつ。この言葉が自分にとって大切なオレンジ色と結びつき、知らないうちにサリマの心の支えとなっていた。だが、サリマは自分の「違う」にはまだ確信を持てないでいた。

4　サリマにとって英語はすでに第二の母語となったような気がした。英語は自分の誇りを象徴するオレンジ色と結びつき、彼女を奮い立たせたが、監督の発音と自分の発音を比べて、まだ訛りがあると気がつき、自信を喪失していた。

問十一　サリマはどのような人物か。最も適切なものを一つ選び、マークせよ。

1　自分の気持ちに正直で、それを素直に言葉で表現できる人。
2　感受性は豊かであるが、自分の欠点にも向き合える忍耐強い人。
3　わからないことはすぐに質問し、問題をその場で解決できる人。
4　常に男性をたて、女性である自分を卑下するくせをもつ人。
5　非常に礼儀正しく、そつなく行動してひとを不快にさせない人。

問十二　監督はどのような人物か。最も適切なものを一つ選び、マークせよ。

1　他人を和ませようと、積極的に面白いことを言う人。
2　素朴で社交慣れしておらず、他人の気持ちに無関心な人。
3　社交的で人の気持ちに敏感で、気の利く気持ちのいい人。
4　内気だが、必要なことはきちんと言える真面目な人。
5　物事を深刻に考えず、大らかに対応できる朗らかな人。

問十三　この文章を評したものとして最も適切なものを一つ選び、マークせよ。

1　オーストラリアに移住したものの夫が行方不明になってしまったアフリカ人女性が、優しい同僚やクラスメートの励ま

たちに馬鹿にされるので厳しい仕打ちに感じられるだろうが、屈辱に耐えれば何も感じなくなると教師は信じている。
4　教師はサリマの英語力をどうにかしなければ、うまくコミュニケーションがとれず、内気なサリマが孤立するのではないかと心配している。他の人の前で発言を促すことで、サリマを孤独から救うことができると考えている。

問九　傍線部H「紙の宿題は、その空洞を埋めた」とあるが、それはどういうことか。最も適切なものを一つ選び、マークせよ。
1　サリマは、表面上何事もなかったかのようにうまくとりつくろっていたが、これまでの様々な体験によって深く傷ついていた。与えられた宿題に誠実にとりくむことで自分が上達しているのを感じ、慰められると同時に癒やされていた。
2　サリマは、教室では天気予報を音読させられて、家では簡単な宿題を息子たちに馬鹿にされて、ひどく腹を立てていた。勉強をすることで、自分の怒りをひとときの間だけでも忘れることができると考えて、自分を慰めていた。
3　サリマは、様々な境遇の人たちと出会うことにより、自分があまり恵まれていないことに気がつき、実は深く傷ついていた。しかし、自分には応援してくれる監督や教師がいることに慰められ、がんばって宿題をこなしていた。
4　サリマは、自分や息子たちを置いて逃げた夫をひそかに恨み、スーパーで働かなければならないことを内心では恥じ、傷ついていた。自分を「女はバカだから」と馬鹿にした夫を見返そうと、負けずにがんばって宿題をこなしていた。

問十　傍線部I「違う、オレンジ色じゃないもの」から読み取れるサリマの気持ちを説明したものとして最も適切なものを一つ選び、マークせよ。
1　サリマにとって監督はすでに特別な存在になっていた。監督が肯定してくれれば、胸のなかに温かいものが生まれるような気がした。彼の存在が温かいオレンジ色と結びつき、サリマを奮い立たせてくれた。
2　サリマにとって英語はすでに特別な存在である。スパゲッティの調理方法が読めるようになったサリマは、自分がまったく違う人間になったように感じた。この自信が自分の好きなオレンジ色と結びつき、彼女をかろうじて支えていた。

4　サリマが食品加工の仕事に慣れてきたことは確かだが、西洋の考え方や仕事のシステムの理解には至っていない。その点が他の人とは異なるが、監督は逆に新しい考えを提案する上で利点となると考えている。

問七　傍線部Ｆ「彼女の脳裏には昼間、監督が違うといって確かに否定したなにかが渦巻いていた」とあるが、この時のサリマの気持ちを説明したものとして最も適切なものを一つ選び、マークせよ。

1　サリマは昼間監督に「あなたは、違う」と言われた理由を自分でも考えてみた。サリマは英語を身につけることによって他の人と同じようになれるのか、この地に根づけるのか、不安に感じていた。

2　サリマは昼間監督に言われた言葉が気になって仕方がない。英語の勉強を通して新しいことを学ぶ歓びを味わいながらも、サリマは自分が「違う」存在になってしまうのではないかとひどく恐れていた。

3　サリマは昼間監督が言った「あなたは、違う」という言葉を繰り返していた。自分が発音すると違う発音になってしまう。その響きを忘れるのを恐れて、英語の勉強をしながら、何度も唱えて練習した。

4　サリマは昼間監督が「違う」と否定したものの存在を感じていた。自分が発音することでその言葉の輝きが失われるのを恐れて、英語の勉強をしながらも、監督とのやりとりを何度も反すうしていた。

問八　傍線部Ｇ「この尊大な荒療治」を施した教師の気持ちを説明したものとして最も適切なものを一つ選び、マークせよ。

1　教師は自分に自信がないサリマの精神力をどうにか鍛えようとしているが、優しく説明するよりも、たくさんの課題を与えるなどして無理難題を押しつけることで、達成できた時のサリマの満足感を大きくしようと決意している。

2　教師はサリマの力になりたいという強い気持ちから、サリマにクラスメートの前で天気予報を音読させている。辛(つら)い仕打ちに感じられるかもしれないが、これを乗り越えたら自信をもって発言できるようになると確信している。

3　教師は真面目なサリマをどうにか元気づけたいと考えている。サリマにとってはアルファベットを書く練習ですら息子

問五 傍線部D「その日の授業はまったく手に付かず、サリマはハリネズミのことばかり考えていた」時のサリマの気持ちを説明したものとして最も適切なものを一つ選び、マークせよ。

1 自分はスーパーでの働きぶりが認められて鼻高々であったが、ハリネズミは先生のおかげで大学に行けることになったと聞いた。自分だって正当に評価されて、大学に行ってみたい。何をやってもむなしい。

2 自分は新聞に記事が掲載されて喜んでいたが、ハリネズミと比べるとまだまだ努力が足りない。彼女のように大学に行きたいが、仕事にやりがいを感じている自分は勉強にあまり時間を割くことができない。

3 自分はスーパーでの働きぶりが認められて浮かれていたが、託児所を利用して大学に通えるハリネズミと比べるとたいしたことはない。ハリネズミは自分には届かない高みにいる。ひどく悔しい。

4 自分は新聞に記事が掲載されて浮かれていたが、天気予報もろくに正しく発音できない自分は落ちこぼれである。まだまだ努力が足りないのだろうか。何をしたらいいか思いつかず、途方にくれる。

問六 傍線部E1「それは違う、あなたは違う」、E2「あなたは、違う。だから、いいんだ」から読みとれる監督の気持ちを説明したものとして最も適切なものを一つ選び、マークせよ。

1 サリマは監督に仕事に慣れたと答えたが、監督の考えではサリマはまだオーストラリアの生活には同化できていない。彼女には身体全体からただよってくる野生味があり、監督はそれが他の人とは違ういいところだと考えている。

2 サリマは食品加工の仕事に慣れてきたことは確かだが、仕事に完全に順応しきれていない。監督はそこに押し殺すことのできない彼女の人間味を感じており、そこが他の人とは違う魅力だと考えている。

3 サリマは監督に仕事に慣れたと答えたが、サリマはまだ食品加工の仕事には自信を持てておらず、それを隠さない。監督は、その点が表面的に理解したふりをする他の人たちとは違って真面目だと監督が評価している。

1　サリマは英語がよくわからなかったため、監督が自分の働きぶりをどう評価しているのか見当がつかず、言うことが思いつかなかったから。
2　監督がサリマの働きぶりを評価していることは了解できたが、それが予想外のことであり、どう反応したらいいのか、困ってしまったから。
3　監督のサリマの働きぶりに対する高評価は一目瞭然のものだったので、この機会にわざわざ感謝の気持ちを述べなくてもいいと思ったから。
4　サリマは監督があけすけに表現されることが苦手だとよくわかっていたので、お礼の言葉を口に出してはいけないととっさに判断したから。

問四　傍線部C「はっきりと区別された青と赤がサリマに理解を求めていた」を説明したものとして最も適切なものを一つ選び、マークせよ。

1　サリマの目には、「死神」とあだ名をつけていた監督にも人間らしさがあるということを、その青い目を使ってサリマに表現しているように見えた。
2　サリマの目には、感動を隠しきれない監督の青い目が、彼が自分に対して仲間としての共感を抱いていることに気づいて欲しいと訴えているように見えた。
3　サリマの目には、涙で青い目を赤く腫らした監督が、自分のその時の感情の高ぶりを知られたくないと目を伏せて恥ずかしがっているように見えた。
4　サリマの目には、監督の青い目が、従業員に嫌われているのではないかという疑念を自分が抱いていることを口外しないでほしいと訴えているように見えた。

これが監督の指摘した「違う」ことなのだろうかと、嬉しさで頬を緩ませながら自問してみるのだったが、一呼吸おいて、サリマは監督がしたように頭を振って違う、と発音した。意識しないとやっぱりひどい訛りが追いかけてくる。アルミの大鍋から勢いよく湯気が上がっている。違う、オレンジ色じゃないもの。キッチンの床で夕闇にまみれた影がサリマにそう耳打ちした。

（岩城けい『さようなら、オレンジ』筑摩書房）

問一 傍線部(ア)~(ウ)の本文中の意味として最も適切なものをそれぞれ一つずつ選び、マークせよ。

(ア) おびただしい
1 今にも崩れそうな 2 どんどん増える
3 多種多様で雑多な 4 ものすごい量の

(イ) 嚙み砕くようにして
1 もったいぶったように 2 念を押すように
3 わかりやすいように 4 強調するように

(ウ) 目を白黒させて
1 困り果てて 2 驚きあわてて
3 不信感を抱いて 4 夢中になって

問二 傍線部A「男の頰が赤く染まった」のはなぜか。最も適切なものを一つ選び、マークせよ。

1 サリマの質問によって、自分の思いが少しもサリマに届いていないことを自覚させられて、ひどくがっかりしたから。
2 サリマの質問によって、サリマが仕事上最低限必要な語彙を理解していないことが判明し、頭に血がのぼったから。
3 サリマの質問によって、サリマが自分をあまりにも過小評価していることがわかり、それに驚き、とまどったから。
4 サリマの質問によって、自分が無意識に抱いている女性一般に対する偏見が明らかになり、恥ずかしくなったから。

問三 傍線部B「それに対してサリマもどう答えていいのかわからない」のはなぜか。最も適切なものを一つ選び、マークせよ。

女はアルファベットの大文字小文字を書き揃え、単語を並べ替え、穴を埋め、主語と動詞だけで説明した。慣れないことに骨を折りながらも、知らない事への恐怖が知ることの歓びにかわるのを夜の静けさのなかで味わった。そして彼女の脳裏には昼間、監督が違うといって確かに否定したなにかが渦巻いていた。それは、きっとどんな形であっても、オレンジ色に違いないと考えるだけでサリマは慰められた。英語教師は次のクラスも、その次も、授業のたびにサリマに宿題を出すようになった。ニンフたちやオリーブと比べればかなり容易なものに見えたが、教師はサリマの宿題には一種の使命のようなものを感じているらしく、その出所や採点には相当注意深く心が配られていた。故意にしばらくのあいだは天気予報ばかり読ませたが、それはみんなの前で英語で発言することにすこしでも自信を持たせたいという配慮からだった。サリマの厚みのあるアルトは印象的だったが、自信のなさから語尾が消え入るようにあいまいだったので、そこから徹底的に始めないとだめだと教師は確信しているようだった。サリマがこの尊大な荒療治に我慢できるかは不確かであったが、教師は休まずに教室に現れる、この懸命な無学そのものの生徒をどうにかして育てる、いや救いたかった。その甲斐あってか、サリマはどんな天候でもきちんと読み上げることができるようになっていたし(本人はあまり気づいていないが)、きつい訛りはしつこいくらい同じ注意を受けて矯正されつつあった。天気予報の単語に限られたことではあるが、ずいぶんなめらかな発音になっていたのである。しかし、この空っぽの生徒のなかで、なにかがずたずたになってしまっているのを教師は知るよしもなかった。紙の宿題は、その空洞を埋めた。無残に潰れた傷にあてがわれる絆創膏のように、サリマの内側に一枚一枚慎重に貼られていった。あたかもそれは中国人が調合する薬草のように、ゆっくりと確実に傷を癒やしていった。

宿題の効き目があらわれたとサリマが自覚したのは、スパゲッティをゆでている夕暮れどきだった。スパゲッティの袋に書かれた「調理方法」という文字がいきなり目に飛び込んできたかと思うと、それが読めて理解できたのである。サリマは天にも昇る心地で、つぎつぎとそれに続く単語を拾っていった。読めないものもたくさんあったが、前ほどちんぷんかんぷんではなかった。

けてみた。すると相手は立ち止まってあたりを見回したあと、彼女に焦点をあわせてゆっくり近づいてきた。白衣にゴム長という姿しか見たことがなかったので、ブルー・ジーンズにネルのシャツという格好の彼は別人のように見えた。英語のクラスですか、となんでもないように尋ね、サリマは、はい、と短く答えただけだった。ふたりともだまりがちで会話らしい会話はしなかったのだが、学校にいること自体がお互いの秘密をわけあったような雰囲気になり、互いに尋ねることも答えることもなかった。ふたりして、職場以外のところで肉や魚の切り身以外のことを見ている、それだけで満足だった。あたりは黄緑の芝がいちめんで、造園科の植えた草花がいろとりどりに芝を縁取っている、ただそれだけのことがサリマにはじゅうぶんすぎるくらいだった。ここでの暮らしになれましたか、と監督がサリマに訊いた。ここにも仕事にもやっと慣れたと彼女が答えると、彼は意外な表情をして、E1それは違う、あなたは違うと頭を振った。この期におよんで自分が仕事に慣れていないなんて、どうしてそんなこと。自分のなにが違うのかサリマはまったく見当もつかなかったが、彼の褐色の巻き毛がふわふわと揺れるのを見ながら、彼自身もきっとなにか違うと感じているのではないかと想像した。

E2「あなたは、違う。だから、いいんだ」

監督はふたりきりの時間をたいせつそうにその一言でしめくくると立ち上がり、表玄関に続くガラス戸をくぐり抜けていった。

授業中、サリマは頬杖をついて違う、違う、となるべくきちんとした発音でつぶやこうとした。自分の舌に掛かってしまえば、なにもかもそれこそ「違う」ことになってしまいそうだったから。妙な苛立ちをおぼえてふと見上げると、教師がサリマの目のまえに迫るようにして立っていた。今日から、あなたには簡単な宿題を出すことにする、ということだった。

サリマが家に持ち帰った宿題は、アルファベットの書き取りと簡単な単語の並べ替え、短文の穴埋め問題、印刷された絵を短文で説明する記述、などだった。息子たちは母親の宿題を笑った。女はバカだから、と夫がいつもそうサリマに言い放ったときと同じ口調だった。宿題が出ること自体、彼女には大ごとだった。息子たちに馬鹿にされながらも、その夜遅くまでかかって彼

の例外ではなくて、地元の企業の「エンプロイー・オブ・ザ・イヤー」たちが、写真つきで掲載されていた。サリマも六人のなかのひとりとして、面接採用のとき撮った無表情な顔がちいさく載っていた。ちいさいのに、サリマは一番目立っていた。地元の人間以外の写真が載ること自体、この新聞ではめずらしかったからである。職場の仲間は、夫に逃げられて二人の子供を育てながら働くサリマを哀れんでいたので、羨望というより同情のまなざしでいっぱいだったし、それがサリマをうんざりさせたのだけれども、そんなことはおくびにもださないでサリマはお礼を言った。その午後学校へ行くと、オリーブがいちはやく駆け寄ってきて、すごいわねと目を瞠(みは)って喜んでくれた。教師も知っていて、おめでとうと黒板の近くから声を掛けてくれた。サリマは少し得意だった。いつもは天気予報ばかり読まされているおちこぼれも、今日ははれがましい気持ちだった。ハリネズミはまだのようだった。ハリネズミと顔を合わせるのがなんとなく気まずかったサリマはほっとして、いつも彼女が座っている席を眺めた。しかし、彼女の名前を耳にした教師が顔を上げていったことに、サリマは胸を衝(つ)かれた。あの人はね、ここで勉強させるより、大学の方がよいと思ってね。故郷(くに)では大学を出てるってことだし、論文が書ければこちらでも大丈夫だし、とても勉強家だからもっと上を目指しなさいと言ったの。きちんとした教育施設には託児所だってあるし。私が推薦状を持たせて、今日あたり出かけているはずだわ。うまくいくといいのだけれど。

D<u>その日の授業はまったく手に付かず、サリマはハリネズミのことばかり考えていた。</u>エンプロイー・オブ・ザ・イヤーのことなんてどうでもよくなって、ひたすら彼女に、大学に、託児所に嫉妬した。

　監督がサリマの通う英語クラスのある職業訓練学校に、なんらかの私用で通っていることがわかったのはそれからしばらくしてからだった。昼下がりの教室の窓辺でぼんやりしていると、彼が中庭を横切るのが見えた。初夏の風が木々の長い葉を揺らしてさわさわと鳴り、ジャスミンの花がフェンスいっぱいに這(は)い上がり匂い立っていた。監督さん、とサリマは思い切って呼びか

まったようになって、サリマのまったく驚いたことに――A男の頬が赤く染まった。そんなこと聞く人、はじめてだなと小さく唱えるように言って、残りのコーヒーをひとくち飲み、見ていればわかりますからとはにかんだ。Bそれに対してサリマもどう答えていいのかわからないので、コーヒーをすすった。監督は一枚の紙にサリマのサインを求めるとき、彼女の目を射抜くように強く見つめた。サリマは網に掛かった魚のように、その密度の濃い視線に心を暴れさせたのだが、やがてそれを無理矢理鎮めるとボールペンで名前を書いた。こんなふうに自分を見つめる人はいままでいなかった、渇いた喉が声にならない声でしびれたようにそう発音した。目の前の紙片に何が書いてあるのかは当然のことながらわからなかった。それでもサリマは時間をかけてひとつひとつの単語を目で追った。知っているものも知らないものも。監督は正面から彼女の目の動きを見つめることだけに集中していた。それは、ガラス越しに女たちの働きぶりを監視するときとは違って、あからさまな激しさといたわりを秘めていた。監督の両手の指は、しっかりと組み合わされて膝の上に投げ出してあった。白い指の一本一本がつめたい粘土細工のように見えた。青い目の虹彩（こうさい）には細い血管が浮いていて、その色はあたりまえのように鉄分を含んだ赤だった。Cはっきりと区別された青と赤がサリマに理解を求めていた。なにかを殺すことに慣れてしまった人、いや、慣れようとしてできず、自分の気持ちだけ殺すことを覚えた不器用な人。ほら、子供みたいにびくびくして、おかしな人。唐突に、以前には感じなかった死神に対する親密な感情がサリマを洪水のように襲った。サリマがそうやってあかるいさざなみを広げるように口元をうつくしく微笑させると、監督もその余波を受けるごとく、やわらかい笑顔を返してきた。そこに、交わす言葉はいらなかった。

　小さな町のローカル新聞では、どこの家に赤ん坊が生まれたとか、どこそこの息子が二十一歳の誕生日を迎えただとか、何月何日何曜日にどこでだれがだれと結婚式をあげるだとか、日常の社交に不可欠なことを知ることができた。この新聞をもとに、人々は礼服をクリーニングに出し、誕生日祝いのカードを買い、おくやみの電話をかけ、街角で知り合いと噂（うわさ）した。次の朝もそ

〔二〕　次の文章を読んで、後の問いに答えよ。

（　サリマは、アフリカのとある国から戦火を逃れて、夫と二人の子供とともにオーストラリアの小さな町にやってきた。家族を捨てて行方不明になった夫の代わりにスーパーで生鮮食品加工の仕事をするようになったサリマは、仕事の傍ら、英語を習うために職業訓練学校に通う。学校では、自分とは異なる境遇の人たちとクラスメートになった。白い肌をした北欧の女学生たちを「ニンフたち」、イタリア系移民女性を「オリーブ」、直毛の日本人女性を「ハリネズミ」とサリマは密か（ひそ）にあだ名をつけていたが、なかでも同年代のハリネズミを特に意識していた。ある日、サリマは勤務しているスーパーの直属の監督に突然呼び出される。あまり人間味を感じさせないこの監督に「死神」というあだ名をつけていたサリマは、「死神」が自分に何の用があるのだろうと思いながらも、休憩時間に会いに行くことにする。　）

休憩時間になるとトイレに行くふりをして女たちの群れをそっと抜けだし、監督室に向かった。監督とは面接のとき以来、口をきいたこともなかった。監督は(ア)おびただしい書類のつまれた机の向こう側に立ってサリマを待っていた。やあ、待っていたよ、まあ、座って、と迎え入れた彼の口調は面接の時のビジネスライクなものとは違った。サリマは机の前の革張りのソファに腰掛けた。監督は、そうだ、と部屋を出て行き、しばらくすると紙コップ入りのコーヒーを両手に握りしめるように運んできた。なかの液体をこぼさないようにと、慎重な足取りと神妙な顔つきが、サリマをクスリと笑わせた。どうぞ、と監督は声をかけながら紙コップをガラスのコーヒーテーブルに置いた。エスプレッソの表面には白いクリームの渦が浮かんでいた。ひとくちコーヒーをすすると監督は短く宣言した。あなたをエンプロイー・オブ・ザ・イヤーに選びました。サリマがきょとんとしていると、英語がわからなかったのかと勘違いした監督は、もういちどゆっくりと(イ)噛（か）み砕くようにして言った。

「今年、一番よく働いた人に選ばれました。わずかですが賃金があがります、それから副賞として、金券をさしあげます」

サリマは(ウ)目を白黒させてそれをきいていたが、どうして自分を選んだのかと監督に尋ねた。こんどは監督の表情がそのままと

良くも悪くも人々を導く手段として利用されていた。しかし、現代では言葉の意味内容を欠いた汎言語主義がはびこり、言葉の形骸化が進んでいる。今こそ古代の言霊のような実質のある言葉への回帰が希求されている。

2　古代の人々は呪文や祈禱のように、言葉には魔力があり、人々の心を動かすことができると信じていた。太平洋戦争では日本人のそうした民族性が悪用され、多くの人が戦争に加担することになった。現代では言葉の建前と本音の乖離が政治家によって助長され言葉への不信感が進んでいる。今こそ古代人の言霊思想を復活させ、言葉への信頼を取り戻すべきである。

3　古代人は言葉には魔力が宿ると信じ、相手を意のままに操る祈禱や呪文を活用し集団をまとめてきた。日本人は言葉に呪縛されやすい国民性であるため、言葉の意味内容を欠いた言語至上主義に陥りやすい。言葉の真の機能回復を求めるのであれば、古代の言霊信仰を復権させ、言葉の力で人々を正しい方向に導いていく必要性がある。

4　古代人は言葉には魔力が宿ると信じ、その魔力で人々を操り支配できると考えていた。現代でも日本人は言葉を無条件に信じてしまう性質を持ち、その言葉への姿勢は言葉自体を死に追いやってしまうことにもなる。このような言語至上主義を改めるためには、現代人が忘れてしまった古代人の言霊信仰の精神性が必要とされている。

問十　傍線部H「言葉はただムード表現の手段のみと化す」とはどういうことか。最も適切なものを一つ選び、マークせよ。

1　言葉の意味をしっかり理解していないのに、難しそうな言葉を使って教養人のようにふるまっても、抽象的な内容に終始してしまうこと。

2　意味内容の裏づけを欠いた情緒的な表現や観念的な言葉ばかり使うことで、言葉は思想や意志交流の媒体として事実や実践を欠いたものになってしまうこと。

3　言葉の意味の抽象度が上がると、レベルの高い話をしているかのように思えるが、その多くは内容がなく感覚で話しているに過ぎないこと。

4　意味内容を欠いた聞こえの良い表現や情緒的な言葉を使用することで、人々が真剣に物事を議論しようという雰囲気が醸成されずムードに流されてしまうこと。

問十一　本文の内容と合致しないものを二つ選び、解答欄の各段に一つずつマークせよ。ただし、その順序は問わない。

1　昔から蛇には特別な能力があると信じられているので、蛇という言葉を聞くと本物以上の怖れを感じてしまう。

2　言葉の魔力の中には、実際に会ったことのない人に情報を知らせることができる伝達能力も含まれるとされている。

3　日本人は言葉に呪縛され易い性質を持っているので、戦意を鼓舞する歌詞やスローガンなどで操作されてしまった。

4　言語至上主義者たちは、言葉が単なるコミュニケーションの手段に過ぎないと考える人たちとは相容れない関係である。

5　言葉よりも事実や実践に重きを置こうとする姿勢は、やがて人間の知性をうばい言葉自体の生命も奪うことになる。

6　言葉そのものの厳密な内容の理解をおろそかにして、雰囲気だけで話し、それをうけとる行為は相互不信を助長する。

問十二　この文章の趣旨として最も適切なものを一つ選び、マークせよ。

1　古代から日本では言葉が信仰の対象として崇められ、言葉には力が宿るとされていた。その言葉の力は人々を動かし、

げて政治家を批判するのももっともなことだ。

4　憲法や政治家の言葉への不信が深まるにつれ、国民全体がその信憑性を疑うようになり、特に能力の高い若者たちが現行の議会制民主主義にいやけがさし、政治参加を見送るようになるのも仕方のないことだ。

問八　傍線部F「このような言葉と事実の背離」とは具体的にどういうことか。最も適切なものを一つ選び、マークせよ。

1　政治家の政治倫理として最も重要な言葉は誠意や誠実だが、実際の政治家にはそれらの倫理感が欠如しており、それとは反対のかけひきや実弾の世界で実際の政治を行っていること。

2　政治家が道徳観念に基づき最も好む言葉が誠意や誠実だが、実際の政治家たちはかけひきや実弾などの世界にどっぷりつかっており、国民が求めている言葉の方向性と矛盾していること。

3　実際の政治家は国民に対する誠意や誠実を欠いているにもかかわらずそれらの言葉を好み、かけひきや実弾など、実際の政治家の言動に一致する言葉は好まれていないこと。

4　実際の政治家の信条には誠意や誠実という概念がないにもかかわらず、それらの言葉が国民に支持され、政治家たちもかけひきや実弾などの現実の政治家の言動を表す言葉を支持していないこと。

問九　傍線部G「古代的な言霊が現代に活躍するとならば、この辺になるのではなかろうか」とはどういうことか。最も適切なものを一つ選び、マークせよ。

1　古代人は言葉の魔力を信じたのだから、現代でも言葉の力を信じ、説得力のある言葉で人を正しい方向に導くこと。

2　言語至上主義が横行している現代に、古代人のような言行一致の考えを復活させ、元の正しい言語観を取り戻すこと。

3　古代人は言葉の魔力で人を操作できたのだから、現代人も人々を好ましい方向に導くためにその利点を活用できること。

4　言葉が宗教にまでなった古代ほどでなくても、言葉に実態があるような世界の復活が現代でも求められていること。

2　言葉にならない事物はこの世界には存在していないも同然であるとする考え方。

3　言葉に内容がなくとも言葉自体の存在が外界のすべてをうつしとるとする考え方。

4　事物の本質は、言葉がうつしとったものだけであるとする考え方。

問六　傍線部Ｅ「表面的な民主主義の傾向」とはどういうことか。最も適切なものを一つ選び、マークせよ。

1　民主主義は言葉によって成り立っているにもかかわらず、観念的で具体性に欠ける言葉を用いてその議論が行われてしまっているため、本来の言行一致の民主主義ではない風潮になっていること。

2　民主主義は宣伝、広告、情報などの価値のある言葉によって成り立っているのだが、それを無条件に信じてしまうと、言語至上主義の風潮が醸成されてしまい、正しい民主主義の形成に悪影響があること。

3　民主主義の社会では多くの人が参加し言葉で議論を行うことが肝心だが、大多数の言説に支配されてしまい、少数派の意見が軽視される風潮があるので、自由と平等を尊重する民主主義とはいえなくなってしまうこと。

4　民主主義は様々な人の意見によって成り立っているにもかかわらず、言語至上主義者たちは自分たちの言葉の価値だけを認め、多様な意見と対立しているので、本来の民主主義とは違う傾向になっていること。

問七　点線枠［　　］内の文章を説明したものとして最も適切なものを一つ選び、マークせよ。

1　憲法や政治家の言葉が実効性のないものばかりなので、国民が現実の内容と言葉の差に無神経になってしまい、不安を抱えた若者たちの政治離れが進んでしまうのも当然だ。

2　本来、議会制民主主義は言葉とその実効性で成立しているはずだが、憲法や政治家たちの言葉と実態が乖離しているため、改革を求める若者たちによって見放されてしまうのは仕方のないことだ。

3　憲法や政治家の言葉が言行不一致であることにあきれてしまった一般の若者たちが、自分たちの言葉の未熟さを棚に上

2　祈禱や呪文は言葉によってなされる宗教であり、ウソやゴマカシなどは他人に迷惑をかける言葉の悪用に他ならないが、作用には言葉をオソレ、ウヤマウ態度が信仰にまでなる魔力が存在すること。

3　言葉そのものに魔力的な力が存在する祈禱や呪文は信仰の対象で、言葉の不信を醸成するウソやゴマカシは言葉の本質ではないが、作用には見えない相手にも事を知らせる伝達機能が存在すること。

4　祈禱や呪文は人を魅了する魔力が信仰の基本になり、ウソやゴマカシなどにも相手をだます魔力が存在するのだが、言葉の作用には本物に接したとき以上の驚きを人に与える効果があること。

問四　傍線部C「『論理性の不完全さ』というものも、たとえれば、言葉の魔力のカクレガといえよう」とはどういうことか。最も適切なものを一つ選び、マークせよ。

1　言葉には厳密な意味での論理性が存在しておらず、意味の受け止め方も千差万別なので、言葉をどんなに上手に使ったとしても言葉本来の意味ではない信仰化された力が含まれてしまうこと。

2　言葉は文字通りの意味で用いられることはまれで、人によって捉え方も異なるので、文字通りの意味とは異なる言葉の力が入りこむ余地を与えてしまうこと。

3　言葉の本質に情報伝達があるが、実際のコミュニケーションではお互いに理解し合うことはまれなので、本質的な言葉の機能ではない言葉の力が顕在化されてしまうこと。

4　どんなに正確に言葉を使ったとしても、意味の受け止め方は人それぞれなので、本来の意味とは異なる信仰化された力に人々が魅入られてしまうこと。

問五　傍線部D「言語の物神化の思想」を説明したものとして最も適切なものを一つ選び、マークせよ。

1　言葉を通して物事の本質に到達できたすべてのものには神が宿るとする考え方。

(2)　クンリン

1　ビルがリンリツする　2　公園にリンセツする
3　リンジュウを迎える　4　リンカクを描く

(3)　ソクシン

1　返事をサイソクする　2　敵をホソクする
3　ショウソクが不明　4　ヘイソクした経済

問二　傍線部A「今日になつても、言葉の力を、どんな物的な力からも導き出す事が出来ずにゐる以上、これを過去の迷信として笑ひ去る事は出来ない」のはなぜか。最も適切なものを一つ選び、マークせよ。

1　言葉が物理的な力によって人を動かすことができないのに、そのような力があると信じて言葉を大切に扱っていた古代人たちは、現在の私たちよりも賢明であったから。

2　言葉の物理的な力を科学的に証明することはできないが、その目に見えない言葉の力を信じ、実際に人を動かすときにその力を利用した古代人の智慧は今でも賞賛されているから。

3　言葉には人を動かす物理的な力があるわけではないのに、古代人は言葉には実際に人の心を動かす目には見えない力があると信じており、現代でもその智慧は否定しがたいものであるから。

4　現代の物理法則でも言葉の力は証明されていないのに、実際に言葉によって人が動くことを不思議とも思わず、それを生活の中で有効活用していた古代人の智慧は今でも人々に受け継がれているから。

問三　傍線部B「信仰、悪用、作用のうち、作用のなかには言葉本来の性質がどうしても残る」とはどういうことか。最も適切なものを一つ選び、マークせよ。

1　言葉自体が信仰の対象となる祈禱や呪文、言葉を悪用したウソやゴマカシなども言葉の魔力と言えるが、作用には信仰化された言葉の力が話し手を通じて人に影響を与える効果があること。

に活躍するとならば、この辺になるのではなかろうか。

これは、言事融即の現代的な世界像でなければならないと思う。言葉に、その意味内容の裏づけを欠いた汎言語主義というものは、したがって言葉への不信感を醸成する。ただ言葉だけの言葉は、一種の雰囲気をかもすのみである。昨今は、そのように計算された言葉のみの言葉の使い方が、ひとつの教養であるかのように思われているふしがある。はじめから、言葉そのものの厳密な内容の理解を期待しないで、ただ象徴的にのみ話しかけ、うけとる。問われて知らぬ存ぜぬという答のうちに、嫌悪や不都合や韜晦（とうかい）の意味をこめるものが普通となった。われわれはこれらのことを、議会での答弁や最近の航空機疑惑でいやというほど知らされた。

さて、人びとが言葉に情緒的効果のみを期待するようになって、H言葉はただムード表現の手段のみと化す。このようにして、言葉への信頼感はバタバタと崩れてゆき、もはや思想や意志交流の媒介としては不都合なものとなり終り、その効果はますます悲観的なものとなってしまった。この相互不信的な相関関係はまさしく汎言語主義の病弊であり、不当な、言葉への期待と寄りかかり過ぎの結果であることに思いをいたすであろう。だから今こそ、言語至上主義の呪縛に対して注意を向けなければならない時であろう。

（豊田国夫『日本人の言霊思想』講談社。ただし、本文に一部省略・改変がある。）

（注）実弾――俗語で札束・現金のこと。

問一　傍線部(1)～(3)の片仮名の部分と同じ漢字を使うものをそれぞれ一つずつ選び、マークせよ。

(1)　センノウ

1　ショウカセンを閉める
2　センレンされた着こなし
3　地下にセンプクする
4　人気をドクセンする

　ここでは、「言葉の蔑視」がまことに日本人の特質になってしまったのではないのかと考え、言葉の死が確認された後、もっとも強大な実力を発揮し得るものは誰かと問いかけ、それは旧憲法下で、あらゆる言葉をこえてクンリン(2)した力が何であったかとたたみかけている。

　また、日本人にとって、言葉の真の機能の回復は不可能なのかと問いかけることは、あらためて日本人とは何かと考えることにつながるともいっていた。

　これは、敗戦記念の機会をとらえて現行憲法が、いかに生命をなくした言葉の形骸をさらしているかということを批判しているのである。言葉を生きかえらせるということは、単に言葉のみの問題ではないのである。現代の人びとが望むべき、言霊の生きる世界とはまさしくここにいうような、言葉と内容とが一致する世界のことでなければならない。

　議会や施政方針などの演説では、よく内外の重要問題について、「解決をはかる」「ソクシン(3)してゆく」「育成をめざす」「最善の努力を傾ける所存」などの言葉を常套（じょうとう）とする。だが、これらの言葉は美しく響く反面うつろな感じをあたえるのはなぜであろうか。それは美しい言葉であるにもかかわらず、その背後に無ければならないもっとも大切な、国民に対する政治家の誠意というものが欠けているからである。ところが、自民党代議士全体に対する言葉の「好悪調査」というものがある。そこでは、「誠意」とか「誠実」という言葉がトップになっている。そして、きらいな言葉は「かけひき」「実弾」(注)などであった（昭、四五・九・一七、朝日新聞、「自民党――保守権力の構造」――(96)）。「誠」の語が自民党代議士の最高の道徳観念で、「かけひき、実弾」などの語がきらいな言葉のトップにあるということは、現代社会の言霊思想の探求にはまことに興味ある問題を提供する。その現実から離れているのではなく、その世界にどっぷりつかっているからこその結果とよまれ、反応心理のあらわれと理解されるのである。

　Fこのような言葉と事実の背離という側面の一方では、人びとにその結合に対する欲求心を引き起すことになるものである。しかし、それはもともと背離という現象があってから、はじめてあらわれなければならないものであろうか。G古代的な言霊が現代

すべて宗教というものは、素朴な古代的言語観に固執するものであるが、いわば言霊思想(信仰)は、「始めにロゴスありき」というのと同様、始めから言語至上主義に発するものであった。しかし、これが行きすぎると、言葉が事物と等価値であり、事物の本質であり、外界のすべての現象は仮象で、「言葉にうつしとられたもの」のみが、事象の本質であると思うようになる。すなわちD言語の物神化の思想である。現代は、すべてのものごとが、言葉を通さなければ、本質に到達できないと考えるようになった。ここに言葉の呪縛現象がおきたのである。人びとは、言葉に呪縛されて、宣誓、誓詞、声明、布告、告示などを重視し、宣伝、広告、情報などの言葉表現に大きな価値をみとめるようになった。このような状況は、E表面的な民主主義の傾向でもあろうか。かくて、言語至上主義者たちは、言葉が単にコミュニケーションの媒体でしかないとみる道具観者たちと、実情の上で対立し、ときに相克現象をひき起す。呪縛されながらの言語生活で問題なのは、その二重構造のバランスであろう。

こうして、事実や実践よりも理論を第一義とみなし、観念的な言葉のみの抽象に終始するようになって、あしき言語至上主義の社会風潮が醸成される。これはやがて人間疎外につながり、言葉の生命を奪うことになる。生命を奪われた言葉の死は、その死骸を社会にさらすしかない。それが現代の言語不信の氾濫現象であろう。新聞も「言葉が死んでゆく時代」をとりあげるようになった(昭、四六・一一・一八、朝日新聞社説)。

昭和四十四年の敗戦記念日に、大江健三郎氏はこういっていた。

> 戦後の日本人は、憲法そのものについてすらも、建前の言葉と、現実の内容との背反に、しだいに鈍感になってきた国民だといわねばならないはずです。政府が、まず率先して、建前の言葉と現実の内容の乖離(かいり)に力をつくしました。それは、もっとも急進的な若い層に、少なくとも表面的にはあらゆる言葉への不信の傾向を植えつける効果をあげたともいえるでしょう。議会制民主主義が、ほかならぬ言葉によってなりたっている以上、それが言葉を蔑視する者たちによって最初に見捨てられるものであろうことも当然のように思われます。(昭、四四・八・一九、朝日新聞)

第三は、人間の持っている能力である言葉そのものから、ある力が使い手に伝わる、使う人にも「気のつかない作用」。

この、第一にいう力とは、第三にいうハタラキが人間に現われることから、古代人は、言葉そのものに魔力があるように考えてしまい、言葉をオソレ、ウヤマウ態度、習慣が信仰にまでなったものである。たとえば「蛇」という言葉からの直接的感情は、本物に接したときと同様あるいはそれ以上の刺戟(しげき)をうけ、あたえる。あるいは「実際に見ない人にも、事を知らせることができる」伝達機能も、ひとつのかくれた魔力であるなどという(『コトバの心理と技術』)。B信仰、悪用、作用のうち、作用のなかには言葉本来の性質がどうしても残る。これが信仰化されてきた「ある力」の魔力である。言葉は厳密に論理的な意味で用いられることは少ない。話し手、受け手、遣い方、構え方などにより、ずいぶん変化が多い。この自在な作用がもつC「論理性の不完全さ」というものも、たとえれば、言葉の魔力のカクレガといえよう。

相手を意のままに支配する、言葉の悪用面もあるが、カウンセラーが、言語技術を高度に利用して、クライエント(来談者)を好ましい方向に導くことや、造語とかスローガンによる世論操作も、人びとの心を動かす言葉の魔力の善用であり利用であろう。太平洋戦争中「言挙げせず」とか「海ゆかば」の歌意の利用、「欲しがりません勝つまでは」、鬼畜米英、一億総決起、八紘(はっこう)一宇、天佑(てんゆう)神助などの語句のはんらんは、戦意をあおるひとつの世論の(1)センノウ操作であった。これは、日本人の慣習的な、言葉に呪縛され易(やす)い民族性、すなわち汎言語主義的慣習の利用であった。言葉と事実との関係以外のところにおける、一定の方向の力が期待されたものである。

民主主義の組織には会議が多いが、その言葉のやりとりは、多分に言語魔術の雰囲気があり、格好の実践の場である。比喩の拡大、焦点のズラシとかボカシ、用語の工夫、情緒に訴えたり、不利益なことはいわないなどのゴマカシ論法は、まったく言葉の論理の不完全性に宿る、魔力の悪用である。

(中略)

国語

（八〇分）

〔一〕 次の文章を読んで、後の問いに答えよ。

言霊信仰（思想）とは、言葉の神秘な力の古来的信仰であるが、この現代的な意味が別に存在するとすれば、それはいったいどんなもので、その問題は何なのか。一見、科学的思考を離れたようにみえる神秘とか信仰の対象としての言葉の力とは、一体どのようなものであろうか。

（中略）

評論家の小林秀雄氏は、

上代の人々は、言葉には、人を動かす不思議な霊が宿つてゐる事を信じてゐたが、今日になつても、言葉の力を、どんな物的な力からも導き出す事が出来ずにゐる以上、これを過去の迷信として笑ひ去る事は出来ない。（『本居宣長』）

といって、言葉の力を認めた古代人の「尋常な生活の知慧（ちえ）」を評価している。物を動かすのに道具が便利であることを知ったように、彼らの生活経験でも、人の心を動かすのに、言葉の力の効験というものを知っていた。

これを大久保忠利氏によって現代風に解説すれば、三つに分けられる。

第一は、言葉そのものに「魔力的な力がある」と思われていた、昔の信仰の名残りで、祈禱（きとう）、呪文など。

第二は、日本製のウソ、ゴマカシ。

解答編

英語

I

解答　1－4　2－2　3－2　4－3　5－3　6－4

◆全　訳◆

≪バレンタインデーと赤いバラの関係≫

親密な関係にある人々にとって，真っ赤なバラによって恋愛感情を表す休日，バレンタインデーがある。しかし，なぜバラなのか？　そしてなぜ赤なのか？　バラはどのようにしてバレンタインデーと結びつくようになったのか？

それは，神話と実用性の融合に由来する。『リーダーズ・ダイジェスト』によると，赤いバラは最初ギリシャの伝承において愛と結びつくようになった。最初の赤いバラは，ギリシャの神アフロディテが白いバラでひっかき傷をつくってしまい，彼女の血がそのバラを赤い色に変えたときに生まれたのだという話もある。ほかにも，最初のバラはアフロディテの恋人であるアドニスが死に，彼女の涙が落ちた地面で育ったのだという話もある。

ロマンチックな贈り物として赤いバラを渡すという慣習は，19世紀のイングランドで広がったが，当時はさまざまな花に意味を与えることが人気になった。誰かに自分の恋愛的関心を伝えたいと思っている人にとって，それはバラを送ることを意味していたのだ。特に赤いバラが愛の象徴となったのは，それらが視覚に強く訴えるもので，このことが赤いバラを特別なもののように見せたからである。

実用的な面でいうと，ほかの花とは違って，赤いバラは非常に輸送に強い。赤いバラは美しさと丈夫さという，花にとっての2つのよい特徴がうまく合わさっているのだ。しかしバラは高価であり，あなたがもし大金を使うよりも自分の愛を示すことの方に関心があるなら，自分の愛情を表現する別の方法を見つけてもいいかもしれない。

◀解　説▶

[1]　空欄直前のcome toは，come to *do*の形で「～するようになる」の意。本文では，*do*の部分がbeであるため，バラがバレンタインデーに対してどのようになったと言っているのかを考える。文意を通すには4の(be) associated with ～「～と結びついた」を選ぶのが適切である。

[2]　空欄の少し前のcausedは，cause *A* to *do*の形で「*A*が～する原因になる，(結果として) *A*に～させる」の意になる。空欄を含む文の冒頭にはSome stories say that the first red rose was created … とあり，空欄を含む節はそのstories「話」を詳しく説明した部分にあたる。アフロディテの血が，バラがどうなる原因になったかを考え，2のturn red「赤くなる」を選ぶのが適切である。

[3]　空欄に入れる選択肢が動詞であることから，直前のgiving meaning to different varieties of flowersは主語と考えられる。空欄を含む文の前半に「ロマンチックな贈り物として赤いバラを渡すという慣習が19世紀にイングランドで広まった」とあることや，空欄直後の第3段第2文(For those wishing …) で恋愛感情を伝えるためにバラを贈ったという内容があることから，「さまざまな花に意味を与えること」が当時どうなったのかを考える。2のbecame popular「人気になった」を選ぶと文意が通る。

[4]　空欄の前にあるmadeは使役動詞で，make *A* *do*の形で「*A*に～させる」の意となる。thisは直前に書かれている「赤いバラが視覚に強く訴えるものだった」という内容，themはred rosesを指す。視覚に強く訴えることが赤いバラをどのようなものにしたのかを考えると，3のseem special「特別なものに見える」が最も適切である。

[5]　空欄直後のtwo good characteristics for flowers「花にとっての2つのよい特徴」が，空欄の言い換えであることに注目。第3段最終文 (Red roses in …) で，赤いバラのもつ魅力的な見た目の特徴が述べられる一方，最終段第1文 (Practically speaking, …) では「赤いバラは非常に輸送に強い」という実用面のバラの特徴を述べている。この2つが「花にとっての2つのよい特徴」の具体的内容であり，これに当てはまるのは3のbeauty and strength「美しさと丈夫さ」である。

[6]　空欄を含む節は，「あなたは…する別の方法を見つけてもいいかもし

れない」の意味。さらにその直前（However, roses … lots of money,）に「バラは高価であること」と，「もし大金を使うよりも自分の愛を示すことの方に関心があるなら」という条件があることから，空欄には「自分の愛を示す別の方法」という内容になるような選択肢を選ぶのが適切だと考えられる。これに最も当てはまるのは，4の express your affection「自分の愛情を表現する」である。

Ⅱ　解答

7－4　8－4　9－1　10－1　11－3　12－4　13－3

◆全　訳◆

≪南極大陸を最初に「発見」したのは誰？≫

南極大陸の発見から 200 年，その氷の大陸は科学的探検の目的地であり，冒険と氷の危険のある場所として知られている。しかし，その新大陸を発見したのは本当は誰なのだろうか？　それは，「発見した」というのをどう定義するかによって変わる。南極大陸の最初の重要な目撃例は，1820 年 1 月 27 日のロシア人探検隊によるものか，あるいはそのわずか 3 日後のイギリス探検隊によるものではないだろうか。

19 世紀初頭までに，探検家たちは「未知の南方大陸」という意味のテラ・アウストラリス・インコグニタと呼ばれる南方の巨大大陸を捜索中であった。地球の北半分にある陸地と釣り合いをとるために，広大な陸地が存在するに違いないと考えられていたのである。しかし，その大陸を見つけようとする早期の試みは失敗していた。ジェームズ＝クック船長は，1772 年から 1775 年にかけての航海中，その大陸を探すのに 3 年間を費やしていた。その遠征でクックと隊員は南極圏までは進んだが，彼は南極大陸を見つけることはできず，最終的には断念したのである。

しかし，これではまだ終わらないのだとクックは確信していた。「南極点の近くには必ず陸地の部分があり，そこがこの広大な南極海にある大部分の氷の源であると，私は強く思っている」と，彼は探検誌の最後に書いたのである。しかし，彼は「この未知で氷に閉ざされた海の中で海岸を探すことはとても危険なので，私が行ったところよりもさらに進もうという人はきっといないだろうし，南にあるかもしれない陸地は決して探索されることはないだろうと，私は確信している」と付け加えた。後からわかったことだが，クックは彼の旅において，ある時点では南極大陸の海岸からほんの 129 キロメートルのところまで到達していたのである。

クックの探検は他の探検家を勇気づけたが，成功した人は誰もおらず，「未知の南方大陸」を見つけることは不可能だと考えられていた。その後，南極大陸の調査は再燃した。領土と経済力を求めた地球規模の競争によって，ロシア，イングランド，アメリカ合衆国の探検家たちが，南極大陸を目指したのである。

1819 年，ロシアは海軍士官のファビアン＝フォン＝ベリングスハウゼンに，クックよりもさらに南へ到達せよという課題を与えた。1820 年 1 月 27 日，彼は現在クイーン・モード・ランドとして知られる南極の地域についた棚氷らしき硬い氷を見ていた。自分には同志がいることを，彼は知らなかった。3 日後，イギリスの海軍士官であるエドワード＝ブランスフィールドが，南極半島の先端を見ていたのである。

専門的にはフォン＝ベリングスハウゼンが最初に未知の大陸を発見したことになるのだが，彼の日誌の誤訳により，彼は実際には大陸を目にしていないと歴史家たちが考えてしまったせいで，彼の功績は何十年もの間認められなかった。アメリカの探検隊も後れを取っていたわけではない。猟師兼探検家のジョン＝デイヴィスは，1821 年に初めて南極大陸に足を踏み入れた人物であった。

人々が南極大陸に降り立った後，誰が南極点に到達するかという新しい競争が始まった。最初に到達したのはノルウェーの探検家ロアルド＝アムンセンで，1911 年 12 月 14 日のことだった。そのわずか 1 カ月あまり後，イングランドの海軍士官ロバート＝ファルコン＝スコットも，南極点を発見した。彼の帰還は悲惨な結果となった。スコットのグループは全員死亡し，その遠征は今でも失敗だったとみなされている。しかし，アムンセンが彼の業績を称える式典でロンドンの王立地理学協会に対してスピーチを行った際，イギリス人参加者たちは彼にではなく探検隊の犬に声援を送ったのである。南極大陸は寒冷ではあるかもしれないが，その大陸が探検家やその勝者の心にたぎらせる情熱は，確かに熱いものなのだ。

◀解　説▶

7 「本文によると，19 世紀初期の探検家たちが南極大陸が存在すると信じていたのは…ためである」

設問にある19th century に注目する。第2段第1文（By the early 19th century, …）に「探検家たちは南方の巨大大陸を捜索中だった」とあり，続く第2段第2文（It was thought…）にその根拠として「地球の北半分にある陸地と釣り合いをとるために，広大な土地が存在するに違いないと考えられていた」とある。したがって，4.「地球の南半分にはより多くの土地があると考えられていた」が正解。

8 「航海の後で，キャプテン・クックが考えたのは…ということである」
キャプテン・クックの探検後の話は，第3段（Cook was…in his journey.）に書かれている。第3段第3文（However, he added, …）の後半に the lands which may lie to the south will never be explored.「南にあるかもしれない陸地は決して探索されることはないだろう」とあることから，4.「南極に存在すると考えられている土地は決して見つからないだろう」が正解となる。

9 「ロシアとイギリスの探検隊は…」
ロシアとイギリスの探検隊については，第5段（In 1819, Russia…）で述べられている。第5段第2文（On January 27, …）に「彼（＝ロシアの海軍士官ファビアン＝フォン＝ベリングスハウゼン）は現在クイーン・モード・ランドとして知られる南極の地域についた棚氷らしき硬い氷を見ていた」とあり，第5段最終文のコロン以下（Three days later, …）に「イギリスの海軍士官であるエドワード＝ブランスフィールドが，南極半島の先端を見ていた」とある。これらの内容から，ロシアとイギリスはほぼ同時期に南極大陸を発見していたことがわかり，1.「最初に南極大陸を実際に目にした」が最も適切である。

10 「南極大陸に最初に足を踏み入れた人は…であった」
最後から2つ目の段最終文のコロン以下（John Davis, …）に「ジョン＝デイヴィスは，1821年に初めて南極大陸に足を踏み入れた人物であった」とあることから，1.「ジョン＝デイヴィス」が正解。

11 「南極大陸の発見後，…」
設問に「After the discovery of Antarctica」とあることから，その内容に当たる部分を探す。最終段第1文（After people set…）に「誰が南極点に到達するかという新しい競争が始まった」とあることから，3.「探検家たちは最初に南極点を見つけようとした」が正解。

⑫「この本文が私たちに示しているのは，南極大陸が…ということである」
本文では，南極大陸を目指した探検家たちについて書かれており，中には死亡してしまった探検家もいることが述べられている。第1段第1文(Two hundred years …）には「南極大陸の発見から200年，その氷の大陸は科学的探検の目的地であり，冒険と氷の危険のある場所として知られている」とあるため，4.「多くの探検家たちを危険な旅に出るよう促した」がこの内容に合っているものであり，正解である。最終段最終文(Antarctica may be …）を見ると，「南極大陸が探検家やその勝者がその心にたぎらせる情熱は，確かに熱いものだ」と書かれており，これもヒントになるだろう。
⑬「この本文に最もふさわしいタイトルはどれか？」
この本文は，南極大陸の発見とそれを目指した探検家たちについて述べた文章である。したがって，3.「南極大陸を発見した男たち」が正解。1は the Poles と複数になっていることに注意したい。この場合は南極だけでなく北極も含まれることになる。北極に関しては本文に記載がないため，選択肢としては不適切である。

III　解答　⑭－1　⑮－1　⑯－1　⑰－1

◀解　説▶

⑭「来週の今頃は，私は海辺で座っているだろう」
This time next week は「来週の今頃」の意。未来のことを表す副詞として使われており，来週自分が何をするつもりなのかを述べる文だと考えればよい。後半に「海辺に座っている」とあるため，来週は海に行く予定であると考え，1の「来週海辺に行くことを計画している」が正解となる。2を選んだ人もいるかもしれないが，a weekly vacation という表現に注意が必要である。weekly には「週一回の，毎週の」または「週ぎめの(契約の)，一週間分の」といった意味がある。いずれにせよ「休みをとって…」ということになるが，与えられた英文には「休みをとる」といったニュアンスは読み取れないことに加え，2では，休みをとる時期の情報も含まれていないので，不適。

15 「君のやろうとしていることや言おうとしていることはいつもわかる」
後半の what you're going to do or say は「あなたがやったり言ったりしようと思っていること」の意。それをいつでも知っているということなので，１の「あなたは私にとって（行動の先が読めてしまうので）面白みがない」が正解となる。predictable は「予測できる」の意から，「意外性がない，つまらない」の意で用いることができる。

16 「向こうのあのテーブルに移動していただけませんか？」
Would you mind ～? の用法に注意すること。mind の直後にくる *doing* は相手の行動を示し，「あなたは～することを気にしますか？」の意から，〈丁寧な依頼表現〉として「～していただけませんか？」という表現になる。move to ～ は「～に移動する」の意となるので，この文の意味は相手に向こうのテーブルに移動してほしいということになり，１の「代わりに向こうのあのテーブルを使っていただけませんか？」が正解である。
なお，Would you mind my *doing* の形になると，*doing* は自分の行動を示し，「あなたは私が～することを気にしますか？」の意から「～してもいいですか？」の〈丁寧表現〉となる。答える場合も注意が必要で，かまわない場合は「気にしない」ということになるため，No(, I wouldn't.) や Of course not. を用いるのが正しい返答である。返答の仕方が出題される場合もあるので，覚えておこう。

17 「ジェーンは実際は医者なのに，私は彼女を弁護士だと思っていた」
when は，(al)though のような「～にもかかわらず，～だが」という意味の用法もある。in fact は「実際には，実は」の意。前半が I thought と過去形で書かれており，実際はジェーンは医者なのに，過去にはジェーンが弁護士だと話者（I）が思っていたということを述べている。したがって，１の「ジェーンが弁護士ではなく医者であることを，今は私は知っている」が正解。

Ⅳ 解答

18－１　19－４　20－４　21－２　22－２　23－２
24－４　25－１

◆全　訳◆

≪カナコがアルバイトをしたい理由は？≫
カナコが父と話をしている。

カナコ：お父さん，前にダメだって言われたのはわかってるけど，本気でアルバイトをしたいのよ。

父　　：またかい？　前にも言ったけど，高校生のうちは働いてほしくないんだよ。

カナコ：わかってるわ，でも本当にお金を稼ぎたいの。

父　　：友達にもっと時間を使ったり，クラブに入ったりしたらどうだい？

カナコ：うーん，友達はもうたくさんいるし，クラブも興味がないのよ。

父　　：いったん働きだしたら，そればかりになってしまうのが心配なんだよ。

カナコ：そんなことないわ。約束する，一生懸命勉強するから。

父　　：ところで，なんでお金が必要なんだい？　毎月お小遣いはあげてるじゃないか。

カナコ：ええ，それはありがたいんだけど，それじゃ足りないのよ。

父　　：どういう意味だい？　何をするのに足りないっていうんだい？

カナコ：これをお父さんに言うのもおかしな話なんだけど，卒業式の後でお礼のプレゼントとしてお父さんとお母さんを旅行に連れて行ってあげたいの。

父　　：なんだって？

カナコ：サプライズのつもりだったんだけど，もうばれちゃったわね。

≪クーポンが使えないのはなぜ？≫

スーパーのレジで

客　：この割引クーポンを使いたいんですが。

店員：承知しました。こちらのバーコードリーダーにかざしてください。

客　：わかりました。こうですか？

店員：そうです。ありがとうございます。あら，こちらは使用できないですね。割引商品にはこのクーポンを適用することができないんです。

客　：あれ，このクーポンは全食品に使えるものですよね？　トマト，牛乳，肉，メロン。これが私が買おうとしているものですけど。

店員：うーん，少々お待ちください。店長に聞いてみますので。

数分後…

店員：こちらのクーポンは特別セールの商品には利用できないんです。

客　：わかってます。そういったものは何も含まれていないんですが。

店員：ああ，確かにおっしゃる通りですよね。じゃあおかしいですね。クーポンをもう一度確認してもよろしいですか？

客　：もちろんです。どうぞ。

店員：あっ，やっとわかりました。こちら期限が切れてしまっているのだと思います。

客　：でもこのクーポンには3月31日まで有効だと書いてますよ。

店員：そうなんですが，それは去年のものなんです。申し訳ありません。

◀解　説▶

[18]　直前のカナコの発言（Dad, I know …）に「前にダメだと言ったのは知っている」とあるのがヒント。同発言からは，カナコは以前父にダメだと言われた「アルバイトをしたいこと」を，再度父に伝えていることがわかる。この流れに合うのは，1の Again?「また？」である。

[19]　直前の父の発言（I'm worried that …）に，「いったん働き始めると，それに集中しすぎるようになるのが心配だ」とあり，それに対し空欄b直後の返答でカナコは「約束する」「一生懸命勉強する」と述べている。つまりカナコはアルバイトばかりに集中することはないと父に伝えたいのであり，それを踏まえると，4の That's not going to happen「そんなことは起こらない」が最も流れに合う答えである。

[20]　直前のカナコの発言（Yes, I appreciate …）にある「それ（＝父が毎月カナコに与えているお金）では足りない」に対して，父は空欄c直後で「何をするのに足りないのか」と尋ねている。父は，カナコがお金が足りない理由がわかっていないという流れなので，4の What do you mean?「どういう意味？」を選ぶのが最も適切である。

[21]　空欄d直前のカナコの発言に，It was supposed to be a surprise「それはサプライズにするつもりだった」とある。It は，最後から2番目のカナコの発言（I can't believe …）にある「卒業式の後でお礼のプレゼントとして父と母を旅行に連れて行くこと」を指す。サプライズにするはずだった内容を父に伝えてしまっていることから，2の now you know「もうあなたは知っている」が流れに合う。1の it actually is は，文脈上 is の後に省略されているのが a surprise になり，文意が通らなくなるため不適。

22　割引クーポンを使いたいという客に対する店員の対応として，適切なものを選ぶ。空欄 e 直後に「バーコードリーダー」とあるので，2 の hold it up to を選び，「それをバーコードリーダーのところに掲げる〔のところまで持ち上げる〕」とするのが正解。it は the discount coupon を意味する。

23　空欄 f の直前を見ると，客は自分がレジに持ってきた食品を具体的に列挙していることがわかる。この流れで空欄 f に入るのは，2 の That's what I've got.「これが私が買おうとしている〔レジに持ってきた〕ものだ」である。what は関係代名詞で，「S が V するもの」の意になることに注意すること。

24　店員に「このクーポンは特別セールの商品には利用できない」と言われた後の客の発言である。客の第 3 発言第 1 文（Well, this coupon …）から，客は自分の出したクーポンが使えないことをおかしいと思っていることがわかる。また，空欄 g 直前に I know とあることから，特別セールの商品は買っていないという意味合いの発言になるよう，4 の I don't have any of those を入れるのが最も適切である。

25　最後から 2 つ目の店員の発言第 1・2 文（Oh, now I see. … not valid anymore.）で，「クーポンの期限が切れてしまっている」ことが読み取れる。それに対して客は最後の発言（But this coupon …）で「このクーポンは 3 月 31 日まで有効だ」と主張している。有効だと思っていた日付が期限切れということは，それが去年のものだったという流れであれば文意が通るため，1 の last year が正解となる。

V　**解答**　26－2　27－1

◀解　説▶

26「国際宇宙ステーションは，建設から 20 年以上たっており，その使用期限が迫ってきている。NASA は 2031 年，その宇宙ステーションを太平洋に墜落させる計画をしている。より正確に言えば，墜落の目標地点はニュージーランドの東に約 3000 マイル行ったところにある，ポイント・ネモである。そこは何年も利用されており，宇宙船の墓地として知られている。しかしそれまでに，国際宇宙ステーションはより多くの調査と国際協力を促進するために使われるだろう」

与えられた英文が「国際宇宙ステーションは，建設から20年以上たっており，その使用期限が迫ってきている」という内容から始まっており，それにつながる流れを考える。まずBを選び，使用期限が迫るその宇宙ステーションを太平洋に墜落させる計画があるという流れにする。次に，DのMore specifically「より正確に言えば」に注目する。「墜落の目標地点はニュージーランドから約3000マイル東のポイント・ネモ」という場所であることが書かれており，これがBにある「太平洋」をより正確に述べたものと考える。さらに，そのポイント・ネモの説明として適切なものを考えると，Aのis known as the spacecraft graveyardという記述から，同文冒頭のItが内容的にポイント・ネモを指すことがわかる。したがって，B→D→Aの流れとなり，最後に残ったCのuntil thenが，「国際宇宙ステーションがポイント・ネモに墜落するときまで」を指すものとして最後にくる。よって，２のB→D→A→Cが正解となる。

27 「インターネットのストリーミングは，人々が音楽を聴く主要な方法となった。その結果，音楽CDの売り上げは劇的に減少した。奇妙なことに，CDとは対照的に，レコードの売り上げが若者の間で増えてきているのだ。なぜ彼らはこの古く不便な形態のメディアに関心があるのだろう？その魅力は，大きく芸術的なカバーと，コレクションをしていく楽しみにあるようだ」

Aの冒頭にあるAs a resultに注目。「その結果」の意で，続きに「音楽CDの売り上げは劇的に減少した」とあり，与えられた英文の「インターネットのストリーミングは，人々が音楽を聴く主要な方法となった」ことの結果としてつながるため，まずAがくると判断できる。次に，Dのin contrast to CDsに注目する。in contrast to ～は「～と対照的に」の意で，手前に出てくる内容と対比する場合に用いる。したがって，Aで述べられたCDの〈対比〉としてレコードの話題がくると考え，A→Dの流れができる。そして，Dのrecordsや最後にあるyoung peopleを指すものとしてBのtheyやthis older and less convenient form of mediaがくると考え，最後にBで述べられた「なぜ彼らはこの古く不便な形態のメディアに関心があるのか」という疑問に対する答えとして，「大きく芸術的なカバーと，コレクションをしていく楽しみが原因である」と述べている

Cがくる。Cの due to～は「～が原因で，～のためで」の意。よって，1のA→D→B→Cが正解となる。

Ⅵ　解答　28－1　29－4　30－3　31－2

◀解　説▶

28「自分たちの利益を最大化するために，イギリスのギャンブル産業は客が賭けられる金額を調整している。たとえば，ある客がずっと勝っていれば，そのときは客が賭けられる額は減る。一方で，ある客がずっと負けていれば，その場合，賭けられる限度額は増える」

空欄を含む文の冒頭にある On the other hand がヒント。on the other hand は「一方で」の意で，手前に述べられた内容と対照的な内容を述べるときに用いる。第2文（For example,…）で「ある客がずっと勝っていれば，その場合，客が賭けられる額は減る」とあるので，これと反対の内容になるものを選べばよい。空欄の直前に「ある客がずっと負けていれば」とあるので，1を選べば文意が通る。

29「犬にしっぽがある理由はいろいろある。まず，しっぽによって犬はバランス感覚が得られる。次に，しっぽは犬に温かさを与える。最後に，しっぽは私たちの眉毛のような働きをしている。しっぽは感情を表すことができるのだ。つまり，しっぽは犬が他者に感情を伝えるのにも役立っているのである」

空欄を含む文の冒頭にある That is は「つまり」の意で，それまでの内容のまとめや言いかえに用いられる。同文直前（Finally,… display emotions）を見ると，「私たちの眉毛のような働きをしている」「感情を表すことができる」とあることから，4が正解である。選択肢にある feelings が本文の emotions の言いかえになっていることに気づくと，わかりやすいだろう。

30「最近のある研究で，定期的に他人との会話に参加していない人は，脳機能の低下に悩む可能性がより高くなるということがわかった。学習と思考をつかさどる脳の部位がより小さくなってしまうのだ。これらの結果が示唆するのは，頻繁にコミュニケーションをとることが知的能力にとって重要であるということだ」

第１文（A recent study …）に書かれている研究内容を把握する。同文には「定期的に他人との会話に参加していない人は，脳機能の低下に悩む可能性がより高くなる」とあり，また続く第２文（The parts of …）に「学習と思考をつかさどる脳の部位がより小さくなってしまう」とあることから，それらがどんなことを示唆しているかを考えればよい。３が正解。mental は「精神の，心の」という意味で覚えている者が多いが，「知能の，知的な」の意もあり，本問はこちらの意で使われていることに注意しよう。

31 「『自転車置き場の議論』とは，些細な問題に多くの時間を使いすぎてしまう一方で，重要な問題が放置されたままになるという，私たちの傾向を説明するものである。重要な試験に向けて勉強しなければならないのに，部屋の掃除をするのに何時間も使ってしまうときには，あなたは自転車置き場の議論的になっているのだということがわかる」

Bikeshedding という聞きなれない単語から始まるが，こういった未知の語句の後は必ず具体的な説明がなされるので，落ち着いて読むこと。続きを読むと，Bikeshedding という言葉は「些細な問題に多くの時間を使いすぎてしまう一方で，重要な問題が放置されたままになる」という状況を表す言葉であるとわかる。この内容を踏まえたうえで，続きを読み進めればよい。第２文（You know you're …）にある you need to study for an important exam は，「放置されてしまう重要な問題」の具体例として書かれたものであると推測できる。したがって，空欄に入る内容は「些細な問題だが時間を使いすぎてしまうもの」の具体例のはずである。よって，２の「部屋の掃除に何時間も使う」が最も適切である。

Ⅶ 解答

32－４　33－４　34－２　35－４　36－４　37－３
38－４　39－３　40－２　41－２　42－４　43－２
44－１　45－２　46－１

◀解　説▶

(A)「今年の終わりに，私の弟たちは再びパリを訪れたいと思っている。もし彼らがパリに行ったら，合計で３回行ったことになる」

32 「もし彼らが（パリに）行けば」という未来の〈仮定〉になっているので，空欄には「行った（ことがある）ことになる」という意の未来完了形になるよう4を入れるのが正解。have been to〜で「〜に行ったことがある」の意だが，副詞の there につながるときは to は不要で，have been there「そこに行ったことがある」となるので，注意すること。

33　in total「総計で」　1．as much「同様に」　2．at once「すぐに」

(B)「この地域におけるバスの便は，週末はとても不便だ」

34　バス運行は this community「この地域」という一定の広さのある場所の中で行われているものだと考え，2の in を選ぶ。4の「語句不要」だが，たとえば I got up early this morning. のように，this 以下が〈時間〉を表す場合は前置詞が不要となる。今回は this community という〈場所〉を表しているため，不適。

35　very の後にくることから，形容詞の4が正解。

(C)「部屋が寒すぎると感じたら，遠慮なく暖房をつけてください」

36　cold を修飾できるものとして適切なものを選ぶ。4の too が正解。3の much が形容詞 cold を修飾する場合，cold を比較級や最上級の形にする必要があるので，今回は不適。

37　turn on は「〜をつける」の意。「その部屋の暖房をつける」という意になるよう，3の the を入れる。feel free to *do*「遠慮なく〜する」

(D)「ピクニックには私の折りたたみいすを持っていくつもりなので，あなたのは必要ありません」

38　intend to *do*「〜するつもりである，〜しようと思う」イギリスでは一部 intend *doing* も可という話もあるが，より一般的とされるのは intend to *do* の形なので，最も適切なものとしては4の to take がふさわしい。

39　動詞 need の直後に当てはまる語としては，目的語になるものを選ぶ。意味としてつながるのは「あなた（たち）のもの（＝いす)」という意味になる3の yours である。

(E)「彼らはついに，その大きな山を通過する幹線道路の新しいトンネルを完成させた」

40　動詞が finished と過去形になっていることから，助動詞である1・3・4は不可。副詞である2の finally が正解。

41　空欄直前の that は，the highway を先行詞にとる主格の関係代名詞。先行詞が三人称単数であることから，2の goes が正解。

(F)「私はその高級フレンチのレストランで，どのナイフとフォークを使うべきかわからなかったので，私の前に座っている人がすることをただただまねした」

42　直後に冠詞なしで名詞 knife (and) fork を従えることができ，to use とともに「どのナイフとフォークを使うべきか」という意味の名詞句を形成できる４の疑問詞 which が正解。１の how は，how to use a knife and fork であれば文法的には可。

43　２を入れ，in front of ～「～の前に」とするのが正解。３の next は next to ～「～の隣に」の形で使う。４の the back は，「～の後ろに」の意にはならないので注意すること。その場合は behind (me) を用いる。

(G)「あなたはオカモト一家が計画したパーティーには行かないと言っていましたね。私も行かないと思います」

44　空欄直後が going となっていることから，後に動詞の原形を伴う助動詞の２・３・４は不可。１の aren't が正解。

45　空欄に入るのは，the party を詳しく説明する過去分詞の後置修飾と考える。２の planned が正解。

46　否定文の後で「～もまた…ない」とする場合は，too ではなく either を用いる。１が正解。

Ⅷ　解答　47－２　48－１　49－２　50－２　51－２　52－４

◀解　説▶

47　「この国では，あらゆる種類の武器が禁止されている」
ban は「～を禁止する」の意。２の prohibited が正解。prohibit「～を禁止する」　１．own「～を所有する」　３．sell「～を売る」　４．use「～を使う」

48　「彼女はこの町で私が今までに出会った中で，最も有能なリーダーだ」
competent は「有能な」の意。１の capable「能力がある，有能な」が正解。２．experienced「経験豊富な」　３．likable「好感のもてる」　４．outgoing「社交的な」

49　「その問題の解決方法について，あなたにヒントをあげましょう」
hint は「ヒント，手がかり」の意。２の clue「ヒント，手がかり」が正

解。1．chance「機会」　3．pass「通行（許可）証」　4．report「報告書」

50 「今週の金曜日，新しい従業員と気軽な感じで集まる予定だ」
casually は「気軽に」の意。2の informally「形式ばらずに，非公式に」が正解。1．cheerfully「機嫌よく，快活に」　3．purposely「故意に，わざと」　4．quietly「静かに」

51 「画面上のこの図表を使って，新しい計画を説明させてください」
illustrate は「～を説明する」の意。2の explain「～を説明する」が正解。1．expand「～を拡大する」　3．judge「～を判断する」　4．replace「～を交換する」

52 「私たちはその計画の成功について共通の関心があります」
mutual は「共通の，共有した」の意。4の shared「共通の」が正解。1．deep「深い」　2．different「異なる」　3．related「関連した」

数学

◀経済・経営・法・現代社会・国際関係・外国語・文化・生命科学部▶

I

解答 (1)ア．$(3x^2+y^2)(x+3y)(x-3y)$

(2)イ．$\dfrac{\pi}{3} \leqq x \leqq \pi$　(3)ウ．$\sqrt{10}$　エ．$\dfrac{3}{4}\sqrt{15}$

(4)オ．66　(5)カ．-2　キ．5　(6)ク．2

◀解　説▶

≪小問６問≫

(1)
$$3x^4-26x^2y^2-9y^4=(3x^2+y^2)(x^2-9y^2)$$
$$=(3x^2+y^2)(x+3y)(x-3y) \quad \rightarrow ア$$

(2)　与式の両辺に -1 をかけて　　$\sqrt{3}\sin x-\cos x \geqq 1$

三角関数の合成を行うと　　$2\sin\left(x-\dfrac{\pi}{6}\right) \geqq 1$

$$\sin\left(x-\frac{\pi}{6}\right) \geqq \frac{1}{2} \quad \cdots\cdots ①$$

$0 \leqq x \leqq 2\pi$ より，$-\dfrac{\pi}{6} \leqq x-\dfrac{\pi}{6} \leqq \dfrac{11}{6}\pi$ で不等式①の解を求めると

$$\frac{\pi}{6} \leqq x-\frac{\pi}{6} \leqq \frac{5}{6}\pi$$

よって　　$\dfrac{\pi}{3} \leqq x \leqq \pi$　$\rightarrow$イ

(3)　△ABC において，余弦定理より

$$BC^2=AB^2+AC^2-2\times AB\times AC\times\cos\angle BAC$$
$$=2^2+3^2-2\times2\times3\times\frac{1}{4}=10$$

$BC>0$ より　　$BC=\sqrt{10}$　$\rightarrow$ウ

$0<\angle BAC<\pi$ より，$\sin\angle BAC>0$ であるから

$$\sin\angle\mathrm{BAC}=\sqrt{1-\cos^2\angle\mathrm{BAC}}$$

$$=\sqrt{1-\left(\frac{1}{4}\right)^2}=\frac{\sqrt{15}}{4}$$

したがって，△ABC の面積 S は

$$S=\frac{1}{2}\times\mathrm{AB}\times\mathrm{AC}\times\sin\angle\mathrm{BAC}$$

$$=\frac{1}{2}\times2\times3\times\frac{\sqrt{15}}{4}=\frac{3}{4}\sqrt{15}\quad\rightarrow\text{エ}$$

(4)　各科目の点数から 3 点を引いた点数をそれぞれ A，B，C，D とする。5 点満点だから A，B，C，D は 0，1，2 のいずれかで，その組み合わせは

$$3^4=81\text{ 通り}$$

このうち，$A+B+C+D$ が 0，1，2 のものは，点数の合計が最初に 3 点引いた分も合わせて 12 点，13 点，14 点となり合格しないので，81 通りからこれらを除けばよい。

$A+B+C+D=0$ は，すべて 0 点の　　1 通り

$A+B+C+D=1$ は，A，B，C，D のうち 1 つが 1 点でほかが 0 点だから

$${}_4\mathrm{C}_1=4\text{ 通り}$$

$A+B+C+D=2$ は，A，B，C，D のうち 2 つが 1 点でほかが 0 点，または 1 つが 2 点でほかが 0 点だから

$${}_4\mathrm{C}_2+{}_4\mathrm{C}_1=6+4=10\text{ 通り}$$

以上より，求める組み合わせは

$$81-(1+4+10)=66\text{ 通り}\quad\rightarrow\text{オ}$$

(5)　$x=1-2i$ が解であるから

$$(1-2i)^2+a(1-2i)+b=0$$

整理すると

$$(a+b-3)+(-2a-4)i=0$$

$a+b-3$，$-2a-4$ は実数より

$$\begin{cases}a+b-3=0\\-2a-4=0\end{cases}$$

よって　　$a=-2$，$b=5$　→カ，キ

(6)　$\displaystyle\int_0^t (x^3-3x^2+2x)\,dx=\left[\frac{x^4}{4}-x^3+x^2\right]_0^t$

$$=\frac{t^4}{4}-t^3+t^2=0$$

整理すると

$$t^2(t^2-4t+4)=t^2(t-2)^2=0$$

$t>0$ より　　$t=2$　→ク

II　解答

(i)ア．$\dfrac{\overrightarrow{\mathrm{OA}}+\overrightarrow{\mathrm{OC}}}{2}$　イ．$\dfrac{\overrightarrow{\mathrm{OA}}+\overrightarrow{\mathrm{OB}}+\overrightarrow{\mathrm{OC}}}{3}$

(ii)ウ．$\dfrac{\sqrt{14}}{8}$　エ．$-\dfrac{1}{32}$　オ．$\dfrac{\sqrt{3}}{16}$

(iii)カ．$\dfrac{1}{3}$，$\dfrac{5}{3}$

◀解　説▶

≪空間ベクトルの図形への応用（位置ベクトル，内積，面積，体積）≫

(i)　点Dは線分ACの中点であるから

$$\overrightarrow{\mathrm{OD}}=\frac{\overrightarrow{\mathrm{OA}}+\overrightarrow{\mathrm{OC}}}{2}\quad→ア$$

$\overrightarrow{\mathrm{OA}}\neq\vec{0}$，$\overrightarrow{\mathrm{OB}}\neq\vec{0}$，$\overrightarrow{\mathrm{OC}}\neq\vec{0}$，$\overrightarrow{\mathrm{OA}}\cdot\overrightarrow{\mathrm{OB}}=\overrightarrow{\mathrm{OB}}\cdot\overrightarrow{\mathrm{OC}}=\overrightarrow{\mathrm{OC}}\cdot\overrightarrow{\mathrm{OA}}=0$ より

$$\angle\mathrm{AOB}=\angle\mathrm{BOC}=\angle\mathrm{COA}=90^\circ$$

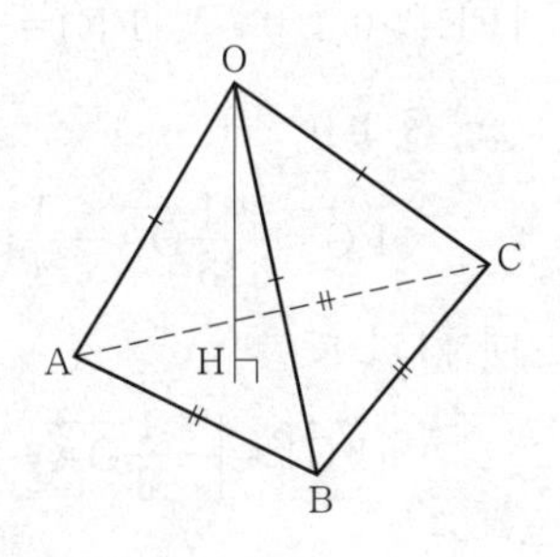

OA＝OB＝OC＝1 であるから，三平方の定理より

$$\mathrm{AB}=\mathrm{BC}=\mathrm{CA}=\sqrt{2}$$

△ABC は正三角形であるから，点Hは△ABCの重心である。

よって

$$\overrightarrow{\mathrm{OH}}=\frac{\overrightarrow{\mathrm{OA}}+\overrightarrow{\mathrm{OB}}+\overrightarrow{\mathrm{OC}}}{3}\quad→イ$$

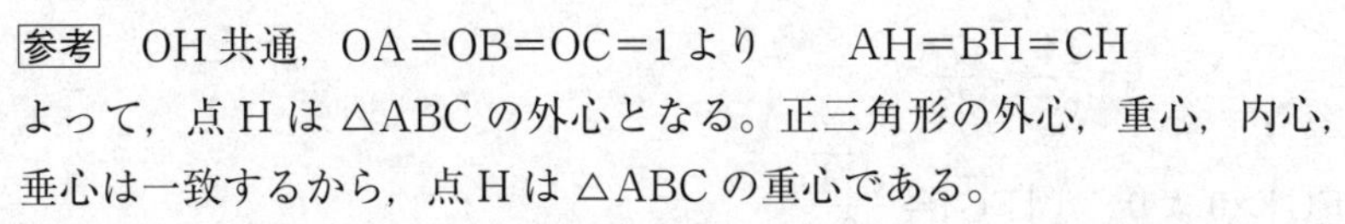

参考　OH共通，OA＝OB＝OC＝1 より　　AH＝BH＝CH

よって，点Hは△ABCの外心となる。正三角形の外心，重心，内心，垂心は一致するから，点Hは△ABCの重心である。

(ii)
$$\begin{cases} \overrightarrow{OE}=\frac{5}{8}\overrightarrow{OA}+\frac{1}{4}\overrightarrow{OB}+\frac{1}{8}\overrightarrow{OC} & \cdots\cdots① \\ \overrightarrow{OF}=\frac{1}{4}\overrightarrow{OA}+\frac{1}{2}\overrightarrow{OB}+\frac{1}{4}\overrightarrow{OC} & \cdots\cdots② \\ \overrightarrow{OG}=\frac{1}{8}\overrightarrow{OA}+\frac{1}{4}\overrightarrow{OB}+\frac{5}{8}\overrightarrow{OC} & \cdots\cdots③ \end{cases}$$

①，②より

$$\overrightarrow{FE}=\overrightarrow{OE}-\overrightarrow{OF}=\frac{3}{8}\overrightarrow{OA}-\frac{1}{4}\overrightarrow{OB}-\frac{1}{8}\overrightarrow{OC}$$

よって

$$|\overrightarrow{OA}|=|\overrightarrow{OB}|=|\overrightarrow{OC}|=1,$$
$$\overrightarrow{OA}\cdot\overrightarrow{OB}=\overrightarrow{OB}\cdot\overrightarrow{OC}=\overrightarrow{OC}\cdot\overrightarrow{OA}=0$$

より

$$|\overrightarrow{FE}|^2=\left|\frac{3}{8}\overrightarrow{OA}-\frac{1}{4}\overrightarrow{OB}-\frac{1}{8}\overrightarrow{OC}\right|^2$$
$$=\frac{1}{64}|3\overrightarrow{OA}-2\overrightarrow{OB}-\overrightarrow{OC}|^2$$
$$=\frac{1}{64}(9|\overrightarrow{OA}|^2+4|\overrightarrow{OB}|^2+|\overrightarrow{OC}|^2)$$
$$=\frac{14}{64}=\frac{7}{32}$$

$|\overrightarrow{FE}|>0$ より　　$|\overrightarrow{FE}|=\frac{\sqrt{14}}{8}$　→ウ

②，③より

$$\overrightarrow{FG}=-\frac{1}{8}\overrightarrow{OA}-\frac{1}{4}\overrightarrow{OB}+\frac{3}{8}\overrightarrow{OC}$$

同様にして

$$|\overrightarrow{FG}|^2=\left|-\frac{1}{8}\overrightarrow{OA}-\frac{1}{4}\overrightarrow{OB}+\frac{3}{8}\overrightarrow{OC}\right|^2$$
$$=\frac{1}{64}(|\overrightarrow{OA}|^2+4|\overrightarrow{OB}|^2+9|\overrightarrow{OC}|^2)$$
$$=\frac{14}{64}=\frac{7}{32}$$

$|FG|>0$ より　　$|\overrightarrow{FG}|=\frac{\sqrt{14}}{8}$

内積 $\overrightarrow{FE}\cdot\overrightarrow{FG}$ の値は

$$\overrightarrow{FE}\cdot\overrightarrow{FG}=\left(\frac{3}{8}\overrightarrow{OA}-\frac{1}{4}\overrightarrow{OB}-\frac{1}{8}\overrightarrow{OC}\right)\cdot\left(-\frac{1}{8}\overrightarrow{OA}-\frac{1}{4}\overrightarrow{OB}+\frac{3}{8}\overrightarrow{OC}\right)$$

$$=-\frac{3}{64}|\overrightarrow{OA}|^2+\frac{1}{16}|\overrightarrow{OB}|^2-\frac{3}{64}|\overrightarrow{OC}|^2$$

$$=-\frac{1}{32}\quad\to エ$$

△EFG の面積を S とすると

$$S=\frac{1}{2}\sqrt{|\overrightarrow{FE}|^2|\overrightarrow{FG}|^2-(\overrightarrow{FE}\cdot\overrightarrow{FG})^2}$$

$$=\frac{1}{2}\sqrt{\frac{7}{32}\times\frac{7}{32}-\left(-\frac{1}{32}\right)^2}$$

$$=\frac{1}{2}\sqrt{\frac{48}{32^2}}$$

$$=\frac{\sqrt{3}}{16}\quad\to オ$$

(iii)
$$|\overrightarrow{OH}|^2=\left|\frac{\overrightarrow{OA}+\overrightarrow{OB}+\overrightarrow{OC}}{3}\right|^2$$

$$=\frac{1}{9}(|\overrightarrow{OA}|^2+|\overrightarrow{OB}|^2+|\overrightarrow{OC}|^2)$$

$$=\frac{1}{3}$$

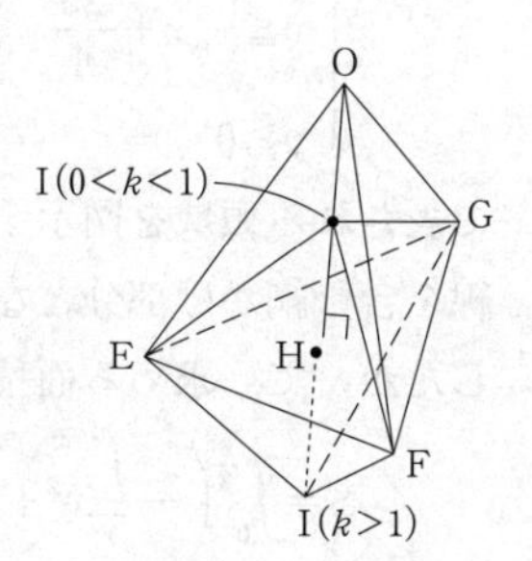

$|\overrightarrow{OH}|>0$ より　　$|\overrightarrow{OH}|=\frac{\sqrt{3}}{3}$

$0<k<1$ のとき

$$\frac{1}{3}\times S\times(1-k)|\overrightarrow{OH}|=\frac{1}{72}$$

よって，$\frac{1}{3}\times\frac{\sqrt{3}}{16}\times(1-k)\times\frac{\sqrt{3}}{3}=\frac{1}{72}$ を解くと

$$k=\frac{1}{3}$$

$k>1$ のとき

$$\frac{1}{3}\times S\times(k-1)|\overrightarrow{OH}|=\frac{1}{72}$$

よって，$\dfrac{1}{3}\times\dfrac{\sqrt{3}}{16}\times(k-1)\times\dfrac{\sqrt{3}}{3}=\dfrac{1}{72}$ を解くと

$$k=\frac{5}{3}$$

以上より，求める k の値は

$$k=\frac{1}{3},\ \frac{5}{3}\quad\to カ$$

Ⅲ 解答

(i)ア．(5，5)　イ．$\dfrac{45}{4}$　ウ．$0<a<10$

(ii)エ．$\dfrac{15-\sqrt{225-20a}}{2}$　オ．$\dfrac{25}{4}$

(iii)連立不等式

$$\begin{cases} y\leqq -\dfrac{1}{5}x^2+2x \\ y\leqq -x+\dfrac{25}{4} \\ y\geqq 0 \end{cases}$$

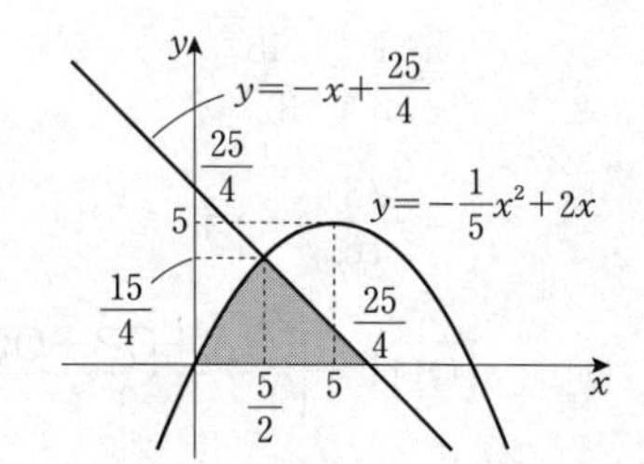

で表される領域を図示すると，右図の境界線を含む網かけ部分となる。

したがって，求める面積を S とすると

$$S=\int_0^{\frac{5}{2}}\left(-\frac{1}{5}x^2+2x\right)dx+\frac{1}{2}\times\left(\frac{25}{4}-\frac{5}{2}\right)\times\frac{15}{4}$$

$$=\left[-\frac{1}{15}x^3+x^2\right]_0^{\frac{5}{2}}+\frac{225}{32}$$

$$=\frac{125}{24}+\frac{225}{32}$$

$$=\frac{1175}{96}\quad\cdots\cdots(答)$$

◀解　説▶

≪直線と放物線の共有点，接線，不等式の表す領域，積分（面積）≫

(i)　$y=-\dfrac{1}{5}x^2+2x=-\dfrac{1}{5}(x^2-10x)=-\dfrac{1}{5}(x-5)^2+5$ より，C の頂点の座標は

(5, 5)　→ア

連立方程式

$$\begin{cases} y=-x+a \\ y=-\frac{1}{5}x^2+2x \end{cases}$$

を解くと　　$y=-\frac{1}{5}(a-y)^2+2(a-y)$

整理すると

$$y^2-(2a-15)y+a^2-10a=0 \quad \cdots\cdots ①$$

判別式を D とおくと

$$D=(2a-15)^2-4(a^2-10a)=225-20a$$

l と C がただ１つの共有点をもつとき

$$225-20a=0$$

よって　　$a=\frac{45}{4}$　→イ

l と C が２つの共有点をもつとき

$$225-20a>0 \qquad \therefore \quad a<\frac{45}{4}$$

このうち一方の y 座標が正，もう一方の y 座標が負となるのは，解と係数の関係より

$$a^2-10a<0 \qquad a(a-10)<0 \qquad \therefore \quad 0<a<10$$

$a<\frac{45}{4}$ と $0<a<10$ の共通範囲をとると

$$0<a<10$$　→ウ

(ii)　方程式①を解くと

$$y=\frac{(2a-15)\pm\sqrt{225-20a}}{2}$$

よって，点Ｅの y 座標は $y=\frac{(2a-15)+\sqrt{225-20a}}{2}$ であるから，点Ｅの x 座標は

$$x=a-\frac{(2a-15)+\sqrt{225-20a}}{2}$$

$$=\frac{15-\sqrt{225-20a}}{2}$$　→エ

$y=-\dfrac{1}{5}x^2+2x$ を微分して $y'=-\dfrac{2}{5}x+2$ より，Eにおける C の接線の傾きは

$$-\frac{2}{5}\times\frac{15-\sqrt{225-20a}}{2}+2=-1+\frac{\sqrt{225-20a}}{5}$$

l の傾きは -1 より，接線と l が直交するとき

$$\left(-1+\frac{\sqrt{225-20a}}{5}\right)\times(-1)=-1$$

$$\sqrt{225-20a}=10$$

両辺を2乗すると

$$225-20a=100$$

よって　　$a=\dfrac{25}{4}$　→オ

◀理・情報理工学部▶

I

解答 (1) 1，-1　(2) $\dfrac{3}{8}$　(3) $\dfrac{1}{3}$　(4) $\dfrac{4}{9}\sqrt{3}$

(5) $(-3,\ 5)$

◀解　説▶

≪小問５問≫

(1)
$$x^4-x^3+x-1=x^3(x-1)+(x-1)=(x-1)(x^3+1)$$
$$=(x-1)(x+1)(x^2-x+1)=0$$

よって，実数解は　$x=1,\ -1$

(2) 大中小３個のさいころの目がすべて奇数のときの確率は

$$\left(\frac{1}{2}\right)^3=\frac{1}{8}$$

大中小３個のさいころのうち２個が奇数，１個が４以外の偶数の目である確率は

$${}_3C_2\times\left(\frac{1}{2}\right)^2\times\frac{1}{3}=\frac{1}{4}$$

以上より，出る目の積が４の倍数にならない確率は，上の２つの確率の和であるから

$$\frac{1}{8}+\frac{1}{4}=\frac{3}{8}$$

(3)
$$\vec{a}+t\vec{b}=(1,\ -1,\ 1)+t(-1,\ 2,\ 1)$$
$$=(1-t,\ -1+2t,\ 1+t)$$

$|\vec{a}+t\vec{b}|\geqq 0$ より，$|\vec{a}+t\vec{b}|^2$ が最小になるとき $|\vec{a}+t\vec{b}|$ も最小になる。

$$|\vec{a}+t\vec{b}|^2=(1-t)^2+(-1+2t)^2+(1+t)^2$$
$$=6t^2-4t+3$$
$$=6\left(t-\frac{1}{3}\right)^2+\frac{7}{3}$$

よって，$|\vec{a}+t\vec{b}|$ を最小にする t の値は　$t=\dfrac{1}{3}$

(4) $\sin\theta\cos 2\theta+\sin\theta=y$ とおくと，２倍角の公式より

$$y=\sin\theta(1-2\sin^2\theta)+\sin\theta=-2\sin^{3}\theta+2\sin\theta$$

$t=\sin\theta$ とおくと，$0\leqq\theta\leqq\dfrac{\pi}{2}$ より，$0\leqq t\leqq 1$ であるから

$$y=-2t^3+2t\quad(0\leqq t\leqq 1)$$

$y'=-6t^2+2$ より，$0\leqq t\leqq 1$ における関数 y の増減表は右のようになる。

t	0		$\dfrac{\sqrt{3}}{3}$		1
y'		$+$	0	$-$	
y	0	↗	$\dfrac{4}{9}\sqrt{3}$	↘	0

したがって，求める最大値は

$t=\dfrac{\sqrt{3}}{3}$ のとき　　最大値 $\dfrac{4}{9}\sqrt{3}$

(5)　$x=2+i$ を $x^3+ax^2+x+b=0$ に代入して

$$(2+i)^3+a(2+i)^2+(2+i)+b=0$$
$$(2+11i)+(3+4i)a+(2+i)+b=0$$

よって

$$(3a+b+4)+(4a+12)i=0$$

$3a+b+4$，$4a+12$ は実数より

$$\begin{cases}3a+b+4=0\\4a+12=0\end{cases}$$

これを解くと　　$a=-3$，$b=5$

すなわち　　$(a,\ b)=(-3,\ 5)$

II　解答

(ア) $y=tx-\dfrac{t^2}{2}-\dfrac{5}{2}$　(イ) $\dfrac{t}{2}-\dfrac{5}{2t}$　(ウ) $(\sqrt{3},\ -1)$

(エ) 2　(オ) $3\sqrt{3}-\dfrac{4}{3}\pi$　(カ) $x^2+(y+3)^2=\dfrac{1}{4}$

◀解　説▶

≪円と接する放物線，円および接線の方程式，積分（面積）≫

$y=\dfrac{1}{2}x^2-\dfrac{5}{2}$ を微分して $y'=x$ より，D 上の点 $\mathrm{P}\left(t,\ \dfrac{1}{2}t^2-\dfrac{5}{2}\right)$ における接線の方程式は

$$y-\left(\frac{1}{2}t^2-\frac{5}{2}\right)=t(x-t)$$

よって　　$y=tx-\dfrac{t^2}{2}-\dfrac{5}{2}$　→(ア)

$t \neq 0$ のとき，直線OPの傾きを t で表すと

$$\frac{\frac{1}{2}t^2-\frac{5}{2}}{t}=\frac{t}{2}-\frac{5}{2t} \quad \to (イ)$$

円 C と放物線 D が接するのは，点Pにおける放物線の接線と直線OPが垂直のときであり，そのときの点PがAおよびBである。

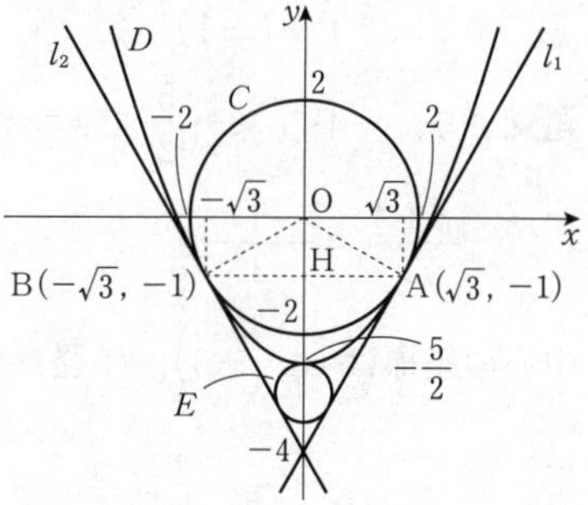

ただし，$t=0$ のとき，円 C と放物線 D は，点 $\left(0,\ -\frac{5}{2}\right)$ の1点で接するから，条件より $t \neq 0$ としてもよい。

$$t \times \left(\frac{t}{2}-\frac{5}{2t}\right)=-1$$

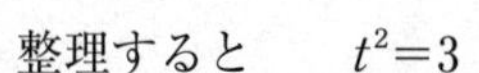

整理すると　　$t^2=3$

よって　　$t=\pm\sqrt{3}$

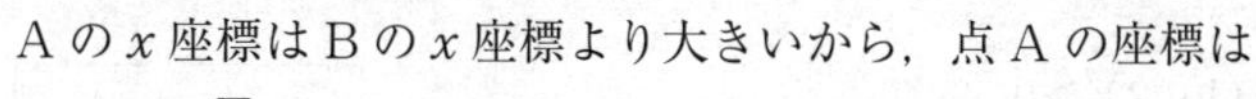

Aの x 座標はBの x 座標より大きいから，点Aの座標は

$$(\sqrt{3},\ -1) \quad \to (ウ)$$

C の半径 r は

$$r=\mathrm{OA}=\sqrt{(\sqrt{3})^2+(-1)^2}=2 \quad \to (エ)$$

点Bの座標は $(-\sqrt{3},\ -1)$ であり，直線ABと y 軸との交点をHとすると，$\mathrm{OA}=2$，$\mathrm{OH}=1$，$\mathrm{AH}=\sqrt{3}$ より，$\angle\mathrm{AOH}=\frac{\pi}{3}$ となる。

円 C，放物線 D は y 軸に関して対称であるから，C の弧ABの短い方と D で囲まれた図形の面積は

$$2\left\{\int_0^{\sqrt{3}} -\left(\frac{1}{2}x^2-\frac{5}{2}\right)dx-\frac{1}{2}\times 2^2\times\frac{\pi}{3}-\frac{1}{2}\times\sqrt{3}\times 1\right\}$$

$$=2\left\{\left[-\frac{x^3}{6}+\frac{5}{2}x\right]_0^{\sqrt{3}}-\frac{2}{3}\pi-\frac{\sqrt{3}}{2}\right\}$$

$$=3\sqrt{3}-\frac{4}{3}\pi \quad \to (オ)$$

円 E の中心の座標を $(0,\ e)$ とおく。

接線 l_1 の方程式は，$y=tx-\frac{t^2}{2}-\frac{5}{2}$ に $t=\sqrt{3}$ を代入して

$y=\sqrt{3}x-4$　　$\therefore$　$\sqrt{3}x-y-4=0$

円EはDの頂点$\left(0,\ -\frac{5}{2}\right)$を通るから

$$\frac{|-e-4|}{\sqrt{(\sqrt{3})^2+(-1)^2}}=\left|-\frac{5}{2}-e\right| \qquad \frac{|e+4|}{2}=\left|\frac{5}{2}+e\right|$$

題意より，$-4<e<-\frac{5}{2}$であるから

$$\frac{e+4}{2}=-\frac{5}{2}-e \qquad \therefore \quad e=-3$$

中心の座標は$(0,\ -3)$，半径は$\left|\frac{5}{2}-3\right|=\frac{1}{2}$であるから，円$E$の方程式は

$$x^2+(y+3)^2=\frac{1}{4} \quad \to (カ)$$

III　解答

(1)　$f'(x)=2^x\cdot\log 2-1$　……(答)

(2)　$f''(x)=2^x\cdot(\log 2)^2>0$

関数$f'(x)$の増減表は右のようになる。

x	1	
$f''(x)$		$+$
$f'(x)$	$f'(1)$	↗

$$f'(1)=2\log 2-1=\log\frac{4}{e}$$

$2<e<3$より，$2>\frac{4}{e}>\frac{4}{3}>1$であるから

$$f'(1)=\log\frac{4}{e}>\log 1=0$$

すなわち，$x\geqq 1$において$f'(x)>0$となる。　　　(証明終)

(3)　$1\leqq x\leqq 2$において，関数$f(x)$の増減表は右のようになる。

x	1		2
$f'(x)$		$+$	
$f(x)$	$\frac{3}{2}$	↗	$\frac{5}{2}$

よって　　$A(1)=1$　……(答)

$2\leqq x\leqq 3$において，関数$f(x)$の増減表は右のようになる。

x	2		3
$f'(x)$		$+$	
$f(x)$	$\frac{5}{2}$	↗	$\frac{11}{2}$

よって　　$A(2)=3$　……(答)

(4)　$n\leqq x\leqq n+1$において，関数$f(x)$の増減表は次

のようになる。

x	n		$n+1$
$f'(x)$		$+$	
$f(x)$	$2^n-n+\frac{1}{2}$	↗	$2^{n+1}-(n+1)+\frac{1}{2}$

よって

$$A(n)=\{2^{n+1}-(n+1)\}-(2^n-n+1)+1$$
$$=2^n-1 \quad \cdots\cdots(答)$$

(5)　x 座標，y 座標がともに整数である点を格子点と呼ぶことにする。(4)から，$n \leqq x \leqq n+1$（n は自然数）において，$f(n)=2^n-n+\frac{1}{2}$，$f(n+1)=2^{n+1}-(n+1)+\frac{1}{2}$ はともに整数ではないから，x 座標が 1 以上の整数のとき，y 座標が整数になることはない。

$f(0)=2^0-0+\frac{1}{2}=\frac{3}{2}$ で y 座標は整数ではない。

$f(-1)=2^{-1}-(-1)+\frac{1}{2}=2$ となり，y 座標は整数である。

m を 2 以上の整数とすると，$x=-m$ において

$$f(-m)=2^{-m}-(-m)+\frac{1}{2}=\frac{1}{2^m}+m+\frac{1}{2}$$

$0<\frac{1}{2^m}\leqq\frac{1}{4}$ より

$$m+\frac{1}{2}<f(-m)\leqq m+\frac{3}{4}<m+1$$

$f(-m)$ が整数になることはない。

以上のことから，x 座標が 0 以上，-2 以下の整数のとき，C 上に格子点は存在しない。　　（証明終）

また，C 上の格子点は，1 点 $(-1,\ 2)$ だけである。　……(答)

◀解　説▶

≪指数関数の微分，増減表，曲線上の格子点の個数≫

(1)　$a>0$，$a\neq1$ のとき $(a^x)'=a^x\log a$ を用いればよい。$2^x=e^{(\log2)x}$ を利用すると，$(2^x)'=(e^{(\log2)x})'=e^{(\log2)x}\cdot\{(\log2)x\}'=e^{(\log2)x}\cdot\log2=2^x\log2$ となる。

(2)　$f''(x)$ をとり，$f'(x)$ の増減表を作ればよい。

(3)　$1\leqq x\leqq2$ および $2\leqq x\leqq3$ において関数 $f(x)$ が単調増加であるから，

端点の値を調べることにより，$A(1)$，$A(2)$ の個数を求めればよい。

(4)　n は 1 以上の整数であるから，$2^n-n+\frac{1}{2}$，$2^{n+1}-(n+1)+\frac{1}{2}$ はともに整数でなく，それぞれ範囲内の直近の整数は 2^n-n+1，$2^{n+1}-(n+1)$ となる。

(5)　$x \geqq 1$，$x=0$，$x=-1$，$x \leqq -2$ に分けて，曲線 C 上の格子点を調べればよい。$x \leqq -2$ における整数 x に対して，$f(x)$ が整数になることはない。

問十一　2は監督の言葉に純粋に反応したり、友人に嫉妬したりするところが「感受性は豊か」の分析に対応し、教師の宿題や課題に真摯に対応する姿が「自分の欠点にも向き合える忍耐強い人」に対応するので、これが正解。

問十二　傍線部A・B・Cの前後のサリマに対する姿勢から〈優しい人間ではあるが、それをアピールする人物ではなく、組織の中で順応し、人間味を感じさせないようになった〉という性格が読み取れる。しかし、傍線部E1・E2からは、仕事に慣れることをよいことのように考えるサリマに「違う。だから、いいんだ」と、あえて止める所から、〈言うべきことは言える人物〉という面も読み取れる。よって、4が正解。1・3・5は社交的過ぎであり、2は優しさが読めていない。

問十三　繰り返し出てくる「違う」や「オレンジ」に注目すると自分だけの「違う」や「オレンジ」を模索する内容ととれる。よって、3が正解。1は心の傷の描写がほとんどないので、主題とするには根拠に乏しい。2も同様に、「違和感」の根拠となる周囲との摩擦がほとんど描かれていないので、主題としては読めない。4は「エリートの日本人女性（ハリネズミ）」との葛藤らしきものがあるのは傍線部D直後だけであり、緊張感を指摘できるほど、印象的に描かれていない。

かを……不器用な人」のようになることではない。サリマはこうなっていない、つまり何も自分を殺していないから
よいのである。よって、2が正解。

問七　問六を踏まえると、「監督が違うといって確かに否定したなにか」は〈サリマが仕事に順応しきって自分を殺すような状態になっていない〉ということである。傍線部F直後の「それは、……違いない」から、〈人と違う自分だけのアイデンティティ＝オレンジ〉とも読める。よって、1・2は明らかに違うので不可。残るは3と4だが、傍線部Fより、サリマの頭にあるのは「違う」という音ではなく、「違うといって確かに否定したなにか」である。よって、4が適切。

問八　傍線部G直前を踏まえれば「尊大な荒療治」とは、〈宿題を出すこと〉〈天気予報ばかり読ませること〉となる。そして、後者の理由は同じく傍線部G直前から「みんなの前で英語で発言することにすこしでも自信を持たせたい」となる。これを踏まえれば、3の「真面目な……元気づけたい」は不可。最終目標は1の「満足感を大きく」することでも4の「孤独から救う」ことでもないので、これらもともに不可。よって、2が正解。

問九　傍線部H直前より、「その空洞」とはサリマの中で「ずたずたになってしまっている」何かである。冒頭のリード文にあるサリマのつらい過去がそれにあたると考えられる。よって、1が正解。2は教師の振る舞いが空洞のもとになっているならば空洞が埋まるはずがないので、不可。3は、最終段落を踏まえるとサリマを救っているのは「監督や教師」ではなく、〈英語の上達〉であるので、不可。4は夫に対する否定的な感情は記載がないので、不可。

問十　問六・問七がヒントになる。監督の言う、サリマから抜けきっていないもの（「違う」原因となっているもの）が「オレンジ」である。よって「オレンジ」を監督への恋心と結びつける1は不可。2は傍線部Iの「違う」が意味をなさなくなるので、不可。確かに成長したが、それはまだ自分本来の「オレンジ」には至っていないと感じるので、訛りが強い自分本来の発音で「違う」というのである。4は「オレンジ」を語学の問題に限定しているので、不可。よって、3が正解。

と聞く人、……はにかんだ」から怒りは不可。むしろサリマに改めて理由を説明することに気恥ずかしさを感じたと考えるべきであろう。以上から1・2は不可。4の「女性一般に対する偏見」は読み取れない。〈サリマのことを理解している上司〉と見ていないことを「過小評価」ととれば3が適切。

問三　消去法が有効。傍線部Aの直前からサリマは自分が選ばれた理由がわからず驚いているが、それ以外の強い心情は読み取れない。よって、3の「この機会に……述べなくてもいい」や4の「監督が……口に出してはいけない」は明らかに行き過ぎた解釈となる。残る1・2だが、傍線部Aの直前にあるようにここでのサリマにとって重要なのは目の前の英語が読めないことではなく、自分が選ばれた事実である。よって、1の「英語が……見当がつかず」は不適。2が適切である。

問四　消去法が有効。傍線部C直前の記述を踏まえれば、「彼女の目の動きを……集中していた」、「あからさまな激しさといたわり」から、ここにあるのはサリマに対する親愛の情である。2は「感動を隠しきれない」が言い過ぎで、3は「涙」が不適切。4の「従業員に嫌われているのではないかという疑念」は、他の従業員の監督への評価が読めないので不可。したがって、正解は1。

問五　傍線部D直後の「エンプロイー・オブ・ザ・イヤーのこと……嫉妬した」が根拠となる。ここにあるのは嫉妬の気持ちである。評価の正当性が問題ではなく、後の内容を踏まえれば、サリマの能力（特に英語力）は決して高くはないので1は不可。2・4には嫉妬の要素がないので、不可。3は「たいしたことはない」が傍線部D直後の「どうでもよくなって」と対応し、「ハリネズミは」以降の記述が傍線部D直後の「ひたすら……嫉妬した」に対応する。よって、これが正解。

問六　「それ」の指示内容を正確にとらえることが重要。傍線部E1直前の会話を押さえると、監督が「ここでの暮らしになれましたか」と聞いたのに対し、サリマは「仕事にも」慣れたと答えている。ここから、「それ」はサリマが足した「仕事に慣れる」の部分とわかる。よって、1は不可。監督にとって仕事に慣れることは傍線部C直後の「なに

うち、傍線部A付近の内容に合うのは1。「人々を操り支配」と限定してしまうと統治手段や洗脳手段としての性質のみとなるので、4は不可。

二

出典　岩城けい『さようなら、オレンジ』（筑摩書房）

解答

問一　(ア)－4　(イ)－3　(ウ)－2

問二　3

問三　2

問四　1

問五　3

問六　2

問七　4

問八　2

問九　1

問十　3

問十一　2

問十二　4

問十三　3

▲解　説▼

問二　顔が赤く染まる場合、怒りか恥ずかしさがその原因となる心情である。今回の場合は、傍線部A直後の「そんなこ

民主主義」を「見捨て」ることである。以上を踏まえると、議会制民主主義を見捨てる主体として、１「不安を抱えた若者」、２「改革を求める若者」、３「一般の若者」、４「能力の高い若者」という違いが見いだせ、ここから２・４のみを残せる。４は疑う主体が「国民全体」になっているので、不可。よって、２が正解。

問八　「このような」とあるので、直前の段落より指示内容をまとめる。すると「言葉と事実の背離」とは、〈政治家の言葉の好悪と政治家の実際の行動が相反している〉となる。この内容があるのは、２・３。２の「国民が求めている言葉の方向性」までは前の段落からは読めないので、不可。よって、３が正解。

問九　指示語である「この辺」から押さえると、傍線部Ｇと同じ段落から〈背離という現象が生じる前に言葉と事実の結合に対する欲望が生じること〉とまとめられる。これを踏まえると、言葉と事実の結合に触れていない１と３は不可。４は「言葉が……古代ほどでなくても」の内容が読み取れないので、不可。よって、２が正解。

問十　傍線部Ｈを含む一文から「ムード表現の手段」とは「人びとが言葉に情緒的効果のみを期待する」結果生まれるものとなり、ここまでの三段落で対比的に述べられている〈事実が結合している言語〉を踏まえると、〈事実と結合せず単に情緒を伝えるだけの言葉〉となる。これを踏まえた選択肢は２のみ。よって、これが正解。１は「難しそうな言葉を使って……ふるまっても」が不可。３は「言葉の……思えるが」が不可。４は「人々が……流されてしまう」が不可。

問十一　「合致しないもの」という問い方に注意。１は蛇そのものについて特別な能力の説明はされていないので、不可。５は傍線部Ｆ・Ｇ・Ｈの前後の内容と矛盾。よって、この二つが答えとなる。２・３は傍線部Ａ・Ｂ・Ｃ前後の表記と合致。４は傍線部Ｄ・Ｅを含む段落と合致。６は最後の段落と合致する。

問十二　傍線部Ｇの前後を踏まえれば、古代人の言霊信仰をそのまま復活させるわけではない。よって、２・３の「古代人の言霊思想を復活させ」「古代の言霊信仰を復権させ」は不可。１・４については、前半の古代に関する記述で比較するとよい。１の「言葉には力が宿るとされていた」、４の「その魔力で人々を操り支配できると考えていた」の

が否定できないから、という理由である。１・２は「言葉の力」ではなく、「古代人」そのものが称賛の対象となっているので、不可。３・４はともに「言葉の力」に触れているが、それを「古代人の智慧」として「受け継がれている」わけではないから、４は不可。よって、３が正解。

問三　「言葉本来の性質」を先に考えるとよい。傍線部Aを含む段落と傍線部Bの次の段落の内容を踏まえると、それは〈人や人の心を動かす〉となる。さらに、傍線部Bを含む段落をまとめると、「信仰」は「作用」に現れる言葉の性格をおそれ、敬ったもの。「作用」は性質そのもの、となる。これを踏まえると、２・３・４は「言葉本来の性質」の説明ができていないので、不可。１は「信仰化された言葉の力」を〈信仰化の対象になるような言葉の力〉ととれば矛盾はない。よって、これが正解。

問四　傍線部C直前の内容から「論理性の不完全さ」とは〈厳密に論理的な意味で用いられぬがゆえに生じる言葉の話し手、受け手双方で生じる自在な変化〉となる。〈解釈〉と読み替えればよいだろう。このことが読めていない３は不可。傍線部Cは「言葉の魔力のカクレガ」であるから、４の「人々が魅入られ」る話ではない。よって、これも不可。１か２だが傍線部C直前に「言葉は……用いられることは少ない」とあるので、〈論理的な意味で用いられない〉だけで〈論理性がない〉わけではない。よって、２が正解。

問五　傍線部Dの直前の「すなわち」がヒントになる。「すなわち」は言い換えの接続詞なので、直前の「『言葉にうつしとられたもの』のみが、事象の本質」と傍線部Dが同意であるということがわかる。これを踏まえて選択肢を見ると４が最も適当。

問六　傍線部Eを含む一文に「このような状況は」とあるので、指示語の内容を押さえてから考えるとよい。この指示内容は直前の「人びとは、……みとめるようになった」である。このような状況の説明として、傍線部Eの次段落「こうして、……醸成される」や、点線枠「戦後の日本人は、……鈍感になってきた」とあり、これに合致する１が正解。

問七　点線枠内の「もっとも急進的な若い層」は「言葉を蔑視する者」と同義である。そして彼らが行うことは「議会制

国語

一

出典　豊田国夫『日本人の言霊思想』（講談社）

解答

問一　(1)―2　(2)―3　(3)―1

問二　3

問三　1

問四　2

問五　4

問六　1

問七　2

問八　3

問九　2

問十　2

問十一　1・5

問十二　1

◀解　説▶

問二　傍線部Ａ直後の一文の「人の心を動かすのに、……知っていた」を根拠に考えると、〈人の心を動かす言葉の力〉

//////////////////// · memo · ////////////////////

//////////////////// · memo · ////////////////////

//////////////////// · memo · ////////////////////

//////////////////// · memo · ////////////////////

////////////////////// · memo · //////////////////////

2025年版　大学赤本シリーズ

国公立大学 その他

171 〔国公立大〕医学部医学科 総合型選抜・学校推薦型選抜※ 医 総推
172 看護・医療系大学〈国公立 東日本〉※
173 看護・医療系大学〈国公立 中日本〉※
174 看護・医療系大学〈国公立 西日本〉※
175 海上保安大学校／気象大学校
176 航空保安大学校
177 国立看護大学校
178 防衛大学校 総推
179 防衛医科大学校（医学科） 医
180 防衛医科大学校（看護学科）

※No.171～174の収載大学は赤本ウェブサイト（http://akahon.net/）でご確認ください。

私立大学①

北海道の大学（50音順）

201 札幌大学
202 札幌学院大学
203 北星学園大学
204 北海学園大学
205 北海道医療大学
206 北海道科学大学
207 北海道武蔵女子大学・短期大学
208 酪農学園大学（獣医学群〈獣医学類〉）

東北の大学（50音順）

209 岩手医科大学（医・歯・薬学部） 医
210 仙台大学 総推
211 東北医科薬科大学（医・薬学部） 医
212 東北学院大学
213 東北工業大学
214 東北福祉大学
215 宮城学院女子大学 総推

関東の大学（50音順）

あ行（関東の大学）

216 青山学院大学（法・国際政治経済学部－個別学部日程）
217 青山学院大学（経済学部－個別学部日程）
218 青山学院大学（経営学部－個別学部日程）
219 青山学院大学（文・教育人間科学部－個別学部日程）
220 青山学院大学（総合文化政策・社会情報・地球社会共生・コミュニティ人間科学部－個別学部日程）
221 青山学院大学（理工学部－個別学部日程）
222 青山学院大学（全学部日程）
223 麻布大学（獣医、生命・環境科学部）
224 亜細亜大学
226 桜美林大学
227 大妻女子大学・短期大学部

か行（関東の大学）

228 学習院大学（法学部－コア試験）
229 学習院大学（経済学部－コア試験）
230 学習院大学（文学部－コア試験）
231 学習院大学（国際社会科学部－コア試験）
232 学習院大学（理学部－コア試験）
233 学習院女子大学
234 神奈川大学（給費生試験）
235 神奈川大学（一般入試）
236 神奈川工科大学
237 鎌倉女子大学・短期大学部
238 川村学園女子大学
239 神田外語大学
240 関東学院大学
241 北里大学（理学部）
242 北里大学（医学部） 医
243 北里大学（薬学部）
244 北里大学（看護・医療衛生学部）
245 北里大学（未来工・獣医・海洋生命科学部）
246 共立女子大学・短期大学
247 杏林大学（医学部） 医
248 杏林大学（保健学部）
249 群馬医療福祉大学・短期大学部
250 群馬パース大学 総推
251 慶應義塾大学（法学部）
252 慶應義塾大学（経済学部）
253 慶應義塾大学（商学部）
254 慶應義塾大学（文学部） 総推
255 慶應義塾大学（総合政策学部）
256 慶應義塾大学（環境情報学部）
257 慶應義塾大学（理工学部）
258 慶應義塾大学（医学部） 医
259 慶應義塾大学（薬学部）
260 慶應義塾大学（看護医療学部）
261 工学院大学
262 國學院大學
263 国際医療福祉大学 医
264 国際基督教大学
265 国士舘大学
266 駒澤大学（一般選抜T方式・S方式）
267 駒澤大学（全学部統一日程選抜）

さ行（関東の大学）

268 埼玉医科大学（医学部） 医
269 相模女子大学・短期大学部
270 産業能率大学
271 自治医科大学（医学部） 医
272 自治医科大学（看護学部）／東京慈恵会医科大学（医学部〈看護学科〉）
273 実践女子大学 総推
274 芝浦工業大学（前期日程）
275 芝浦工業大学（全学統一日程・後期日程）
276 十文字学園女子大学
277 淑徳大学
278 順天堂大学（医学部） 医
279 順天堂大学（スポーツ健康科・医療看護・保健看護・国際教養・保健医療・医療科・健康データサイエンス・薬学部） 総推
280 上智大学（神・文・総合人間科学部）
281 上智大学（法・経済学部）
282 上智大学（外国語・総合グローバル学部）
283 上智大学（理工学部）
284 上智大学（TEAPスコア利用方式）
285 湘南工科大学
286 昭和大学（医学部） 医
287 昭和大学（歯・薬・保健医療学部）
288 昭和女子大学
289 昭和薬科大学
290 女子栄養大学・短期大学部 総推
291 白百合女子大学
292 成蹊大学（法学部－A方式）
293 成蹊大学（経済・経営学部－A方式）
294 成蹊大学（文学部－A方式）
295 成蹊大学（理工学部－A方式）
296 成蹊大学（E方式・G方式・P方式）
297 成城大学（経済・社会イノベーション学部－A方式）
298 成城大学（文芸・法学部－A方式）
299 成城大学（S方式〈全学部統一選抜〉）
300 聖心女子大学
301 清泉女子大学
303 聖マリアンナ医科大学 医
304 聖路加国際大学（看護学部）
305 専修大学（スカラシップ・全国入試）
306 専修大学（前期入試〈学部個別入試〉）
307 専修大学（前期入試〈全学部入試・スカラシップ入試〉）

た行（関東の大学）

308 大正大学
309 大東文化大学
310 高崎健康福祉大学
311 拓殖大学
312 玉川大学
313 多摩美術大学
314 千葉工業大学
315 中央大学（法学部－学部別選抜）
316 中央大学（経済学部－学部別選抜）
317 中央大学（商学部－学部別選抜）
318 中央大学（文学部－学部別選抜）
319 中央大学（総合政策学部－学部別選抜）
320 中央大学（国際経営・国際情報学部－学部別選抜）
321 中央大学（理工学部－学部別選抜）
322 中央大学（5学部共通選抜）
323 中央学院大学
324 津田塾大学
325 帝京大学（薬・経済・法・文・外国語・教育・理工・医療技術・福岡医療技術学部）
326 帝京大学（医学部） 医
327 帝京科学大学 総推
328 帝京平成大学 総推
329 東海大学（医〈医〉学部を除く－一般選抜）
330 東海大学（文系・理系学部統一選抜）
331 東海大学（医学部〈医学科〉） 医
332 東京医科大学（医学部〈医学科〉） 医
333 東京家政大学・短期大学部 総推
334 東京経済大学
335 東京工科大学
336 東京工芸大学
337 東京国際大学
338 東京歯科大学
339 東京慈恵会医科大学（医学部〈医学科〉） 医
340 東京情報大学
341 東京女子大学
342 東京女子医科大学（医学部） 医
343 東京電機大学
344 東京都市大学
345 東京農業大学
346 東京薬科大学（薬学部） 総推
347 東京薬科大学（生命科学部） 総推
348 東京理科大学（理学部〈第一部〉－B方式）
349 東京理科大学（創域理工学部－B方式・S方式）
350 東京理科大学（工学部－B方式）
351 東京理科大学（先進工学部－B方式）
352 東京理科大学（薬学部－B方式）
353 東京理科大学（経営学部－B方式）
354 東京理科大学（C方式、グローバル方式、理学部〈第二部〉－B方式）
355 東邦大学（医学部） 医
356 東邦大学（薬学部）

2025年版　大学赤本シリーズ

私立大学②

357 東邦大学（理・看護・健康科学部）
358 東洋大学（文・経済・経営・法・社会・国際・国際観光学部）
359 東洋大学（情報連携・福祉社会デザイン・健康スポーツ科・理工・総合情報・生命科・食環境科学部）
360 東洋大学（英語〈3日程×3カ年〉）
361 東洋大学（国語〈3日程×3カ年〉）
362 東洋大学（日本史・世界史〈2日程×3カ年〉）
363 東洋英和女学院大学
364 常磐大学・短期大学 総推
365 獨協大学
366 獨協医科大学（医学部） 医

な行（関東の大学）

367 二松学舎大学
368 日本大学（法学部）
369 日本大学（経済学部）
370 日本大学（商学部）
371 日本大学（文理学部〈文系〉）
372 日本大学（文理学部〈理系〉）
373 日本大学（芸術学部〈専門試験併用型〉）
374 日本大学（国際関係学部）
375 日本大学（危機管理・スポーツ科学部）
376 日本大学（理工学部）
377 日本大学（生産工・工学部）
378 日本大学（生物資源科学部）
379 日本大学（医学部） 医
380 日本大学（歯・松戸歯学部）
381 日本大学（薬学部）
382 日本大学（N全学統一方式－医・芸術〈専門試験併用型〉学部を除く）
383 日本医科大学 医
384 日本工業大学
385 日本歯科大学
386 日本社会事業大学 総推
387 日本獣医生命科学大学
388 日本女子大学
389 日本体育大学

は行（関東の大学）

390 白鷗大学（学業特待選抜・一般選抜）
391 フェリス女学院大学
392 文教大学
393 法政大学（法〈I日程〉・文〈II日程〉・経営〈II日程〉学部－A方式）
394 法政大学（法〈II日程〉・国際文化・キャリアデザイン学部－A方式）
395 法政大学（文〈I日程〉・経営〈I日程〉・人間環境・グローバル教養学部－A方式）
396 法政大学（経済〈I日程〉・社会〈I日程〉・現代福祉学部－A方式）
397 法政大学（経済〈II日程〉・社会〈II日程〉・スポーツ健康学部－A方式）
398 法政大学（情報科・デザイン工・理工・生命科学部－A方式）
399 法政大学（T日程〈統一日程〉・英語外部試験利用入試）
400 星薬科大学 総推

ま行（関東の大学）

401 武蔵大学
402 武蔵野大学
403 武蔵野美術大学
404 明海大学
405 明治大学（法学部－学部別入試）
406 明治大学（政治経済学部－学部別入試）
407 明治大学（商学部－学部別入試）
408 明治大学（経営学部－学部別入試）
409 明治大学（文学部－学部別入試）
410 明治大学（国際日本学部－学部別入試）
411 明治大学（情報コミュニケーション学部－学部別入試）
412 明治大学（理工学部－学部別入試）
413 明治大学（総合数理学部－学部別入試）
414 明治大学（農学部－学部別入試）
415 明治大学（全学部統一入試）
416 明治学院大学（A日程）
417 明治学院大学（全学部日程）
418 明治薬科大学 総推
419 明星大学
420 目白大学・短期大学部

ら・わ行（関東の大学）

421 立教大学（文系学部－一般入試〈大学独自の英語を課さない日程〉）
422 立教大学（国語〈3日程×3カ年〉）
423 立教大学（日本史・世界史〈2日程×3カ年〉）
424 立教大学（文学部－一般入試〈大学独自の英語を課す日程〉）
425 立教大学（理学部－一般入試）
426 立正大学
427 早稲田大学（法学部）
428 早稲田大学（政治経済学部）
429 早稲田大学（商学部）
430 早稲田大学（社会科学部）
431 早稲田大学（文学部）
432 早稲田大学（文化構想学部）
433 早稲田大学（教育学部〈文科系〉）
434 早稲田大学（教育学部〈理科系〉）
435 早稲田大学（人間科・スポーツ科学部）
436 早稲田大学（国際教養学部）
437 早稲田大学（基幹理工・創造理工・先進理工学部）
438 和洋女子大学 総推

中部の大学（50音順）

439 愛知大学
440 愛知医科大学（医学部） 医
441 愛知学院大学・短期大学部
442 愛知工業大学 総推
443 愛知淑徳大学
444 朝日大学 総推
445 金沢医科大学（医学部） 医
446 金沢工業大学
447 岐阜聖徳学園大学 総推
448 金城学院大学
449 至学館大学 総推
450 静岡理工科大学
451 椙山女学園大学
452 大同大学
453 中京大学
454 中部大学
455 名古屋外国語大学 総推
456 名古屋学院大学 総推
457 名古屋学芸大学 総推
458 名古屋女子大学 総推
459 南山大学（外国語〈英米〉・法・総合政策・国際教養学部）
460 南山大学（人文・外国語〈英米を除く〉・経済・経営・理工学部）
461 新潟国際情報大学
462 日本福祉大学
463 福井工業大学
464 藤田医科大学（医学部） 医
465 藤田医科大学（医療科・保健衛生学部）
466 名城大学（法・経営・経済・外国語・人間・都市情報学部）
467 名城大学（情報工・理工・農・薬学部）
468 山梨学院大学

近畿の大学（50音順）

469 追手門学院大学 総推
470 大阪医科薬科大学（医学部） 医
471 大阪医科薬科大学（薬学部） 総推
472 大阪学院大学 総推
473 大阪経済大学 総推
474 大阪経済法科大学 総推
475 大阪工業大学 総推
476 大阪国際大学・短期大学部 総推
477 大阪産業大学 総推
478 大阪歯科大学（歯学部）
479 大阪商業大学 総推
480 大阪成蹊大学・短期大学 総推
481 大谷大学 総推
482 大手前大学・短期大学 総推
483 関西大学（文系）
484 関西大学（理系）
485 関西大学（英語〈3日程×3カ年〉）
486 関西大学（国語〈3日程×3カ年〉）
487 関西大学（日本史・世界史・文系数学〈3日程×3カ年〉）
488 関西医科大学（医学部） 医
489 関西医療大学 総推
490 関西外国語大学・短期大学部 総推
491 関西学院大学（文・法・商・人間福祉・総合政策学部－学部個別日程）
492 関西学院大学（神・社会・経済・国際・教育学部－学部個別日程）
493 関西学院大学（全学部日程〈文系型〉）
494 関西学院大学（全学部日程〈理系型〉）
495 関西学院大学（共通テスト併用日程〈数学〉・英数日程）
496 関西学院大学（英語〈3日程×3カ年〉） 新
497 関西学院大学（国語〈3日程×3カ年〉） 新
498 関西学院大学（日本史・世界史・文系数学〈3日程×3カ年〉） 新
499 畿央大学 総推
500 京都外国語大学・短期大学 総推
502 京都産業大学（公募推薦入試） 総推
503 京都産業大学（一般選抜入試〈前期日程〉）
504 京都女子大学 総推
505 京都先端科学大学 総推
506 京都橘大学 総推
507 京都ノートルダム女子大学 総推
508 京都薬科大学 総推
509 近畿大学・短期大学部（医学部を除く－推薦入試） 総推
510 近畿大学・短期大学部（医学部を除く－一般入試前期）
511 近畿大学（英語〈医学部を除く3日程×3カ年〉）
512 近畿大学（理系数学〈医学部を除く3日程×3カ年〉）
513 近畿大学（国語〈医学部を除く3日程×3カ年〉）
514 近畿大学（医学部－推薦入試・一般入試前期） 医 総推
515 近畿大学・短期大学部（一般入試後期） 医
516 皇學館大学 総推
517 甲南大学 総推
518 甲南女子大学（学校推薦型選抜） 新 総推
519 神戸学院大学 総推
520 神戸国際大学 総推
521 神戸女学院大学 総推
522 神戸女子大学・短期大学 総推
523 神戸薬科大学 総推
524 四天王寺大学・短期大学部 総推
525 摂南大学（公募制推薦入試） 総推
526 摂南大学（一般選抜前期日程）
527 帝塚山学院大学 総推
528 同志社大学（法、グローバル・コミュニケーション学部－学部個別日程）

2025 年版　大学赤本シリーズ　No. 503

京都産業大学
(一般選抜入試〈前期日程〉)

2024 年 6 月 25 日　第 1 刷発行
ISBN978-4-325-26562-7
定価は裏表紙に表示しています

編　集　教学社編集部
発行者　上原 寿明
発行所　教学社
〒606-0031
京都市左京区岩倉南桑原町56
電話　075-721-6500
振替　01020-1-15695
印　刷　共同印刷工業